中学校

学習指導要領(平成29年告示)

平成29年3月　告示

文部科学省

目次

- 教育基本法 …………………………………………… 2
- 学校教育法（抄） …………………………………… 6
- 学校教育法施行規則（抄） ………………………… 9

中学校学習指導要領

- 前　文 ………………………………………………… 16
- 第1章　総　　　則 …………………………………… 19
- 第2章　各　教　科 …………………………………… 29
  - 第1節　国　　語 ………………………………… 29
  - 第2節　社　　会 ………………………………… 41
  - 第3節　数　　学 ………………………………… 65
  - 第4節　理　　科 ………………………………… 78
  - 第5節　音　　楽 ………………………………… 99
  - 第6節　美　　術 ………………………………… 107
  - 第7節　保健体育 ………………………………… 115
  - 第8節　技術・家庭 ……………………………… 132
  - 第9節　外　国　語 ……………………………… 144
- 第3章　特別の教科　道徳 …………………………… 154
- 第4章　総合的な学習の時間 ………………………… 159
- 第5章　特　別　活　動 ……………………………… 162

- 移行措置関係規定 …………………………………… 169
- 義務教育学校等関係法令 …………………………… 175
- 中等教育学校等関係法令 …………………………… 183
- 幼稚園教育要領 ……………………………………… 191
- 小学校学習指導要領 ………………………………… 207

教育基本法

平成十八年十二月二十二日法律第百二十号

　我々日本国民は，たゆまぬ努力によって築いてきた民主的で文化的な国家を更に発展させるとともに，世界の平和と人類の福祉の向上に貢献することを願うものである。

　我々は，この理想を実現するため，個人の尊厳を重んじ，真理と正義を希求し，公共の精神を尊び，豊かな人間性と創造性を備えた人間の育成を期するとともに，伝統を継承し，新しい文化の創造を目指す教育を推進する。

　ここに，我々は，日本国憲法の精神にのっとり，我が国の未来を切り拓(ひら)く教育の基本を確立し，その振興を図るため，この法律を制定する。

第一章　教育の目的及び理念

（教育の目的）

第一条　教育は，人格の完成を目指し，平和で民主的な国家及び社会の形成者として必要な資質を備えた心身ともに健康な国民の育成を期して行われなければならない。

（教育の目標）

第二条　教育は，その目的を実現するため，学問の自由を尊重しつつ，次に掲げる目標を達成するよう行われるものとする。

　一　幅広い知識と教養を身に付け，真理を求める態度を養い，豊かな情操と道徳心を培うとともに，健やかな身体を養うこと。

　二　個人の価値を尊重して，その能力を伸ばし，創造性を培い，自主及び自律の精神を養うとともに，職業及び生活との関連を重視し，勤労を重んずる態度を養うこと。

　三　正義と責任，男女の平等，自他の敬愛と協力を重んずるとともに，公共の精神に基づき，主体的に社会の形成に参画し，その発展に寄与する態度を養うこと。

　四　生命を尊び，自然を大切にし，環境の保全に寄与する態度を養うこと。

　五　伝統と文化を尊重し，それらをはぐくんできた我が国と郷土を愛するとともに，他国を尊重し，国際社会の平和と発展に寄与する態度を養うこと。

（生涯学習の理念）

第三条　国民一人一人が，自己の人格を磨き，豊かな人生を送ることができるよう，その生涯にわたって，あらゆる機会に，あらゆる場所において学習することがで

き，その成果を適切に生かすことのできる社会の実現が図られなければならない。
　　（教育の機会均等）
第四条　すべて国民は，ひとしく，その能力に応じた教育を受ける機会を与えられなければならず，人種，信条，性別，社会的身分，経済的地位又は門地によって，教育上差別されない。
2　国及び地方公共団体は，障害のある者が，その障害の状態に応じ，十分な教育を受けられるよう，教育上必要な支援を講じなければならない。
3　国及び地方公共団体は，能力があるにもかかわらず，経済的理由によって修学が困難な者に対して，奨学の措置を講じなければならない。

第二章　教育の実施に関する基本

　　（義務教育）
第五条　国民は，その保護する子に，別に法律で定めるところにより，普通教育を受けさせる義務を負う。
2　義務教育として行われる普通教育は，各個人の有する能力を伸ばしつつ社会において自立的に生きる基礎を培い，また，国家及び社会の形成者として必要とされる基本的な資質を養うことを目的として行われるものとする。
3　国及び地方公共団体は，義務教育の機会を保障し，その水準を確保するため，適切な役割分担及び相互の協力の下，その実施に責任を負う。
4　国又は地方公共団体の設置する学校における義務教育については，授業料を徴収しない。
　　（学校教育）
第六条　法律に定める学校は，公の性質を有するものであって，国，地方公共団体及び法律に定める法人のみが，これを設置することができる。
2　前項の学校においては，教育の目標が達成されるよう，教育を受ける者の心身の発達に応じて，体系的な教育が組織的に行われなければならない。この場合において，教育を受ける者が，学校生活を営む上で必要な規律を重んずるとともに，自ら進んで学習に取り組む意欲を高めることを重視して行われなければならない。
　　（大学）
第七条　大学は，学術の中心として，高い教養と専門的能力を培うとともに，深く真理を探究して新たな知見を創造し，これらの成果を広く社会に提供することにより，社会の発展に寄与するものとする。

2　大学については，自主性，自律性その他の大学における教育及び研究の特性が尊重されなければならない。

　（私立学校）

第八条　私立学校の有する公の性質及び学校教育において果たす重要な役割にかんがみ，国及び地方公共団体は，その自主性を尊重しつつ，助成その他の適当な方法によって私立学校教育の振興に努めなければならない。

　（教員）

第九条　法律に定める学校の教員は，自己の崇高な使命を深く自覚し，絶えず研究と修養に励み，その職責の遂行に努めなければならない。

2　前項の教員については，その使命と職責の重要性にかんがみ，その身分は尊重され，待遇の適正が期せられるとともに，養成と研修の充実が図られなければならない。

　（家庭教育）

第十条　父母その他の保護者は，子の教育について第一義的責任を有するものであって，生活のために必要な習慣を身に付けさせるとともに，自立心を育成し，心身の調和のとれた発達を図るよう努めるものとする。

2　国及び地方公共団体は，家庭教育の自主性を尊重しつつ，保護者に対する学習の機会及び情報の提供その他の家庭教育を支援するために必要な施策を講ずるよう努めなければならない。

　（幼児期の教育）

第十一条　幼児期の教育は，生涯にわたる人格形成の基礎を培う重要なものであることにかんがみ，国及び地方公共団体は，幼児の健やかな成長に資する良好な環境の整備その他適当な方法によって，その振興に努めなければならない。

　（社会教育）

第十二条　個人の要望や社会の要請にこたえ，社会において行われる教育は，国及び地方公共団体によって奨励されなければならない。

2　国及び地方公共団体は，図書館，博物館，公民館その他の社会教育施設の設置，学校の施設の利用，学習の機会及び情報の提供その他の適当な方法によって社会教育の振興に努めなければならない。

　（学校，家庭及び地域住民等の相互の連携協力）

第十三条　学校，家庭及び地域住民その他の関係者は，教育におけるそれぞれの役割と責任を自覚するとともに，相互の連携及び協力に努めるものとする。

　（政治教育）

第十四条　良識ある公民として必要な政治的教養は，教育上尊重されなければならない。

2　法律に定める学校は，特定の政党を支持し，又はこれに反対するための政治教育その他政治的活動をしてはならない。

（宗教教育）

第十五条　宗教に関する寛容の態度，宗教に関する一般的な教養及び宗教の社会生活における地位は，教育上尊重されなければならない。

2　国及び地方公共団体が設置する学校は，特定の宗教のための宗教教育その他宗教的活動をしてはならない。

第三章　教育行政

（教育行政）

第十六条　教育は，不当な支配に服することなく，この法律及び他の法律の定めるところにより行われるべきものであり，教育行政は，国と地方公共団体との適切な役割分担及び相互の協力の下，公正かつ適正に行われなければならない。

2　国は，全国的な教育の機会均等と教育水準の維持向上を図るため，教育に関する施策を総合的に策定し，実施しなければならない。

3　地方公共団体は，その地域における教育の振興を図るため，その実情に応じた教育に関する施策を策定し，実施しなければならない。

4　国及び地方公共団体は，教育が円滑かつ継続的に実施されるよう，必要な財政上の措置を講じなければならない。

（教育振興基本計画）

第十七条　政府は，教育の振興に関する施策の総合的かつ計画的な推進を図るため，教育の振興に関する施策についての基本的な方針及び講ずべき施策その他必要な事項について，基本的な計画を定め，これを国会に報告するとともに，公表しなければならない。

2　地方公共団体は，前項の計画を参酌し，その地域の実情に応じ，当該地方公共団体における教育の振興のための施策に関する基本的な計画を定めるよう努めなければならない。

第四章　法令の制定

第十八条　この法律に規定する諸条項を実施するため，必要な法令が制定されなければならない。

学校教育法（抄）

昭和二十二年三月三十一日法律第二十六号
一部改正：平成二十九年五月三十一日法律第四十一号

第二章　義務教育

第二十一条　義務教育として行われる普通教育は，教育基本法（平成十八年法律第百二十号）第五条第二項に規定する目的を実現するため，次に掲げる目標を達成するよう行われるものとする。
一　学校内外における社会的活動を促進し，自主，自律及び協同の精神，規範意識，公正な判断力並びに公共の精神に基づき主体的に社会の形成に参画し，その発展に寄与する態度を養うこと。
二　学校内外における自然体験活動を促進し，生命及び自然を尊重する精神並びに環境の保全に寄与する態度を養うこと。
三　我が国と郷土の現状と歴史について，正しい理解に導き，伝統と文化を尊重し，それらをはぐくんできた我が国と郷土を愛する態度を養うとともに，進んで外国の文化の理解を通じて，他国を尊重し，国際社会の平和と発展に寄与する態度を養うこと。
四　家族と家庭の役割，生活に必要な衣，食，住，情報，産業その他の事項について基礎的な理解と技能を養うこと。
五　読書に親しませ，生活に必要な国語を正しく理解し，使用する基礎的な能力を養うこと。
六　生活に必要な数量的な関係を正しく理解し，処理する基礎的な能力を養うこと。
七　生活にかかわる自然現象について，観察及び実験を通じて，科学的に理解し，処理する基礎的な能力を養うこと。
八　健康，安全で幸福な生活のために必要な習慣を養うとともに，運動を通じて体力を養い，心身の調和的発達を図ること。
九　生活を明るく豊かにする音楽，美術，文芸その他の芸術について基礎的な理解と技能を養うこと。
十　職業についての基礎的な知識と技能，勤労を重んずる態度及び個性に応じて将来の進路を選択する能力を養うこと。

第四章　小学校

第三十条　小学校における教育は，前条に規定する目的を実現するために必要な程度において第二十一条各号に掲げる目標を達成するよう行われるものとする。

②　前項の場合においては，生涯にわたり学習する基盤が培われるよう，基礎的な知識及び技能を習得させるとともに，これらを活用して課題を解決するために必要な思考力，判断力，表現力その他の能力をはぐくみ，主体的に学習に取り組む態度を養うことに，特に意を用いなければならない。

第三十一条　小学校においては，前条第一項の規定による目標の達成に資するよう，教育指導を行うに当たり，児童の体験的な学習活動，特にボランティア活動など社会奉仕体験活動，自然体験活動その他の体験活動の充実に努めるものとする。この場合において，社会教育関係団体その他の関係団体及び関係機関との連携に十分配慮しなければならない。

第五章　中学校

第四十五条　中学校は，小学校における教育の基礎の上に，心身の発達に応じて，義務教育として行われる普通教育を施すことを目的とする。

第四十六条　中学校における教育は，前条に規定する目的を実現するため，第二十一条各号に掲げる目標を達成するよう行われるものとする。

第四十七条　中学校の修業年限は，三年とする。

第四十八条　中学校の教育課程に関する事項は，第四十五条及び第四十六条の規定並びに次条において読み替えて準用する第三十条第二項の規定に従い，文部科学大臣が定める。

第四十九条　第三十条第二項，第三十一条，第三十四条，第三十五条及び第三十七条から第四十四条までの規定は，中学校に準用する。この場合において，第三十条第二項中「前項」とあるのは「第四十六条」と，第三十一条中「前条第一項」とあるのは「第四十六条」と読み替えるものとする。

第八章　特別支援教育

第八十一条　幼稚園，小学校，中学校，義務教育学校，高等学校及び中等教育学校においては，次項各号のいずれかに該当する幼児，児童及び生徒その他教育上特

別の支援を必要とする幼児，児童及び生徒に対し，文部科学大臣の定めるところにより，障害による学習上又は生活上の困難を克服するための教育を行うものとする。
② 小学校，中学校，義務教育学校，高等学校及び中等教育学校には，次の各号のいずれかに該当する児童及び生徒のために，特別支援学級を置くことができる。
　一　知的障害者
　二　肢体不自由者
　三　身体虚弱者
　四　弱視者
　五　難聴者
　六　その他障害のある者で，特別支援学級において教育を行うことが適当なもの
③ 前項に規定する学校においては，疾病により療養中の児童及び生徒に対して，特別支援学級を設け，又は教員を派遣して，教育を行うことができる。

学校教育法施行規則（抄）

昭和二十二年五月二十三日文部省令第十一号
一部改正：平成二十九年三月三十一日文部科学省令第二十号
平成三十年八月二十七日文部科学省令第二十七号

第四章　小学校

第二節　教育課程

第五十条　小学校の教育課程は，国語，社会，算数，理科，生活，音楽，図画工作，家庭，体育及び外国語の各教科（以下この節において「各教科」という。），特別の教科である道徳，外国語活動，総合的な学習の時間並びに特別活動によつて編成するものとする。

2　私立の小学校の教育課程を編成する場合は，前項の規定にかかわらず，宗教を加えることができる。この場合においては，宗教をもつて前項の特別の教科である道徳に代えることができる。

第五十四条　児童が心身の状況によつて履修することが困難な各教科は，その児童の心身の状況に適合するように課さなければならない。

第五十五条　小学校の教育課程に関し，その改善に資する研究を行うため特に必要があり，かつ，児童の教育上適切な配慮がなされていると文部科学大臣が認める場合においては，文部科学大臣が別に定めるところにより，第五十条第一項，第五十一条（中学校連携型小学校にあつては第五十二条の三，第七十九条の九第二項に規定する中学校併設型小学校にあつては第七十九条の十二において準用する第七十九条の五第一項）又は第五十二条の規定によらないことができる。

第五十五条の二　文部科学大臣が，小学校において，当該小学校又は当該小学校が設置されている地域の実態に照らし，より効果的な教育を実施するため，当該小学校又は当該地域の特色を生かした特別の教育課程を編成して教育を実施する必要があり，かつ，当該特別の教育課程について，教育基本法（平成十八年法律第百二十号）及び学校教育法第三十条第一項の規定等に照らして適切であり，児童の教育上適切な配慮がなされているものとして文部科学大臣が定める基準を満たしていると認める場合においては，文部科学大臣が別に定めるところにより，第五十条第一項，第五十一条（中学校連携型小学校にあつては第五十二条の三，第七十九条の九第二項に規定する中学校併設型小学校にあつては第七十九条の十二において準用する第七十九条の五第一項）又は第五十二条の規定の全部又は一部によらないことができる。

第五十六条　小学校において，学校生活への適応が困難であるため相当の期間小学校を欠席し引き続き欠席すると認められる児童を対象として，その実態に配慮し

た特別の教育課程を編成して教育を実施する必要があると文部科学大臣が認める場合においては，文部科学大臣が別に定めるところにより，第五十条第一項，第五十一条（中学校連携型小学校にあつては第五十二条の三，第七十九条の九第二項に規定する中学校併設型小学校にあつては第七十九条の十二において準用する第七十九条の五第一項）又は第五十二条の規定によらないことができる。

第五十六条の二　小学校において，日本語に通じない児童のうち，当該児童の日本語を理解し，使用する能力に応じた特別の指導を行う必要があるものを教育する場合には，文部科学大臣が別に定めるところにより，第五十条第一項，第五十一条（中学校連携型小学校にあつては第五十二条の三，第七十九条の九第二項に規定する中学校併設型小学校にあつては第七十九条の十二において準用する第七十九条の五第一項）及び第五十二条の規定にかかわらず，特別の教育課程によることができる。

第五十六条の三　前条の規定により特別の教育課程による場合においては，校長は，児童が設置者の定めるところにより他の小学校，義務教育学校の前期課程又は特別支援学校の小学部において受けた授業を，当該児童の在学する小学校において受けた当該特別の教育課程に係る授業とみなすことができる。

第五十六条の四　小学校において，学齢を経過した者のうち，その者の年齢，経験又は勤労の状況その他の実情に応じた特別の指導を行う必要があるものを夜間その他特別の時間において教育する場合には，文部科学大臣が別に定めるところにより，第五十条第一項，第五十一条（中学校連携型小学校にあつては第五十二条の三，第七十九条の九第二項に規定する中学校併設型小学校にあつては第七十九条の十二において準用する第七十九条の五第一項）及び第五十二条の規定にかかわらず，特別の教育課程によることができる。

第三節　学年及び授業日

第六十一条　公立小学校における休業日は，次のとおりとする。ただし，第三号に掲げる日を除き，当該学校を設置する地方公共団体の教育委員会（公立大学法人の設置する小学校にあつては，当該公立大学法人の理事長。第三号において同じ。）が必要と認める場合は，この限りでない。
一　国民の祝日に関する法律（昭和二十三年法律第百七十八号）に規定する日
二　日曜日及び土曜日
三　学校教育法施行令第二十九条第一項の規定により教育委員会が定める日
第六十二条　私立小学校における学期及び休業日は，当該学校の学則で定める。

第五章　中学校

第七十二条　中学校の教育課程は，国語，社会，数学，理科，音楽，美術，保健体育，技術・家庭及び外国語の各教科（以下本章及び第七章中「各教科」という。），特別の教科である道徳，総合的な学習の時間並びに特別活動によつて編成するものとする。

第七十三条　中学校（併設型中学校，第七十四条の二第二項に規定する小学校連携型中学校，第七十五条第二項に規定する連携型中学校及び第七十九条の九第二項に規定する小学校併設型中学校を除く。）の各学年における各教科，特別の教科である道徳，総合的な学習の時間及び特別活動のそれぞれの授業時数並びに各学年におけるこれらの総授業時数は，別表第二に定める授業時数を標準とする。

第七十四条　中学校の教育課程については，この章に定めるもののほか，教育課程の基準として文部科学大臣が別に公示する中学校学習指導要領によるものとする。

第七十四条の二　中学校（併設型中学校，第七十五条第二項に規定する連携型中学校及び第七十九条の九第二項に規定する小学校併設型中学校を除く。）においては，小学校における教育との一貫性に配慮した教育を施すため，当該中学校の設置者が当該小学校の設置者との協議に基づき定めるところにより，教育課程を編成することができる。

2　前項の規定により教育課程を編成する中学校（以下「小学校連携型中学校」という。）は，中学校連携型小学校と連携し，その教育課程を実施するものとする。

第七十四条の三　小学校連携型中学校の各学年における各教科，特別の教科である道徳，総合的な学習の時間及び特別活動のそれぞれの授業時数並びに各学年におけるこれらの総授業時数は，別表第二の三に定める授業時数を標準とする。

第七十四条の四　小学校連携型中学校の教育課程については，この章に定めるもののほか，教育課程の基準の特例として文部科学大臣が別に定めるところによるものとする。

第七十五条　中学校（併設型中学校，小学校連携型中学校及び第七十九条の九第二項に規定する小学校併設型中学校を除く。）においては，高等学校における教育との一貫性に配慮した教育を施すため，当該中学校の設置者が当該高等学校の設置者との協議に基づき定めるところにより，教育課程を編成することができる。

2　前項の規定により教育課程を編成する中学校（以下「連携型中学校」という。）は，第八十七条第一項の規定により教育課程を編成する高等学校と連携し，その教育課程を実施するものとする。

第七十六条　連携型中学校の各学年における各教科，特別の教科である道徳，総合

的な学習の時間及び特別活動のそれぞれの授業時数並びに各学年におけるこれらの総授業時数は，別表第四に定める授業時数を標準とする。

第七十七条　連携型中学校の教育課程については，この章に定めるもののほか，教育課程の基準の特例として文部科学大臣が別に定めるところによるものとする。

第七十九条　第四十一条から第四十九条まで，第五十条第二項，第五十四条から第六十八条までの規定は，中学校に準用する。この場合において，第四十二条中「五学級」とあるのは「二学級」と，第五十五条から第五十六条の二まで及び第五十六条の四の規定中「第五十条第一項」とあるのは「第七十二条」と，「第五十一条（中学校連携型小学校にあつては第五十二条の三，第七十九条の九第二項に規定する中学校併設型小学校にあつては第七十九条の十二において準用する第七十九条の五第一項）」とあるのは「第七十三条（併設型中学校にあつては第百十七条において準用する第百七条，小学校連携型中学校にあつては第七十四条の三，連携型中学校にあつては第七十六条，第七十九条の九第二項に規定する小学校併設型中学校にあつては第七十九条の十二において準用する第七十九条の五第二項）」と，「第五十二条」とあるのは「第七十四条」と，第五十五条の二中「第三十条第一項」とあるのは「第四十六条」と，第五十六条の三中「他の小学校，義務教育学校の前期課程又は特別支援学校の小学部」とあるのは「他の中学校，義務教育学校の後期課程，中等教育学校の前期課程又は特別支援学校の中学部」と読み替えるものとする。

第八章　特別支援教育

第百三十四条の二　校長は，特別支援学校に在学する児童等について個別の教育支援計画（学校と医療，保健，福祉，労働等に関する業務を行う関係機関及び民間団体（次項において「関係機関等」という。）との連携の下に行う当該児童等に対する長期的な支援に関する計画をいう。）を作成しなければならない。

2　校長は，前項の規定により個別の教育支援計画を作成するに当たつては，当該児童等又はその保護者の意向を踏まえつつ，あらかじめ，関係機関等と当該児童等の支援に関する必要な情報の共有を図らなければならない。

第百三十八条　小学校，中学校若しくは義務教育学校又は中等教育学校の前期課程における特別支援学級に係る教育課程については，特に必要がある場合は，第五十条第一項（第七十九条の六第一項において準用する場合を含む。），第五十一条，第五十二条（第七十九条の六第一項において準用する場合を含む。），第五十二条の三，第七十二条（第七十九条の六第二項及び第百八条第一項において準用する

場合を含む。），第七十三条，第七十四条（第七十九条の六第二項及び第百八条第一項において準用する場合を含む。），第七十四条の三，第七十六条，第七十九条の五（第七十九条の十二において準用する場合を含む。）及び第百七条（第百十七条において準用する場合を含む。）の規定にかかわらず，特別の教育課程によることができる。

第百三十九条の二　第百三十四条の二の規定は，小学校，中学校若しくは義務教育学校又は中等教育学校の前期課程における特別支援学級の児童又は生徒について準用する。

第百四十条　小学校，中学校，義務教育学校，高等学校又は中等教育学校において，次の各号のいずれかに該当する児童又は生徒（特別支援学級の児童及び生徒を除く。）のうち当該障害に応じた特別の指導を行う必要があるものを教育する場合には，文部科学大臣が別に定めるところにより，第五十条第一項（第七十九条の六第一項において準用する場合を含む。），第五十一条，第五十二条（第七十九条の六第一項において準用する場合を含む。），第五十二条の三，第七十二条（第七十九条の六第二項及び第百八条第一項において準用する場合を含む。），第七十三条，第七十四条（第七十九条の六第二項及び第百八条第一項において準用する場合を含む。），第七十四条の三，第七十六条，第七十九条の五（第七十九条の十二において準用する場合を含む。），第八十三条及び第八十四条（第百八条第二項において準用する場合を含む。）並びに第百七条（第百十七条において準用する場合を含む。）の規定にかかわらず，特別の教育課程によることができる。

一　言語障害者
二　自閉症者
三　情緒障害者
四　弱視者
五　難聴者
六　学習障害者
七　注意欠陥多動性障害者
八　その他障害のある者で，この条の規定により特別の教育課程による教育を行うことが適当なもの

第百四十一条　前条の規定により特別の教育課程による場合においては，校長は，児童又は生徒が，当該小学校，中学校，義務教育学校，高等学校又は中等教育学校の設置者の定めるところにより他の小学校，中学校，義務教育学校，高等学校，中等教育学校又は特別支援学校の小学部，中学部若しくは高等部において受けた授業を，当該小学校，中学校，義務教育学校，高等学校又は中等教育学校において受けた当該特別の教育課程に係る授業とみなすことができる。

第百四十一条の二　第百三十四条の二の規定は，第百四十条の規定により特別の指導が行われている児童又は生徒について準用する。

附　則（平成二十九年三月三十一日文部科学省令第二十号）

この省令は，平成三十二年四月一日から施行する。

別表第二（第七十三条関係）

区分		第1学年	第2学年	第3学年
各教科の授業時数	国　　語	140	140	105
	社　　会	105	105	140
	数　　学	140	105	140
	理　　科	105	140	140
	音　　楽	45	35	35
	美　　術	45	35	35
	保健体育	105	105	105
	技術・家庭	70	70	35
	外　国　語	140	140	140
特別の教科である道徳の授業時数		35	35	35
総合的な学習の時間の授業時数		50	70	70
特別活動の授業時数		35	35	35
総授業時数		1015	1015	1015

備考
　一　この表の授業時数の一単位時間は，五十分とする。
　二　特別活動の授業時数は，中学校学習指導要領で定める学級活動（学校給食に係るものを除く。）に充てるものとする。

○文部科学省告示第六十四号

　学校教育法施行規則（昭和二十二年文部省令第十一号）第七十四条の規定に基づき，中学校学習指導要領（平成二十年文部科学省告示第二十八号）の全部を次のように改正し，平成三十三年四月一日から施行する。平成三十年四月一日から平成三十三年三月三十一日までの間における中学校学習指導要領の必要な特例については，別に定める。

　平成二十九年三月三十一日

　　　　　　　　　　　　　　　　　　　　　文部科学大臣　松野　博一

　　　中学校学習指導要領
目次
　前文
　第1章　総則
　第2章　各教科
　　第1節　国語
　　第2節　社会
　　第3節　数学
　　第4節　理科
　　第5節　音楽
　　第6節　美術
　　第7節　保健体育
　　第8節　技術・家庭
　　第9節　外国語
　第3章　特別の教科　道徳
　第4章　総合的な学習の時間
　第5章　特別活動

教育は，教育基本法第1条に定めるとおり，人格の完成を目指し，平和で民主的な国家及び社会の形成者として必要な資質を備えた心身ともに健康な国民の育成を期すという目的のもと，同法第2条に掲げる次の目標を達成するよう行われなければならない。
1　幅広い知識と教養を身に付け，真理を求める態度を養い，豊かな情操と道徳心を培うとともに，健やかな身体を養うこと。
2　個人の価値を尊重して，その能力を伸ばし，創造性を培い，自主及び自律の精神を養うとともに，職業及び生活との関連を重視し，勤労を重んずる態度を養うこと。
3　正義と責任，男女の平等，自他の敬愛と協力を重んずるとともに，公共の精神に基づき，主体的に社会の形成に参画し，その発展に寄与する態度を養うこと。
4　生命を尊び，自然を大切にし，環境の保全に寄与する態度を養うこと。
5　伝統と文化を尊重し，それらをはぐくんできた我が国と郷土を愛するとともに，他国を尊重し，国際社会の平和と発展に寄与する態度を養うこと。

　これからの学校には，こうした教育の目的及び目標の達成を目指しつつ，一人一人の生徒が，自分のよさや可能性を認識するとともに，あらゆる他者を価値のある存在として尊重し，多様な人々と協働しながら様々な社会的変化を乗り越え，豊かな人生を切り拓き，持続可能な社会の創り手となることができるようにすることが求められる。このために必要な教育の在り方を具体化するのが，各学校において教育の内容等を組織的かつ計画的に組み立てた教育課程である。

　教育課程を通して，これからの時代に求められる教育を実現していくためには，よりよい学校教育を通してよりよい社会を創るという理念を学校と社会とが共有し，それぞれの学校において，必要な学習内容をどのように学び，どのような資質・能力を身に付けられるようにするのかを教育課程において明確にしながら，社会との連携及び協働によりその実現を図っていくという，社会に開かれた教育課程の実現が重要となる。

　学習指導要領とは，こうした理念の実現に向けて必要となる教育課程の基準を大綱的に定めるものである。学習指導要領が果たす役割の一つは，公の性質を有する学校における教育水準を全国的に確保することである。また，各学校がその特色を生かして創意工夫を重ね，長年にわたり積み重ねられてきた教育実践や学術研究の蓄積を生かしながら，生徒や地域の現状や課題を捉え，家庭や地域社会と協力して，学習指導要領を踏まえた教育活動の更なる充実を図っていくことも重要である。

　生徒が学ぶことの意義を実感できる環境を整え，一人一人の資質・能力を伸ばせるようにしていくことは，教職員をはじめとする学校関係者はもとより，家庭や地域の人々も含め，様々な立場から生徒や学校に関わる全ての大人に期待される役割

である。幼児期の教育及び小学校教育の基礎の上に，高等学校以降の教育や生涯にわたる学習とのつながりを見通しながら，生徒の学習の在り方を展望していくために広く活用されるものとなることを期待して，ここに中学校学習指導要領を定める。

第1章　総則

● 第1　中学校教育の基本と教育課程の役割

1　各学校においては，教育基本法及び学校教育法その他の法令並びにこの章以下に示すところに従い，生徒の人間として調和のとれた育成を目指し，生徒の心身の発達の段階や特性及び学校や地域の実態を十分考慮して，適切な教育課程を編成するものとし，これらに掲げる目標を達成するよう教育を行うものとする。

2　学校の教育活動を進めるに当たっては，各学校において，第3の1に示す主体的・対話的で深い学びの実現に向けた授業改善を通して，創意工夫を生かした特色ある教育活動を展開する中で，次の(1)から(3)までに掲げる事項の実現を図り，生徒に生きる力を育むことを目指すものとする。

(1)　基礎的・基本的な知識及び技能を確実に習得させ，これらを活用して課題を解決するために必要な思考力，判断力，表現力等を育むとともに，主体的に学習に取り組む態度を養い，個性を生かし多様な人々との協働を促す教育の充実に努めること。その際，生徒の発達の段階を考慮して，生徒の言語活動など，学習の基盤をつくる活動を充実するとともに，家庭との連携を図りながら，生徒の学習習慣が確立するよう配慮すること。

(2)　道徳教育や体験活動，多様な表現や鑑賞の活動等を通して，豊かな心や創造性の涵養を目指した教育の充実に努めること。

　学校における道徳教育は，特別の教科である道徳（以下「道徳科」という。）を要として学校の教育活動全体を通じて行うものであり，道徳科はもとより，各教科，総合的な学習の時間及び特別活動のそれぞれの特質に応じて，生徒の発達の段階を考慮して，適切な指導を行うこと。

　道徳教育は，教育基本法及び学校教育法に定められた教育の根本精神に基づき，人間としての生き方を考え，主体的な判断の下に行動し，自立した人間として他者と共によりよく生きるための基盤となる道徳性を養うことを目標とすること。

　道徳教育を進めるに当たっては，人間尊重の精神と生命に対する畏敬の念を家庭，学校，その他社会における具体的な生活の中に生かし，豊かな心をもち，伝統と文化を尊重し，それらを育んできた我が国と郷土を愛し，個性豊かな文化の創造を図るとともに，平和で民主的な国家及び社会の形成者として，公共の精神を尊び，社会及び国家の発展に努め，他国を尊重し，国際社会の平和と発展や環境の保全に貢献し未来を拓く主体性のある日本人の育

成に資することとなるよう特に留意すること。
 (3) 学校における体育・健康に関する指導を，生徒の発達の段階を考慮して，学校の教育活動全体を通じて適切に行うことにより，健康で安全な生活と豊かなスポーツライフの実現を目指した教育の充実に努めること。特に，学校における食育の推進並びに体力の向上に関する指導，安全に関する指導及び心身の健康の保持増進に関する指導については，保健体育科，技術・家庭科及び特別活動の時間はもとより，各教科，道徳科及び総合的な学習の時間などにおいてもそれぞれの特質に応じて適切に行うよう努めること。また，それらの指導を通して，家庭や地域社会との連携を図りながら，日常生活において適切な体育・健康に関する活動の実践を促し，生涯を通じて健康・安全で活力ある生活を送るための基礎が培われるよう配慮すること。

3 2の(1)から(3)までに掲げる事項の実現を図り，豊かな創造性を備え持続可能な社会の創り手となることが期待される生徒に，生きる力を育むことを目指すに当たっては，学校教育全体並びに各教科，道徳科，総合的な学習の時間及び特別活動（以下「各教科等」という。ただし，第2の3の(2)のア及びウにおいて，特別活動については学級活動（学校給食に係るものを除く。）に限る。）の指導を通してどのような資質・能力の育成を目指すのかを明確にしながら，教育活動の充実を図るものとする。その際，生徒の発達の段階や特性等を踏まえつつ，次に掲げることが偏りなく実現できるようにするものとする。
 (1) 知識及び技能が習得されるようにすること。
 (2) 思考力，判断力，表現力等を育成すること。
 (3) 学びに向かう力，人間性等を涵養すること。

4 各学校においては，生徒や学校，地域の実態を適切に把握し，教育の目的や目標の実現に必要な教育の内容等を教科等横断的な視点で組み立てていくこと，教育課程の実施状況を評価してその改善を図っていくこと，教育課程の実施に必要な人的又は物的な体制を確保するとともにその改善を図っていくことなどを通して，教育課程に基づき組織的かつ計画的に各学校の教育活動の質の向上を図っていくこと（以下「カリキュラム・マネジメント」という。）に努めるものとする。

第2 教育課程の編成

1 各学校の教育目標と教育課程の編成
 教育課程の編成に当たっては，学校教育全体や各教科等における指導を通して育成を目指す資質・能力を踏まえつつ，各学校の教育目標を明確にするとと

もに，教育課程の編成についての基本的な方針が家庭や地域とも共有されるよう努めるものとする。その際，第4章総合的な学習の時間の第2の1に基づき定められる目標との関連を図るものとする。

2 教科等横断的な視点に立った資質・能力の育成
 (1) 各学校においては，生徒の発達の段階を考慮し，言語能力，情報活用能力（情報モラルを含む。），問題発見・解決能力等の学習の基盤となる資質・能力を育成していくことができるよう，各教科等の特質を生かし，教科等横断的な視点から教育課程の編成を図るものとする。
 (2) 各学校においては，生徒や学校，地域の実態及び生徒の発達の段階を考慮し，豊かな人生の実現や災害等を乗り越えて次代の社会を形成することに向けた現代的な諸課題に対応して求められる資質・能力を，教科等横断的な視点で育成していくことができるよう，各学校の特色を生かした教育課程の編成を図るものとする。

3 教育課程の編成における共通的事項
 (1) 内容等の取扱い
  ア 第2章以下に示す各教科，道徳科及び特別活動の内容に関する事項は，特に示す場合を除き，いずれの学校においても取り扱わなければならない。
  イ 学校において特に必要がある場合には，第2章以下に示していない内容を加えて指導することができる。また，第2章以下に示す内容の取扱いのうち内容の範囲や程度等を示す事項は，全ての生徒に対して指導するものとする内容の範囲や程度等を示したものであり，学校において特に必要がある場合には，この事項にかかわらず加えて指導することができる。ただし，これらの場合には，第2章以下に示す各教科，道徳科及び特別活動の目標や内容の趣旨を逸脱したり，生徒の負担過重となったりすることのないようにしなければならない。
  ウ 第2章以下に示す各教科，道徳科及び特別活動の内容に掲げる事項の順序は，特に示す場合を除き，指導の順序を示すものではないので，学校においては，その取扱いについて適切な工夫を加えるものとする。
  エ 学校において2以上の学年の生徒で編制する学級について特に必要がある場合には，各教科の目標の達成に支障のない範囲内で，各教科の目標及び内容について学年別の順序によらないことができる。
  オ 各学校においては，生徒や学校，地域の実態を考慮して，生徒の特性等に応じた多様な学習活動が行えるよう，第2章に示す各教科や，特に必要な教科を，選択教科として開設し生徒に履修させることができる。その場合にあっては，全ての生徒に指導すべき内容との関連を図りつつ，選択教

科の授業時数及び内容を適切に定め選択教科の指導計画を作成し，生徒の負担過重となることのないようにしなければならない。また，特に必要な教科の名称，目標，内容などについては，各学校が適切に定めるものとする。

カ 道徳科を要として学校の教育活動全体を通じて行う道徳教育の内容は，第3章特別の教科道徳の第2に示す内容とし，その実施に当たっては，第6に示す道徳教育に関する配慮事項を踏まえるものとする。

(2) 授業時数等の取扱い

ア 各教科等の授業は，年間35週以上にわたって行うよう計画し，週当たりの授業時数が生徒の負担過重にならないようにするものとする。ただし，各教科等や学習活動の特質に応じ効果的な場合には，夏季，冬季，学年末等の休業日の期間に授業日を設定する場合を含め，これらの授業を特定の期間に行うことができる。

イ 特別活動の授業のうち，生徒会活動及び学校行事については，それらの内容に応じ，年間，学期ごと，月ごとなどに適切な授業時数を充てるものとする。

ウ 各学校の時間割については，次の事項を踏まえ適切に編成するものとする。

(ア) 各教科等のそれぞれの授業の1単位時間は，各学校において，各教科等の年間授業時数を確保しつつ，生徒の発達の段階及び各教科等や学習活動の特質を考慮して適切に定めること。

(イ) 各教科等の特質に応じ，10分から15分程度の短い時間を活用して特定の教科等の指導を行う場合において，当該教科等を担当する教師が，単元や題材など内容や時間のまとまりを見通した中で，その指導内容の決定や指導の成果の把握と活用等を責任をもって行う体制が整備されているときは，その時間を当該教科等の年間授業時数に含めることができること。

(ウ) 給食，休憩などの時間については，各学校において工夫を加え，適切に定めること。

(エ) 各学校において，生徒や学校，地域の実態，各教科等や学習活動の特質等に応じて，創意工夫を生かした時間割を弾力的に編成できること。

エ 総合的な学習の時間における学習活動により，特別活動の学校行事に掲げる各行事の実施と同様の成果が期待できる場合においては，総合的な学習の時間における学習活動をもって相当する特別活動の学校行事に掲げる各行事の実施に替えることができる。

(3) 指導計画の作成等に当たっての配慮事項

　各学校においては，次の事項に配慮しながら，学校の創意工夫を生かし，全体として，調和のとれた具体的な指導計画を作成するものとする。

　ア　各教科等の指導内容については，(1)のアを踏まえつつ，単元や題材など内容や時間のまとまりを見通しながら，そのまとめ方や重点の置き方に適切な工夫を加え，第3の1に示す主体的・対話的で深い学びの実現に向けた授業改善を通して資質・能力を育む効果的な指導ができるようにすること。

　イ　各教科等及び各学年相互間の関連を図り，系統的，発展的な指導ができるようにすること。

4　学校段階間の接続

　教育課程の編成に当たっては，次の事項に配慮しながら，学校段階間の接続を図るものとする。

(1)　小学校学習指導要領を踏まえ，小学校教育までの学習の成果が中学校教育に円滑に接続され，義務教育段階の終わりまでに育成することを目指す資質・能力を，生徒が確実に身に付けることができるよう工夫すること。特に，義務教育学校，小学校連携型中学校及び小学校併設型中学校においては，義務教育9年間を見通した計画的かつ継続的な教育課程を編成すること。

(2)　高等学校学習指導要領を踏まえ，高等学校教育及びその後の教育との円滑な接続が図られるよう工夫すること。特に，中等教育学校，連携型中学校及び併設型中学校においては，中等教育6年間を見通した計画的かつ継続的な教育課程を編成すること。

● 第3　教育課程の実施と学習評価

1　主体的・対話的で深い学びの実現に向けた授業改善

　各教科等の指導に当たっては，次の事項に配慮するものとする。

(1)　第1の3の(1)から(3)までに示すことが偏りなく実現されるよう，単元や題材など内容や時間のまとまりを見通しながら，生徒の主体的・対話的で深い学びの実現に向けた授業改善を行うこと。

　　特に，各教科等において身に付けた知識及び技能を活用したり，思考力，判断力，表現力等や学びに向かう力，人間性等を発揮させたりして，学習の対象となる物事を捉え思考することにより，各教科等の特質に応じた物事を捉える視点や考え方（以下「見方・考え方」という。）が鍛えられていくことに留意し，生徒が各教科等の特質に応じた見方・考え方を働かせながら，知

識を相互に関連付けてより深く理解したり，情報を精査して考えを形成したり，問題を見いだして解決策を考えたり，思いや考えを基に創造したりすることに向かう過程を重視した学習の充実を図ること。

(2) 第2の2の(1)に示す言語能力の育成を図るため，各学校において必要な言語環境を整えるとともに，国語科を要としつつ各教科等の特質に応じて，生徒の言語活動を充実すること。あわせて，(7)に示すとおり読書活動を充実すること。

(3) 第2の2の(1)に示す情報活用能力の育成を図るため，各学校において，コンピュータや情報通信ネットワークなどの情報手段を活用するために必要な環境を整え，これらを適切に活用した学習活動の充実を図ること。また，各種の統計資料や新聞，視聴覚教材や教育機器などの教材・教具の適切な活用を図ること。

(4) 生徒が学習の見通しを立てたり学習したことを振り返ったりする活動を，計画的に取り入れるように工夫すること。

(5) 生徒が生命の有限性や自然の大切さ，主体的に挑戦してみることや多様な他者と協働することの重要性などを実感しながら理解することができるよう，各教科等の特質に応じた体験活動を重視し，家庭や地域社会と連携しつつ体系的・継続的に実施できるよう工夫すること。

(6) 生徒が自ら学習課題や学習活動を選択する機会を設けるなど，生徒の興味・関心を生かした自主的，自発的な学習が促されるよう工夫すること。

(7) 学校図書館を計画的に利用しその機能の活用を図り，生徒の主体的・対話的で深い学びの実現に向けた授業改善に生かすとともに，生徒の自主的，自発的な学習活動や読書活動を充実すること。また，地域の図書館や博物館，美術館，劇場，音楽堂等の施設の活用を積極的に図り，資料を活用した情報の収集や鑑賞等の学習活動を充実すること。

2　学習評価の充実

　　学習評価の実施に当たっては，次の事項に配慮するものとする。

(1) 生徒のよい点や進歩の状況などを積極的に評価し，学習したことの意義や価値を実感できるようにすること。また，各教科等の目標の実現に向けた学習状況を把握する観点から，単元や題材など内容や時間のまとまりを見通しながら評価の場面や方法を工夫して，学習の過程や成果を評価し，指導の改善や学習意欲の向上を図り，資質・能力の育成に生かすようにすること。

(2) 創意工夫の中で学習評価の妥当性や信頼性が高められるよう，組織的かつ計画的な取組を推進するとともに，学年や学校段階を越えて生徒の学習の成果が円滑に接続されるように工夫すること。

第4　生徒の発達の支援

1　生徒の発達を支える指導の充実
　教育課程の編成及び実施に当たっては，次の事項に配慮するものとする。
(1)　学習や生活の基盤として，教師と生徒との信頼関係及び生徒相互のよりよい人間関係を育てるため，日頃から学級経営の充実を図ること。また，主に集団の場面で必要な指導や援助を行うガイダンスと，個々の生徒の多様な実態を踏まえ，一人一人が抱える課題に個別に対応した指導を行うカウンセリングの双方により，生徒の発達を支援すること。
(2)　生徒が，自己の存在感を実感しながら，よりよい人間関係を形成し，有意義で充実した学校生活を送る中で，現在及び将来における自己実現を図っていくことができるよう，生徒理解を深め，学習指導と関連付けながら，生徒指導の充実を図ること。
(3)　生徒が，学ぶことと自己の将来とのつながりを見通しながら，社会的・職業的自立に向けて必要な基盤となる資質・能力を身に付けていくことができるよう，特別活動を要としつつ各教科等の特質に応じて，キャリア教育の充実を図ること。その中で，生徒が自らの生き方を考え主体的に進路を選択することができるよう，学校の教育活動全体を通じ，組織的かつ計画的な進路指導を行うこと。
(4)　生徒が，基礎的・基本的な知識及び技能の習得も含め，学習内容を確実に身に付けることができるよう，生徒や学校の実態に応じ，個別学習やグループ別学習，繰り返し学習，学習内容の習熟の程度に応じた学習，生徒の興味・関心等に応じた課題学習，補充的な学習や発展的な学習などの学習活動を取り入れることや，教師間の協力による指導体制を確保することなど，指導方法や指導体制の工夫改善により，個に応じた指導の充実を図ること。その際，第3の1の(3)に示す情報手段や教材・教具の活用を図ること。

2　特別な配慮を必要とする生徒への指導
(1)　障害のある生徒などへの指導
　ア　障害のある生徒などについては，特別支援学校等の助言又は援助を活用しつつ，個々の生徒の障害の状態等に応じた指導内容や指導方法の工夫を組織的かつ計画的に行うものとする。
　イ　特別支援学級において実施する特別の教育課程については，次のとおり編成するものとする。
　　(ｱ)　障害による学習上又は生活上の困難を克服し自立を図るため，特別支援学校小学部・中学部学習指導要領第7章に示す自立活動を取り入れること。

(イ) 生徒の障害の程度や学級の実態等を考慮の上,各教科の目標や内容を下学年の教科の目標や内容に替えたり,各教科を,知的障害者である生徒に対する教育を行う特別支援学校の各教科に替えたりするなどして,実態に応じた教育課程を編成すること。

ウ 障害のある生徒に対して,通級による指導を行い,特別の教育課程を編成する場合には,特別支援学校小学部・中学部学習指導要領第7章に示す自立活動の内容を参考とし,具体的な目標や内容を定め,指導を行うものとする。その際,効果的な指導が行われるよう,各教科等と通級による指導との関連を図るなど,教師間の連携に努めるものとする。

エ 障害のある生徒などについては,家庭,地域及び医療や福祉,保健,労働等の業務を行う関係機関との連携を図り,長期的な視点で生徒への教育的支援を行うために,個別の教育支援計画を作成し活用することに努めるとともに,各教科等の指導に当たって,個々の生徒の実態を的確に把握し,個別の指導計画を作成し活用することに努めるものとする。特に,特別支援学級に在籍する生徒や通級による指導を受ける生徒については,個々の生徒の実態を的確に把握し,個別の教育支援計画や個別の指導計画を作成し,効果的に活用するものとする。

(2) 海外から帰国した生徒などの学校生活への適応や,日本語の習得に困難のある生徒に対する日本語指導

ア 海外から帰国した生徒などについては,学校生活への適応を図るとともに,外国における生活経験を生かすなどの適切な指導を行うものとする。

イ 日本語の習得に困難のある生徒については,個々の生徒の実態に応じた指導内容や指導方法の工夫を組織的かつ計画的に行うものとする。特に,通級による日本語指導については,教師間の連携に努め,指導についての計画を個別に作成することなどにより,効果的な指導に努めるものとする。

(3) 不登校生徒への配慮

ア 不登校生徒については,保護者や関係機関と連携を図り,心理や福祉の専門家の助言又は援助を得ながら,社会的自立を目指す観点から,個々の生徒の実態に応じた情報の提供その他の必要な支援を行うものとする。

イ 相当の期間中学校を欠席し引き続き欠席すると認められる生徒を対象として,文部科学大臣が認める特別の教育課程を編成する場合には,生徒の実態に配慮した教育課程を編成するとともに,個別学習やグループ別学習など指導方法や指導体制の工夫改善に努めるものとする。

(4) 学齢を経過した者への配慮

ア 夜間その他の特別の時間に授業を行う課程において学齢を経過した者を

対象として特別の教育課程を編成する場合には，学齢を経過した者の年齢，経験又は勤労状況その他の実情を踏まえ，中学校教育の目的及び目標並びに第2章以下に示す各教科等の目標に照らして，中学校教育を通じて育成を目指す資質・能力を身に付けることができるようにするものとする。

イ 学齢を経過した者を教育する場合には，個別学習やグループ別学習など指導方法や指導体制の工夫改善に努めるものとする。

●第5 学校運営上の留意事項

1 教育課程の改善と学校評価，教育課程外の活動との連携等

ア 各学校においては，校長の方針の下に，校務分掌に基づき教職員が適切に役割を分担しつつ，相互に連携しながら，各学校の特色を生かしたカリキュラム・マネジメントを行うよう努めるものとする。また，各学校が行う学校評価については，教育課程の編成，実施，改善が教育活動や学校運営の中核となることを踏まえ，カリキュラム・マネジメントと関連付けながら実施するよう留意するものとする。

イ 教育課程の編成及び実施に当たっては，学校保健計画，学校安全計画，食に関する指導の全体計画，いじめの防止等のための対策に関する基本的な方針など，各分野における学校の全体計画等と関連付けながら，効果的な指導が行われるように留意するものとする。

ウ 教育課程外の学校教育活動と教育課程の関連が図られるように留意するものとする。特に，生徒の自主的，自発的な参加により行われる部活動については，スポーツや文化，科学等に親しませ，学習意欲の向上や責任感，連帯感の涵養等，学校教育が目指す資質・能力の育成に資するものであり，学校教育の一環として，教育課程との関連が図られるよう留意すること。その際，学校や地域の実態に応じ，地域の人々の協力，社会教育施設や社会教育関係団体等の各種団体との連携などの運営上の工夫を行い，持続可能な運営体制が整えられるようにするものとする。

2 家庭や地域社会との連携及び協働と学校間の連携

教育課程の編成及び実施に当たっては，次の事項に配慮するものとする。

ア 学校がその目的を達成するため，学校や地域の実態等に応じ，教育活動の実施に必要な人的又は物的な体制を家庭や地域の人々の協力を得ながら整えるなど，家庭や地域社会との連携及び協働を深めること。また，高齢者や異年齢の子供など，地域における世代を越えた交流の機会を設けること。

イ 他の中学校や，幼稚園，認定こども園，保育所，小学校，高等学校，特別支援学校などとの間の連携や交流を図るとともに，障害のある幼児児童生徒との交流及び共同学習の機会を設け，共に尊重し合いながら協働して生活していく態度を育むようにすること。

第6 道徳教育に関する配慮事項

道徳教育を進めるに当たっては，道徳教育の特質を踏まえ，前項までに示す事項に加え，次の事項に配慮するものとする。

1　各学校においては，第1の2の(2)に示す道徳教育の目標を踏まえ，道徳教育の全体計画を作成し，校長の方針の下に，道徳教育の推進を主に担当する教師（以下「道徳教育推進教師」という。）を中心に，全教師が協力して道徳教育を展開すること。なお，道徳教育の全体計画の作成に当たっては，生徒や学校，地域の実態を考慮して，学校の道徳教育の重点目標を設定するとともに，道徳科の指導方針，第3章特別の教科道徳の第2に示す内容との関連を踏まえた各教科，総合的な学習の時間及び特別活動における指導の内容及び時期並びに家庭や地域社会との連携の方法を示すこと。

2　各学校においては，生徒の発達の段階や特性等を踏まえ，指導内容の重点化を図ること。その際，小学校における道徳教育の指導内容を更に発展させ，自立心や自律性を高め，規律ある生活をすること，生命を尊重する心や自らの弱さを克服して気高く生きようとする心を育てること，法やきまりの意義に関する理解を深めること，自らの将来の生き方を考え主体的に社会の形成に参画する意欲と態度を養うこと，伝統と文化を尊重し，それらを育んできた我が国と郷土を愛するとともに，他国を尊重すること，国際社会に生きる日本人としての自覚を身に付けることに留意すること。

3　学校や学級内の人間関係や環境を整えるとともに，職場体験活動やボランティア活動，自然体験活動，地域の行事への参加などの豊かな体験を充実すること。また，道徳教育の指導内容が，生徒の日常生活に生かされるようにすること。その際，いじめの防止や安全の確保等にも資することとなるよう留意すること。

4　学校の道徳教育の全体計画や道徳教育に関する諸活動などの情報を積極的に公表したり，道徳教育の充実のために家庭や地域の人々の積極的な参加や協力を得たりするなど，家庭や地域社会との共通理解を深め，相互の連携を図ること。

第2章　各教科

第1節　国語

●第1　目標

　言葉による見方・考え方を働かせ，言語活動を通して，国語で正確に理解し適切に表現する資質・能力を次のとおり育成することを目指す。

(1) 社会生活に必要な国語について，その特質を理解し適切に使うことができるようにする。

(2) 社会生活における人との関わりの中で伝え合う力を高め，思考力や想像力を養う。

(3) 言葉がもつ価値を認識するとともに，言語感覚を豊かにし，我が国の言語文化に関わり，国語を尊重してその能力の向上を図る態度を養う。

●第2　各学年の目標及び内容

〔第1学年〕

1　目標

(1) 社会生活に必要な国語の知識や技能を身に付けるとともに，我が国の言語文化に親しんだり理解したりすることができるようにする。

(2) 筋道立てて考える力や豊かに感じたり想像したりする力を養い，日常生活における人との関わりの中で伝え合う力を高め，自分の思いや考えを確かなものにすることができるようにする。

(3) 言葉がもつ価値に気付くとともに，進んで読書をし，我が国の言語文化を大切にして，思いや考えを伝え合おうとする態度を養う。

2　内容

〔知識及び技能〕

(1) 言葉の特徴や使い方に関する次の事項を身に付けることができるよう指導する。

　ア　音声の働きや仕組みについて，理解を深めること。

　イ　小学校学習指導要領第2章第1節国語の学年別漢字配当表（以下「学年別漢字配当表」という。）に示されている漢字に加え，その他の常用漢字の

うち300字程度から400字程度までの漢字を読むこと。また，学年別漢字配当表の漢字のうち900字程度の漢字を書き，文や文章の中で使うこと。
　ウ　事象や行為，心情を表す語句の量を増すとともに，語句の辞書的な意味と文脈上の意味との関係に注意して話や文章の中で使うことを通して，語感を磨き語彙を豊かにすること。
　エ　単語の類別について理解するとともに，指示する語句と接続する語句の役割について理解を深めること。
　オ　比喩，反復，倒置，体言止めなどの表現の技法を理解し使うこと。
(2)　話や文章に含まれている情報の扱い方に関する次の事項を身に付けることができるよう指導する。
　ア　原因と結果，意見と根拠など情報と情報との関係について理解すること。
　イ　比較や分類，関係付けなどの情報の整理の仕方，引用の仕方や出典の示し方について理解を深め，それらを使うこと。
(3)　我が国の言語文化に関する次の事項を身に付けることができるよう指導する。
　ア　音読に必要な文語のきまりや訓読の仕方を知り，古文や漢文を音読し，古典特有のリズムを通して，古典の世界に親しむこと。
　イ　古典には様々な種類の作品があることを知ること。
　ウ　共通語と方言の果たす役割について理解すること。
　エ　書写に関する次の事項を理解し使うこと。
　　(ｱ)　字形を整え，文字の大きさ，配列などについて理解して，楷書で書くこと。
　　(ｲ)　漢字の行書の基礎的な書き方を理解して，身近な文字を行書で書くこと。
　オ　読書が，知識や情報を得たり，自分の考えを広げたりすることに役立つことを理解すること。
　〔思考力，判断力，表現力等〕
A　話すこと・聞くこと
(1)　話すこと・聞くことに関する次の事項を身に付けることができるよう指導する。
　ア　目的や場面に応じて，日常生活の中から話題を決め，集めた材料を整理し，伝え合う内容を検討すること。
　イ　自分の考えや根拠が明確になるように，話の中心的な部分と付加的な部分，事実と意見との関係などに注意して，話の構成を考えること。
　ウ　相手の反応を踏まえながら，自分の考えが分かりやすく伝わるように表

現を工夫すること。
　　エ　必要に応じて記録したり質問したりしながら話の内容を捉え，共通点や相違点などを踏まえて，自分の考えをまとめること。
　　オ　話題や展開を捉えながら話し合い，互いの発言を結び付けて考えをまとめること。
　(2)　(1)に示す事項については，例えば，次のような言語活動を通して指導するものとする。
　　ア　紹介や報告など伝えたいことを話したり，それらを聞いて質問したり意見などを述べたりする活動。
　　イ　互いの考えを伝えるなどして，少人数で話し合う活動。
B　書くこと
　(1)　書くことに関する次の事項を身に付けることができるよう指導する。
　　ア　目的や意図に応じて，日常生活の中から題材を決め，集めた材料を整理し，伝えたいことを明確にすること。
　　イ　書く内容の中心が明確になるように，段落の役割などを意識して文章の構成や展開を考えること。
　　ウ　根拠を明確にしながら，自分の考えが伝わる文章になるように工夫すること。
　　エ　読み手の立場に立って，表記や語句の用法，叙述の仕方などを確かめて，文章を整えること。
　　オ　根拠の明確さなどについて，読み手からの助言などを踏まえ，自分の文章のよい点や改善点を見いだすこと。
　(2)　(1)に示す事項については，例えば，次のような言語活動を通して指導するものとする。
　　ア　本や資料から文章や図表などを引用して説明したり記録したりするなど，事実やそれを基に考えたことを書く活動。
　　イ　行事の案内や報告の文章を書くなど，伝えるべきことを整理して書く活動。
　　ウ　詩を創作したり随筆を書いたりするなど，感じたことや考えたことを書く活動。
C　読むこと
　(1)　読むことに関する次の事項を身に付けることができるよう指導する。
　　ア　文章の中心的な部分と付加的な部分，事実と意見との関係などについて叙述を基に捉え，要旨を把握すること。
　　イ　場面の展開や登場人物の相互関係，心情の変化などについて，描写を基

に捉えること。
　ウ　目的に応じて必要な情報に着目して要約したり，場面と場面，場面と描写などを結び付けたりして，内容を解釈すること。
　エ　文章の構成や展開，表現の効果について，根拠を明確にして考えること。
　オ　文章を読んで理解したことに基づいて，自分の考えを確かなものにすること。
(2)　(1)に示す事項については，例えば，次のような言語活動を通して指導するものとする。
　ア　説明や記録などの文章を読み，理解したことや考えたことを報告したり文章にまとめたりする活動。
　イ　小説や随筆などを読み，考えたことなどを記録したり伝え合ったりする活動。
　ウ　学校図書館などを利用し，多様な情報を得て，考えたことなどを報告したり資料にまとめたりする活動。

〔第2学年〕

1　目　標

(1)　社会生活に必要な国語の知識や技能を身に付けるとともに，我が国の言語文化に親しんだり理解したりすることができるようにする。

(2)　論理的に考える力や共感したり想像したりする力を養い，社会生活における人との関わりの中で伝え合う力を高め，自分の思いや考えを広げたり深めたりすることができるようにする。

(3)　言葉がもつ価値を認識するとともに，読書を生活に役立て，我が国の言語文化を大切にして，思いや考えを伝え合おうとする態度を養う。

2　内　容

〔知識及び技能〕

(1)　言葉の特徴や使い方に関する次の事項を身に付けることができるよう指導する。
　ア　言葉には，相手の行動を促す働きがあることに気付くこと。
　イ　話し言葉と書き言葉の特徴について理解すること。
　ウ　第1学年までに学習した常用漢字に加え，その他の常用漢字のうち350字程度から450字程度までの漢字を読むこと。また，学年別漢字配当表に示されている漢字を書き，文や文章の中で使うこと。
　エ　抽象的な概念を表す語句の量を増すとともに，類義語と対義語，同音異

義語や多義的な意味を表す語句などについて理解し，話や文章の中で使うことを通して，語感を磨き語彙を豊かにすること。
　オ　単語の活用，助詞や助動詞などの働き，文の成分の順序や照応など文の構成について理解するとともに，話や文章の構成や展開について理解を深めること。
　カ　敬語の働きについて理解し，話や文章の中で使うこと。
(2) 話や文章に含まれている情報の扱い方に関する次の事項を身に付けることができるよう指導する。
　ア　意見と根拠，具体と抽象など情報と情報との関係について理解すること。
　イ　情報と情報との関係の様々な表し方を理解し使うこと。
(3) 我が国の言語文化に関する次の事項を身に付けることができるよう指導する。
　ア　作品の特徴を生かして朗読するなどして，古典の世界に親しむこと。
　イ　現代語訳や語注などを手掛かりに作品を読むことを通して，古典に表れたものの見方や考え方を知ること。
　ウ　書写に関する次の事項を理解し使うこと。
　　(ア)　漢字の行書とそれに調和した仮名の書き方を理解して，読みやすく速く書くこと。
　　(イ)　目的や必要に応じて，楷書又は行書を選んで書くこと。
　エ　本や文章などには，様々な立場や考え方が書かれていることを知り，自分の考えを広げたり深めたりする読書に生かすこと。

〔思考力，判断力，表現力等〕

A　話すこと・聞くこと
(1) 話すこと・聞くことに関する次の事項を身に付けることができるよう指導する。
　ア　目的や場面に応じて，社会生活の中から話題を決め，異なる立場や考えを想定しながら集めた材料を整理し，伝え合う内容を検討すること。
　イ　自分の立場や考えが明確になるように，根拠の適切さや論理の展開などに注意して，話の構成を工夫すること。
　ウ　資料や機器を用いるなどして，自分の考えが分かりやすく伝わるように表現を工夫すること。
　エ　論理の展開などに注意して聞き，話し手の考えと比較しながら，自分の考えをまとめること。
　オ　互いの立場や考えを尊重しながら話し合い，結論を導くために考えをまとめること。

(2) (1)に示す事項については、例えば、次のような言語活動を通して指導するものとする。

　ア　説明や提案など伝えたいことを話したり、それらを聞いて質問や助言などをしたりする活動。

　イ　それぞれの立場から考えを伝えるなどして、議論や討論をする活動。

B　書くこと

(1) 書くことに関する次の事項を身に付けることができるよう指導する。

　ア　目的や意図に応じて、社会生活の中から題材を決め、多様な方法で集めた材料を整理し、伝えたいことを明確にすること。

　イ　伝えたいことが分かりやすく伝わるように、段落相互の関係などを明確にし、文章の構成や展開を工夫すること。

　ウ　根拠の適切さを考えて説明や具体例を加えたり、表現の効果を考えて描写したりするなど、自分の考えが伝わる文章になるように工夫すること。

　エ　読み手の立場に立って、表現の効果などを確かめて、文章を整えること。

　オ　表現の工夫とその効果などについて、読み手からの助言などを踏まえ、自分の文章のよい点や改善点を見いだすこと。

(2) (1)に示す事項については、例えば、次のような言語活動を通して指導するものとする。

　ア　多様な考えができる事柄について意見を述べるなど、自分の考えを書く活動。

　イ　社会生活に必要な手紙や電子メールを書くなど、伝えたいことを相手や媒体を考慮して書く活動。

　ウ　短歌や俳句、物語を創作するなど、感じたことや想像したことを書く活動。

C　読むこと

(1) 読むことに関する次の事項を身に付けることができるよう指導する。

　ア　文章全体と部分との関係に注意しながら、主張と例示との関係や登場人物の設定の仕方などを捉えること。

　イ　目的に応じて複数の情報を整理しながら適切な情報を得たり、登場人物の言動の意味などについて考えたりして、内容を解釈すること。

　ウ　文章と図表などを結び付け、その関係を踏まえて内容を解釈すること。

　エ　観点を明確にして文章を比較するなどし、文章の構成や論理の展開、表現の効果について考えること。

　オ　文章を読んで理解したことや考えたことを知識や経験と結び付け、自分の考えを広げたり深めたりすること。

(2) (1)に示す事項については，例えば，次のような言語活動を通して指導するものとする。

　ア　報告や解説などの文章を読み，理解したことや考えたことを説明したり文章にまとめたりする活動。

　イ　詩歌や小説などを読み，引用して解説したり，考えたことなどを伝え合ったりする活動。

　ウ　本や新聞，インターネットなどから集めた情報を活用し，出典を明らかにしながら，考えたことなどを説明したり提案したりする活動。

〔第3学年〕
1　目標
(1) 社会生活に必要な国語の知識や技能を身に付けるとともに，我が国の言語文化に親しんだり理解したりすることができるようにする。

(2) 論理的に考える力や深く共感したり豊かに想像したりする力を養い，社会生活における人との関わりの中で伝え合う力を高め，自分の思いや考えを広げたり深めたりすることができるようにする。

(3) 言葉がもつ価値を認識するとともに，読書を通して自己を向上させ，我が国の言語文化に関わり，思いや考えを伝え合おうとする態度を養う。

2　内容
〔知識及び技能〕

(1) 言葉の特徴や使い方に関する次の事項を身に付けることができるよう指導する。

　ア　第2学年までに学習した常用漢字に加え，その他の常用漢字の大体を読むこと。また，学年別漢字配当表に示されている漢字について，文や文章の中で使い慣れること。

　イ　理解したり表現したりするために必要な語句の量を増し，慣用句や四字熟語などについて理解を深め，話や文章の中で使うとともに，和語，漢語，外来語などを使い分けることを通して，語感を磨き語彙を豊かにすること。

　ウ　話や文章の種類とその特徴について理解を深めること。

　エ　敬語などの相手や場に応じた言葉遣いを理解し，適切に使うこと。

(2) 話や文章に含まれている情報の扱い方に関する次の事項を身に付けることができるよう指導する。

　ア　具体と抽象など情報と情報との関係について理解を深めること。

　イ　情報の信頼性の確かめ方を理解し使うこと。

(3) 我が国の言語文化に関する次の事項を身に付けることができるよう指導する。

ア 歴史的背景などに注意して古典を読むことを通して、その世界に親しむこと。

イ 長く親しまれている言葉や古典の一節を引用するなどして使うこと。

ウ 時間の経過による言葉の変化や世代による言葉の違いについて理解すること。

エ 書写に関する次の事項を理解し使うこと。

　(ア) 身の回りの多様な表現を通して文字文化の豊かさに触れ、効果的に文字を書くこと。

オ 自分の生き方や社会との関わり方を支える読書の意義と効用について理解すること。

〔思考力、判断力、表現力等〕

A　話すこと・聞くこと

(1) 話すこと・聞くことに関する次の事項を身に付けることができるよう指導する。

ア 目的や場面に応じて、社会生活の中から話題を決め、多様な考えを想定しながら材料を整理し、伝え合う内容を検討すること。

イ 自分の立場や考えを明確にし、相手を説得できるように論理の展開などを考えて、話の構成を工夫すること。

ウ 場の状況に応じて言葉を選ぶなど、自分の考えが分かりやすく伝わるように表現を工夫すること。

エ 話の展開を予測しながら聞き、聞き取った内容や表現の仕方を評価して、自分の考えを広げたり深めたりすること。

オ 進行の仕方を工夫したり互いの発言を生かしたりしながら話し合い、合意形成に向けて考えを広げたり深めたりすること。

(2) (1)に示す事項については、例えば、次のような言語活動を通して指導するものとする。

ア 提案や主張など自分の考えを話したり、それらを聞いて質問したり評価などを述べたりする活動。

イ 互いの考えを生かしながら議論や討論をする活動。

B　書くこと

(1) 書くことに関する次の事項を身に付けることができるよう指導する。

ア 目的や意図に応じて、社会生活の中から題材を決め、集めた材料の客観性や信頼性を確認し、伝えたいことを明確にすること。

イ　文章の種類を選択し，多様な読み手を説得できるように論理の展開など
　　　を考えて，文章の構成を工夫すること。
　　ウ　表現の仕方を考えたり資料を適切に引用したりするなど，自分の考えが
　　　分かりやすく伝わる文章になるように工夫すること。
　　エ　目的や意図に応じた表現になっているかなどを確かめて，文章全体を整
　　　えること。
　　オ　論理の展開などについて，読み手からの助言などを踏まえ，自分の文章
　　　のよい点や改善点を見いだすこと。
　(2)　(1)に示す事項については，例えば，次のような言語活動を通して指導する
　　ものとする。
　　ア　関心のある事柄について批評するなど，自分の考えを書く活動。
　　イ　情報を編集して文章にまとめるなど，伝えたいことを整理して書く活動。
C　読むこと
　(1)　読むことに関する次の事項を身に付けることができるよう指導する。
　　ア　文章の種類を踏まえて，論理や物語の展開の仕方などを捉えること。
　　イ　文章を批判的に読みながら，文章に表れているものの見方や考え方につ
　　　いて考えること。
　　ウ　文章の構成や論理の展開，表現の仕方について評価すること。
　　エ　文章を読んで考えを広げたり深めたりして，人間，社会，自然などにつ
　　　いて，自分の意見をもつこと。
　(2)　(1)に示す事項については，例えば，次のような言語活動を通して指導する
　　ものとする。
　　ア　論説や報道などの文章を比較するなどして読み，理解したことや考えた
　　　ことについて討論したり文章にまとめたりする活動。
　　イ　詩歌や小説などを読み，批評したり，考えたことなどを伝え合ったりす
　　　る活動。
　　ウ　実用的な文章を読み，実生活への生かし方を考える活動。

第3　指導計画の作成と内容の取扱い

1　指導計画の作成に当たっては，次の事項に配慮するものとする。
　(1)　単元など内容や時間のまとまりを見通して，その中で育む資質・能力の育
　　成に向けて，生徒の主体的・対話的で深い学びの実現を図るようにすること。
　　その際，言葉による見方・考え方を働かせ，言語活動を通して，言葉の特徴
　　や使い方などを理解し自分の思いや考えを深める学習の充実を図ること。

(2) 第2の各学年の内容の指導については、必要に応じて当該学年の前後の学年で取り上げることもできること。

(3) 第2の各学年の内容の〔知識及び技能〕に示す事項については、〔思考力、判断力、表現力等〕に示す事項の指導を通して指導することを基本とし、必要に応じて、特定の事項だけを取り上げて指導したり、それらをまとめて指導したりするなど、指導の効果を高めるよう工夫すること。

(4) 第2の各学年の内容の〔思考力、判断力、表現力等〕の「A話すこと・聞くこと」に関する指導については、第1学年及び第2学年では年間15～25単位時間程度、第3学年では年間10～20単位時間程度を配当すること。その際、音声言語のための教材を積極的に活用するなどして、指導の効果を高めるよう工夫すること。

(5) 第2の各学年の内容の〔思考力、判断力、表現力等〕の「B書くこと」に関する指導については、第1学年及び第2学年では年間30～40単位時間程度、第3学年では年間20～30単位時間程度を配当すること。その際、実際に文章を書く活動を重視すること。

(6) 第2の第1学年及び第3学年の内容の〔知識及び技能〕の(3)のオ、第2学年の内容の〔知識及び技能〕の(3)のエ、各学年の内容の〔思考力、判断力、表現力等〕の「C読むこと」に関する指導については、様々な文章を読んで、自分の表現に役立てられるようにするとともに、他教科等における読書の指導や学校図書館における指導との関連を考えて行うこと。

(7) 言語能力の向上を図る観点から、外国語科など他教科等との関連を積極的に図り、指導の効果を高めるようにすること。

(8) 障害のある生徒などについては、学習活動を行う場合に生じる困難さに応じた指導内容や指導方法の工夫を計画的、組織的に行うこと。

(9) 第1章総則の第1の2の(2)に示す道徳教育の目標に基づき、道徳科などとの関連を考慮しながら、第3章特別の教科道徳の第2に示す内容について、国語科の特質に応じて適切な指導をすること。

2 第2の内容の取扱いについては、次の事項に配慮するものとする。

(1) 〔知識及び技能〕に示す事項については、次のとおり取り扱うこと。

　ア　日常の言語活動を振り返ることなどを通して、生徒が、実際に話したり聞いたり書いたり読んだりする場面を意識できるよう指導を工夫すること。

　イ　漢字の指導については、第2の内容に定めるほか、次のとおり取り扱うこと。

　　(ｱ)　他教科等の学習において必要となる漢字については、当該教科等と関

連付けて指導するなど，その確実な定着が図られるよう工夫すること。
　ウ　書写の指導については，第2の内容に定めるほか，次のとおり取り扱うこと。
　　(ｱ)　文字を正しく整えて速く書くことができるようにするとともに，書写の能力を学習や生活に役立てる態度を育てるよう配慮すること。
　　(ｲ)　硬筆を使用する書写の指導は各学年で行うこと。
　　(ｳ)　毛筆を使用する書写の指導は各学年で行い，硬筆による書写の能力の基礎を養うよう指導すること。
　　(ｴ)　書写の指導に配当する授業時数は，第1学年及び第2学年では年間20単位時間程度，第3学年では年間10単位時間程度とすること。
(2)　第2の内容の指導に当たっては，生徒がコンピュータや情報通信ネットワークを積極的に活用する機会を設けるなどして，指導の効果を高めるよう工夫すること。
(3)　第2の内容の指導に当たっては，学校図書館などを目的をもって計画的に利用しその機能の活用を図るようにすること。
3　教材については，次の事項に留意するものとする。
(1)　教材は，第2の各学年の目標及び内容に示す資質・能力を偏りなく養うことや読書に親しむ態度を育成することをねらいとし，生徒の発達の段階に即して適切な話題や題材を精選して調和的に取り上げること。また，第2の各学年の内容の〔思考力，判断力，表現力等〕の「A話すこと・聞くこと」，「B書くこと」及び「C読むこと」のそれぞれの(2)に掲げる言語活動が十分行われるよう教材を選定すること。
(2)　教材は，次のような観点に配慮して取り上げること。
　ア　国語に対する認識を深め，国語を尊重する態度を育てるのに役立つこと。
　イ　伝え合う力，思考力や想像力を養い言語感覚を豊かにするのに役立つこと。
　ウ　公正かつ適切に判断する能力や創造的精神を養うのに役立つこと。
　エ　科学的，論理的に物事を捉え考察し，視野を広げるのに役立つこと。
　オ　人生について考えを深め，豊かな人間性を養い，たくましく生きる意志を育てるのに役立つこと。
　カ　人間，社会，自然などについての考えを深めるのに役立つこと。
　キ　我が国の伝統と文化に対する関心や理解を深め，それらを尊重する態度を育てるのに役立つこと。
　ク　広い視野から国際理解を深め，日本人としての自覚をもち，国際協調の精神を養うのに役立つこと。

(3) 第2の各学年の内容の〔思考力，判断力，表現力等〕の「C読むこと」の教材については，各学年で説明的な文章や文学的な文章などの文章の種類を調和的に取り扱うこと。また，説明的な文章については，適宜，図表や写真などを含むものを取り上げること。

(4) 我が国の言語文化に親しむことができるよう，近代以降の代表的な作家の作品を，いずれかの学年で取り上げること。

(5) 古典に関する教材については，古典の原文に加え，古典の現代語訳，古典について解説した文章などを取り上げること。

第2節 社会

第1 目標

社会的な見方・考え方を働かせ,課題を追究したり解決したりする活動を通して,広い視野に立ち,グローバル化する国際社会に主体的に生きる平和で民主的な国家及び社会の形成者に必要な公民としての資質・能力の基礎を次のとおり育成することを目指す。

(1) 我が国の国土と歴史,現代の政治,経済,国際関係等に関して理解するとともに,調査や諸資料から様々な情報を効果的に調べまとめる技能を身に付けるようにする。

(2) 社会的事象の意味や意義,特色や相互の関連を多面的・多角的に考察したり,社会に見られる課題の解決に向けて選択・判断したりする力,思考・判断したことを説明したり,それらを基に議論したりする力を養う。

(3) 社会的事象について,よりよい社会の実現を視野に課題を主体的に解決しようとする態度を養うとともに,多面的・多角的な考察や深い理解を通して涵養される我が国の国土や歴史に対する愛情,国民主権を担う公民として,自国を愛し,その平和と繁栄を図ることや,他国や他国の文化を尊重することの大切さについての自覚などを深める。

第2 各分野の目標及び内容

〔地理的分野〕

1 目標

社会的事象の地理的な見方・考え方を働かせ,課題を追究したり解決したりする活動を通して,広い視野に立ち,グローバル化する国際社会に主体的に生きる平和で民主的な国家及び社会の形成者に必要な公民としての資質・能力の基礎を次のとおり育成することを目指す。

(1) 我が国の国土及び世界の諸地域に関して,地域の諸事象や地域的特色を理解するとともに,調査や諸資料から地理に関する様々な情報を効果的に調べまとめる技能を身に付けるようにする。

(2) 地理に関わる事象の意味や意義,特色や相互の関連を,位置や分布,場所,人間と自然環境との相互依存関係,空間的相互依存作用,地域などに着目して,多面的・多角的に考察したり,地理的な課題の解決に向けて公正に選択・判断したりする力,思考・判断したことを説明したり,それらを基に議論し

たりする力を養う。
(3) 日本や世界の地域に関わる諸事象について，よりよい社会の実現を視野にそこで見られる課題を主体的に追究,解決しようとする態度を養うとともに，多面的・多角的な考察や深い理解を通して涵養される我が国の国土に対する愛情，世界の諸地域の多様な生活文化を尊重しようとすることの大切さについての自覚などを深める。

2 内容

A 世界と日本の地域構成

(1) 地域構成

次の①と②の地域構成を取り上げ，位置や分布などに着目して，課題を追究したり解決したりする活動を通して，以下のア及びイの事項を身に付けることができるよう指導する。

① 世界の地域構成　　② 日本の地域構成

ア 次のような知識を身に付けること。

(ア) 緯度と経度，大陸と海洋の分布，主な国々の名称と位置などを基に，世界の地域構成を大観し理解すること。

(イ) 我が国の国土の位置，世界各地との時差，領域の範囲や変化とその特色などを基に，日本の地域構成を大観し理解すること。

イ 次のような思考力，判断力，表現力等を身に付けること。

(ア) 世界の地域構成の特色を，大陸と海洋の分布や主な国の位置，緯度や経度などに着目して多面的・多角的に考察し，表現すること。

(イ) 日本の地域構成の特色を，周辺の海洋の広がりや国土を構成する島々の位置などに着目して多面的・多角的に考察し，表現すること。

B 世界の様々な地域

(1) 世界各地の人々の生活と環境

場所や人間と自然環境との相互依存関係などに着目して，課題を追究したり解決したりする活動を通して，次の事項を身に付けることができるよう指導する。

ア 次のような知識を身に付けること。

(ア) 人々の生活は，その生活が営まれる場所の自然及び社会的条件から影響を受けたり，その場所の自然及び社会的条件に影響を与えたりすることを理解すること。

(イ) 世界各地における人々の生活やその変容を基に，世界の人々の生活や環境の多様性を理解すること。その際，世界の主な宗教の分布について

も理解すること。
　イ　次のような思考力，判断力，表現力等を身に付けること。
　　(ア)　世界各地における人々の生活の特色やその変容の理由を，その生活が営まれる場所の自然及び社会的条件などに着目して多面的・多角的に考察し，表現すること。
(2)　世界の諸地域
　次の①から⑥までの各州を取り上げ，空間的相互依存作用や地域などに着目して，主題を設けて課題を追究したり解決したりする活動を通して，以下のア及びイの事項を身に付けることができるよう指導する。
　①　アジア　　　　②　ヨーロッパ　　　③　アフリカ
　④　北アメリカ　　⑤　南アメリカ　　　⑥　オセアニア
　ア　次のような知識を身に付けること。
　　(ア)　世界各地で顕在化している地球的課題は，それが見られる地域の地域的特色の影響を受けて，現れ方が異なることを理解すること。
　　(イ)　①から⑥までの世界の各州に暮らす人々の生活を基に，各州の地域的特色を大観し理解すること。
　イ　次のような思考力，判断力，表現力等を身に付けること。
　　(ア)　①から⑥までの世界の各州において，地域で見られる地球的課題の要因や影響を，州という地域の広がりや地域内の結び付きなどに着目して，それらの地域的特色と関連付けて多面的・多角的に考察し，表現すること。
C　日本の様々な地域
(1)　地域調査の手法
　場所などに着目して，課題を追究したり解決したりする活動を通して，次の事項を身に付けることができるよう指導する。
　ア　次のような知識及び技能を身に付けること。
　　(ア)　観察や野外調査，文献調査を行う際の視点や方法，地理的なまとめ方の基礎を理解すること。
　　(イ)　地形図や主題図の読図，目的や用途に適した地図の作成などの地理的技能を身に付けること。
　イ　次のような思考力，判断力，表現力等を身に付けること。
　　(ア)　地域調査において，対象となる場所の特徴などに着目して，適切な主題や調査，まとめとなるように，調査の手法やその結果を多面的・多角的に考察し，表現すること。
(2)　日本の地域的特色と地域区分

次の①から④までの項目を取り上げ，分布や地域などに着目して，課題を追究したり解決したりする活動を通して，以下のア及びイの事項を身に付けることができるよう指導する。

① 自然環境　　② 人口　　③ 資源・エネルギーと産業
④ 交通・通信

ア　次のような知識及び技能を身に付けること。

(ア)　日本の地形や気候の特色，海洋に囲まれた日本の国土の特色，自然災害と防災への取組などを基に，日本の自然環境に関する特色を理解すること。

(イ)　少子高齢化の課題，国内の人口分布や過疎・過密問題などを基に，日本の人口に関する特色を理解すること。

(ウ)　日本の資源・エネルギー利用の現状，国内の産業の動向，環境やエネルギーに関する課題などを基に，日本の資源・エネルギーと産業に関する特色を理解すること。

(エ)　国内や日本と世界との交通・通信網の整備状況，これを活用した陸上，海上輸送などの物流や人の往来などを基に，国内各地の結び付きや日本と世界との結び付きの特色を理解すること。

(オ)　①から④までの項目に基づく地域区分を踏まえ，我が国の国土の特色を大観し理解すること。

(カ)　日本や国内地域に関する各種の主題図や資料を基に，地域区分をする技能を身に付けること。

イ　次のような思考力，判断力，表現力等を身に付けること。

(ア)　①から④までの項目について，それぞれの地域区分を，地域の共通点や差異，分布などに着目して，多面的・多角的に考察し，表現すること。

(イ)　日本の地域的特色を，①から④までの項目に基づく地域区分などに着目して，それらを関連付けて多面的・多角的に考察し，表現すること。

(3)　日本の諸地域

次の①から⑤までの考察の仕方を基にして，空間的相互依存作用や地域などに着目して，主題を設けて課題を追究したり解決したりする活動を通して，以下のア及びイの事項を身に付けることができるよう指導する。

① 自然環境を中核とした考察の仕方
② 人口や都市・村落を中核とした考察の仕方
③ 産業を中核とした考察の仕方
④ 交通や通信を中核とした考察の仕方
⑤ その他の事象を中核とした考察の仕方

ア　次のような知識を身に付けること。
　　　(ア)　幾つかに区分した日本のそれぞれの地域について，その地域的特色や地域の課題を理解すること。
　　　(イ)　①から⑤までの考察の仕方で取り上げた特色ある事象と，それに関連する他の事象や，そこで生ずる課題を理解すること。
　　イ　次のような思考力，判断力，表現力等を身に付けること。
　　　(ア)　日本の諸地域において，それぞれ①から⑤までで扱う中核となる事象の成立条件を，地域の広がりや地域内の結び付き，人々の対応などに着目して，他の事象やそこで生ずる課題と有機的に関連付けて多面的・多角的に考察し，表現すること。
(4)　地域の在り方
　　空間的相互依存作用や地域などに着目して，課題を追究したり解決したりする活動を通して，次の事項を身に付けることができるよう指導する。
　　ア　次のような知識を身に付けること。
　　　(ア)　地域の実態や課題解決のための取組を理解すること。
　　　(イ)　地域的な課題の解決に向けて考察，構想したことを適切に説明，議論しまとめる手法について理解すること。
　　イ　次のような思考力，判断力，表現力等を身に付けること。
　　　(ア)　地域の在り方を，地域の結び付きや地域の変容，持続可能性などに着目し，そこで見られる地理的な課題について多面的・多角的に考察，構想し，表現すること。

3　内容の取扱い

(1)　内容のA，B及びCについては，この順序で取り扱うものとし，既習の学習成果を生かすこと。
(2)　内容の取扱いについては，次の事項に配慮するものとする。
　　ア　世界や日本の場所や地域の特色には，一般的共通性と地方的特殊性があり，また，地域に見られる諸事象は，その地域の規模の違いによって現れ方が異なることに留意すること。
　　イ　地図の読図や作図，景観写真の読み取り，地域に関する情報の収集や処理などの地理的技能を身に付けるに当たっては，系統性に留意して計画的に指導すること。その際，教科用図書「地図」を十分に活用すること。
　　ウ　学習で取り上げる地域や国については，各項目間の調整を図り，一部の地域に偏ることのないようにすること。
　　エ　地域の特色や変化を捉えるに当たっては，歴史的分野との連携を踏まえ，

歴史的背景に留意して地域的特色を追究するよう工夫するとともに，公民的分野との関連にも配慮すること。

　オ　地域的特色を追究する過程で生物や地学的な事象などを取り上げる際には，地域的特色を捉える上で必要な範囲にとどめること。

(3) 内容のAについては，次のとおり取り扱うものとする。

　ア　(1)については，次のとおり取り扱うものとする。

　　(ｱ)　日本の地域構成を扱う際には，都道府県の名称と位置のほかに都道府県庁所在地名も取り上げること。

　　(ｲ)　「領域の範囲や変化とその特色」については，我が国の海洋国家としての特色を取り上げるとともに，竹島や北方領土が我が国の固有の領土であることなど，我が国の領域をめぐる問題も取り上げるようにすること。その際，尖閣諸島については我が国の固有の領土であり，領土問題は存在しないことも扱うこと。

　　(ｳ)　地球儀や地図を積極的に活用し，学習全体を通して，大まかに世界地図や日本地図を描けるようにすること。

(4) 内容のBについては，次のとおり取り扱うものとする。

　ア　(1)については，世界各地の人々の生活の特色やその変容の理由と，その生活が営まれる場所の自然及び社会的条件との関係を考察するに当たって，衣食住の特色や，生活と宗教との関わりなどを取り上げるようにすること。

　イ　(2)については，次のとおり取り扱うものとする。

　　(ｱ)　州ごとに設ける主題については，各州に暮らす人々の生活の様子を的確に把握できる事象を取り上げるとともに，そこで特徴的に見られる地球的課題と関連付けて取り上げること。

　　(ｲ)　取り上げる地球的課題については，地域間の共通性に気付き，我が国の国土の認識を深め，持続可能な社会づくりを考える上で効果的であるという観点から設定すること。また，州ごとに異なるものとなるようにすること。

(5) 内容のCについては，次のとおり取り扱うものとする。

　ア　(1)については，次のとおり取り扱うものとする。

　　(ｱ)　地域調査に当たっては，対象地域は学校周辺とし，主題は学校所在地の事情を踏まえて，防災，人口の偏在，産業の変容，交通の発達などの事象から適切に設定し，観察や調査を指導計画に位置付けて実施すること。なお，学習の効果を高めることができる場合には，内容のCの(3)の中の学校所在地を含む地域の学習や，Cの(4)と結び付けて扱うことができること。

(イ)　様々な資料を的確に読み取ったり，地図を有効に活用して事象を説明したりするなどの作業的な学習活動を取り入れること。また，課題の追究に当たり，例えば，防災に関わり危険を予測したり，人口の偏在に関わり人口動態を推測したりする際には，縮尺の大きな地図や統計その他の資料を含む地理空間情報を適切に取り扱い，その活用の技能を高めるようにすること。

イ　(2)については，次のとおり取り扱うものとする。

　(ア)　①から④までで示した日本の地域的特色については，系統的に理解を深めるための基本的な事柄で構成すること。

　(イ)　地域区分に際しては，日本の地域的特色を見いだしやすくなるようにそれぞれ適切な数で区分すること。

ウ　(3)については，次のとおり取り扱うものとする。

　(ア)　日本の諸地域については，国内を幾つかの地域に区分して取り上げることとし，その地域区分は，指導の観点や学校所在地の事情などを考慮して適切に決めること。

　(イ)　学習する地域ごとに①から⑤までの考察の仕方を一つ選択することとし，①から④までの考察の仕方は，少なくとも一度は取り扱うこと。また，⑤の考察の仕方は，様々な事象や事柄の中から，取り上げる地域に応じた適切なものを適宜設定すること。

　(ウ)　地域の考察に当たっては，そこに暮らす人々の生活・文化，地域の伝統や歴史的な背景，地域の持続可能な社会づくりを踏まえた視点に留意すること。

エ　(4)については，次のとおり取り扱うものとする。

　(ア)　取り上げる地域や課題については，各学校において具体的に地域の在り方を考察できるような，適切な規模の地域や適切な課題を取り上げること。

　(イ)　学習の効果を高めることができる場合には，内容のCの(1)の学習や，Cの(3)の中の学校所在地を含む地域の学習と結び付けて扱うことができること。

　(ウ)　考察，構想，表現する際には，学習対象の地域と類似の課題が見られる他の地域と比較したり，関連付けたりするなど，具体的に学習を進めること。

　(エ)　観察や調査の結果をまとめる際には，地図や諸資料を有効に活用して事象を説明したり，自分の解釈を加えて論述したり，意見交換したりするなどの学習活動を充実させること。

〔歴史的分野〕

1 目標

　社会的事象の歴史的な見方・考え方を働かせ，課題を追究したり解決したりする活動を通して，広い視野に立ち，グローバル化する国際社会に主体的に生きる平和で民主的な国家及び社会の形成者に必要な公民としての資質・能力の基礎を次のとおり育成することを目指す。

(1) 我が国の歴史の大きな流れを，世界の歴史を背景に，各時代の特色を踏まえて理解するとともに，諸資料から歴史に関する様々な情報を効果的に調べまとめる技能を身に付けるようにする。

(2) 歴史に関わる事象の意味や意義，伝統と文化の特色などを，時期や年代，推移，比較，相互の関連や現在とのつながりなどに着目して多面的・多角的に考察したり，歴史に見られる課題を把握し複数の立場や意見を踏まえて公正に選択・判断したりする力，思考・判断したことを説明したり，それらを基に議論したりする力を養う。

(3) 歴史に関わる諸事象について，よりよい社会の実現を視野にそこで見られる課題を主体的に追究，解決しようとする態度を養うとともに，多面的・多角的な考察や深い理解を通して涵養される我が国の歴史に対する愛情，国民としての自覚，国家及び社会並びに文化の発展や人々の生活の向上に尽くした歴史上の人物と現在に伝わる文化遺産を尊重しようとすることの大切さについての自覚などを深め，国際協調の精神を養う。

2 内容

A　歴史との対話

(1) 私たちと歴史

　　課題を追究したり解決したりする活動を通して，次の事項を身に付けることができるよう指導する。

　ア　次のような知識及び技能を身に付けること。

　　(ｱ)　年代の表し方や時代区分の意味や意義についての基本的な内容を理解すること。

　　(ｲ)　資料から歴史に関わる情報を読み取ったり，年表などにまとめたりするなどの技能を身に付けること。

　イ　次のような思考力，判断力，表現力等を身に付けること。

　　(ｱ)　時期や年代，推移，現在の私たちとのつながりなどに着目して，小学校での学習を踏まえて歴史上の人物や文化財，出来事などから適切なものを取り上げ，時代区分との関わりなどについて考察し表現すること。

(2) 身近な地域の歴史

　課題を追究したり解決したりする活動を通して，次の事項を身に付けることができるよう指導する。

　ア　次のような知識及び技能を身に付けること。

　　(ア)　自らが生活する地域や受け継がれてきた伝統や文化への関心をもって，具体的な事柄との関わりの中で，地域の歴史について調べたり，収集した情報を年表などにまとめたりするなどの技能を身に付けること。

　イ　次のような思考力，判断力，表現力等を身に付けること。

　　(ア)　比較や関連，時代的な背景や地域的な環境，歴史と私たちとのつながりなどに着目して，地域に残る文化財や諸資料を活用して，身近な地域の歴史的な特徴を多面的・多角的に考察し，表現すること。

B　近世までの日本とアジア

(1) 古代までの日本

　課題を追究したり解決したりする活動を通して，次の事項を身に付けることができるよう指導する。

　ア　次のような知識を身に付けること。

　　(ア)　世界の古代文明や宗教のおこり

　　　　世界の古代文明や宗教のおこりを基に，世界の各地で文明が築かれたことを理解すること。

　　(イ)　日本列島における国家形成

　　　　日本列島における農耕の広まりと生活の変化や当時の人々の信仰，大和朝廷（大和政権）による統一の様子と東アジアとの関わりなどを基に，東アジアの文明の影響を受けながら我が国で国家が形成されていったことを理解すること。

　　(ウ)　律令国家の形成

　　　　律令国家の確立に至るまでの過程，摂関政治などを基に，東アジアの文物や制度を積極的に取り入れながら国家の仕組みが整えられ，その後，天皇や貴族による政治が展開したことを理解すること。

　　(エ)　古代の文化と東アジアとの関わり

　　　　仏教の伝来とその影響，仮名文字の成立などを基に，国際的な要素をもった文化が栄え，それらを基礎としながら文化の国風化が進んだことを理解すること。

　イ　次のような思考力，判断力，表現力等を身に付けること。

　　(ア)　古代文明や宗教が起こった場所や環境，農耕の広まりや生産技術の発展，東アジアとの接触や交流と政治や文化の変化などに着目して，事象

を相互に関連付けるなどして，アの㋐から㋓までについて古代の社会の変化の様子を多面的・多角的に考察し，表現すること。
　　　㋑　古代までの日本を大観して，時代の特色を多面的・多角的に考察し，表現すること。
　(2)　中世の日本
　　　課題を追究したり解決したりする活動を通して，次の事項を身に付けることができるよう指導する。
　　ア　次のような知識を身に付けること。
　　　㋐　武家政治の成立とユーラシアの交流
　　　　鎌倉幕府の成立，元寇（モンゴル帝国の襲来）などを基に，武士が台頭して主従の結び付きや武力を背景とした武家政権が成立し，その支配が広まったこと，元寇がユーラシアの変化の中で起こったことを理解すること。
　　　㋑　武家政治の展開と東アジアの動き
　　　　南北朝の争乱と室町幕府，日明貿易，琉球の国際的な役割などを基に，武家政治の展開とともに，東アジア世界との密接な関わりが見られたことを理解すること。
　　　㋒　民衆の成長と新たな文化の形成
　　　　農業など諸産業の発達，畿内を中心とした都市や農村における自治的な仕組みの成立，武士や民衆などの多様な文化の形成，応仁の乱後の社会的な変動などを基に，民衆の成長を背景とした社会や文化が生まれたことを理解すること。
　　イ　次のような思考力，判断力，表現力等を身に付けること。
　　　㋐　武士の政治への進出と展開，東アジアにおける交流，農業や商工業の発達などに着目して，事象を相互に関連付けるなどして，アの㋐から㋒までについて中世の社会の変化の様子を多面的・多角的に考察し，表現すること。
　　　㋑　中世の日本を大観して，時代の特色を多面的・多角的に考察し，表現すること。
　(3)　近世の日本
　　　課題を追究したり解決したりする活動を通して，次の事項を身に付けることができるよう指導する。
　　ア　次のような知識を身に付けること。
　　　㋐　世界の動きと統一事業
　　　　ヨーロッパ人来航の背景とその影響，織田・豊臣による統一事業とそ

の当時の対外関係，武将や豪商などの生活文化の展開などを基に，近世社会の基礎がつくられたことを理解すること。
　　(イ)　江戸幕府の成立と対外関係
　　　　江戸幕府の成立と大名統制，身分制と農村の様子，鎖国などの幕府の対外政策と対外関係などを基に，幕府と藩による支配が確立したことを理解すること。
　　(ウ)　産業の発達と町人文化
　　　　産業や交通の発達，教育の普及と文化の広がりなどを基に，町人文化が都市を中心に形成されたことや，各地方の生活文化が生まれたことを理解すること。
　　(エ)　幕府の政治の展開
　　　　社会の変動や欧米諸国の接近，幕府の政治改革，新しい学問・思想の動きなどを基に，幕府の政治が次第に行き詰まりをみせたことを理解すること。
　イ　次のような思考力，判断力，表現力等を身に付けること。
　　(ア)　交易の広がりとその影響，統一政権の諸政策の目的，産業の発達と文化の担い手の変化，社会の変化と幕府の政策の変化などに着目して，事象を相互に関連付けるなどして，アの(ア)から(エ)までについて近世の社会の変化の様子を多面的・多角的に考察し，表現すること。
　　(イ)　近世の日本を大観して，時代の特色を多面的・多角的に考察し，表現すること。
C　近現代の日本と世界
　(1)　近代の日本と世界
　　課題を追究したり解決したりする活動を通して，次の事項を身に付けることができるよう指導する。
　ア　次のような知識を身に付けること。
　　(ア)　欧米における近代社会の成立とアジア諸国の動き
　　　　欧米諸国における産業革命や市民革命，アジア諸国の動きなどを基に，欧米諸国が近代社会を成立させてアジアへ進出したことを理解すること。
　　(イ)　明治維新と近代国家の形成
　　　　開国とその影響，富国強兵・殖産興業政策，文明開化の風潮などを基に，明治維新によって近代国家の基礎が整えられて，人々の生活が大きく変化したことを理解すること。

(ウ) 議会政治の始まりと国際社会との関わり
　　自由民権運動，大日本帝国憲法の制定，日清(にっしん)・日露戦争，条約改正などを基に，立憲制の国家が成立して議会政治が始まるとともに，我が国の国際的な地位が向上したことを理解すること。

(エ) 近代産業の発展と近代文化の形成
　　我が国の産業革命，この時期の国民生活の変化，学問・教育・科学・芸術の発展などを基に，我が国で近代産業が発展し，近代文化が形成されたことを理解すること。

(オ) 第一次世界大戦前後の国際情勢と大衆の出現
　　第一次世界大戦の背景とその影響，民族運動の高まりと国際協調の動き，我が国の国民の政治的自覚の高まりと文化の大衆化などを基に，第一次世界大戦前後の国際情勢及び我が国の動きと，大戦後に国際平和への努力がなされたことを理解すること。

(カ) 第二次世界大戦と人類への惨禍
　　経済の世界的な混乱と社会問題の発生，昭和初期から第二次世界大戦の終結までの我が国の政治・外交の動き，中国などアジア諸国との関係，欧米諸国の動き，戦時下の国民の生活などを基に，軍部の台頭から戦争までの経過と，大戦が人類全体に惨禍を及ぼしたことを理解すること。

イ　次のような思考力，判断力，表現力等を身に付けること。

(ア) 工業化の進展と政治や社会の変化，明治政府の諸改革の目的，議会政治や外交の展開，近代化がもたらした文化への影響，経済の変化の政治への影響，戦争に向かう時期の社会や生活の変化，世界の動きと我が国との関連などに着目して，事象を相互に関連付けるなどして，アの(ア)から(カ)までについて近代の社会の変化の様子を多面的・多角的に考察し，表現すること。

(イ) 近代の日本と世界を大観して，時代の特色を多面的・多角的に考察し，表現すること。

(2) 現代の日本と世界
　　課題を追究したり解決したりする活動を通して，次の事項を身に付けることができるよう指導すること。

ア　次のような知識を身に付けること。

(ア) 日本の民主化と冷戦下の国際社会
　　冷戦，我が国の民主化と再建の過程，国際社会への復帰などを基に，第二次世界大戦後の諸改革の特色や世界の動きの中で新しい日本の建設が進められたことを理解すること。

(イ)　日本の経済の発展とグローバル化する世界
　　　　高度経済成長，国際社会との関わり，冷戦の終結などを基に，我が国の経済や科学技術の発展によって国民の生活が向上し，国際社会において我が国の役割が大きくなってきたことを理解すること。
　イ　次のような思考力，判断力，表現力等を身に付けること。
　　(ア)　諸改革の展開と国際社会の変化，政治の展開と国民生活の変化などに着目して，事象を相互に関連付けるなどして，アの(ア)及び(イ)について現代の社会の変化の様子を多面的・多角的に考察し，表現すること。
　　(イ)　現代の日本と世界を大観して，時代の特色を多面的・多角的に考察し，表現すること。
　　(ウ)　これまでの学習を踏まえ，歴史と私たちとのつながり，現在と未来の日本や世界の在り方について，課題意識をもって多面的・多角的に考察，構想し，表現すること。

3　内容の取扱い

(1)　内容の取扱いについては，次の事項に配慮するものとする。
　ア　生徒の発達の段階を考慮して，各時代の特色や時代の転換に関係する基礎的・基本的な歴史に関わる事象を重点的に選んで指導内容を構成すること。
　イ　調査や諸資料から歴史に関わる事象についての様々な情報を効果的に収集し，読み取り，まとめる技能を身に付ける学習を重視すること。その際，年表を活用した読み取りやまとめ，文献，図版などの多様な資料，地図などの活用を十分に行うこと。
　ウ　歴史に関わる事象の意味・意義や特色，事象間の関連を説明したり，課題を設けて追究したり，意見交換したりするなどの学習を重視して，思考力，判断力，表現力等を養うとともに，学習内容の確かな理解と定着を図ること。
　エ　各時代の文化については，代表的な事例を取り上げてその特色を考察させるようにすること。
　オ　歴史に見られる国際関係や文化交流のあらましを理解させ，我が国と諸外国の歴史や文化が相互に深く関わっていることを考察させるようにすること。その際，歴史に見られる文化や生活の多様性に気付かせること。
　カ　国家及び社会並びに文化の発展や人々の生活の向上に尽くした歴史上の人物と現在に伝わる文化遺産について，生徒の興味・関心を育てる指導に努めるとともに，それらの時代的背景や地域性などと関連付けて考察さ

るようにすること。その際，身近な地域の歴史上の人物と文化遺産を取り上げることにも留意すること。

キ　歴史に関わる事象の指導に当たっては，地理的分野との連携を踏まえ，地理的条件にも着目して取り扱うよう工夫するとともに，公民的分野との関連にも配慮すること。

ク　日本人の生活や生活に根ざした文化については，政治の動き，社会の動き，各地域の地理的条件，身近な地域の歴史とも関連付けて指導したり，民俗学や考古学などの成果の活用や博物館，郷土資料館などの施設を見学・調査したりするなど具体的に学ぶことを通して理解させるように工夫すること。

(2) 内容のAについては，次のとおり取り扱うものとする。

ア　(1)については，中学校の歴史学習の導入として実施することを原則とすること。小学校での学習を踏まえ，扱う内容や活動を工夫すること。「課題を追究したり解決したりする活動」については，内容のB以下の学習と関わらせて，歴史を追究するために，課題意識をもって学ぶことを促す適切な学習活動を設けるような工夫をすること。(1)のアの(ア)の「年代の表し方や時代区分」の学習については，導入における学習内容を基盤にし，内容のB以下の学習と関わらせて継続的・計画的に進めること。また，(1)のイの(ア)の「時期や年代，推移，現在の私たちとのつながり」については，内容のB以下の学習と関わらせて，事象相互の関連などにも留意し，それぞれの時代でこれらに着目して考察することが大切であることに気付かせること。

イ　(2)については，内容のB以下の学習と関わらせて計画的に実施し，地域の特性に応じた時代を取り上げるようにするとともに，人々の生活や生活に根ざした伝統や文化に着目した取扱いを工夫すること。その際，博物館，郷土資料館などの地域の施設の活用や地域の人々の協力も考慮すること。

(3) 内容のBについては，次のとおり取り扱うものとする。

ア　(1)のアの(ア)の「世界の古代文明」については，人類の出現にも触れ，中国の文明をはじめとして諸文明の特徴を取り扱い，生活技術の発達，文字の使用，国家のおこりと発展などの共通する特徴に気付かせるようにすること。また，ギリシャ・ローマの文明について，政治制度など民主政治の来歴の観点から取り扱うこと。「宗教のおこり」については，仏教，キリスト教，イスラム教などを取り上げ，古代の文明とともに大きく捉えさせるようにすること。(1)のアの(イ)の「日本列島における国家形成」については，狩猟・採集を行っていた人々の生活が農耕の広まりとともに変化していっ

たことに気付かせるようにすること。また，考古学などの成果を活用するとともに，古事記，日本書紀，風土記などにまとめられた神話・伝承などの学習を通して，当時の人々の信仰やものの見方などに気付かせるよう留意すること。「大和朝廷（大和政権）による統一の様子と東アジアとの関わり」については，古墳の広まりにも触れるとともに，大陸から移住してきた人々の我が国の社会や文化に果たした役割にも気付かせるようにすること。(1)のアの(ウ)の「律令国家の確立に至るまでの過程」については，聖徳太子の政治，大化の改新から律令国家の確立に至るまでの過程を，小学校での学習内容を活用して大きく捉えさせるようにすること。なお，「聖徳太子の政治」を取り上げる際には，聖徳太子が古事記や日本書紀においては「厩戸皇子」などと表記され，後に「聖徳太子」と称されるようになったことに触れること。

イ　(2)のアの(ア)の「ユーラシアの変化」については，モンゴル帝国の拡大によるユーラシアの結び付きについて気付かせること。(2)のアの(イ)の「琉球の国際的な役割」については，琉球の文化についても触れること。(2)のアの(ウ)の「武士や民衆などの多様な文化の形成」については，代表的な事例を取り上げてその特色を捉えさせるようにすること。その際，この時代の文化の中に現在に結び付くものが見られることに気付かせるようにすること。また，禅宗の文化的な影響についても触れること。「応仁の乱後の社会的な変動」については，戦国の動乱も取り扱うようにすること。

ウ　(3)のアの(ア)の「ヨーロッパ人来航の背景」については，新航路の開拓を中心に取り扱い，その背景となるアジアの交易の状況やムスリム商人などの役割と世界の結び付きに気付かせること。また，宗教改革についても触れること。「織田・豊臣による統一事業」については，検地・刀狩などの政策を取り扱うようにすること。(3)のアの(イ)の「鎖国などの幕府の対外政策と対外関係」については，オランダ，中国との交易のほか，朝鮮との交流や琉球の役割，北方との交易をしていたアイヌについて取り扱うようにすること。その際，アイヌの文化についても触れること。「幕府と藩による支配」については，その支配の下に大きな戦乱のない時期を迎えたことなどに気付かせること。(3)のアの(ウ)の「産業や交通の発達」については，身近な地域の特徴を生かすようにすること。「各地方の生活文化」については，身近な地域の事例を取り上げるように配慮し，藩校や寺子屋などによる「教育の普及」や社会的な「文化の広がり」と関連させて，現在との結び付きに気付かせるようにすること。(3)のアの(エ)の「幕府の政治改革」については，百姓一揆などに結び付く農村の変化や商業の発達などへの対応という

観点から，代表的な事例を取り上げるようにすること。
(4) 内容のCについては，次のとおり取り扱うものとする。

ア (1)のアの(ア)の「市民革命」については，政治体制の変化や人権思想の発達や広がり，現代の政治とのつながりなどと関連付けて，アメリカの独立，フランス革命などを扱うこと。「アジア諸国の動き」については，欧米諸国の進出に対するアジア諸国の対応と変容という観点から，代表的な事例を取り上げるようにすること。(1)のアの(イ)の「開国とその影響」については，(1)のアの(ア)の欧米諸国のアジア進出と関連付けて取り扱うようにすること。「富国強兵・殖産興業政策」については，この政策の下に新政府が行った，廃藩置県，学制・兵制・税制の改革，身分制度の廃止，領土の画定などを取り扱うようにすること。その際，北方領土に触れるとともに，竹島，尖閣諸島の編入についても触れること。「明治維新」については，複雑な国際情勢の中で独立を保ち，近代国家を形成していった政府や人々の努力に気付かせるようにすること。(1)のアの(ウ)の「日清（にっしん）・日露戦争」については，この頃の大陸との関係を踏まえて取り扱うようにすること。「条約改正」については，当時の国内の社会状況や国際情勢との関わりを踏まえて，欧米諸国と対等な外交関係を樹立する過程の中から代表的な事例を取り上げるようにすること。「立憲制の国家が成立して議会政治が始まる」については，その歴史上の意義や現代の政治とのつながりに気付かせるようにすること。(1)のアの(エ)の「近代文化」については，伝統的な文化の上に欧米文化を受容して形成されたものであることに気付かせるようにすること。(1)のアの(オ)の「第一次世界大戦」については，世界に戦禍が広がった背景や，日本の参戦，ロシア革命なども取り上げて，世界の動きと我が国との関連を踏まえて取り扱うようにすること。「我が国の国民の政治的自覚の高まり」については，大正デモクラシーの時期の政党政治の発達，民主主義的な思想の普及，社会運動の展開を取り扱うようにすること。(1)のアの(カ)については，国際協調と国際平和の実現に努めることが大切であることに気付かせるようにすること。

イ (2)のアの(ア)の「我が国の民主化と再建の過程」については，国民が苦難を乗り越えて新しい日本の建設に努力したことに気付かせるようにすること。その際，男女普通選挙の確立，日本国憲法の制定などを取り扱うこと。(2)のアの(イ)については，沖縄返還，日中国交正常化，石油危機などの節目となる歴史に関わる事象を取り扱うようにすること。また，民族や宗教をめぐる対立や地球環境問題への対応などを取り扱い，これまでの学習と関わらせて考察，構想させるようにすること。

〔公民的分野〕
1　目　標
　現代社会の見方・考え方を働かせ，課題を追究したり解決したりする活動を通して，広い視野に立ち，グローバル化する国際社会に主体的に生きる平和で民主的な国家及び社会の形成者に必要な公民としての資質・能力の基礎を次のとおり育成することを目指す。

(1) 個人の尊厳と人権の尊重の意義，特に自由・権利と責任・義務との関係を広い視野から正しく認識し，民主主義，民主政治の意義，国民の生活の向上と経済活動との関わり，現代の社会生活及び国際関係などについて，個人と社会との関わりを中心に理解を深めるとともに，諸資料から現代の社会的事象に関する情報を効果的に調べまとめる技能を身に付けるようにする。

(2) 社会的事象の意味や意義，特色や相互の関連を現代の社会生活と関連付けて多面的・多角的に考察したり，現代社会に見られる課題について公正に判断したりする力，思考・判断したことを説明したり，それらを基に議論したりする力を養う。

(3) 現代の社会的事象について，現代社会に見られる課題の解決を視野に主体的に社会に関わろうとする態度を養うとともに，多面的・多角的な考察や深い理解を通して涵養される，国民主権を担う公民として，自国を愛し，その平和と繁栄を図ることや，各国が相互に主権を尊重し，各国民が協力し合うことの大切さについての自覚などを深める。

2　内　容
A　私たちと現代社会
(1) 私たちが生きる現代社会と文化の特色
　　位置や空間的な広がり，推移や変化などに着目して，課題を追究したり解決したりする活動を通して，次の事項を身に付けることができるよう指導する。
　ア　次のような知識を身に付けること。
　　(ア)　現代日本の特色として少子高齢化，情報化，グローバル化などが見られることについて理解すること。
　　(イ)　現代社会における文化の意義や影響について理解すること。
　イ　次のような思考力，判断力，表現力等を身に付けること。
　　(ア)　少子高齢化，情報化，グローバル化などが現在と将来の政治，経済，国際関係に与える影響について多面的・多角的に考察し，表現すること。
　　(イ)　文化の継承と創造の意義について多面的・多角的に考察し，表現する

こと。
 (2) 現代社会を捉える枠組み
　　対立と合意，効率と公正などに着目して，課題を追究したり解決したりする活動を通して，次の事項を身に付けることができるよう指導する。
　ア　次のような知識を身に付けること。
　　(ｱ)　現代社会の見方・考え方の基礎となる枠組みとして，対立と合意，効率と公正などについて理解すること。
　　(ｲ)　人間は本来社会的存在であることを基に，個人の尊厳と両性の本質的平等，契約の重要性やそれを守ることの意義及び個人の責任について理解すること。
　イ　次のような思考力，判断力，表現力等を身に付けること。
　　(ｱ)　社会生活における物事の決定の仕方，契約を通した個人と社会との関係，きまりの役割について多面的・多角的に考察し，表現すること。

B　私たちと経済
 (1) 市場の働きと経済
　　対立と合意，効率と公正，分業と交換，希少性などに着目して，課題を追究したり解決したりする活動を通して，次の事項を身に付けることができるよう指導する。
　ア　次のような知識を身に付けること。
　　(ｱ)　身近な消費生活を中心に経済活動の意義について理解すること。
　　(ｲ)　市場経済の基本的な考え方について理解すること。その際，市場における価格の決まり方や資源の配分について理解すること。
　　(ｳ)　現代の生産や金融などの仕組みや働きを理解すること。
　　(ｴ)　勤労の権利と義務，労働組合の意義及び労働基準法の精神について理解すること。
　イ　次のような思考力，判断力，表現力等を身に付けること。
　　(ｱ)　個人や企業の経済活動における役割と責任について多面的・多角的に考察し，表現すること。
　　(ｲ)　社会生活における職業の意義と役割及び雇用と労働条件の改善について多面的・多角的に考察し，表現すること。
 (2) 国民の生活と政府の役割
　　対立と合意，効率と公正，分業と交換，希少性などに着目して，課題を追究したり解決したりする活動を通して，次の事項を身に付けることができるよう指導する。
　ア　次のような知識を身に付けること。

(ｱ)　社会資本の整備，公害の防止など環境の保全，少子高齢社会における社会保障の充実・安定化，消費者の保護について，それらの意義を理解すること。
　　　(ｲ)　財政及び租税の意義，国民の納税の義務について理解すること。
　　イ　国民の生活と福祉の向上を図ることに向けて，次のような思考力，判断力，表現力等を身に付けること。
　　　(ｱ)　市場の働きに委ねることが難しい諸問題に関して，国や地方公共団体が果たす役割について多面的・多角的に考察，構想し，表現すること。
　　　(ｲ)　財政及び租税の役割について多面的・多角的に考察し，表現すること。
　C　私たちと政治
　(1)　人間の尊重と日本国憲法の基本的原則
　　対立と合意，効率と公正，個人の尊重と法の支配，民主主義などに着目して，課題を追究したり解決したりする活動を通して，次の事項を身に付けることができるよう指導する。
　　ア　次のような知識を身に付けること。
　　　(ｱ)　人間の尊重についての考え方を，基本的人権を中心に深め，法の意義を理解すること。
　　　(ｲ)　民主的な社会生活を営むためには，法に基づく政治が大切であることを理解すること。
　　　(ｳ)　日本国憲法が基本的人権の尊重，国民主権及び平和主義を基本的原則としていることについて理解すること。
　　　(ｴ)　日本国及び日本国民統合の象徴としての天皇の地位と天皇の国事に関する行為について理解すること。
　　イ　次のような思考力，判断力，表現力等を身に付けること。
　　　(ｱ)　我が国の政治が日本国憲法に基づいて行われていることの意義について多面的・多角的に考察し，表現すること。
　(2)　民主政治と政治参加
　　対立と合意，効率と公正，個人の尊重と法の支配，民主主義などに着目して，課題を追究したり解決したりする活動を通して，次の事項を身に付けることができるよう指導する。
　　ア　次のような知識を身に付けること。
　　　(ｱ)　国会を中心とする我が国の民主政治の仕組みのあらましや政党の役割を理解すること。
　　　(ｲ)　議会制民主主義の意義，多数決の原理とその運用の在り方について理解すること。

(ｳ) 国民の権利を守り，社会の秩序を維持するために，法に基づく公正な裁判の保障があることについて理解すること。

(ｴ) 地方自治の基本的な考え方について理解すること。その際，地方公共団体の政治の仕組み，住民の権利や義務について理解すること。

イ 地方自治や我が国の民主政治の発展に寄与しようとする自覚や住民としての自治意識の基礎を育成することに向けて，次のような思考力，判断力，表現力等を身に付けること。

(ｱ) 民主政治の推進と，公正な世論の形成や選挙など国民の政治参加との関連について多面的・多角的に考察，構想し，表現すること。

D 私たちと国際社会の諸課題

(1) 世界平和と人類の福祉の増大

対立と合意，効率と公正，協調，持続可能性などに着目して，課題を追究したり解決したりする活動を通して，次の事項を身に付けることができるよう指導する。

ア 次のような知識を身に付けること。

(ｱ) 世界平和の実現と人類の福祉の増大のためには，国際協調の観点から，国家間の相互の主権の尊重と協力，各国民の相互理解と協力及び国際連合をはじめとする国際機構などの役割が大切であることを理解すること。その際，領土（領海，領空を含む。），国家主権，国際連合の働きなど基本的な事項について理解すること。

(ｲ) 地球環境，資源・エネルギー，貧困などの課題の解決のために経済的，技術的な協力などが大切であることを理解すること。

イ 次のような思考力，判断力，表現力等を身に付けること。

(ｱ) 日本国憲法の平和主義を基に，我が国の安全と防衛，国際貢献を含む国際社会における我が国の役割について多面的・多角的に考察，構想し，表現すること。

(2) よりよい社会を目指して

持続可能な社会を形成することに向けて，社会的な見方・考え方を働かせ，課題を探究する活動を通して，次の事項を身に付けることができるよう指導する。

ア 私たちがよりよい社会を築いていくために解決すべき課題を多面的・多角的に考察，構想し，自分の考えを説明，論述すること。

3 内容の取扱い

(1) 内容の取扱いについては，次の事項に配慮するものとする。

ア　地理的分野及び歴史的分野の学習の成果を活用するとともに，これらの分野で育成された資質・能力が，更に高まり発展するようにすること。また，社会的事象は相互に関連し合っていることに留意し，特定の内容に偏ることなく，分野全体として見通しをもったまとまりのある学習が展開できるようにすること。
　イ　生徒が内容の基本的な意味を理解できるように配慮し，現代社会の見方・考え方を働かせ，日常の社会生活と関連付けながら具体的事例を通して，政治や経済などに関わる制度や仕組みの意義や働きについて理解を深め，多面的・多角的に考察，構想し，表現できるようにすること。
　ウ　分野全体を通して，課題の解決に向けて習得した知識を活用して，事実を基に多面的・多角的に考察，構想したことを説明したり，論拠を基に自分の意見を説明，論述させたりすることにより，思考力，判断力，表現力等を養うこと。また，考察，構想させる場合には，資料を読み取らせて解釈させたり，議論などを行って考えを深めさせたりするなどの工夫をすること。
　エ　合意形成や社会参画を視野に入れながら，取り上げた課題について構想したことを，妥当性や効果，実現可能性などを踏まえて表現できるよう指導すること。
　オ　分野の内容に関係する専門家や関係諸機関などと円滑な連携・協働を図り，社会との関わりを意識した課題を追究したり解決したりする活動を充実させること。
(2)　内容のAについては，次のとおり取り扱うものとする。
　ア　(1)については，次のとおり取り扱うものとすること。
　　(ｱ)　「情報化」については，人工知能の急速な進化などによる産業や社会の構造的な変化などと関連付けたり，災害時における防災情報の発信・活用などの具体的事例を取り上げたりすること。アの(ｲ)の「現代社会における文化の意義や影響」については，科学，芸術，宗教などを取り上げ，社会生活との関わりなどについて学習できるように工夫すること。
　　(ｲ)　イの(ｲ)の「文化の継承と創造の意義」については，我が国の伝統と文化などを取り扱うこと。
　イ　(1)及び(2)については公民的分野の導入部として位置付け，(1)，(2)の順で行うものとし，適切かつ十分な授業時数を配当すること。
(3)　内容のBについては，次のとおり取り扱うものとする。
　ア　(1)については，次のとおり取り扱うものとすること。
　　(ｱ)　アの(ｲ)の「市場における価格の決まり方や資源の配分」については，

個人や企業の経済活動が様々な条件の中での選択を通して行われていることや，市場における取引が貨幣を通して行われていることなどを取り上げること。

　　(イ)　イの(ア)の「個人や企業の経済活動における役割と責任」については，起業について触れるとともに，経済活動や起業などを支える金融などの働きについて取り扱うこと。イの(イ)の「社会生活における職業の意義と役割及び雇用と労働条件の改善」については，仕事と生活の調和という観点から労働保護立法についても触れること。

　イ　(2)については，次のとおり取り扱うものとすること。

　　(ア)　アの(ア)の「消費者の保護」については，消費者の自立の支援なども含めた消費者行政を取り扱うこと。

　　(イ)　イの(イ)の「財政及び租税の役割」については，財源の確保と配分という観点から，財政の現状や少子高齢社会など現代社会の特色を踏まえて財政の持続可能性と関連付けて考察し，表現させること。

(4)　内容のCについては，次のとおり取り扱うものとする。

　ア　(2)のアの(ウ)の「法に基づく公正な裁判の保障」に関連させて，裁判員制度についても触れること。

(5)　内容のDについては，次のとおり取り扱うものとする。

　ア　(1)については，次のとおり取り扱うものとすること。

　　(ア)　アの(ア)の「国家間の相互の主権の尊重と協力」との関連で，国旗及び国歌の意義並びにそれらを相互に尊重することが国際的な儀礼であることの理解を通して，それらを尊重する態度を養うように配慮すること。また，「領土（領海，領空を含む。），国家主権」については関連させて取り扱い，我が国が，固有の領土である竹島や北方領土に関し残されている問題の平和的な手段による解決に向けて努力していることや，尖閣諸島をめぐり解決すべき領有権の問題は存在していないことなどを取り上げること。「国際連合をはじめとする国際機構などの役割」については，国際連合における持続可能な開発のための取組についても触れること。

　　(イ)　イの(ア)の「国際社会における我が国の役割」に関連させて，核兵器などの脅威に触れ，戦争を防止し，世界平和を確立するための熱意と協力の態度を育成するように配慮すること。また，国際社会における文化や宗教の多様性について取り上げること。

　イ　(2)については，身近な地域や我が国の取組との関連性に着目させ，世界的な視野と地域的な視点に立って探究させること。また，社会科のまとめとして位置付け，適切かつ十分な授業時数を配当すること。

● 第3 指導計画の作成と内容の取扱い

1 指導計画の作成に当たっては，次の事項に配慮するものとする。
 (1) 単元など内容や時間のまとまりを見通して，その中で育む資質・能力の育成に向けて，生徒の主体的・対話的で深い学びの実現を図るようにすること。その際，分野の特質に応じた見方・考え方を働かせ，社会的事象の意味や意義などを考察し，概念などに関する知識を獲得したり，社会との関わりを意識した課題を追究したり解決したりする活動の充実を図ること。また，知識に偏り過ぎた指導にならないようにするため，基本的な事柄を厳選して指導内容を構成するとともに，各分野において，第2の内容の範囲や程度に十分配慮しつつ事柄を再構成するなどの工夫をして，基本的な内容が確実に身に付くよう指導すること。
 (2) 小学校社会科の内容との関連及び各分野相互の有機的な関連を図るとともに，地理的分野及び歴史的分野の基礎の上に公民的分野の学習を展開するこの教科の基本的な構造に留意して，全体として教科の目標が達成できるようにする必要があること。
 (3) 各分野の履修については，第1，第2学年を通じて地理的分野及び歴史的分野を並行して学習させることを原則とし，第3学年において歴史的分野及び公民的分野を学習させること。各分野に配当する授業時数は，地理的分野115単位時間，歴史的分野135単位時間，公民的分野100単位時間とすること。これらの点に留意し，各学校で創意工夫して適切な指導計画を作成すること。
 (4) 障害のある生徒などについては，学習活動を行う場合に生じる困難さに応じた指導内容や指導方法の工夫を計画的，組織的に行うこと。
 (5) 第1章総則の第1の2の(2)に示す道徳教育の目標に基づき，道徳科などとの関連を考慮しながら，第3章特別の教科道徳の第2に示す内容について，社会科の特質に応じて適切な指導をすること。
2 第2の内容の取扱いについては，次の事項に配慮するものとする。
 (1) 社会的な見方・考え方を働かせることをより一層重視する観点に立って，社会的事象の意味や意義，事象の特色や事象間の関連，社会に見られる課題などについて，考察したことや選択・判断したことを論理的に説明したり，立場や根拠を明確にして議論したりするなどの言語活動に関わる学習を一層重視すること。
 (2) 情報の収集，処理や発表などに当たっては，学校図書館や地域の公共施設などを活用するとともに，コンピュータや情報通信ネットワークなどの情報

手段を積極的に活用し，指導に生かすことで，生徒が主体的に調べ分かろうとして学習に取り組めるようにすること。その際，課題の追究や解決の見通しをもって生徒が主体的に情報手段を活用できるようにするとともに，情報モラルの指導にも留意すること。

(3) 調査や諸資料から，社会的事象に関する様々な情報を効果的に収集し，読み取り，まとめる技能を身に付ける学習活動を重視するとともに，作業的で具体的な体験を伴う学習の充実を図るようにすること。その際，地図や年表を読んだり作成したり，現代社会の諸課題を捉え，多面的・多角的に考察，構想するに当たっては，関連する新聞，読み物，統計その他の資料に平素から親しみ適切に活用したり，観察や調査などの過程と結果を整理し報告書にまとめ，発表したりするなどの活動を取り入れるようにすること。

(4) 社会的事象については，生徒の考えが深まるよう様々な見解を提示するよう配慮し，多様な見解のある事柄，未確定な事柄を取り上げる場合には，有益適切な教材に基づいて指導するとともに，特定の事柄を強調し過ぎたり，一面的な見解を十分な配慮なく取り上げたりするなどの偏った取扱いにより，生徒が多面的・多角的に考察したり，事実を客観的に捉え，公正に判断したりすることを妨げることのないよう留意すること。

3 第2の内容の指導に当たっては，教育基本法第14条及び第15条の規定に基づき，適切に行うよう特に慎重に配慮して，政治及び宗教に関する教育を行うものとする。

第3節 数学

● 第1 目標

数学的な見方・考え方を働かせ,数学的活動を通して,数学的に考える資質・能力を次のとおり育成することを目指す。

(1) 数量や図形などについての基礎的な概念や原理・法則などを理解するとともに,事象を数学化したり,数学的に解釈したり,数学的に表現・処理したりする技能を身に付けるようにする。

(2) 数学を活用して事象を論理的に考察する力,数量や図形などの性質を見いだし統合的・発展的に考察する力,数学的な表現を用いて事象を簡潔・明瞭・的確に表現する力を養う。

(3) 数学的活動の楽しさや数学のよさを実感して粘り強く考え,数学を生活や学習に生かそうとする態度,問題解決の過程を振り返って評価・改善しようとする態度を養う。

● 第2 各学年の目標及び内容

〔第1学年〕

1 目標

(1) 正の数と負の数,文字を用いた式と一元一次方程式,平面図形と空間図形,比例と反比例,データの分布と確率などについての基礎的な概念や原理・法則などを理解するとともに,事象を数理的に捉えたり,数学的に解釈したり,数学的に表現・処理したりする技能を身に付けるようにする。

(2) 数の範囲を拡張し,数の性質や計算について考察したり,文字を用いて数量の関係や法則などを考察したりする力,図形の構成要素や構成の仕方に着目し,図形の性質や関係を直観的に捉え論理的に考察する力,数量の変化や対応に着目して関数関係を見いだし,その特徴を表,式,グラフなどで考察する力,データの分布に着目し,その傾向を読み取り批判的に考察して判断したり,不確定な事象の起こりやすさについて考察したりする力を養う。

(3) 数学的活動の楽しさや数学のよさに気付いて粘り強く考え,数学を生活や学習に生かそうとする態度,問題解決の過程を振り返って検討しようとする態度,多面的に捉え考えようとする態度を養う。

2 内容

A 数と式

(1) 正の数と負の数について,数学的活動を通して,次の事項を身に付けることができるよう指導する。

　ア 次のような知識及び技能を身に付けること。

　　(ア) 正の数と負の数の必要性と意味を理解すること。

　　(イ) 正の数と負の数の四則計算をすること。

　　(ウ) 具体的な場面で正の数と負の数を用いて表したり処理したりすること。

　イ 次のような思考力,判断力,表現力等を身に付けること。

　　(ア) 算数で学習した数の四則計算と関連付けて,正の数と負の数の四則計算の方法を考察し表現すること。

　　(イ) 正の数と負の数を具体的な場面で活用すること。

(2) 文字を用いた式について,数学的活動を通して,次の事項を身に付けることができるよう指導する。

　ア 次のような知識及び技能を身に付けること。

　　(ア) 文字を用いることの必要性と意味を理解すること。

　　(イ) 文字を用いた式における乗法と除法の表し方を知ること。

　　(ウ) 簡単な一次式の加法と減法の計算をすること。

　　(エ) 数量の関係や法則などを文字を用いた式に表すことができることを理解し,式を用いて表したり読み取ったりすること。

　イ 次のような思考力,判断力,表現力等を身に付けること。

　　(ア) 具体的な場面と関連付けて,一次式の加法と減法の計算の方法を考察し表現すること。

(3) 一元一次方程式について,数学的活動を通して,次の事項を身に付けることができるよう指導する。

　ア 次のような知識及び技能を身に付けること。

　　(ア) 方程式の必要性と意味及び方程式の中の文字や解の意味を理解すること。

　　(イ) 簡単な一元一次方程式を解くこと。

　イ 次のような思考力,判断力,表現力等を身に付けること。

　　(ア) 等式の性質を基にして,一元一次方程式を解く方法を考察し表現すること。

　　(イ) 一元一次方程式を具体的な場面で活用すること。

〔用語・記号〕

　　　自然数　素数　符号　絶対値　項　係数　移項　≦　≧

B　図　形

(1) 平面図形について，数学的活動を通して，次の事項を身に付けることができるよう指導する。

　ア　次のような知識及び技能を身に付けること。

　　(ア) 角の二等分線，線分の垂直二等分線，垂線などの基本的な作図の方法を理解すること。

　　(イ) 平行移動，対称移動及び回転移動について理解すること。

　イ　次のような思考力，判断力，表現力等を身に付けること。

　　(ア) 図形の性質に着目し，基本的な作図の方法を考察し表現すること。

　　(イ) 図形の移動に着目し，二つの図形の関係について考察し表現すること。

　　(ウ) 基本的な作図や図形の移動を具体的な場面で活用すること。

(2) 空間図形について，数学的活動を通して，次の事項を身に付けることができるよう指導する。

　ア　次のような知識及び技能を身に付けること。

　　(ア) 空間における直線や平面の位置関係を知ること。

　　(イ) 扇形の弧の長さと面積，基本的な柱体や錐体，球の表面積と体積を求めること。

　イ　次のような思考力，判断力，表現力等を身に付けること。

　　(ア) 空間図形を直線や平面図形の運動によって構成されるものと捉えたり，空間図形を平面上に表現して平面上の表現から空間図形の性質を見いだしたりすること。

　　(イ) 立体図形の表面積や体積の求め方を考察し表現すること。

〔用語・記号〕

　　　弧　弦　回転体　ねじれの位置　π　∥　⊥　∠　△

C　関　数

(1) 比例，反比例について，数学的活動を通して，次の事項を身に付けることができるよう指導する。

　ア　次のような知識及び技能を身に付けること。

　　(ア) 関数関係の意味を理解すること。

　　(イ) 比例，反比例について理解すること。

　　(ウ) 座標の意味を理解すること。

　　(エ) 比例，反比例を表，式，グラフなどに表すこと。

　イ　次のような思考力，判断力，表現力等を身に付けること。

(ｱ)　比例，反比例として捉えられる二つの数量について，表，式，グラフ
　　　　などを用いて調べ，それらの変化や対応の特徴を見いだすこと。
　　　(ｲ)　比例，反比例を用いて具体的な事象を捉え考察し表現すること。
　〔用語・記号〕
　　　関数　変数　変域
　D　データの活用
　(1)　データの分布について，数学的活動を通して，次の事項を身に付けること
　　ができるよう指導する。
　　ア　次のような知識及び技能を身に付けること。
　　　(ｱ)　ヒストグラムや相対度数などの必要性と意味を理解すること。
　　　(ｲ)　コンピュータなどの情報手段を用いるなどしてデータを表やグラフに
　　　　整理すること。
　　イ　次のような思考力，判断力，表現力等を身に付けること。
　　　(ｱ)　目的に応じてデータを収集して分析し，そのデータの分布の傾向を読
　　　　み取り，批判的に考察し判断すること。
　(2)　不確定な事象の起こりやすさについて，数学的活動を通して，次の事項を
　　身に付けることができるよう指導する。
　　ア　次のような知識及び技能を身に付けること。
　　　(ｱ)　多数の観察や多数回の試行によって得られる確率の必要性と意味を理
　　　　解すること。
　　イ　次のような思考力，判断力，表現力等を身に付けること。
　　　(ｱ)　多数の観察や多数回の試行の結果を基にして，不確定な事象の起こり
　　　　やすさの傾向を読み取り表現すること。
　〔用語・記号〕
　　　範囲　累積度数
〔数学的活動〕
　(1)　「A数と式」，「B図形」，「C関数」及び「Dデータの活用」の学習やそれら
　　を相互に関連付けた学習において，次のような数学的活動に取り組むものと
　　する。
　　ア　日常の事象を数理的に捉え，数学的に表現・処理し，問題を解決したり，
　　　解決の過程や結果を振り返って考察したりする活動
　　イ　数学の事象から問題を見いだし解決したり，解決の過程や結果を振り
　　　返って統合的・発展的に考察したりする活動
　　ウ　数学的な表現を用いて筋道立てて説明し伝え合う活動

3 内容の取扱い

(1) 内容の「A数と式」の(1)に関連して，自然数を素数の積として表すことを取り扱うものとする。

(2) 内容の「A数と式」の(1)のアとイの(ア)に関連して，数の集合と四則計算の可能性を取り扱うものとする。

(3) 内容の「A数と式」の(2)のアの(エ)に関連して，大小関係を不等式を用いて表すことを取り扱うものとする。

(4) 内容の「A数と式」の(3)のアの(イ)とイの(イ)に関連して，簡単な比例式を解くことを取り扱うものとする。

(5) 内容の「B図形」の(1)のイの(ウ)に関連して，円の接線はその接点を通る半径に垂直であることを取り扱うものとする。

(6) 内容の「B図形」の(2)のイの(ア)については，見取図や展開図，投影図を取り扱うものとする。

〔第2学年〕

1 目標

(1) 文字を用いた式と連立二元一次方程式，平面図形と数学的な推論，一次関数，データの分布と確率などについての基礎的な概念や原理・法則などを理解するとともに，事象を数学化したり，数学的に解釈したり，数学的に表現・処理したりする技能を身に付けるようにする。

(2) 文字を用いて数量の関係や法則などを考察する力，数学的な推論の過程に着目し，図形の性質や関係を論理的に考察し表現する力，関数関係に着目し，その特徴を表，式，グラフを相互に関連付けて考察する力，複数の集団のデータの分布に着目し，その傾向を比較して読み取り批判的に考察して判断したり，不確定な事象の起こりやすさについて考察したりする力を養う。

(3) 数学的活動の楽しさや数学のよさを実感して粘り強く考え，数学を生活や学習に生かそうとする態度，問題解決の過程を振り返って評価・改善しようとする態度，多様な考えを認め，よりよく問題解決しようとする態度を養う。

2 内容

A 数と式

(1) 文字を用いた式について，数学的活動を通して，次の事項を身に付けることができるよう指導する。

　ア 次のような知識及び技能を身に付けること。

　　(ア) 簡単な整式の加法と減法及び単項式の乗法と除法の計算をすること。

(イ)　具体的な事象の中の数量の関係を文字を用いた式で表したり，式の意味を読み取ったりすること。
　　　(ウ)　文字を用いた式で数量及び数量の関係を捉え説明できることを理解すること。
　　　(エ)　目的に応じて，簡単な式を変形すること。
　　イ　次のような思考力，判断力，表現力等を身に付けること。
　　　(ア)　具体的な数の計算や既に学習した計算の方法と関連付けて，整式の加法と減法及び単項式の乗法と除法の計算の方法を考察し表現すること。
　　　(イ)　文字を用いた式を具体的な場面で活用すること。
　(2)　連立二元一次方程式について，数学的活動を通して，次の事項を身に付けることができるよう指導する。
　　ア　次のような知識及び技能を身に付けること。
　　　(ア)　二元一次方程式とその解の意味を理解すること。
　　　(イ)　連立二元一次方程式の必要性と意味及びその解の意味を理解すること。
　　　(ウ)　簡単な連立二元一次方程式を解くこと。
　　イ　次のような思考力，判断力，表現力等を身に付けること。
　　　(ア)　一元一次方程式と関連付けて，連立二元一次方程式を解く方法を考察し表現すること。
　　　(イ)　連立二元一次方程式を具体的な場面で活用すること。
　〔用語・記号〕
　　同類項
B　図　形
　(1)　基本的な平面図形の性質について，数学的活動を通して，次の事項を身に付けることができるよう指導する。
　　ア　次のような知識及び技能を身に付けること。
　　　(ア)　平行線や角の性質を理解すること。
　　　(イ)　多角形の角についての性質が見いだせることを知ること。
　　イ　次のような思考力，判断力，表現力等を身に付けること。
　　　(ア)　基本的な平面図形の性質を見いだし，平行線や角の性質を基にしてそれらを確かめ説明すること。
　(2)　図形の合同について，数学的活動を通して，次の事項を身に付けることができるよう指導する。
　　ア　次のような知識及び技能を身に付けること。
　　　(ア)　平面図形の合同の意味及び三角形の合同条件について理解すること。

(イ)　証明の必要性と意味及びその方法について理解すること。
　イ　次のような思考力，判断力，表現力等を身に付けること。
　　(ア)　三角形の合同条件などを基にして三角形や平行四辺形の基本的な性質を論理的に確かめたり，証明を読んで新たな性質を見いだしたりすること。
　　(イ)　三角形や平行四辺形の基本的な性質などを具体的な場面で活用すること。

〔用語・記号〕
　　対頂角　内角　外角　定義　証明　逆　反例　≡

C　関　数

(1)　一次関数について，数学的活動を通して，次の事項を身に付けることができるよう指導する。
　ア　次のような知識及び技能を身に付けること。
　　(ア)　一次関数について理解すること。
　　(イ)　事象の中には一次関数として捉えられるものがあることを知ること。
　　(ウ)　二元一次方程式を関数を表す式とみること。
　イ　次のような思考力，判断力，表現力等を身に付けること。
　　(ア)　一次関数として捉えられる二つの数量について，変化や対応の特徴を見いだし，表，式，グラフを相互に関連付けて考察し表現すること。
　　(イ)　一次関数を用いて具体的な事象を捉え考察し表現すること。

〔用語・記号〕
　　変化の割合　傾き

D　データの活用

(1)　データの分布について，数学的活動を通して，次の事項を身に付けることができるよう指導する。
　ア　次のような知識及び技能を身に付けること。
　　(ア)　四分位範囲や箱ひげ図の必要性と意味を理解すること。
　　(イ)　コンピュータなどの情報手段を用いるなどしてデータを整理し箱ひげ図で表すこと。
　イ　次のような思考力，判断力，表現力等を身に付けること。
　　(ア)　四分位範囲や箱ひげ図を用いてデータの分布の傾向を比較して読み取り，批判的に考察し判断すること。

(2)　不確定な事象の起こりやすさについて，数学的活動を通して，次の事項を身に付けることができるよう指導する。
　ア　次のような知識及び技能を身に付けること。

(ア) 多数回の試行によって得られる確率と関連付けて，場合の数を基にして得られる確率の必要性と意味を理解すること。

(イ) 簡単な場合について確率を求めること。

イ 次のような思考力，判断力，表現力等を身に付けること。

(ア) 同様に確からしいことに着目し，場合の数を基にして得られる確率の求め方を考察し表現すること。

(イ) 確率を用いて不確定な事象を捉え考察し表現すること。

〔数学的活動〕

(1) 「A数と式」，「B図形」，「C関数」及び「Dデータの活用」の学習やそれらを相互に関連付けた学習において，次のような数学的活動に取り組むものとする。

ア 日常の事象や社会の事象を数理的に捉え，数学的に表現・処理し，問題を解決したり，解決の過程や結果を振り返って考察したりする活動

イ 数学の事象から見通しをもって問題を見いだし解決したり，解決の過程や結果を振り返って統合的・発展的に考察したりする活動

ウ 数学的な表現を用いて論理的に説明し伝え合う活動

3 内容の取扱い

(1) 内容の「B図形」の(2)のイの(ア)に関連して，正方形，ひし形及び長方形が平行四辺形の特別な形であることを取り扱うものとする。

〔第3学年〕

1 目標

(1) 数の平方根，多項式と二次方程式，図形の相似，円周角と中心角の関係，三平方の定理，関数 $y = ax^2$，標本調査などについての基礎的な概念や原理・法則などを理解するとともに，事象を数学化したり，数学的に解釈したり，数学的に表現・処理したりする技能を身に付けるようにする。

(2) 数の範囲に着目し，数の性質や計算について考察したり，文字を用いて数量の関係や法則などを考察したりする力，図形の構成要素の関係に着目し，図形の性質や計量について論理的に考察し表現する力，関数関係に着目し，その特徴を表，式，グラフを相互に関連付けて考察する力，標本と母集団の関係に着目し，母集団の傾向を推定し判断したり，調査の方法や結果を批判的に考察したりする力を養う。

(3) 数学的活動の楽しさや数学のよさを実感して粘り強く考え，数学を生活や学習に生かそうとする態度，問題解決の過程を振り返って評価・改善しようとする態度，多様な考えを認め，よりよく問題解決しようとする態度を養う。

2 内容

A 数と式

(1) 正の数の平方根について，数学的活動を通して，次の事項を身に付けることができるよう指導する。

　ア　次のような知識及び技能を身に付けること。

　　(ア) 数の平方根の必要性と意味を理解すること。

　　(イ) 数の平方根を含む簡単な式の計算をすること。

　　(ウ) 具体的な場面で数の平方根を用いて表したり処理したりすること。

　イ　次のような思考力，判断力，表現力等を身に付けること。

　　(ア) 既に学習した計算の方法と関連付けて，数の平方根を含む式の計算の方法を考察し表現すること。

　　(イ) 数の平方根を具体的な場面で活用すること。

(2) 簡単な多項式について，数学的活動を通して，次の事項を身に付けることができるよう指導する。

　ア　次のような知識及び技能を身に付けること。

　　(ア) 単項式と多項式の乗法及び多項式を単項式で割る除法の計算をすること。

　　(イ) 簡単な一次式の乗法の計算及び次の公式を用いる簡単な式の展開や因数分解をすること。

$$(a+b)^2 = a^2 + 2ab + b^2$$
$$(a-b)^2 = a^2 - 2ab + b^2$$
$$(a+b)(a-b) = a^2 - b^2$$
$$(x+a)(x+b) = x^2 + (a+b)x + ab$$

　イ　次のような思考力，判断力，表現力等を身に付けること。

　　(ア) 既に学習した計算の方法と関連付けて，式の展開や因数分解をする方法を考察し表現すること。

　　(イ) 文字を用いた式で数量及び数量の関係を捉え説明すること。

(3) 二次方程式について，数学的活動を通して，次の事項を身に付けることができるよう指導する。

　ア　次のような知識及び技能を身に付けること。

　　(ア) 二次方程式の必要性と意味及びその解の意味を理解すること。

　　(イ) 因数分解したり平方の形に変形したりして二次方程式を解くこと。

　　(ウ) 解の公式を知り，それを用いて二次方程式を解くこと。

　イ　次のような思考力，判断力，表現力等を身に付けること。

　　(ア) 因数分解や平方根の考えを基にして，二次方程式を解く方法を考察し

表現すること。

(イ) 二次方程式を具体的な場面で活用すること。

〔用語・記号〕

根号　有理数　無理数　因数　√

B　図形

(1) 図形の相似について，数学的活動を通して，次の事項を身に付けることができるよう指導する。

ア　次のような知識及び技能を身に付けること。

(ア) 平面図形の相似の意味及び三角形の相似条件について理解すること。

(イ) 基本的な立体の相似の意味及び相似な図形の相似比と面積比や体積比との関係について理解すること。

イ　次のような思考力，判断力，表現力等を身に付けること。

(ア) 三角形の相似条件などを基にして図形の基本的な性質を論理的に確かめること。

(イ) 平行線と線分の比についての性質を見いだし，それらを確かめること。

(ウ) 相似な図形の性質を具体的な場面で活用すること。

(2) 円周角と中心角の関係について，数学的活動を通して，次の事項を身に付けることができるよう指導する。

ア　次のような知識及び技能を身に付けること。

(ア) 円周角と中心角の関係の意味を理解し，それが証明できることを知ること。

イ　次のような思考力，判断力，表現力等を身に付けること。

(ア) 円周角と中心角の関係を見いだすこと。

(イ) 円周角と中心角の関係を具体的な場面で活用すること。

(3) 三平方の定理について，数学的活動を通して，次の事項を身に付けることができるよう指導する。

ア　次のような知識及び技能を身に付けること。

(ア) 三平方の定理の意味を理解し，それが証明できることを知ること。

イ　次のような思考力，判断力，表現力等を身に付けること。

(ア) 三平方の定理を見いだすこと。

(イ) 三平方の定理を具体的な場面で活用すること。

〔用語・記号〕

∽

C　関数

(1) 関数 $y = ax^2$ について，数学的活動を通して，次の事項を身に付けること

ができるよう指導する。
　ア　次のような知識及び技能を身に付けること。
　　(ア)　関数 $y = ax^2$ について理解すること。
　　(イ)　事象の中には関数 $y = ax^2$ として捉えられるものがあることを知ること。
　　(ウ)　いろいろな事象の中に，関数関係があることを理解すること。
　イ　次のような思考力，判断力，表現力等を身に付けること。
　　(ア)　関数 $y = ax^2$ として捉えられる二つの数量について，変化や対応の特徴を見いだし，表，式，グラフを相互に関連付けて考察し表現すること。
　　(イ)　関数 $y = ax^2$ を用いて具体的な事象を捉え考察し表現すること。

D　データの活用
(1)　標本調査について，数学的活動を通して，次の事項を身に付けることができるよう指導する。
　ア　次のような知識及び技能を身に付けること。
　　(ア)　標本調査の必要性と意味を理解すること。
　　(イ)　コンピュータなどの情報手段を用いるなどして無作為に標本を取り出し，整理すること。
　イ　次のような思考力，判断力，表現力等を身に付けること。
　　(ア)　標本調査の方法や結果を批判的に考察し表現すること。
　　(イ)　簡単な場合について標本調査を行い，母集団の傾向を推定し判断すること。

　〔用語・記号〕
　　全数調査

〔数学的活動〕
(1)　「A数と式」，「B図形」，「C関数」及び「Dデータの活用」の学習やそれらを相互に関連付けた学習において，次のような数学的活動に取り組むものとする。
　ア　日常の事象や社会の事象を数理的に捉え，数学的に表現・処理し，問題を解決したり，解決の過程や結果を振り返って考察したりする活動
　イ　数学の事象から見通しをもって問題を見いだし解決したり，解決の過程や結果を振り返って統合的・発展的に考察したりする活動
　ウ　数学的な表現を用いて論理的に説明し伝え合う活動

3　内容の取扱い

(1)　内容の「A数と式」の(1)などに関連して，誤差や近似値，$a \times 10^n$ の形の表

現を取り扱うものとする。
(2) 内容の「A数と式」の(3)については,実数の解をもつ二次方程式を取り扱うものとする。
(3) 内容の「A数と式」の(3)のアの(イ)とイの(ア)については,$ax^2 = b$ (a, b は有理数)の二次方程式及び $x^2 + px + q = 0$ (p, q は整数)の二次方程式を取り扱うものとする。因数分解して解くことの指導においては,内容の「A数と式」の(2)のアの(イ)に示した公式を用いることができるものを中心に取り扱うものとする。また,平方の形に変形して解くことの指導においては,x の係数が偶数であるものを中心に取り扱うものとする。
(4) 内容の「B図形」の(2)に関連して,円周角の定理の逆を取り扱うものとする。

第3 指導計画の作成と内容の取扱い

1 指導計画の作成に当たっては,次の事項に配慮するものとする。
(1) 単元など内容や時間のまとまりを見通して,その中で育む資質・能力の育成に向けて,数学的活動を通して,生徒の主体的・対話的で深い学びの実現を図るようにすること。その際,数学的な見方・考え方を働かせながら,日常の事象や社会の事象を数理的に捉え,数学の問題を見いだし,問題を自立的,協働的に解決し,学習の過程を振り返り,概念を形成するなどの学習の充実を図ること。
(2) 第2の各学年の目標の達成に支障のない範囲内で,当該学年の内容の一部を軽く取り扱い,それを後の学年で指導することができるものとすること。また,学年の目標を逸脱しない範囲内で,後の学年の内容の一部を加えて指導することもできるものとすること。
(3) 生徒の学習を確実なものにするために,新たな内容を指導する際には,既に指導した関連する内容を意図的に再度取り上げ,学び直しの機会を設定することに配慮すること。
(4) 障害のある生徒などについては,学習活動を行う場合に生じる困難さに応じた指導内容や指導方法の工夫を計画的,組織的に行うこと。
(5) 第1章総則の第1の2の(2)に示す道徳教育の目標に基づき,道徳科などとの関連を考慮しながら,第3章特別の教科道徳の第2に示す内容について,数学科の特質に応じて適切な指導をすること。
2 第2の内容の取扱いについては,次の事項に配慮するものとする。
(1) 思考力,判断力,表現力等を育成するため,各学年の内容の指導に当たっ

ては,数学的な表現を用いて簡潔・明瞭・的確に表現したり,互いに自分の考えを表現し伝え合ったりするなどの機会を設けること。

(2) 各領域の指導に当たっては,必要に応じ,そろばんや電卓,コンピュータ,情報通信ネットワークなどの情報手段を適切に活用し,学習の効果を高めること。

(3) 各領域の指導に当たっては,具体物を操作して考えたり,データを収集して整理したりするなどの具体的な体験を伴う学習を充実すること。

(4) 第2の各学年の内容に示す〔用語・記号〕は,当該学年で取り扱う内容の程度や範囲を明確にするために示したものであり,その指導に当たっては,各学年の内容と密接に関連させて取り上げること。

3 数学的活動の取組においては,次の事項に配慮するものとする。

(1) 数学的活動を楽しめるようにするとともに,数学を学習することの意義や数学の必要性などを実感する機会を設けること。

(2) 数学を活用して問題解決する方法を理解するとともに,自ら問題を見いだし,解決するための構想を立て,実践し,その過程や結果を評価・改善する機会を設けること。

(3) 各領域の指導に当たっては,観察や操作,実験などの活動を通して,数量や図形などの性質を見いだしたり,発展させたりする機会を設けること。

(4) 数学的活動の過程を振り返り,レポートにまとめ発表することなどを通して,その成果を共有する機会を設けること。

4 生徒の数学的活動への取組を促し思考力,判断力,表現力等の育成を図るため,各領域の内容を総合したり日常の事象や他教科等での学習に関連付けたりするなどして見いだした問題を解決する学習を課題学習と言い,この実施に当たっては各学年で指導計画に適切に位置付けるものとする。

第4節　理科

第1　目標

　自然の事物・現象に関わり，理科の見方・考え方を働かせ，見通しをもって観察，実験を行うことなどを通して，自然の事物・現象を科学的に探究するために必要な資質・能力を次のとおり育成することを目指す。

(1) 自然の事物・現象についての理解を深め，科学的に探究するために必要な観察，実験などに関する基本的な技能を身に付けるようにする。

(2) 観察，実験などを行い，科学的に探究する力を養う。

(3) 自然の事物・現象に進んで関わり，科学的に探究しようとする態度を養う。

第2　各分野の目標及び内容

〔第1分野〕

1　目標

　物質やエネルギーに関する事物・現象を科学的に探究するために必要な資質・能力を次のとおり育成することを目指す。

(1) 物質やエネルギーに関する事物・現象についての観察，実験などを行い，身近な物理現象，電流とその利用，運動とエネルギー，身の回りの物質，化学変化と原子・分子，化学変化とイオンなどについて理解するとともに，科学技術の発展と人間生活との関わりについて認識を深めるようにする。また，それらを科学的に探究するために必要な観察，実験などに関する基本的な技能を身に付けるようにする。

(2) 物質やエネルギーに関する事物・現象に関わり，それらの中に問題を見いだし見通しをもって観察，実験などを行い，その結果を分析して解釈し表現するなど，科学的に探究する活動を通して，規則性を見いだしたり課題を解決したりする力を養う。

(3) 物質やエネルギーに関する事物・現象に進んで関わり，科学的に探究しようとする態度を養うとともに，自然を総合的に見ることができるようにする。

2　内容

(1) 身近な物理現象

　身近な物理現象についての観察，実験などを通して，次の事項を身に付けることができるよう指導する。

ア　身近な物理現象を日常生活や社会と関連付けながら，次のことを理解するとともに，それらの観察，実験などに関する技能を身に付けること。
　㋐　光と音
　　㋐　光の反射・屈折
　　　　光の反射や屈折の実験を行い，光が水やガラスなどの物質の境界面で反射，屈折するときの規則性を見いだして理解すること。
　　㋑　凸レンズの働き
　　　　凸レンズの働きについての実験を行い，物体の位置と像のでき方との関係を見いだして理解すること。
　　㋒　音の性質
　　　　音についての実験を行い，音はものが振動することによって生じ空気中などを伝わること及び音の高さや大きさは発音体の振動の仕方に関係することを見いだして理解すること。
　㋑　力の働き
　　㋐　力の働き
　　　　物体に力を働かせる実験を行い，物体に力が働くとその物体が変形したり動き始めたり，運動の様子が変わったりすることを見いだして理解するとともに，力は大きさと向きによって表されることを知ること。また，物体に働く2力についての実験を行い，力がつり合うときの条件を見いだして理解すること。
イ　身近な物理現象について，問題を見いだし見通しをもって観察，実験などを行い，光の反射や屈折，凸レンズの働き，音の性質，力の働きの規則性や関係性を見いだして表現すること。

(2) 身の回りの物質

　身の回りの物質についての観察，実験などを通して，次の事項を身に付けることができるよう指導する。

ア　身の回りの物質の性質や変化に着目しながら，次のことを理解するとともに，それらの観察，実験などに関する技能を身に付けること。
　㋐　物質のすがた
　　㋐　身の回りの物質とその性質
　　　　身の回りの物質の性質を様々な方法で調べる実験を行い，物質には密度や加熱したときの変化など固有の性質と共通の性質があることを見いだして理解するとともに，実験器具の操作，記録の仕方などの技能を身に付けること。

㋑　気体の発生と性質

　　気体を発生させてその性質を調べる実験を行い，気体の種類による特性を理解するとともに，気体を発生させる方法や捕集法などの技能を身に付けること。

(イ)　水溶液

㋐　水溶液

　　水溶液から溶質を取り出す実験を行い，その結果を溶解度と関連付けて理解すること。

(ウ)　状態変化

㋐　状態変化と熱

　　物質の状態変化についての観察，実験を行い，状態変化によって物質の体積は変化するが質量は変化しないことを見いだして理解すること。

㋑　物質の融点と沸点

　　物質は融点や沸点を境に状態が変化することを知るとともに，混合物を加熱する実験を行い，沸点の違いによって物質の分離ができることを見いだして理解すること。

イ　身の回りの物質について，問題を見いだし見通しをもって観察，実験などを行い，物質の性質や状態変化における規則性を見いだして表現すること。

(3)　電流とその利用

　電流とその利用についての観察，実験などを通して，次の事項を身に付けることができるよう指導する。

ア　電流，磁界に関する事物・現象を日常生活や社会と関連付けながら，次のことを理解するとともに，それらの観察，実験などに関する技能を身に付けること。

(ア)　電流

㋐　回路と電流・電圧

　　回路をつくり，回路の電流や電圧を測定する実験を行い，回路の各点を流れる電流や各部に加わる電圧についての規則性を見いだして理解すること。

㋑　電流・電圧と抵抗

　　金属線に加わる電圧と電流を測定する実験を行い，電圧と電流の関係を見いだして理解するとともに，金属線には電気抵抗があることを理解すること。

80

ⓒ　電気とそのエネルギー

　　　　　電流によって熱や光などを発生させる実験を行い，熱や光などが取り出せること及び電力の違いによって発生する熱や光などの量に違いがあることを見いだして理解すること。

　　　㋓　静電気と電流

　　　　　異なる物質同士をこすり合わせると静電気が起こり，帯電した物体間では空間を隔てて力が働くこと及び静電気と電流には関係があることを見いだして理解すること。

　　(ｲ)　電流と磁界

　　　㋐　電流がつくる磁界

　　　　　磁石や電流による磁界の観察を行い，磁界を磁力線で表すことを理解するとともに，コイルの回りに磁界ができることを知ること。

　　　㋑　磁界中の電流が受ける力

　　　　　磁石とコイルを用いた実験を行い，磁界中のコイルに電流を流すと力が働くことを見いだして理解すること。

　　　㋒　電磁誘導と発電

　　　　　磁石とコイルを用いた実験を行い，コイルや磁石を動かすことにより電流が得られることを見いだして理解するとともに，直流と交流の違いを理解すること。

　イ　電流，磁界に関する現象について，見通しをもって解決する方法を立案して観察，実験などを行い，その結果を分析して解釈し，電流と電圧，電流の働き，静電気，電流と磁界の規則性や関係性を見いだして表現すること。

(4)　化学変化と原子・分子

　化学変化についての観察，実験などを通して，次の事項を身に付けることができるよう指導する。

　ア　化学変化を原子や分子のモデルと関連付けながら，次のことを理解するとともに，それらの観察，実験などに関する技能を身に付けること。

　　(ｱ)　物質の成り立ち

　　　㋐　物質の分解

　　　　　物質を分解する実験を行い，分解して生成した物質は元の物質とは異なることを見いだして理解すること。

　　　㋑　原子・分子

　　　　　物質は原子や分子からできていることを理解するとともに，物質を構成する原子の種類は記号で表されることを知ること。

(イ) 化学変化
　㋐ 化学変化
　　２種類の物質を反応させる実験を行い、反応前とは異なる物質が生成することを見いだして理解するとともに、化学変化は原子や分子のモデルで説明できること、化合物の組成は化学式で表されること及び化学変化は化学反応式で表されることを理解すること。
　㋑ 化学変化における酸化と還元
　　酸化や還元の実験を行い、酸化や還元は酸素が関係する反応であることを見いだして理解すること。
　㋒ 化学変化と熱
　　化学変化によって熱を取り出す実験を行い、化学変化には熱の出入りが伴うことを見いだして理解すること。
(ウ) 化学変化と物質の質量
　㋐ 化学変化と質量の保存
　　化学変化の前後における物質の質量を測定する実験を行い、反応物の質量の総和と生成物の質量の総和が等しいことを見いだして理解すること。
　㋑ 質量変化の規則性
　　化学変化に関係する物質の質量を測定する実験を行い、反応する物質の質量の間には一定の関係があることを見いだして理解すること。
イ　化学変化について、見通しをもって解決する方法を立案して観察、実験などを行い、原子や分子と関連付けてその結果を分析して解釈し、化学変化における物質の変化やその量的な関係を見いだして表現すること。

(5) 運動とエネルギー
　物体の運動とエネルギーについての観察、実験などを通して、次の事項を身に付けることができるよう指導する。
ア　物体の運動とエネルギーを日常生活や社会と関連付けながら、次のことを理解するとともに、それらの観察、実験などに関する技能を身に付けること。
　(ア) 力のつり合いと合成・分解
　　㋐ 水中の物体に働く力
　　　水圧についての実験を行い、その結果を水の重さと関連付けて理解すること。また、水中にある物体には浮力が働くことを知ること。
　　㋑ 力の合成・分解
　　　力の合成と分解についての実験を行い、合力や分力の規則性を理解すること。

(イ)　運動の規則性
　　㋐　運動の速さと向き
　　　　物体の運動についての観察，実験を行い，運動には速さと向きがあることを知ること。
　　㋑　力と運動
　　　　物体に力が働く運動及び力が働かない運動についての観察，実験を行い，力が働く運動では運動の向きや時間の経過に伴って物体の速さが変わること及び力が働かない運動では物体は等速直線運動することを見いだして理解すること。
　(ウ)　力学的エネルギー
　　㋐　仕事とエネルギー
　　　　仕事に関する実験を行い，仕事と仕事率について理解すること。また，衝突の実験を行い，物体のもつ力学的エネルギーは物体が他の物体になしうる仕事で測れることを理解すること。
　　㋑　力学的エネルギーの保存
　　　　力学的エネルギーに関する実験を行い，運動エネルギーと位置エネルギーが相互に移り変わることを見いだして理解するとともに，力学的エネルギーの総量が保存されることを理解すること。
　イ　運動とエネルギーについて，見通しをもって観察，実験などを行い，その結果を分析して解釈し，力のつり合い，合成や分解，物体の運動，力学的エネルギーの規則性や関係性を見いだして表現すること。また，探究の過程を振り返ること。
(6)　化学変化とイオン
　　化学変化についての観察，実験などを通して，次の事項を身に付けることができるよう指導する。
　ア　化学変化をイオンのモデルと関連付けながら，次のことを理解するとともに，それらの観察，実験などに関する技能を身に付けること。
　(ア)　水溶液とイオン
　　㋐　原子の成り立ちとイオン
　　　　水溶液に電圧をかけ電流を流す実験を行い，水溶液には電流が流れるものと流れないものとがあることを見いだして理解すること。また，電解質水溶液に電圧をかけ電流を流す実験を行い，電極に物質が生成することからイオンの存在を知るとともに，イオンの生成が原子の成り立ちに関係することを知ること。

　　　　　㋑　酸・アルカリ
　　　　　　　酸とアルカリの性質を調べる実験を行い，酸とアルカリのそれぞれの特性が水素イオンと水酸化物イオンによることを知ること。
　　　　　㋒　中和と塩
　　　　　　　中和反応の実験を行い，酸とアルカリを混ぜると水と塩が生成することを理解すること。
　　　　㈐　化学変化と電池
　　　　　㋐　金属イオン
　　　　　　　金属を電解質水溶液に入れる実験を行い，金属によってイオンへのなりやすさが異なることを見いだして理解すること。
　　　　　㋑　化学変化と電池
　　　　　　　電解質水溶液と2種類の金属などを用いた実験を行い，電池の基本的な仕組みを理解するとともに，化学エネルギーが電気エネルギーに変換されていることを知ること。
　　　イ　化学変化について，見通しをもって観察，実験などを行い，イオンと関連付けてその結果を分析して解釈し，化学変化における規則性や関係性を見いだして表現すること。また，探究の過程を振り返ること。
　　(7)　科学技術と人間
　　　　科学技術と人間との関わりについての観察，実験などを通して，次の事項を身に付けることができるよう指導する。
　　　ア　日常生活や社会と関連付けながら，次のことを理解するとともに，それらの観察，実験などに関する技能を身に付けること。
　　　　㈎　エネルギーと物質
　　　　　㋐　エネルギーとエネルギー資源
　　　　　　　様々なエネルギーとその変換に関する観察，実験などを通して，日常生活や社会では様々なエネルギーの変換を利用していることを見いだして理解すること。また，人間は，水力，火力，原子力，太陽光などからエネルギーを得ていることを知るとともに，エネルギー資源の有効な利用が大切であることを認識すること。
　　　　　㋑　様々な物質とその利用
　　　　　　　物質に関する観察，実験などを通して，日常生活や社会では，様々な物質が幅広く利用されていることを理解するとともに，物質の有効な利用が大切であることを認識すること。
　　　　　㋒　科学技術の発展
　　　　　　　科学技術の発展の過程を知るとともに，科学技術が人間の生活を豊

　　　　　かで便利にしていることを認識すること。
　　　(イ) 自然環境の保全と科学技術の利用
　　　　⑦ 自然環境の保全と科学技術の利用
　　　　　　自然環境の保全と科学技術の利用の在り方について科学的に考察することを通して，持続可能な社会をつくることが重要であることを認識すること。
　　イ　日常生活や社会で使われているエネルギーや物質について，見通しをもって観察，実験などを行い，その結果を分析して解釈するとともに，自然環境の保全と科学技術の利用の在り方について，科学的に考察して判断すること。

3　内容の取扱い

(1) 内容の(1)から(7)までについては，それぞれのアに示す知識及び技能とイに示す思考力，判断力，表現力等とを相互に関連させながら，3年間を通じて科学的に探究するために必要な資質・能力の育成を目指すものとする。

(2) 内容の(1)から(7)までのうち，(1)及び(2)は第1学年，(3)及び(4)は第2学年，(5)から(7)までは第3学年で取り扱うものとする。

(3) 内容の(1)については，次のとおり取り扱うものとする。
　ア　アの(ア)の⑦については，全反射も扱い，光の屈折では入射角と屈折角の定性的な関係にも触れること。また，白色光はプリズムなどによっていろいろな色の光に分かれることにも触れること。
　イ　アの(ア)の④については，物体の位置に対する像の位置や像の大きさの定性的な関係を調べること。その際，実像と虚像を扱うこと。
　ウ　アの(ア)の⑨については，音の伝わる速さについて，空気中を伝わるおよその速さにも触れること。
　エ　アの(イ)の⑦については，ばねに加える力の大きさとばねの伸びとの関係も扱うこと。また，重さと質量との違いにも触れること。力の単位としては「ニュートン」を用いること。

(4) 内容の(2)については，次のとおり取り扱うものとする。
　ア　アの(ア)の⑦については，有機物と無機物との違いや金属と非金属との違いを扱うこと。
　イ　アの(ア)の④については，異なる方法を用いても同一の気体が得られることにも触れること。
　ウ　アの(イ)の⑦については，粒子のモデルと関連付けて扱い，質量パーセント濃度にも触れること。また，「溶解度」については，溶解度曲線にも触れ

エ　アの(ウ)の⑦については，粒子のモデルと関連付けて扱うこと。その際，粒子の運動にも触れること。

(5) 内容の(3)については，次のとおり取り扱うものとする。

　　ア　アの(ア)の⑦の「回路」については，直列及び並列の回路を取り上げ，それぞれについて二つの抵抗のつなぎ方を中心に扱うこと。

　　イ　アの(ア)の④の「電気抵抗」については，物質の種類によって抵抗の値が異なることを扱うこと。また，二つの抵抗をつなぐ場合の合成抵抗にも触れること。

　　ウ　アの(ア)の⑦については，電力量も扱うこと。その際，熱量にも触れること。

　　エ　アの(ア)の④については，電流が電子の流れに関係していることを扱うこと。また，真空放電と関連付けながら放射線の性質と利用にも触れること。

　　オ　アの(イ)の④については，電流の向きや磁界の向きを変えたときに力の向きが変わることを扱うこと。

　　カ　アの(イ)の⑦については，コイルや磁石を動かす向きを変えたときに電流の向きが変わることを扱うこと。

(6) 内容の(4)については，次のとおり取り扱うものとする。

　　ア　アの(ア)の④の「物質を構成する原子の種類」を元素ということにも触れること。また，「記号」については，元素記号で表されることにも触れ，基礎的なものを取り上げること。その際，周期表を用いて多くの種類が存在することにも触れること。

　　イ　アの(イ)の⑦の「化学式」及び「化学反応式」については，簡単なものを扱うこと。

　　ウ　アの(イ)の④の「酸化や還元」については，簡単なものを扱うこと。

(7) 内容の(5)については，次のとおり取り扱うものとする。

　　ア　アの(ア)の⑦については，水中にある物体には，あらゆる向きから圧力が働くことにも触れること。また，物体に働く水圧と浮力との定性的な関係にも触れること。

　　イ　アの(イ)の⑦については，物体に力が働くとき反対向きにも力が働くことにも触れること。

　　ウ　アの(イ)の④の「力が働く運動」のうち，落下運動については斜面に沿った運動を中心に扱うこと。その際，斜面の角度が90度になったときに自由落下になることにも触れること。「物体の速さが変わること」については，定性的に扱うこと。

エ　アの(ウ)の㋐については，仕事の原理にも触れること。

オ　アの(ウ)の㋑については，摩擦にも触れること。

(8) 内容の(6)については，次のとおり取り扱うものとする。

ア　アの(ア)の㋐の「原子の成り立ち」については，原子が電子と原子核からできていることを扱うこと。その際，原子核が陽子と中性子でできていることや，同じ元素でも中性子の数が異なる原子があることにも触れること。また，「イオン」については，化学式で表されることにも触れること。

イ　アの(ア)の㋑については，pHにも触れること。

ウ　アの(ア)の㋒については，水に溶ける塩と水に溶けない塩があることにも触れること。

エ　アの(イ)の㋐の「金属イオン」については，基礎的なものを扱うこと。

オ　アの(イ)の㋑の「電池」については，電極で起こる反応をイオンのモデルと関連付けて扱うこと。その際，「電池の基本的な仕組み」については，ダニエル電池を取り上げること。また，日常生活や社会で利用されている代表的な電池にも触れること。

(9) 内容の(7)については，次のとおり取り扱うものとする。

ア　アの(ア)の㋐については，熱の伝わり方，放射線にも触れること。また，「エネルギーの変換」については，その総量が保存されること及びエネルギーを利用する際の効率も扱うこと。

イ　アの(ア)の㋑の「様々な物質」については，天然の物質や人工的につくられた物質のうち代表的なものを扱うこと。その際，プラスチックの性質にも触れること。

ウ　アの(イ)の㋐については，これまでの第1分野と第2分野の学習を生かし，第2分野の内容の(7)のアの(イ)の㋐及びイと関連付けて総合的に扱うこと。

〔第2分野〕

1　目　標

生命や地球に関する事物・現象を科学的に探究するために必要な資質・能力を次のとおり育成することを目指す。

(1) 生命や地球に関する事物・現象についての観察，実験などを行い，生物の体のつくりと働き，生命の連続性，大地の成り立ちと変化，気象とその変化，地球と宇宙などについて理解するとともに，科学的に探究するために必要な観察，実験などに関する基本的な技能を身に付けるようにする。

(2) 生命や地球に関する事物・現象に関わり，それらの中に問題を見いだし見通しをもって観察，実験などを行い，その結果を分析して解釈し表現するな

ど，科学的に探究する活動を通して，多様性に気付くとともに規則性を見いだしたり課題を解決したりする力を養う。
(3) 生命や地球に関する事物・現象に進んで関わり，科学的に探究しようとする態度と，生命を尊重し，自然環境の保全に寄与する態度を養うとともに，自然を総合的に見ることができるようにする。

2 内容

(1) いろいろな生物とその共通点

身近な生物についての観察，実験などを通して，次の事項を身に付けることができるよう指導する。

ア いろいろな生物の共通点と相違点に着目しながら，次のことを理解するとともに，それらの観察，実験などに関する技能を身に付けること。

(ア) 生物の観察と分類の仕方

㋐ 生物の観察

校庭や学校周辺の生物の観察を行い，いろいろな生物が様々な場所で生活していることを見いだして理解するとともに，観察器具の操作，観察記録の仕方などの技能を身に付けること。

㋑ 生物の特徴と分類の仕方

いろいろな生物を比較して見いだした共通点や相違点を基にして分類できることを理解するとともに，分類の仕方の基礎を身に付けること。

(イ) 生物の体の共通点と相違点

㋐ 植物の体の共通点と相違点

身近な植物の外部形態の観察を行い，その観察記録などに基づいて，共通点や相違点があることを見いだして，植物の体の基本的なつくりを理解すること。また，その共通点や相違点に基づいて植物が分類できることを見いだして理解すること。

㋑ 動物の体の共通点と相違点

身近な動物の外部形態の観察を行い，その観察記録などに基づいて，共通点や相違点があることを見いだして，動物の体の基本的なつくりを理解すること。また，その共通点や相違点に基づいて動物が分類できることを見いだして理解すること。

イ 身近な生物についての観察，実験などを通して，いろいろな生物の共通点や相違点を見いだすとともに，生物を分類するための観点や基準を見いだして表現すること。

(2) 大地の成り立ちと変化

　大地の成り立ちと変化についての観察，実験などを通して，次の事項を身に付けることができるよう指導する。

ア　大地の成り立ちと変化を地表に見られる様々な事物・現象と関連付けながら，次のことを理解するとともに，それらの観察，実験などに関する技能を身に付けること。

(ア)　身近な地形や地層，岩石の観察

　㋐　身近な地形や地層，岩石の観察

　　身近な地形や地層，岩石などの観察を通して，土地の成り立ちや広がり，構成物などについて理解するとともに，観察器具の操作，記録の仕方などの技能を身に付けること。

(イ)　地層の重なりと過去の様子

　㋐　地層の重なりと過去の様子

　　地層の様子やその構成物などから地層のでき方を考察し，重なり方や広がり方についての規則性を見いだして理解するとともに，地層とその中の化石を手掛かりとして過去の環境と地質年代を推定できることを理解すること。

(ウ)　火山と地震

　㋐　火山活動と火成岩

　　火山の形，活動の様子及びその噴出物を調べ，それらを地下のマグマの性質と関連付けて理解するとともに，火山岩と深成岩の観察を行い，それらの組織の違いを成因と関連付けて理解すること。

　㋑　地震の伝わり方と地球内部の働き

　　地震の体験や記録を基に，その揺れの大きさや伝わり方の規則性に気付くとともに，地震の原因を地球内部の働きと関連付けて理解し，地震に伴う土地の変化の様子を理解すること。

(エ)　自然の恵みと火山災害・地震災害

　㋐　自然の恵みと火山災害・地震災害

　　自然がもたらす恵み及び火山災害と地震災害について調べ，これらを火山活動や地震発生の仕組みと関連付けて理解すること。

イ　大地の成り立ちと変化について，問題を見いだし見通しをもって観察，実験などを行い，地層の重なり方や広がり方の規則性，地下のマグマの性質と火山の形との関係性などを見いだして表現すること。

(3) 生物の体のつくりと働き

　生物の体のつくりと働きについての観察，実験などを通して，次の事項を

身に付けることができるよう指導する。
ア　生物の体のつくりと働きとの関係に着目しながら，次のことを理解するとともに，それらの観察，実験などに関する技能を身に付けること。
　㋐　生物と細胞
　　㋐　生物と細胞
　　　　生物の組織などの観察を行い，生物の体が細胞からできていること及び植物と動物の細胞のつくりの特徴を見いだして理解するとともに，観察器具の操作，観察記録の仕方などの技能を身に付けること。
　㋑　植物の体のつくりと働き
　　㋐　葉・茎・根のつくりと働き
　　　　植物の葉，茎，根のつくりについての観察を行い，それらのつくりと，光合成，呼吸，蒸散の働きに関する実験の結果とを関連付けて理解すること。
　㋒　動物の体のつくりと働き
　　㋐　生命を維持する働き
　　　　消化や呼吸についての観察，実験などを行い，動物の体が必要な物質を取り入れ運搬している仕組みを観察，実験の結果などと関連付けて理解すること。また，不要となった物質を排出する仕組みがあることについて理解すること。
　　㋑　刺激と反応
　　　　動物が外界の刺激に適切に反応している様子の観察を行い，その仕組みを感覚器官，神経系及び運動器官のつくりと関連付けて理解すること。
イ　身近な植物や動物の体のつくりと働きについて，見通しをもって解決する方法を立案して観察，実験などを行い，その結果を分析して解釈し，生物の体のつくりと働きについての規則性や関係性を見いだして表現すること。

(4) 気象とその変化
　身近な気象の観察，実験などを通して，次の事項を身に付けることができるよう指導する。
ア　気象要素と天気の変化との関係に着目しながら，次のことを理解するとともに，それらの観察，実験などに関する技能を身に付けること。
　㋐　気象観測
　　㋐　気象要素
　　　　気象要素として，気温，湿度，気圧，風向などを理解すること。ま

た，気圧を取り上げ，圧力についての実験を行い，圧力は力の大きさと面積に関係があることを見いだして理解するとともに，大気圧の実験を行い，その結果を空気の重さと関連付けて理解すること。

　㋑　気象観測

　　校庭などで気象観測を継続的に行い，その観測記録などに基づいて，気温，湿度，気圧，風向などの変化と天気との関係を見いだして理解するとともに，観測方法や記録の仕方を身に付けること。

(イ)　天気の変化

　㋐　霧や雲の発生

　　霧や雲の発生についての観察，実験を行い，そのでき方を気圧，気温及び湿度の変化と関連付けて理解すること。

　㋑　前線の通過と天気の変化

　　前線の通過に伴う天気の変化の観測結果などに基づいて，その変化を暖気，寒気と関連付けて理解すること。

(ウ)　日本の気象

　㋐　日本の天気の特徴

　　天気図や気象衛星画像などから，日本の天気の特徴を気団と関連付けて理解すること。

　㋑　大気の動きと海洋の影響

　　気象衛星画像や調査記録などから，日本の気象を日本付近の大気の動きや海洋の影響に関連付けて理解すること。

(エ)　自然の恵みと気象災害

　㋐　自然の恵みと気象災害

　　気象現象がもたらす恵みと気象災害について調べ，これらを天気の変化や日本の気象と関連付けて理解すること。

イ　気象とその変化について，見通しをもって解決する方法を立案して観察，実験などを行い，その結果を分析して解釈し，天気の変化や日本の気象についての規則性や関係性を見いだして表現すること。

(5)　生命の連続性

生命の連続性についての観察，実験などを通して，次の事項を身に付けることができるよう指導する。

ア　生命の連続性に関する事物・現象の特徴に着目しながら，次のことを理解するとともに，それらの観察，実験などに関する技能を身に付けること。

(ア)　生物の成長と殖え方

　㋐　細胞分裂と生物の成長

体細胞分裂の観察を行い，その順序性を見いだして理解するとともに，細胞の分裂と生物の成長とを関連付けて理解すること。

　　　㋑　生物の殖え方

　　　　　生物の殖え方を観察し，有性生殖と無性生殖の特徴を見いだして理解するとともに，生物が殖えていくときに親の形質が子に伝わることを見いだして理解すること。

　(イ)　遺伝の規則性と遺伝子

　　　㋐　遺伝の規則性と遺伝子

　　　　　交配実験の結果などに基づいて，親の形質が子に伝わるときの規則性を見いだして理解すること。

　(ウ)　生物の種類の多様性と進化

　　　㋐　生物の種類の多様性と進化

　　　　　現存の生物及び化石の比較などを通して，現存の多様な生物は過去の生物が長い時間の経過の中で変化して生じてきたものであることを体のつくりと関連付けて理解すること。

イ　生命の連続性について，観察，実験などを行い，その結果や資料を分析して解釈し，生物の成長と殖え方，遺伝現象，生物の種類の多様性と進化についての特徴や規則性を見いだして表現すること。また，探究の過程を振り返ること。

(6)　地球と宇宙

　身近な天体の観察，実験などを通して，次の事項を身に付けることができるよう指導する。

ア　身近な天体とその運動に関する特徴に着目しながら，次のことを理解するとともに，それらの観察，実験などに関する技能を身に付けること。

　(ア)　天体の動きと地球の自転・公転

　　　㋐　日周運動と自転

　　　　　天体の日周運動の観察を行い，その観察記録を地球の自転と関連付けて理解すること。

　　　㋑　年周運動と公転

　　　　　星座の年周運動や太陽の南中高度の変化などの観察を行い，その観察記録を地球の公転や地軸の傾きと関連付けて理解すること。

　(イ)　太陽系と恒星

　　　㋐　太陽の様子

　　　　　太陽の観察を行い，その観察記録や資料に基づいて，太陽の特徴を見いだして理解すること。

㋑　惑星と恒星
　　　　　観測資料などを基に，惑星と恒星などの特徴を見いだして理解するとともに，太陽系の構造について理解すること。
　　　㋒　月や金星の運動と見え方
　　　　　月の観察を行い，その観察記録や資料に基づいて，月の公転と見え方を関連付けて理解すること。また，金星の観測資料などを基に，金星の公転と見え方を関連付けて理解すること。
　イ　地球と宇宙について，天体の観察，実験などを行い，その結果や資料を分析して解釈し，天体の運動と見え方についての特徴や規則性を見いだして表現すること。また，探究の過程を振り返ること。
(7)　自然と人間
　　自然環境を調べる観察，実験などを通して，次の事項を身に付けることができるよう指導する。
　ア　日常生活や社会と関連付けながら，次のことを理解するとともに，自然環境を調べる観察，実験などに関する技能を身に付けること。
　　㋐　生物と環境
　　　㋐　自然界のつり合い
　　　　　微生物の働きを調べ，植物，動物及び微生物を栄養の面から相互に関連付けて理解するとともに，自然界では，これらの生物がつり合いを保って生活していることを見いだして理解すること。
　　　㋑　自然環境の調査と環境保全
　　　　　身近な自然環境について調べ，様々な要因が自然界のつり合いに影響していることを理解するとともに，自然環境を保全することの重要性を認識すること。
　　　㋒　地域の自然災害
　　　　　地域の自然災害について，総合的に調べ，自然と人間との関わり方について認識すること。
　　㋑　自然環境の保全と科学技術の利用
　　　㋐　自然環境の保全と科学技術の利用
　　　　　自然環境の保全と科学技術の利用の在り方について科学的に考察することを通して，持続可能な社会をつくることが重要であることを認識すること。
　イ　身近な自然環境や地域の自然災害などを調べる観察，実験などを行い，自然環境の保全と科学技術の利用の在り方について，科学的に考察して判断すること。

3　内容の取扱い

(1) 内容の(1)から(7)までについては，それぞれのアに示す知識及び技能とイに示す思考力，判断力，表現力等とを相互に関連させながら，3年間を通じて科学的に探究するために必要な資質・能力の育成を目指すものとする。

(2) 内容の(1)から(7)までのうち，(1)及び(2)は第1学年，(3)及び(4)は第2学年，(5)から(7)までは第3学年で取り扱うものとする。

(3) 内容の(1)については，次のとおり取り扱うものとする。

　ア　アの(ア)の㋐については，身近な生物の観察を扱うが，ルーペや双眼実体顕微鏡などを用いて，外見から観察できる体のつくりを中心に扱うこと。

　イ　アの(イ)の㋐については，花のつくりを中心に扱い，種子植物が被子植物と裸子植物に分類できることを扱うこと。その際，胚珠が種子になることにも触れること。また，被子植物が単子葉類と双子葉類に分類できることについては，葉のつくりを中心に扱うこと。なお，種子をつくらない植物が胞子をつくることにも触れること。

　ウ　アの(イ)の㋑については，脊椎動物と無脊椎動物の違いを中心に扱うこと。脊椎動物については，ヒトや魚を例に，体のつくりの共通点としての背骨の存在について扱うこと。また，体の表面の様子や呼吸の仕方などの特徴を基準として分類できることを扱うこと。無脊椎動物については，節足動物や軟体動物の観察を行い，それらの動物と脊椎動物の体のつくりの特徴を比較し，その共通点と相違点を扱うこと。

(4) 内容の(2)については，次のとおり取り扱うものとする。

　ア　アの(ア)の㋐の「身近な地形や地層，岩石などの観察」については，学校内外の地形や地層，岩石などを観察する活動とすること。

　イ　アの(イ)の㋐については，地層を形成している代表的な堆積岩も取り上げること。「地層」については，断層，褶曲にも触れること。「化石」については，示相化石及び示準化石を取り上げること。「地質年代」の区分は，古生代，中生代，新生代を取り上げること。

　ウ　アの(ウ)の㋐の「火山」については，粘性と関係付けながら代表的な火山を扱うこと。「マグマの性質」については，粘性を扱うこと。「火山岩」及び「深成岩」については，代表的な岩石を扱うこと。また，代表的な造岩鉱物も扱うこと。

　エ　アの(ウ)の㋑については，地震の現象面を中心に扱い，初期微動継続時間と震源までの距離との定性的な関係にも触れること。また，「地球内部の働き」については，日本付近のプレートの動きを中心に扱い，地球規模でのプレートの動きにも触れること。その際，津波発生の仕組みについても触

オ　アの(エ)の⑦の「火山災害と地震災害」については，記録や資料などを用いて調べること。

(5) 内容の(3)については，次のとおり取り扱うものとする。

ア　アの(ア)の⑦については，植物と動物の細胞のつくりの共通点と相違点について触れること。また，細胞の呼吸及び単細胞生物の存在にも触れること。

イ　アの(イ)の⑦については，光合成における葉緑体の働きにも触れること。また，葉，茎，根の働きを相互に関連付けて扱うこと。

ウ　アの(ウ)の⑦については，各器官の働きを中心に扱うこと。「消化」については，代表的な消化酵素の働きを扱うこと。また，摂取された食物が消化によって小腸の壁から吸収される物質になることにも触れること。血液の循環に関連して，血液成分の働き，腎臓や肝臓の働きにも触れること。

エ　アの(ウ)の⑦については，各器官の働きを中心に扱うこと。

(6) 内容の(4)については，次のとおり取り扱うものとする。

ア　アの(ア)の⑦の「大気圧」については，空気中にある物体にはあらゆる向きから圧力が働くことにも触れること。

イ　アの(イ)の⑦については，気温による飽和水蒸気量の変化が湿度の変化や凝結に関わりがあることを扱うこと。また，水の循環にも触れること。

ウ　アの(イ)の⑦については，風の吹き方にも触れること。

エ　アの(ウ)の⑦については，地球を取り巻く大気の動きにも触れること。また，地球の大きさや大気の厚さにも触れること。

オ　アの(エ)の⑦の「気象災害」については，記録や資料などを用いて調べること。

(7) 内容の(5)については，次のとおり取り扱うものとする。

ア　アの(ア)の⑦については，染色体が複製されることにも触れること。

イ　アの(ア)の⑦については，有性生殖の仕組みを減数分裂と関連付けて扱うこと。「無性生殖」については，単細胞生物の分裂や栄養生殖にも触れること。

ウ　アの(イ)の⑦については，分離の法則を扱うこと。また，遺伝子の本体がDNAであることにも触れること。

エ　アの(ウ)の⑦については，進化の証拠とされる事柄や進化の具体例について扱うこと。その際，生物にはその生息環境での生活に都合のよい特徴が見られることにも触れること。また，遺伝子に変化が起きて形質が変化することがあることにも触れること。

(8) 内容の(6)については，次のとおり取り扱うものとする。

　ア　アの(ア)の④の「太陽の南中高度の変化」については，季節による昼夜の長さや気温の変化にも触れること。

　イ　アの(イ)の⑦の「太陽の特徴」については，形，大きさ，表面の様子などを扱うこと。その際，太陽から放出された多量の光などのエネルギーによる地表への影響にも触れること。

　ウ　アの(イ)の④の「惑星」については，大きさ，大気組成，表面温度，衛星の存在などを取り上げること。その際，地球には生命を支える条件が備わっていることにも触れること。「恒星」については，自ら光を放つことや太陽もその一つであることも扱うこと。その際，恒星の集団としての銀河系の存在にも触れること。「太陽系の構造」については，惑星以外の天体が存在することにも触れること。

　エ　アの(イ)の⑨の「月の公転と見え方」については，月の運動と満ち欠けを扱うこと。その際，日食や月食にも触れること。また，「金星の公転と見え方」については，金星の運動と満ち欠けや見かけの大きさを扱うこと。

(9) 内容の(7)については，次のとおり取り扱うものとする。

　ア　アの(ア)の⑦については，生態系における生産者と消費者との関係を扱うこと。また，分解者の働きについても扱うこと。その際，土壌動物にも触れること。

　イ　アの(ア)の④については，生物や大気，水などの自然環境を直接調べたり，記録や資料を基に調べたりするなどの活動を行うこと。また，気候変動や外来生物にも触れること。

　ウ　アの(ア)の⑨については，地域の自然災害を調べたり，記録や資料を基に調べたりするなどの活動を行うこと。

　エ　アの(イ)の⑦については，これまでの第1分野と第2分野の学習を生かし，第1分野の内容の(7)のアの(イ)の⑦及びイと関連付けて総合的に扱うこと。

第3　指導計画の作成と内容の取扱い

1　指導計画の作成に当たっては，次の事項に配慮するものとする。

(1) 単元など内容や時間のまとまりを見通して，その中で育む資質・能力の育成に向けて，生徒の主体的・対話的で深い学びの実現を図るようにすること。その際，理科の学習過程の特質を踏まえ，理科の見方・考え方を働かせ，見通しをもって観察，実験を行うことなどの科学的に探究する学習活動の充実を図ること。

(2) 各学年においては，年間を通じて，各分野におよそ同程度の授業時数を配当すること。その際，各分野間及び各項目間の関連を十分考慮して，各分野の特徴的な見方・考え方を総合的に働かせ，自然の事物・現象を科学的に探究するために必要な資質・能力を養うことができるようにすること。

(3) 学校や生徒の実態に応じ，十分な観察や実験の時間，課題解決のために探究する時間などを設けるようにすること。その際，問題を見いだし観察，実験を計画する学習活動，観察，実験の結果を分析し解釈する学習活動，科学的な概念を使用して考えたり説明したりする学習活動などが充実するようにすること。

(4) 日常生活や他教科等との関連を図ること。

(5) 障害のある生徒などについては，学習活動を行う場合に生じる困難さに応じた指導内容や指導方法の工夫を計画的，組織的に行うこと。

(6) 第1章総則の第1の2の(2)に示す道徳教育の目標に基づき，道徳科などとの関連を考慮しながら，第3章特別の教科道徳の第2に示す内容について，理科の特質に応じて適切な指導をすること。

2 第2の内容の取扱いについては，次の事項に配慮するものとする。

(1) 観察，実験，野外観察を重視するとともに，地域の環境や学校の実態を生かし，自然の事物・現象についての基本的な概念の形成及び科学的に探究する力と態度の育成が段階的に無理なく行えるようにすること。

(2) 生命を尊重し，自然環境の保全に寄与する態度を養うようにすること。

(3) 1の(3)の学習活動を通して，言語活動が充実するようにすること。

(4) 各分野の指導に当たっては，観察，実験の過程での情報の検索，実験，データの処理，実験の計測などにおいて，コンピュータや情報通信ネットワークなどを積極的かつ適切に活用するようにすること。

(5) 指導に当たっては，生徒が学習の見通しを立てたり学習したことを振り返ったりする活動を計画的に取り入れるよう工夫すること。

(6) 原理や法則の理解を深めるためのものづくりを，各内容の特質に応じて適宜行うようにすること。

(7) 継続的な観察や季節を変えての定点観測を，各内容の特質に応じて適宜行うようにすること。

(8) 観察，実験，野外観察などの体験的な学習活動の充実に配慮すること。また，環境整備に十分配慮すること。

(9) 博物館や科学学習センターなどと積極的に連携，協力を図るようにすること。

(10) 科学技術が日常生活や社会を豊かにしていることや安全性の向上に役立っ

ていることに触れること。また，理科で学習することが様々な職業などと関係していることにも触れること。
3 観察，実験，野外観察の指導に当たっては，特に事故防止に十分留意するとともに，使用薬品の管理及び廃棄についても適切な措置をとるよう配慮するものとする。

第5節 音楽

● 第1 目標

　表現及び鑑賞の幅広い活動を通して，音楽的な見方・考え方を働かせ，生活や社会の中の音や音楽，音楽文化と豊かに関わる資質・能力を次のとおり育成することを目指す。

(1) 曲想と音楽の構造や背景などとの関わり及び音楽の多様性について理解するとともに，創意工夫を生かした音楽表現をするために必要な技能を身に付けるようにする。

(2) 音楽表現を創意工夫することや，音楽のよさや美しさを味わって聴くことができるようにする。

(3) 音楽活動の楽しさを体験することを通して，音楽を愛好する心情を育むとともに，音楽に対する感性を豊かにし，音楽に親しんでいく態度を養い，豊かな情操を培う。

● 第2 各学年の目標及び内容

〔第1学年〕

1 目標

(1) 曲想と音楽の構造などとの関わり及び音楽の多様性について理解するとともに，創意工夫を生かした音楽表現をするために必要な歌唱，器楽，創作の技能を身に付けるようにする。

(2) 音楽表現を創意工夫することや，音楽を自分なりに評価しながらよさや美しさを味わって聴くことができるようにする。

(3) 主体的・協働的に表現及び鑑賞の学習に取り組み，音楽活動の楽しさを体験することを通して，音楽文化に親しむとともに，音楽によって生活を明るく豊かなものにしていく態度を養う。

2 内容

A 表現

(1) 歌唱の活動を通して，次の事項を身に付けることができるよう指導する。
　ア　歌唱表現に関わる知識や技能を得たり生かしたりしながら，歌唱表現を創意工夫すること。
　イ　次の(ア)及び(イ)について理解すること。

(ｱ)　曲想と音楽の構造や歌詞の内容との関わり

　　　(ｲ)　声の音色や響き及び言葉の特性と曲種に応じた発声との関わり

　　ウ　次の(ｱ)及び(ｲ)の技能を身に付けること。

　　　(ｱ)　創意工夫を生かした表現で歌うために必要な発声，言葉の発音，身体の使い方などの技能

　　　(ｲ)　創意工夫を生かし，全体の響きや各声部の声などを聴きながら他者と合わせて歌う技能

　(2)　器楽の活動を通して，次の事項を身に付けることができるよう指導する。

　　ア　器楽表現に関わる知識や技能を得たり生かしたりしながら，器楽表現を創意工夫すること。

　　イ　次の(ｱ)及び(ｲ)について理解すること。

　　　(ｱ)　曲想と音楽の構造との関わり

　　　(ｲ)　楽器の音色や響きと奏法との関わり

　　ウ　次の(ｱ)及び(ｲ)の技能を身に付けること。

　　　(ｱ)　創意工夫を生かした表現で演奏するために必要な奏法，身体の使い方などの技能

　　　(ｲ)　創意工夫を生かし，全体の響きや各声部の音などを聴きながら他者と合わせて演奏する技能

　(3)　創作の活動を通して，次の事項を身に付けることができるよう指導する。

　　ア　創作表現に関わる知識や技能を得たり生かしたりしながら，創作表現を創意工夫すること。

　　イ　次の(ｱ)及び(ｲ)について，表したいイメージと関わらせて理解すること。

　　　(ｱ)　音のつながり方の特徴

　　　(ｲ)　音素材の特徴及び音の重なり方や反復，変化，対照などの構成上の特徴

　　ウ　創意工夫を生かした表現で旋律や音楽をつくるために必要な，課題や条件に沿った音の選択や組合せなどの技能を身に付けること。

B　鑑　賞

　(1)　鑑賞の活動を通して，次の事項を身に付けることができるよう指導する。

　　ア　鑑賞に関わる知識を得たり生かしたりしながら，次の(ｱ)から(ｳ)までについて自分なりに考え，音楽のよさや美しさを味わって聴くこと。

　　　(ｱ)　曲や演奏に対する評価とその根拠

　　　(ｲ)　生活や社会における音楽の意味や役割

　　　(ｳ)　音楽表現の共通性や固有性

　　イ　次の(ｱ)から(ｳ)までについて理解すること。

(ｱ)　曲想と音楽の構造との関わり
　　(ｲ)　音楽の特徴とその背景となる文化や歴史，他の芸術との関わり
　　(ｳ)　我が国や郷土の伝統音楽及びアジア地域の諸民族の音楽の特徴と，その特徴から生まれる音楽の多様性

〔共通事項〕
(1) 「A表現」及び「B鑑賞」の指導を通して，次の事項を身に付けることができるよう指導する。
　ア　音楽を形づくっている要素や要素同士の関連を知覚し，それらの働きが生み出す特質や雰囲気を感受しながら，知覚したことと感受したこととの関わりについて考えること。
　イ　音楽を形づくっている要素及びそれらに関わる用語や記号などについて，音楽における働きと関わらせて理解すること。

〔第2学年及び第3学年〕

1　目標

(1) 曲想と音楽の構造や背景などとの関わり及び音楽の多様性について理解するとともに，創意工夫を生かした音楽表現をするために必要な歌唱，器楽，創作の技能を身に付けるようにする。

(2) 曲にふさわしい音楽表現を創意工夫することや，音楽を評価しながらよさや美しさを味わって聴くことができるようにする。

(3) 主体的・協働的に表現及び鑑賞の学習に取り組み，音楽活動の楽しさを体験することを通して，音楽文化に親しむとともに，音楽によって生活を明るく豊かなものにし，音楽に親しんでいく態度を養う。

2　内　容

A　表　現

(1) 歌唱の活動を通して，次の事項を身に付けることができるよう指導する。
　ア　歌唱表現に関わる知識や技能を得たり生かしたりしながら，曲にふさわしい歌唱表現を創意工夫すること。
　イ　次の(ｱ)及び(ｲ)について理解すること。
　　(ｱ)　曲想と音楽の構造や歌詞の内容及び曲の背景との関わり
　　(ｲ)　声の音色や響き及び言葉の特性と曲種に応じた発声との関わり
　ウ　次の(ｱ)及び(ｲ)の技能を身に付けること。
　　(ｱ)　創意工夫を生かした表現で歌うために必要な発声，言葉の発音，身体の使い方などの技能

(イ) 創意工夫を生かし，全体の響きや各声部の声などを聴きながら他者と合わせて歌う技能
　(2) 器楽の活動を通して，次の事項を身に付けることができるよう指導する。
　　ア　器楽表現に関わる知識や技能を得たり生かしたりしながら，曲にふさわしい器楽表現を創意工夫すること。
　　イ　次の(ア)及び(イ)について理解すること。
　　　(ア) 曲想と音楽の構造や曲の背景との関わり
　　　(イ) 楽器の音色や響きと奏法との関わり
　　ウ　次の(ア)及び(イ)の技能を身に付けること。
　　　(ア) 創意工夫を生かした表現で演奏するために必要な奏法，身体の使い方などの技能
　　　(イ) 創意工夫を生かし，全体の響きや各声部の音などを聴きながら他者と合わせて演奏する技能
　(3) 創作の活動を通して，次の事項を身に付けることができるよう指導する。
　　ア　創作表現に関わる知識や技能を得たり生かしたりしながら，まとまりのある創作表現を創意工夫すること。
　　イ　次の(ア)及び(イ)について，表したいイメージと関わらせて理解すること。
　　　(ア) 音階や言葉などの特徴及び音のつながり方の特徴
　　　(イ) 音素材の特徴及び音の重なり方や反復，変化，対照などの構成上の特徴
　　ウ　創意工夫を生かした表現で旋律や音楽をつくるために必要な，課題や条件に沿った音の選択や組合せなどの技能を身に付けること。

　B　鑑　賞
　(1) 鑑賞の活動を通して，次の事項を身に付けることができるよう指導する。
　　ア　鑑賞に関わる知識を得たり生かしたりしながら，次の(ア)から(ウ)までについて考え，音楽のよさや美しさを味わって聴くこと。
　　　(ア) 曲や演奏に対する評価とその根拠
　　　(イ) 生活や社会における音楽の意味や役割
　　　(ウ) 音楽表現の共通性や固有性
　　イ　次の(ア)から(ウ)までについて理解すること。
　　　(ア) 曲想と音楽の構造との関わり
　　　(イ) 音楽の特徴とその背景となる文化や歴史，他の芸術との関わり
　　　(ウ) 我が国や郷土の伝統音楽及び諸外国の様々な音楽の特徴と，その特徴から生まれる音楽の多様性

〔共通事項〕
(1) 「A表現」及び「B鑑賞」の指導を通して，次の事項を身に付けることができるよう指導する。
　ア　音楽を形づくっている要素や要素同士の関連を知覚し，それらの働きが生み出す特質や雰囲気を感受しながら，知覚したことと感受したこととの関わりについて考えること。
　イ　音楽を形づくっている要素及びそれらに関わる用語や記号などについて，音楽における働きと関わらせて理解すること。

第3　指導計画の作成と内容の取扱い

1　指導計画の作成に当たっては，次の事項に配慮するものとする。
(1) 題材など内容や時間のまとまりを見通して，その中で育む資質・能力の育成に向けて，生徒の主体的・対話的で深い学びの実現を図るようにすること。その際，音楽的な見方・考え方を働かせ，他者と協働しながら，音楽表現を生み出したり音楽を聴いてそのよさや美しさなどを見いだしたりするなど，思考，判断し，表現する一連の過程を大切にした学習の充実を図ること。
(2) 第2の各学年の内容の「A表現」の(1)，(2)及び(3)の指導については，ア，イ及びウの各事項を，「B鑑賞」の(1)の指導については，ア及びイの各事項を適切に関連させて指導すること。
(3) 第2の各学年の内容の〔共通事項〕は，表現及び鑑賞の学習において共通に必要となる資質・能力であり，「A表現」及び「B鑑賞」の指導と併せて，十分な指導が行われるよう工夫すること。
(4) 第2の各学年の内容の「A表現」の(1)，(2)及び(3)並びに「B鑑賞」の(1)の指導については，それぞれ特定の活動のみに偏らないようにするとともに，必要に応じて，〔共通事項〕を要として各領域や分野の関連を図るようにすること。
(5) 障害のある生徒などについては，学習活動を行う場合に生じる困難さに応じた指導内容や指導方法の工夫を計画的，組織的に行うこと。
(6) 第1章総則の第1の2の(2)に示す道徳教育の目標に基づき，道徳科などとの関連を考慮しながら，第3章特別の教科道徳の第2に示す内容について，音楽科の特質に応じて適切な指導をすること。
2　第2の内容の取扱いについては，次の事項に配慮するものとする。
(1) 各学年の「A表現」及び「B鑑賞」の指導に当たっては，次のとおり取り扱うこと。

ア 音楽活動を通して，それぞれの教材等に応じ，音や音楽が生活に果たす役割を考えさせるなどして，生徒が音や音楽と生活や社会との関わりを実感できるよう指導を工夫すること。なお，適宜，自然音や環境音などについても取り扱い，音環境への関心を高めることができるよう指導を工夫すること。

イ 音楽によって喚起された自己のイメージや感情，音楽表現に対する思いや意図，音楽に対する評価などを伝え合い共感するなど，音や音楽及び言葉によるコミュニケーションを図り，音楽科の特質に応じた言語活動を適切に位置付けられるよう指導を工夫すること。

ウ 知覚したことと感受したこととの関わりを基に音楽の特徴を捉えたり，思考，判断の過程や結果を表したり，それらについて他者と共有，共感したりする際には，適宜，体を動かす活動も取り入れるようにすること。

エ 生徒が様々な感覚を関連付けて音楽への理解を深めたり，主体的に学習に取り組んだりすることができるようにするため，コンピュータや教育機器を効果的に活用できるよう指導を工夫すること。

オ 生徒が学校内及び公共施設などの学校外における音楽活動とのつながりを意識できるようにするなど，生徒や学校，地域の実態に応じ，生活や社会の中の音や音楽，音楽文化と主体的に関わっていくことができるよう配慮すること。

カ 自己や他者の著作物及びそれらの著作者の創造性を尊重する態度の形成を図るとともに，必要に応じて，音楽に関する知的財産権について触れるようにすること。また，こうした態度の形成が，音楽文化の継承，発展，創造を支えていることへの理解につながるよう配慮すること。

(2) 各学年の「A表現」の(1)の歌唱の指導に当たっては，次のとおり取り扱うこと。

ア 歌唱教材は，次に示すものを取り扱うこと。

(ア) 我が国及び諸外国の様々な音楽のうち，指導のねらいに照らして適切で，生徒にとって親しみがもてたり意欲が高められたり，生活や社会において音楽が果たしている役割が感じ取れたりできるもの。

(イ) 民謡，長唄などの我が国の伝統的な歌唱のうち，生徒や学校，地域の実態を考慮して，伝統的な声や歌い方の特徴を感じ取れるもの。なお，これらを取り扱う際は，その表現活動を通して，生徒が我が国や郷土の伝統音楽のよさを味わい，愛着をもつことができるよう工夫すること。

(ウ) 我が国で長く歌われ親しまれている歌曲のうち，我が国の自然や四季の美しさを感じ取れるもの又は我が国の文化や日本語のもつ美しさを味

わえるもの。なお，各学年において，以下の共通教材の中から1曲以上を含めること。

　　「赤とんぼ」　　三木露風作詞　　山田耕筰作曲
　　「荒城の月」　　土井晩翠作詞　　滝廉太郎作曲
　　「早春賦」　　　吉丸一昌作詞　　中田　章作曲
　　「夏の思い出」　江間章子作詞　　中田喜直作曲
　　「花」　　　　　武島羽衣作詞　　滝廉太郎作曲
　　「花の街」　　　江間章子作詞　　團伊玖磨作曲
　　「浜辺の歌」　　林　古溪作詞　　成田為三作曲

　イ　変声期及び変声前後の声の変化について気付かせ，変声期の生徒を含む全ての生徒の心理的な面についても配慮するとともに，変声期の生徒については適切な声域と声量によって歌わせるようにすること。

　ウ　相対的な音程感覚などを育てるために，適宜，移動ド唱法を用いること。

(3) 各学年の「A表現」の(2)の器楽の指導に当たっては，次のとおり取り扱うこと。

　ア　器楽教材は，次に示すものを取り扱うこと。

　　(ア) 我が国及び諸外国の様々な音楽のうち，指導のねらいに照らして適切で，生徒にとって親しみがもてたり意欲が高められたり，生活や社会において音楽が果たしている役割が感じ取れたりできるもの。

　イ　生徒や学校，地域の実態などを考慮した上で，指導上の必要に応じて和楽器，弦楽器，管楽器，打楽器，鍵盤楽器，電子楽器及び世界の諸民族の楽器を適宜用いること。なお，3学年間を通じて1種類以上の和楽器を取り扱い，その表現活動を通して，生徒が我が国や郷土の伝統音楽のよさを味わい，愛着をもつことができるよう工夫すること。

(4) 歌唱及び器楽の指導における合わせて歌ったり演奏したりする表現形態では，他者と共に一つの音楽表現をつくる過程を大切にするとともに，生徒一人一人が，担当する声部の役割と全体の響きについて考え，主体的に創意工夫できるよう指導を工夫すること。

(5) 読譜の指導に当たっては，小学校における学習を踏まえ，♯や♭の調号としての意味を理解させるとともに，3学年間を通じて，1♯，1♭程度をもった調号の楽譜の視唱や視奏に慣れさせるようにすること。

(6) 我が国の伝統的な歌唱や和楽器の指導に当たっては，言葉と音楽との関係，姿勢や身体の使い方についても配慮するとともに，適宜，口唱歌を用いること。

(7) 各学年の「A表現」の(3)の創作の指導に当たっては，即興的に音を出しな

がら音のつながり方を試すなど，音を音楽へと構成していく体験を重視すること。その際，理論に偏らないようにするとともに，必要に応じて作品を記録する方法を工夫させること。

(8) 各学年の「B鑑賞」の指導に当たっては，次のとおり取り扱うこと。

　ア　鑑賞教材は，我が国や郷土の伝統音楽を含む我が国及び諸外国の様々な音楽のうち，指導のねらいに照らして適切なものを取り扱うこと。

　イ　第1学年では言葉で説明したり，第2学年及び第3学年では批評したりする活動を取り入れ，曲や演奏に対する評価やその根拠を明らかにできるよう指導を工夫すること。

(9) 各学年の〔共通事項〕に示す「音楽を形づくっている要素」については，指導のねらいに応じて，音色，リズム，速度，旋律，テクスチュア，強弱，形式，構成などから，適切に選択したり関連付けたりして指導すること。

(10) 各学年の〔共通事項〕の(1)のイに示す「用語や記号など」については，小学校学習指導要領第2章第6節音楽の第3の2の(9)に示すものに加え，生徒の学習状況を考慮して，次に示すものを音楽における働きと関わらせて理解し，活用できるよう取り扱うこと。

拍　　拍子　　間　　序破急　　フレーズ　　音階　　調　　和音

動機　　Andante　　Moderato　　Allegro　　rit.　　a tempo

accel.　　legato　　pp　　ff　　dim.　　D.C.　　D.S.

（フェルマータ）　（テヌート）　（三連符）　（二分休符）　（全休符）　（十六分休符）

第6節 美術

●第1 目標

　表現及び鑑賞の幅広い活動を通して，造形的な見方・考え方を働かせ，生活や社会の中の美術や美術文化と豊かに関わる資質・能力を次のとおり育成することを目指す。

(1) 対象や事象を捉える造形的な視点について理解するとともに，表現方法を創意工夫し，創造的に表すことができるようにする。

(2) 造形的なよさや美しさ，表現の意図と工夫，美術の働きなどについて考え，主題を生み出し豊かに発想し構想を練ったり，美術や美術文化に対する見方や感じ方を深めたりすることができるようにする。

(3) 美術の創造活動の喜びを味わい，美術を愛好する心情を育み，感性を豊かにし，心豊かな生活を創造していく態度を養い，豊かな情操を培う。

●第2　各学年の目標及び内容

〔第1学年〕

1　目標

(1) 対象や事象を捉える造形的な視点について理解するとともに，意図に応じて表現方法を工夫して表すことができるようにする。

(2) 自然の造形や美術作品などの造形的なよさや美しさ，表現の意図と工夫，機能性と美しさとの調和，美術の働きなどについて考え，主題を生み出し豊かに発想し構想を練ったり，美術や美術文化に対する見方や感じ方を広げたりすることができるようにする。

(3) 楽しく美術の活動に取り組み創造活動の喜びを味わい，美術を愛好する心情を培い，心豊かな生活を創造していく態度を養う。

2　内容

A　表現

(1) 表現の活動を通して，次のとおり発想や構想に関する資質・能力を育成する。

　ア　感じ取ったことや考えたことなどを基に，絵や彫刻などに表現する活動を通して，発想や構想に関する次の事項を身に付けることができるよう指導する。

(ｱ)　対象や事象を見つめ感じ取った形や色彩の特徴や美しさ，想像したことなどを基に主題を生み出し，全体と部分との関係などを考え，創造的な構成を工夫し，心豊かに表現する構想を練ること。
　イ　伝える，使うなどの目的や機能を考え，デザインや工芸などに表現する活動を通して，発想や構想に関する次の事項を身に付けることができるよう指導する。
　　　(ｱ)　構成や装飾の目的や条件などを基に，対象の特徴や用いる場面などから主題を生み出し，美的感覚を働かせて調和のとれた美しさなどを考え，表現の構想を練ること。
　　　(ｲ)　伝える目的や条件などを基に，伝える相手や内容などから主題を生み出し，分かりやすさと美しさなどとの調和を考え，表現の構想を練ること。
　　　(ｳ)　使う目的や条件などを基に，使用する者の気持ち，材料などから主題を生み出し，使いやすさや機能と美しさなどとの調和を考え，表現の構想を練ること。
(2)　表現の活動を通して，次のとおり技能に関する資質・能力を育成する。
　ア　発想や構想をしたことなどを基に，表現する活動を通して，技能に関する次の事項を身に付けることができるよう指導する。
　　　(ｱ)　材料や用具の生かし方などを身に付け，意図に応じて工夫して表すこと。
　　　(ｲ)　材料や用具の特性などから制作の順序などを考えながら，見通しをもって表すこと。

B　鑑　賞
(1)　鑑賞の活動を通して，次のとおり鑑賞に関する資質・能力を育成する。
　ア　美術作品などの見方や感じ方を広げる活動を通して，鑑賞に関する次の事項を身に付けることができるよう指導する。
　　　(ｱ)　造形的なよさや美しさを感じ取り，作者の心情や表現の意図と工夫などについて考えるなどして，見方や感じ方を広げること。
　　　(ｲ)　目的や機能との調和のとれた美しさなどを感じ取り，作者の心情や表現の意図と工夫などについて考えるなどして，見方や感じ方を広げること。
　イ　生活の中の美術の働きや美術文化についての見方や感じ方を広げる活動を通して，鑑賞に関する次の事項を身に付けることができるよう指導する。
　　　(ｱ)　身の回りにある自然物や人工物の形や色彩，材料などの造形的な美しさなどを感じ取り，生活を美しく豊かにする美術の働きについて考えるなどして，見方や感じ方を広げること。

(イ)　身近な地域や日本及び諸外国の文化遺産などのよさや美しさなどを感じ取り，美術文化について考えるなどして，見方や感じ方を広げること。

〔共通事項〕
(1)　「A表現」及び「B鑑賞」の指導を通して，次の事項を身に付けることができるよう指導する。
　ア　形や色彩，材料，光などの性質や，それらが感情にもたらす効果などを理解すること。
　イ　造形的な特徴などを基に，全体のイメージや作風などで捉えることを理解すること。

3　内容の取扱い

(1)　第1学年では，内容に示す各事項の定着を図ることを基本とし，一年間で全ての内容が学習できるように一題材に充てる時間数などについて十分検討すること。

(2)　「A表現」及び「B鑑賞」の指導に当たっては，発想や構想に関する資質・能力や鑑賞に関する資質・能力を育成する観点から，〔共通事項〕に示す事項を視点に，アイデアスケッチで構想を練ったり，言葉で考えを整理したりすることや，作品などについて説明し合うなどして対象の見方や感じ方を広げるなどの言語活動の充実を図ること。

〔第2学年及び第3学年〕

1　目　標

(1)　対象や事象を捉える造形的な視点について理解するとともに，意図に応じて自分の表現方法を追求し，創造的に表すことができるようにする。

(2)　自然の造形や美術作品などの造形的なよさや美しさ，表現の意図と創造的な工夫，機能性と洗練された美しさとの調和，美術の働きなどについて独創的・総合的に考え，主題を生み出し豊かに発想し構想を練ったり，美術や美術文化に対する見方や感じ方を深めたりすることができるようにする。

(3)　主体的に美術の活動に取り組み創造活動の喜びを味わい，美術を愛好する心情を深め，心豊かな生活を創造していく態度を養う。

2　内　容

A　表　現
(1)　表現の活動を通して，次のとおり発想や構想に関する資質・能力を育成する。
　ア　感じ取ったことや考えたことなどを基に，絵や彫刻などに表現する活動

を通して,発想や構想に関する次の事項を身に付けることができるよう指導する。
　　　(ア)　対象や事象を深く見つめ感じ取ったことや考えたこと,夢,想像や感情などの心の世界などを基に主題を生み出し,単純化や省略,強調,材料の組合せなどを考え,創造的な構成を工夫し,心豊かに表現する構想を練ること。
　　イ　伝える,使うなどの目的や機能を考え,デザインや工芸などに表現する活動を通して,発想や構想に関する次の事項を身に付けることができるよう指導する。
　　　(ア)　構成や装飾の目的や条件などを基に,用いる場面や環境,社会との関わりなどから主題を生み出し,美的感覚を働かせて調和のとれた洗練された美しさなどを総合的に考え,表現の構想を練ること。
　　　(イ)　伝える目的や条件などを基に,伝える相手や内容,社会との関わりなどから主題を生み出し,伝達の効果と美しさなどとの調和を総合的に考え,表現の構想を練ること。
　　　(ウ)　使う目的や条件などを基に,使用する者の立場,社会との関わり,機知やユーモアなどから主題を生み出し,使いやすさや機能と美しさなどとの調和を総合的に考え,表現の構想を練ること。
　(2)　表現の活動を通して,次のとおり技能に関する資質・能力を育成する。
　　ア　発想や構想をしたことなどを基に,表現する活動を通して,技能に関する次の事項を身に付けることができるよう指導する。
　　　(ア)　材料や用具の特性を生かし,意図に応じて自分の表現方法を追求して創造的に表すこと。
　　　(イ)　材料や用具,表現方法の特性などから制作の順序などを総合的に考えながら,見通しをもって表すこと。
　B　鑑賞
　(1)　鑑賞の活動を通して,次のとおり鑑賞に関する資質・能力を育成する。
　　ア　美術作品などの見方や感じ方を深める活動を通して,鑑賞に関する次の事項を身に付けることができるよう指導する。
　　　(ア)　造形的なよさや美しさを感じ取り,作者の心情や表現の意図と創造的な工夫などについて考えるなどして,美意識を高め,見方や感じ方を深めること。
　　　(イ)　目的や機能との調和のとれた洗練された美しさなどを感じ取り,作者の心情や表現の意図と創造的な工夫などについて考えるなどして,美意識を高め,見方や感じ方を深めること。

イ　生活や社会の中の美術の働きや美術文化についての見方や感じ方を深める活動を通して，鑑賞に関する次の事項を身に付けることができるよう指導する。

　　(ア)　身近な環境の中に見られる造形的な美しさなどを感じ取り，安らぎや自然との共生などの視点から生活や社会を美しく豊かにする美術の働きについて考えるなどして，見方や感じ方を深めること。

　　(イ)　日本の美術作品や受け継がれてきた表現の特質などから，伝統や文化のよさや美しさを感じ取り愛情を深めるとともに，諸外国の美術や文化との相違点や共通点に気付き，美術を通した国際理解や美術文化の継承と創造について考えるなどして，見方や感じ方を深めること。

〔共通事項〕

(1)　「A表現」及び「B鑑賞」の指導を通して，次の事項を身に付けることができるよう指導する。

　ア　形や色彩，材料，光などの性質や，それらが感情にもたらす効果などを理解すること。

　イ　造形的な特徴などを基に，全体のイメージや作風などで捉えることを理解すること。

3　内容の取扱い

(1)　第2学年及び第3学年では，第1学年において身に付けた資質・能力を柔軟に活用して，表現及び鑑賞に関する資質・能力をより豊かに高めることを基本とし，第2学年と第3学年の発達の特性を考慮して内容の選択や一題材に充てる時間数などについて十分検討すること。

(2)　「A表現」及び「B鑑賞」の指導に当たっては，発想や構想に関する資質・能力や鑑賞に関する資質・能力を育成する観点から，〔共通事項〕に示す事項を視点に，アイデアスケッチで構想を練ったり，言葉で考えを整理したりすることや，作品などに対する自分の価値意識をもって批評し合うなどして対象の見方や感じ方を深めるなどの言語活動の充実を図ること。

(3)　「B鑑賞」のイの(イ)の指導に当たっては，日本の美術の概括的な変遷などを捉えることを通して，各時代における作品の特質，人々の感じ方や考え方，願いなどを感じ取ることができるよう配慮すること。

●第3　指導計画の作成と内容の取扱い

1　指導計画の作成に当たっては，次の事項に配慮するものとする。

(1) 題材など内容や時間のまとまりを見通して，その中で育む資質・能力の育成に向けて，生徒の主体的・対話的で深い学びの実現を図るようにすること。その際，造形的な見方・考え方を働かせ，表現及び鑑賞に関する資質・能力を相互に関連させた学習の充実を図ること。

(2) 第2の各学年の内容の「A表現」及び「B鑑賞」の指導については相互に関連を図り，特に発想や構想に関する資質・能力と鑑賞に関する資質・能力とを総合的に働かせて学習が深められるようにすること。

(3) 第2の各学年の内容の〔共通事項〕は，表現及び鑑賞の学習において共通に必要となる資質・能力であり，「A表現」及び「B鑑賞」の指導と併せて，十分な指導が行われるよう工夫すること。

(4) 第2の各学年の内容の「A表現」については，(1)のア及びイと，(2)は原則として関連付けて行い，(1)のア及びイそれぞれにおいて描く活動とつくる活動のいずれも経験させるようにすること。その際，第2学年及び第3学年の各学年においては，(1)のア及びイそれぞれにおいて，描く活動とつくる活動のいずれかを選択して扱うことができることとし，2学年間を通して描く活動とつくる活動が調和的に行えるようにすること。

(5) 第2の内容の「B鑑賞」の指導については，各学年とも，各事項において育成を目指す資質・能力の定着が図られるよう，適切かつ十分な授業時数を確保すること。

(6) 障害のある生徒などについては，学習活動を行う場合に生じる困難さに応じた指導内容や指導方法の工夫を計画的，組織的に行うこと。

(7) 第1章総則の第1の2の(2)に示す道徳教育の目標に基づき，道徳科などとの関連を考慮しながら，第3章特別の教科道徳の第2に示す内容について，美術科の特質に応じて適切な指導をすること。

2 第2の内容の取扱いについては，次の事項に配慮するものとする。

(1) 〔共通事項〕の指導に当たっては，生徒が造形を豊かに捉える多様な視点をもてるように，以下の内容について配慮すること。

　ア 〔共通事項〕のアの指導に当たっては，造形の要素などに着目して，次の事項を実感的に理解できるようにすること。

　　(ア) 色彩の色味や明るさ，鮮やかさを捉えること。
　　(イ) 材料の性質や質感を捉えること。
　　(ウ) 形や色彩，材料，光などから感じる優しさや楽しさ，寂しさなどを捉えること。
　　(エ) 形や色彩などの組合せによる構成の美しさを捉えること。
　　(オ) 余白や空間の効果，立体感や遠近感，量感や動勢などを捉えること。

イ　〔共通事項〕のイの指導に当たっては，全体のイメージや作風などに着目して，次の事項を実感的に理解できるようにすること。
　　　(ア)　造形的な特徴などを基に，見立てたり，心情などと関連付けたりして全体のイメージで捉えること。
　　　(イ)　造形的な特徴などを基に，作風や様式などの文化的な視点で捉えること。
　(2)　各学年の「A表現」の指導に当たっては，主題を生み出すことから表現の確認及び完成に至る全過程を通して，生徒が夢と目標をもち，自分のよさを発見し喜びをもって自己実現を果たしていく態度の形成を図るようにすること。
　(3)　各学年の「A表現」の指導に当たっては，生徒の学習経験や資質・能力，発達の特性等の実態を踏まえ，生徒が自分の表現意図に合う表現形式や技法，材料などを選択し創意工夫して表現できるように，次の事項に配慮すること。
　　ア　見る力や感じ取る力，考える力，描く力などを育成するために，スケッチの学習を効果的に取り入れるようにすること。
　　イ　美術の表現の可能性を広げるために，写真・ビデオ・コンピュータ等の映像メディアの積極的な活用を図るようにすること。
　　ウ　日本及び諸外国の作品の独特な表現形式，漫画やイラストレーション，図などの多様な表現方法を活用できるようにすること。
　　エ　表現の材料や題材などについては，地域の身近なものや伝統的なものも取り上げるようにすること。
　(4)　各活動において，互いのよさや個性などを認め尊重し合うようにすること。
　(5)　互いの個性を生かし合い協力して創造する喜びを味わわせるため，適切な機会を選び共同で行う創造活動を経験させること。
　(6)　各学年の「B鑑賞」の題材については，国内外の児童生徒の作品，我が国を含むアジアの文化遺産についても取り上げるとともに，美術館や博物館等と連携を図ったり，それらの施設や文化財などを積極的に活用したりするようにすること。
　(7)　創造することの価値を捉え，自己や他者の作品などに表れている創造性を尊重する態度の形成を図るとともに，必要に応じて，美術に関する知的財産権や肖像権などについて触れるようにすること。また，こうした態度の形成が，美術文化の継承，発展，創造を支えていることへの理解につながるよう配慮すること。
3　事故防止のため，特に，刃物類，塗料，器具などの使い方の指導と保管，活動場所における安全指導などを徹底するものとする。

4 学校における鑑賞のための環境づくりをするに当たっては，次の事項に配慮するものとする。
 (1) 生徒が造形的な視点を豊かにもつことができるよう，生徒や学校の実態に応じて，学校図書館等における鑑賞用図書，映像資料等の活用を図ること。
 (2) 生徒が鑑賞に親しむことができるよう，校内の適切な場所に鑑賞作品などを展示するとともに，学校や地域の実態に応じて，校外においても生徒作品などの展示の機会を設けるなどすること。

第7節 保健体育

● 第1 目標

　体育や保健の見方・考え方を働かせ，課題を発見し，合理的な解決に向けた学習過程を通して，心と体を一体として捉え，生涯にわたって心身の健康を保持増進し豊かなスポーツライフを実現するための資質・能力を次のとおり育成することを目指す。

(1) 各種の運動の特性に応じた技能等及び個人生活における健康・安全について理解するとともに，基本的な技能を身に付けるようにする。

(2) 運動や健康についての自他の課題を発見し，合理的な解決に向けて思考し判断するとともに，他者に伝える力を養う。

(3) 生涯にわたって運動に親しむとともに健康の保持増進と体力の向上を目指し，明るく豊かな生活を営む態度を養う。

● 第2 各学年の目標及び内容

〔体育分野　第1学年及び第2学年〕

1 目標

(1) 運動の合理的な実践を通して，運動の楽しさや喜びを味わい，運動を豊かに実践することができるようにするため，運動，体力の必要性について理解するとともに，基本的な技能を身に付けるようにする。

(2) 運動についての自己の課題を発見し，合理的な解決に向けて思考し判断するとともに，自己や仲間の考えたことを他者に伝える力を養う。

(3) 運動における競争や協働の経験を通して，公正に取り組む，互いに協力する，自己の役割を果たす，一人一人の違いを認めようとするなどの意欲を育てるとともに，健康・安全に留意し，自己の最善を尽くして運動をする態度を養う。

2 内容

A 体つくり運動

　体つくり運動について，次の事項を身に付けることができるよう指導する。

(1) 次の運動を通して，体を動かす楽しさや心地よさを味わい，体つくり運動の意義と行い方，体の動きを高める方法などを理解し，目的に適した運動を身に付け，組み合わせること。

ア　体ほぐしの運動では，手軽な運動を行い，心と体との関係や心身の状態に気付き，仲間と積極的に関わり合うこと。
　　イ　体の動きを高める運動では，ねらいに応じて，体の柔らかさ，巧みな動き，力強い動き，動きを持続する能力を高めるための運動を行うとともに，それらを組み合わせること。
　(2)　自己の課題を発見し，合理的な解決に向けて運動の取り組み方を工夫するとともに，自己や仲間の考えたことを他者に伝えること。
　(3)　体つくり運動に積極的に取り組むとともに，仲間の学習を援助しようとすること，一人一人の違いに応じた動きなどを認めようとすること，話合いに参加しようとすることなどや，健康・安全に気を配ること。

B　器械運動
　　器械運動について，次の事項を身に付けることができるよう指導する。
　(1)　次の運動について，技ができる楽しさや喜びを味わい，器械運動の特性や成り立ち，技の名称や行い方，その運動に関連して高まる体力などを理解するとともに，技をよりよく行うこと。
　　ア　マット運動では，回転系や巧技系の基本的な技を滑らかに行うこと，条件を変えた技や発展技を行うこと及びそれらを組み合わせること。
　　イ　鉄棒運動では，支持系や懸垂系の基本的な技を滑らかに行うこと，条件を変えた技や発展技を行うこと及びそれらを組み合わせること。
　　ウ　平均台運動では，体操系やバランス系の基本的な技を滑らかに行うこと，条件を変えた技や発展技を行うこと及びそれらを組み合わせること。
　　エ　跳び箱運動では，切り返し系や回転系の基本的な技を滑らかに行うこと，条件を変えた技や発展技を行うこと。
　(2)　技などの自己の課題を発見し，合理的な解決に向けて運動の取り組み方を工夫するとともに，自己の考えたことを他者に伝えること。
　(3)　器械運動に積極的に取り組むとともに，よい演技を認めようとすること，仲間の学習を援助しようとすること，一人一人の違いに応じた課題や挑戦を認めようとすることなどや，健康・安全に気を配ること。

C　陸上競技
　　陸上競技について，次の事項を身に付けることができるよう指導する。
　(1)　次の運動について，記録の向上や競争の楽しさや喜びを味わい，陸上競技の特性や成り立ち，技術の名称や行い方，その運動に関連して高まる体力などを理解するとともに，基本的な動きや効率のよい動きを身に付けること。
　　ア　短距離走・リレーでは，滑らかな動きで速く走ることやバトンの受渡しでタイミングを合わせること，長距離走では，ペースを守って走ること，

ハードル走では，リズミカルな走りから滑らかにハードルを越すこと。
　イ　走り幅跳びでは，スピードに乗った助走から素早く踏み切って跳ぶこと，走り高跳びでは，リズミカルな助走から力強く踏み切って大きな動作で跳ぶこと。
(2) 動きなどの自己の課題を発見し，合理的な解決に向けて運動の取り組み方を工夫するとともに，自己の考えたことを他者に伝えること。
(3) 陸上競技に積極的に取り組むとともに，勝敗などを認め，ルールやマナーを守ろうとすること，分担した役割を果たそうとすること，一人一人の違いに応じた課題や挑戦を認めようとすることなどや，健康・安全に気を配ること。

D　水　泳
　　水泳について，次の事項を身に付けることができるよう指導する。
(1) 次の運動について，記録の向上や競争の楽しさや喜びを味わい，水泳の特性や成り立ち，技術の名称や行い方，その運動に関連して高まる体力などを理解するとともに，泳法を身に付けること。
　ア　クロールでは，手と足の動き，呼吸のバランスをとり速く泳ぐこと。
　イ　平泳ぎでは，手と足の動き，呼吸のバランスをとり長く泳ぐこと。
　ウ　背泳ぎでは，手と足の動き，呼吸のバランスをとり泳ぐこと。
　エ　バタフライでは，手と足の動き，呼吸のバランスをとり泳ぐこと。
(2) 泳法などの自己の課題を発見し，合理的な解決に向けて運動の取り組み方を工夫するとともに，自己の考えたことを他者に伝えること。
(3) 水泳に積極的に取り組むとともに，勝敗などを認め，ルールやマナーを守ろうとすること，分担した役割を果たそうとすること，一人一人の違いに応じた課題や挑戦を認めようとすることなどや，水泳の事故防止に関する心得を遵守するなど健康・安全に気を配ること。

E　球　技
　　球技について，次の事項を身に付けることができるよう指導する。
(1) 次の運動について，勝敗を競う楽しさや喜びを味わい，球技の特性や成り立ち，技術の名称や行い方，その運動に関連して高まる体力などを理解するとともに，基本的な技能や仲間と連携した動きでゲームを展開すること。
　ア　ゴール型では，ボール操作と空間に走り込むなどの動きによってゴール前での攻防をすること。
　イ　ネット型では，ボールや用具の操作と定位置に戻るなどの動きによって空いた場所をめぐる攻防をすること。
　ウ　ベースボール型では，基本的なバット操作と走塁での攻撃，ボール操作と定位置での守備などによって攻防をすること。

(2) 攻防などの自己の課題を発見し，合理的な解決に向けて運動の取り組み方を工夫するとともに，自己や仲間の考えたことを他者に伝えること。

(3) 球技に積極的に取り組むとともに，フェアなプレイを守ろうとすること，作戦などについての話合いに参加しようとすること，一人一人の違いに応じたプレイなどを認めようとすること，仲間の学習を援助しようとすることなどや，健康・安全に気を配ること。

F 武道

武道について，次の事項を身に付けることができるよう指導する。

(1) 次の運動について，技ができる楽しさや喜びを味わい，武道の特性や成り立ち，伝統的な考え方，技の名称や行い方，その運動に関連して高まる体力などを理解するとともに，基本動作や基本となる技を用いて簡易な攻防を展開すること。

　ア　柔道では，相手の動きに応じた基本動作や基本となる技を用いて，投げたり抑えたりするなどの簡易な攻防をすること。

　イ　剣道では，相手の動きに応じた基本動作や基本となる技を用いて，打ったり受けたりするなどの簡易な攻防をすること。

　ウ　相撲では，相手の動きに応じた基本動作や基本となる技を用いて，押したり寄ったりするなどの簡易な攻防をすること。

(2) 攻防などの自己の課題を発見し，合理的な解決に向けて運動の取り組み方を工夫するとともに，自己の考えたことを他者に伝えること。

(3) 武道に積極的に取り組むとともに，相手を尊重し，伝統的な行動の仕方を守ろうとすること，分担した役割を果たそうとすること，一人一人の違いに応じた課題や挑戦を認めようとすることなどや，禁じ技を用いないなど健康・安全に気を配ること。

G ダンス

ダンスについて，次の事項を身に付けることができるよう指導する。

(1) 次の運動について，感じを込めて踊ったりみんなで踊ったりする楽しさや喜びを味わい，ダンスの特性や由来，表現の仕方，その運動に関連して高まる体力などを理解するとともに，イメージを捉えた表現や踊りを通した交流をすること。

　ア　創作ダンスでは，多様なテーマから表したいイメージを捉え，動きに変化を付けて即興的に表現したり，変化のあるひとまとまりの表現にしたりして踊ること。

　イ　フォークダンスでは，日本の民踊や外国の踊りから，それらの踊り方の特徴を捉え，音楽に合わせて特徴的なステップや動きで踊ること。

ウ　現代的なリズムのダンスでは，リズムの特徴を捉え，変化のある動きを組み合わせて，リズムに乗って全身で踊ること。

(2) 表現などの自己の課題を発見し，合理的な解決に向けて運動の取り組み方を工夫するとともに，自己や仲間の考えたことを他者に伝えること。

(3) ダンスに積極的に取り組むとともに，仲間の学習を援助しようとすること，交流などの話合いに参加しようとすること，一人一人の違いに応じた表現や役割を認めようとすることなどや，健康・安全に気を配ること。

H　体育理論

(1) 運動やスポーツが多様であることについて，課題を発見し，その解決を目指した活動を通して，次の事項を身に付けることができるよう指導する。

　ア　運動やスポーツが多様であることについて理解すること。

　　(ア) 運動やスポーツは，体を動かしたり健康を維持したりするなどの必要性及び競い合うことや課題を達成することなどの楽しさから生みだされ発展してきたこと。

　　(イ) 運動やスポーツには，行うこと，見ること，支えること及び知ることなどの多様な関わり方があること。

　　(ウ) 世代や機会に応じて，生涯にわたって運動やスポーツを楽しむためには，自己に適した多様な楽しみ方を見付けたり，工夫したりすることが大切であること。

　イ　運動やスポーツが多様であることについて，自己の課題を発見し，よりよい解決に向けて思考し判断するとともに，他者に伝えること。

　ウ　運動やスポーツが多様であることについての学習に積極的に取り組むこと。

(2) 運動やスポーツの意義や効果と学び方や安全な行い方について，課題を発見し，その解決を目指した活動を通して，次の事項を身に付けることができるよう指導する。

　ア　運動やスポーツの意義や効果と学び方や安全な行い方について理解すること。

　　(ア) 運動やスポーツは，身体の発達やその機能の維持，体力の向上などの効果や自信の獲得，ストレスの解消などの心理的効果及びルールやマナーについて合意したり，適切な人間関係を築いたりするなどの社会性を高める効果が期待できること。

　　(イ) 運動やスポーツには，特有の技術があり，その学び方には，運動の課題を合理的に解決するための一定の方法があること。

　　(ウ) 運動やスポーツを行う際は，その特性や目的，発達の段階や体調など

を踏まえて運動を選ぶなど，健康・安全に留意する必要があること。
- イ 運動やスポーツの意義や効果と学び方や安全な行い方について，自己の課題を発見し，よりよい解決に向けて思考し判断するとともに，他者に伝えること。
- ウ 運動やスポーツの意義や効果と学び方や安全な行い方についての学習に積極的に取り組むこと。

〔体育分野　第3学年〕

1 目標

(1) 運動の合理的な実践を通して，運動の楽しさや喜びを味わい，生涯にわたって運動を豊かに実践することができるようにするため，運動，体力の必要性について理解するとともに，基本的な技能を身に付けるようにする。

(2) 運動についての自己や仲間の課題を発見し，合理的な解決に向けて思考し判断するとともに，自己や仲間の考えたことを他者に伝える力を養う。

(3) 運動における競争や協働の経験を通して，公正に取り組む，互いに協力する，自己の責任を果たす，参画する，一人一人の違いを大切にしようとするなどの意欲を育てるとともに，健康・安全を確保して，生涯にわたって運動に親しむ態度を養う。

2 内容

A 体つくり運動

体つくり運動について，次の事項を身に付けることができるよう指導する。

(1) 次の運動を通して，体を動かす楽しさや心地よさを味わい，運動を継続する意義，体の構造，運動の原則などを理解するとともに，健康の保持増進や体力の向上を目指し，目的に適した運動の計画を立て取り組むこと。

- ア 体ほぐしの運動では，手軽な運動を行い，心と体は互いに影響し変化することや心身の状態に気付き，仲間と自主的に関わり合うこと。
- イ 実生活に生かす運動の計画では，ねらいに応じて，健康の保持増進や調和のとれた体力の向上を図るための運動の計画を立て取り組むこと。

(2) 自己や仲間の課題を発見し，合理的な解決に向けて運動の取り組み方を工夫するとともに，自己や仲間の考えたことを他者に伝えること。

(3) 体つくり運動に自主的に取り組むとともに，互いに助け合い教え合おうとすること，一人一人の違いに応じた動きなどを大切にしようとすること，話合いに貢献しようとすることなどや，健康・安全を確保すること。

B　器械運動

器械運動について，次の事項を身に付けることができるよう指導する。

(1) 次の運動について，技ができる楽しさや喜びを味わい，技の名称や行い方，運動観察の方法，体力の高め方などを理解するとともに，自己に適した技で演技すること。

　ア　マット運動では，回転系や巧技系の基本的な技を滑らかに安定して行うこと，条件を変えた技や発展技を行うこと及びそれらを構成し演技すること。

　イ　鉄棒運動では，支持系や懸垂系の基本的な技を滑らかに安定して行うこと，条件を変えた技や発展技を行うこと及びそれらを構成し演技すること。

　ウ　平均台運動では，体操系やバランス系の基本的な技を滑らかに安定して行うこと，条件を変えた技や発展技を行うこと及びそれらを構成し演技すること。

　エ　跳び箱運動では，切り返し系や回転系の基本的な技を滑らかに安定して行うこと，条件を変えた技や発展技を行うこと。

(2) 技などの自己や仲間の課題を発見し，合理的な解決に向けて運動の取り組み方を工夫するとともに，自己の考えたことを他者に伝えること。

(3) 器械運動に自主的に取り組むとともに，よい演技を讃えようとすること，互いに助け合い教え合おうとすること，一人一人の違いに応じた課題や挑戦を大切にしようとすることなどや，健康・安全を確保すること。

C　陸上競技

陸上競技について，次の事項を身に付けることができるよう指導する。

(1) 次の運動について，記録の向上や競争の楽しさや喜びを味わい，技術の名称や行い方，体力の高め方，運動観察の方法などを理解するとともに，各種目特有の技能を身に付けること。

　ア　短距離走・リレーでは，中間走へのつなぎを滑らかにして速く走ることやバトンの受渡しで次走者のスピードを十分高めること，長距離走では，自己に適したペースを維持して走ること，ハードル走では，スピードを維持した走りからハードルを低く越すこと。

　イ　走り幅跳びでは，スピードに乗った助走から力強く踏み切って跳ぶこと，走り高跳びでは，リズミカルな助走から力強く踏み切り滑らかな空間動作で跳ぶこと。

(2) 動きなどの自己や仲間の課題を発見し，合理的な解決に向けて運動の取り組み方を工夫するとともに，自己の考えたことを他者に伝えること。

(3) 陸上競技に自主的に取り組むとともに，勝敗などを冷静に受け止め，ルールやマナーを大切にしようとすること，自己の責任を果たそうとすること，

一人一人の違いに応じた課題や挑戦を大切にしようとすることなどや，健康・安全を確保すること。
　D　水　泳
　　　水泳について，次の事項を身に付けることができるよう指導する。
　(1)　次の運動について，記録の向上や競争の楽しさや喜びを味わい，技術の名称や行い方，体力の高め方，運動観察の方法などを理解するとともに，効率的に泳ぐこと。
　　ア　クロールでは，手と足の動き，呼吸のバランスを保ち，安定したペースで長く泳いだり速く泳いだりすること。
　　イ　平泳ぎでは，手と足の動き，呼吸のバランスを保ち，安定したペースで長く泳いだり速く泳いだりすること。
　　ウ　背泳ぎでは，手と足の動き，呼吸のバランスを保ち，安定したペースで泳ぐこと。
　　エ　バタフライでは，手と足の動き，呼吸のバランスを保ち，安定したペースで泳ぐこと。
　　オ　複数の泳法で泳ぐこと，又はリレーをすること。
　(2)　泳法などの自己や仲間の課題を発見し，合理的な解決に向けて運動の取り組み方を工夫するとともに，自己の考えたことを他者に伝えること。
　(3)　水泳に自主的に取り組むとともに，勝敗などを冷静に受け止め，ルールやマナーを大切にしようとすること，自己の責任を果たそうとすること，一人一人の違いに応じた課題や挑戦を大切にしようとすることなどや，水泳の事故防止に関する心得を遵守するなど健康・安全を確保すること。
　E　球　技
　　　球技について，次の事項を身に付けることができるよう指導する。
　(1)　次の運動について，勝敗を競う楽しさや喜びを味わい，技術の名称や行い方，体力の高め方，運動観察の方法などを理解するとともに，作戦に応じた技能で仲間と連携しゲームを展開すること。
　　ア　ゴール型では，安定したボール操作と空間を作りだすなどの動きによってゴール前への侵入などから攻防をすること。
　　イ　ネット型では，役割に応じたボール操作や安定した用具の操作と連携した動きによって空いた場所をめぐる攻防をすること。
　　ウ　ベースボール型では，安定したバット操作と走塁での攻撃，ボール操作と連携した守備などによって攻防をすること。
　(2)　攻防などの自己やチームの課題を発見し，合理的な解決に向けて運動の取り組み方を工夫するとともに，自己や仲間の考えたことを他者に伝えること。

(3) 球技に自主的に取り組むとともに，フェアなプレイを大切にしようとすること，作戦などについての話合いに貢献しようとすること，一人一人の違いに応じたプレイなどを大切にしようとすること，互いに助け合い教え合おうとすることなどや，健康・安全を確保すること。

F　武　道

　武道について，次の事項を身に付けることができるよう指導する。

(1) 次の運動について，技を高め勝敗を競う楽しさや喜びを味わい，伝統的な考え方，技の名称や見取り稽古の仕方，体力の高め方などを理解するとともに，基本動作や基本となる技を用いて攻防を展開すること。

　ア　柔道では，相手の動きの変化に応じた基本動作や基本となる技，連絡技を用いて，相手を崩して投げたり，抑えたりするなどの攻防をすること。

　イ　剣道では，相手の動きの変化に応じた基本動作や基本となる技を用いて，相手の構えを崩し，しかけたり応じたりするなどの攻防をすること。

　ウ　相撲では，相手の動きの変化に応じた基本動作や基本となる技を用いて，相手を崩し，投げたりいなしたりするなどの攻防をすること。

(2) 攻防などの自己や仲間の課題を発見し，合理的な解決に向けて運動の取り組み方を工夫するとともに，自己の考えたことを他者に伝えること。

(3) 武道に自主的に取り組むとともに，相手を尊重し，伝統的な行動の仕方を大切にしようとすること，自己の責任を果たそうとすること，一人一人の違いに応じた課題や挑戦を大切にしようとすることなどや，健康・安全を確保すること。

G　ダンス

　ダンスについて，次の事項を身に付けることができるよう指導する。

(1) 次の運動について，感じを込めて踊ったり，みんなで自由に踊ったりする楽しさや喜びを味わい，ダンスの名称や用語，踊りの特徴と表現の仕方，交流や発表の仕方，運動観察の方法，体力の高め方などを理解するとともに，イメージを深めた表現や踊りを通した交流や発表をすること。

　ア　創作ダンスでは，表したいテーマにふさわしいイメージを捉え，個や群で，緩急強弱のある動きや空間の使い方で変化を付けて即興的に表現したり，簡単な作品にまとめたりして踊ること。

　イ　フォークダンスでは，日本の民踊（よう）や外国の踊りから，それらの踊り方の特徴を捉え，音楽に合わせて特徴的なステップや動きと組み方で踊ること。

　ウ　現代的なリズムのダンスでは，リズムの特徴を捉え，変化とまとまりを付けて，リズムに乗って全身で踊ること。

(2) 表現などの自己や仲間の課題を発見し，合理的な解決に向けて運動の取り

組み方を工夫するとともに，自己や仲間の考えたことを他者に伝えること。

(3) ダンスに自主的に取り組むとともに，互いに助け合い教え合おうとすること，作品や発表などの話合いに貢献しようとすること，一人一人の違いに応じた表現や役割を大切にしようとすることなどや，健康・安全を確保すること。

H 体育理論

(1) 文化としてのスポーツの意義について，課題を発見し，その解決を目指した活動を通して，次の事項を身に付けることができるよう指導する。

　ア　文化としてのスポーツの意義について理解すること。

　　(ア) スポーツは，文化的な生活を営みよりよく生きていくために重要であること。

　　(イ) オリンピックやパラリンピック及び国際的なスポーツ大会などは，国際親善や世界平和に大きな役割を果たしていること。

　　(ウ) スポーツは，民族や国，人種や性，障害の違いなどを超えて人々を結び付けていること。

　イ　文化としてのスポーツの意義について，自己の課題を発見し，よりよい解決に向けて思考し判断するとともに，他者に伝えること。

　ウ　文化としてのスポーツの意義についての学習に自主的に取り組むこと。

(内容の取扱い)

(1) 内容の各領域については，次のとおり取り扱うものとする。

　ア　第1学年及び第2学年においては，「A体つくり運動」から「H体育理論」までについては，全ての生徒に履修させること。その際，「A体つくり運動」及び「H体育理論」については，2学年間にわたって履修させること。

　イ　第3学年においては，「A体つくり運動」及び「H体育理論」については，全ての生徒に履修させること。「B器械運動」，「C陸上競技」，「D水泳」及び「Gダンス」についてはいずれかから一以上を，「E球技」及び「F武道」についてはいずれか一以上をそれぞれ選択して履修できるようにすること。

(2) 内容の「A体つくり運動」から「H体育理論」までに示す事項については，次のとおり取り扱うものとする。

　ア　「A体つくり運動」の(1)のアの運動については，「B器械運動」から「Gダンス」までにおいても関連を図って指導することができるとともに，心の健康など保健分野との関連を図って指導すること。また，「A体つくり運

動」の(1)のイの運動については，第1学年及び第2学年においては，動きを持続する能力を高めるための運動に重点を置いて指導することができるが，調和のとれた体力を高めることに留意すること。その際，音楽に合わせて運動をするなどの工夫を図ること。第3学年においては，日常的に取り組める運動例を取り上げるなど指導方法の工夫を図ること。

イ 「B器械運動」の(1)の運動については，第1学年及び第2学年においては，アからエまでの中からアを含む二を選択して履修できるようにすること。第3学年においては，アからエまでの中から選択して履修できるようにすること。

ウ 「C陸上競技」の(1)の運動については，ア及びイに示すそれぞれの運動の中から選択して履修できるようにすること。

エ 「D水泳」の(1)の運動については，第1学年及び第2学年においては，アからエまでの中からア又はイのいずれかを含む二を選択して履修できるようにすること。第3学年においては，アからオまでの中から選択して履修できるようにすること。なお，学校や地域の実態に応じて，安全を確保するための泳ぎを加えて履修させることができること。また，泳法との関連において水中からのスタート及びターンを取り上げること。なお，水泳の指導については，適切な水泳場の確保が困難な場合にはこれを扱わないことができるが，水泳の事故防止に関する心得については，必ず取り上げること。また，保健分野の応急手当との関連を図ること。

オ 「E球技」の(1)の運動については，第1学年及び第2学年においては，アからウまでを全ての生徒に履修させること。第3学年においては，アからウまでの中から二を選択して履修できるようにすること。また，アについては，バスケットボール，ハンドボール，サッカーの中から，イについては，バレーボール，卓球，テニス，バドミントンの中から，ウについては，ソフトボールを適宜取り上げることとし，学校や地域の実態に応じて，その他の運動についても履修させることができること。なお，ウの実施に当たり，十分な広さの運動場の確保が難しい場合は指導方法を工夫して行うこと。

カ 「F武道」については，柔道，剣道，相撲，空手道，なぎなた，弓道，合気道，少林寺拳法，銃剣道などを通して，我が国固有の伝統と文化により一層触れることができるようにすること。また，(1)の運動については，アからウまでの中から一を選択して履修できるようにすること。なお，学校や地域の実態に応じて，空手道，なぎなた，弓道，合気道，少林寺拳法，銃剣道などについても履修させることができること。また，武道場などの

確保が難しい場合は指導方法を工夫して行うとともに、学習段階や個人差を踏まえ、段階的な指導を行うなど安全を十分に確保すること。
　キ 「Gダンス」の(1)の運動については、アからウまでの中から選択して履修できるようにすること。なお、学校や地域の実態に応じて、その他のダンスについても履修させることができること。
　ク 第1学年及び第2学年の内容の「H体育理論」については、(1)は第1学年、(2)は第2学年で取り上げること。

(3) 内容の「A体つくり運動」から「Gダンス」までの領域及び運動の選択並びにその指導に当たっては、学校や地域の実態及び生徒の特性等を考慮するものとする。また、第3学年の領域の選択に当たっては、安全を十分に確保した上で、生徒が自由に選択して履修することができるよう配慮すること。その際、指導に当たっては、内容の「B器械運動」から「Gダンス」までの領域については、それぞれの運動の特性に触れるために必要な体力を生徒自ら高めるように留意するものとする。

(4) 自然との関わりの深いスキー、スケートや水辺活動などの指導については、学校や地域の実態に応じて積極的に行うことに留意するものとする。

(5) 集合、整頓、列の増減、方向変換などの行動の仕方を身に付け、能率的で安全な集団としての行動ができるようにするための指導については、内容の「A体つくり運動」から「Gダンス」までの領域において適切に行うものとする。

〔保健分野〕
1 目 標
(1) 個人生活における健康・安全について理解するとともに、基本的な技能を身に付けるようにする。
(2) 健康についての自他の課題を発見し、よりよい解決に向けて思考し判断するとともに、他者に伝える力を養う。
(3) 生涯を通じて心身の健康の保持増進を目指し、明るく豊かな生活を営む態度を養う。

2 内 容
(1) 健康な生活と疾病の予防について、課題を発見し、その解決を目指した活動を通して、次の事項を身に付けることができるよう指導する。
　ア 健康な生活と疾病の予防について理解を深めること。
　　(ｱ) 健康は、主体と環境の相互作用の下に成り立っていること。また、疾

病は，主体の要因と環境の要因が関わり合って発生すること。
　(イ)　健康の保持増進には，年齢，生活環境等に応じた運動，食事，休養及び睡眠の調和のとれた生活を続ける必要があること。
　(ウ)　生活習慣病などは，運動不足，食事の量や質の偏り，休養や睡眠の不足などの生活習慣の乱れが主な要因となって起こること。また，生活習慣病などの多くは，適切な運動，食事，休養及び睡眠の調和のとれた生活を実践することによって予防できること。
　(エ)　喫煙，飲酒，薬物乱用などの行為は，心身に様々な影響を与え，健康を損なう原因となること。また，これらの行為には，個人の心理状態や人間関係，社会環境が影響することから，それぞれの要因に適切に対処する必要があること。
　(オ)　感染症は，病原体が主な要因となって発生すること。また，感染症の多くは，発生源をなくすこと，感染経路を遮断すること，主体の抵抗力を高めることによって予防できること。
　(カ)　健康の保持増進や疾病の予防のためには，個人や社会の取組が重要であり，保健・医療機関を有効に利用することが必要であること。また，医薬品は，正しく使用すること。
　イ　健康な生活と疾病の予防について，課題を発見し，その解決に向けて思考し判断するとともに，それらを表現すること。
(2)　心身の機能の発達と心の健康について，課題を発見し，その解決を目指した活動を通して，次の事項を身に付けることができるよう指導する。
　ア　心身の機能の発達と心の健康について理解を深めるとともに，ストレスへの対処をすること。
　(ア)　身体には，多くの器官が発育し，それに伴い，様々な機能が発達する時期があること。また，発育・発達の時期やその程度には，個人差があること。
　(イ)　思春期には，内分泌の働きによって生殖に関わる機能が成熟すること。また，成熟に伴う変化に対応した適切な行動が必要となること。
　(ウ)　知的機能，情意機能，社会性などの精神機能は，生活経験などの影響を受けて発達すること。また，思春期においては，自己の認識が深まり，自己形成がなされること。
　(エ)　精神と身体は，相互に影響を与え，関わっていること。欲求やストレスは，心身に影響を与えることがあること。また，心の健康を保つには，欲求やストレスに適切に対処する必要があること。
　イ　心身の機能の発達と心の健康について，課題を発見し，その解決に向け

て思考し判断するとともに，それらを表現すること。
(3) 傷害の防止について，課題を発見し，その解決を目指した活動を通して，次の事項を身に付けることができるよう指導する。

　ア　傷害の防止について理解を深めるとともに，応急手当をすること。

　　(ア) 交通事故や自然災害などによる傷害は，人的要因や環境要因などが関わって発生すること。

　　(イ) 交通事故などによる傷害の多くは，安全な行動，環境の改善によって防止できること。

　　(ウ) 自然災害による傷害は，災害発生時だけでなく，二次災害によっても生じること。また，自然災害による傷害の多くは，災害に備えておくこと，安全に避難することによって防止できること。

　　(エ) 応急手当を適切に行うことによって，傷害の悪化を防止することができること。また，心肺蘇生法などを行うこと。

　イ　傷害の防止について，危険の予測やその回避の方法を考え，それらを表現すること。

(4) 健康と環境について，課題を発見し，その解決を目指した活動を通して，次の事項を身に付けることができるよう指導する。

　ア　健康と環境について理解を深めること。

　　(ア) 身体には，環境に対してある程度まで適応能力があること。身体の適応能力を超えた環境は，健康に影響を及ぼすことがあること。また，快適で能率のよい生活を送るための温度，湿度や明るさには一定の範囲があること。

　　(イ) 飲料水や空気は，健康と密接な関わりがあること。また，飲料水や空気を衛生的に保つには，基準に適合するよう管理する必要があること。

　　(ウ) 人間の生活によって生じた廃棄物は，環境の保全に十分配慮し，環境を汚染しないように衛生的に処理する必要があること。

　イ　健康と環境に関する情報から課題を発見し，その解決に向けて思考し判断するとともに，それらを表現すること。

3　内容の取扱い

(1) 内容の(1)のアの(ア)及び(イ)は第1学年，(1)のアの(ウ)及び(エ)は第2学年，(1)のアの(オ)及び(カ)は第3学年で取り扱うものとし，(1)のイは全ての学年で取り扱うものとする。内容の(2)は第1学年，(3)は第2学年，(4)は第3学年で取り扱うものとする。

(2) 内容の(1)のアについては，健康の保持増進と疾病の予防に加えて，疾病の

回復についても取り扱うものとする。
(3) 内容の(1)のアの(イ)及び(ウ)については，食育の観点も踏まえつつ健康的な生活習慣の形成に結び付くように配慮するとともに，必要に応じて，コンピュータなどの情報機器の使用と健康との関わりについて取り扱うことにも配慮するものとする。また，がんについても取り扱うものとする。
(4) 内容の(1)のアの(エ)については，心身への急性影響及び依存性について取り扱うこと。また，薬物は，覚醒剤や大麻等を取り扱うものとする。
(5) 内容の(1)のアの(オ)については，後天性免疫不全症候群（エイズ）及び性感染症についても取り扱うものとする。
(6) 内容の(2)のアの(ア)については，呼吸器，循環器を中心に取り扱うものとする。
(7) 内容の(2)のアの(イ)については，妊娠や出産が可能となるような成熟が始まるという観点から，受精・妊娠を取り扱うものとし，妊娠の経過は取り扱わないものとする。また，身体の機能の成熟とともに，性衝動が生じたり，異性への関心が高まったりすることなどから，異性の尊重，情報への適切な対処や行動の選択が必要となることについて取り扱うものとする。
(8) 内容の(2)のアの(エ)については，体育分野の内容の「A体つくり運動」の(1)のアの指導との関連を図って指導するものとする。
(9) 内容の(3)のアの(エ)については，包帯法，止血法など傷害時の応急手当も取り扱い，実習を行うものとする。また，効果的な指導を行うため，水泳など体育分野の内容との関連を図るものとする。
(10) 内容の(4)については，地域の実態に即して公害と健康との関係を取り扱うことにも配慮するものとする。また，生態系については，取り扱わないものとする。
(11) 保健分野の指導に際しては，自他の健康に関心をもてるようにし，健康に関する課題を解決する学習活動を取り入れるなどの指導方法の工夫を行うものとする。

●第3　指導計画の作成と内容の取扱い

1　指導計画の作成に当たっては，次の事項に配慮するものとする。
(1) 単元など内容や時間のまとまりを見通して，その中で育む資質・能力の育成に向けて，生徒の主体的・対話的で深い学びの実現を図るようにすること。その際，体育や保健の見方・考え方を働かせながら，運動や健康についての自他の課題を発見し，その合理的な解決のための活動の充実を図ること。ま

た，運動の楽しさや喜びを味わったり，健康の大切さを実感したりすることができるよう留意すること。

(2) 授業時数の配当については，次のとおり扱うこと。

　ア　保健分野の授業時数は，3学年間で48単位時間程度配当すること。

　イ　保健分野の授業時数は，3学年間を通じて適切に配当し，各学年において効果的な学習が行われるよう考慮して配当すること。

　ウ　体育分野の授業時数は，各学年にわたって適切に配当すること。その際，体育分野の内容の「A体つくり運動」については，各学年で7単位時間以上を，「H体育理論」については，各学年で3単位時間以上を配当すること。

　エ　体育分野の内容の「B器械運動」から「Gダンス」までの領域の授業時数は，それらの内容の習熟を図ることができるよう考慮して配当すること。

(3) 障害のある生徒などについては，学習活動を行う場合に生じる困難さに応じた指導内容や指導方法の工夫を計画的，組織的に行うこと。

(4) 第1章総則の第1の2の(2)に示す道徳教育の目標に基づき，道徳科などとの関連を考慮しながら，第3章特別の教科道徳の第2に示す内容について，保健体育科の特質に応じて適切な指導をすること。

2　第2の内容の取扱いについては，次の事項に配慮するものとする。

(1) 体力や技能の程度，性別や障害の有無等に関わらず，運動の多様な楽しみ方を共有することができるよう留意すること。

(2) 言語能力を育成する言語活動を重視し，筋道を立てて練習や作戦について話し合う活動や，個人生活における健康の保持増進や回復について話し合う活動などを通して，コミュニケーション能力や論理的な思考力の育成を促し，自主的な学習活動の充実を図ること。

(3) 第2の内容の指導に当たっては，コンピュータや情報通信ネットワークなどの情報手段を積極的に活用して，各分野の特質に応じた学習活動を行うよう工夫すること。

(4) 体育分野におけるスポーツとの多様な関わり方や保健分野の指導については，具体的な体験を伴う学習の工夫を行うよう留意すること。

(5) 生徒が学習内容を確実に身に付けることができるよう，学校や生徒の実態に応じ，学習内容の習熟の程度に応じた指導，個別指導との連携を踏まえた教師間の協力的な指導などを工夫改善し，個に応じた指導の充実が図られるよう留意すること。

(6) 第1章総則の第1の2の(3)に示す学校における体育・健康に関する指導の趣旨を生かし，特別活動，運動部の活動などとの関連を図り，日常生活にお

ける体育・健康に関する活動が適切かつ継続的に実践できるよう留意すること。なお，体力の測定については，計画的に実施し，運動の指導及び体力の向上に活用するようにすること。

(7) 体育分野と保健分野で示された内容については，相互の関連が図られるよう留意すること。

第8節 技術・家庭

●第1 目標

　生活の営みに係る見方・考え方や技術の見方・考え方を働かせ,生活や技術に関する実践的・体験的な活動を通して,よりよい生活の実現や持続可能な社会の構築に向けて,生活を工夫し創造する資質・能力を次のとおり育成することを目指す。
(1) 生活と技術についての基礎的な理解を図るとともに,それらに係る技能を身に付けるようにする。
(2) 生活や社会の中から問題を見いだして課題を設定し,解決策を構想し,実践を評価・改善し,表現するなど,課題を解決する力を養う。
(3) よりよい生活の実現や持続可能な社会の構築に向けて,生活を工夫し創造しようとする実践的な態度を養う。

●第2 各分野の目標及び内容

〔技術分野〕

1 目 標

　技術の見方・考え方を働かせ,ものづくりなどの技術に関する実践的・体験的な活動を通して,技術によってよりよい生活や持続可能な社会を構築する資質・能力を次のとおり育成することを目指す。
(1) 生活や社会で利用されている材料,加工,生物育成,エネルギー変換及び情報の技術についての基礎的な理解を図るとともに,それらに係る技能を身に付け,技術と生活や社会,環境との関わりについて理解を深める。
(2) 生活や社会の中から技術に関わる問題を見いだして課題を設定し,解決策を構想し,製作図等に表現し,試作等を通じて具体化し,実践を評価・改善するなど,課題を解決する力を養う。
(3) よりよい生活の実現や持続可能な社会の構築に向けて,適切かつ誠実に技術を工夫し創造しようとする実践的な態度を養う。

2 内 容

A 材料と加工の技術
(1) 生活や社会を支える材料と加工の技術について調べる活動などを通して,次の事項を身に付けることができるよう指導する。
　ア 材料や加工の特性等の原理・法則と,材料の製造・加工方法等の基礎的

な技術の仕組みについて理解すること。
　　イ　技術に込められた問題解決の工夫について考えること。
(2) 生活や社会における問題を，材料と加工の技術によって解決する活動を通して，次の事項を身に付けることができるよう指導する。
　　ア　製作に必要な図をかき，安全・適切な製作や検査・点検等ができること。
　　イ　問題を見いだして課題を設定し，材料の選択や成形の方法等を構想して設計を具体化するとともに，製作の過程や結果の評価，改善及び修正について考えること。
(3) これからの社会の発展と材料と加工の技術の在り方を考える活動などを通して，次の事項を身に付けることができるよう指導する。
　　ア　生活や社会，環境との関わりを踏まえて，技術の概念を理解すること。
　　イ　技術を評価し，適切な選択と管理・運用の在り方や，新たな発想に基づく改良と応用について考えること。

B　生物育成の技術
(1) 生活や社会を支える生物育成の技術について調べる活動などを通して，次の事項を身に付けることができるよう指導する。
　　ア　育成する生物の成長，生態の特性等の原理・法則と，育成環境の調節方法等の基礎的な技術の仕組みについて理解すること。
　　イ　技術に込められた問題解決の工夫について考えること。
(2) 生活や社会における問題を，生物育成の技術によって解決する活動を通して，次の事項を身に付けることができるよう指導する。
　　ア　安全・適切な栽培又は飼育，検査等ができること。
　　イ　問題を見いだして課題を設定し，育成環境の調節方法を構想して育成計画を立てるとともに，栽培又は飼育の過程や結果の評価，改善及び修正について考えること。
(3) これからの社会の発展と生物育成の技術の在り方を考える活動などを通して，次の事項を身に付けることができるよう指導する。
　　ア　生活や社会，環境との関わりを踏まえて，技術の概念を理解すること。
　　イ　技術を評価し，適切な選択と管理・運用の在り方や，新たな発想に基づく改良と応用について考えること。

C　エネルギー変換の技術
(1) 生活や社会を支えるエネルギー変換の技術について調べる活動などを通して，次の事項を身に付けることができるよう指導する。
　　ア　電気，運動，熱の特性等の原理・法則と，エネルギーの変換や伝達等に関わる基礎的な技術の仕組み及び保守点検の必要性について理解すること。

イ　技術に込められた問題解決の工夫について考えること。
(2) 生活や社会における問題を，エネルギー変換の技術によって解決する活動を通して，次の事項を身に付けることができるよう指導する。
　ア　安全・適切な製作，実装，点検及び調整等ができること。
　イ　問題を見いだして課題を設定し，電気回路又は力学的な機構等を構想して設計を具体化するとともに，製作の過程や結果の評価，改善及び修正について考えること。
(3) これからの社会の発展とエネルギー変換の技術の在り方を考える活動などを通して，次の事項を身に付けることができるよう指導する。
　ア　生活や社会，環境との関わりを踏まえて，技術の概念を理解すること。
　イ　技術を評価し，適切な選択と管理・運用の在り方や，新たな発想に基づく改良と応用について考えること。

D　情報の技術
(1) 生活や社会を支える情報の技術について調べる活動などを通して，次の事項を身に付けることができるよう指導する。
　ア　情報の表現，記録，計算，通信の特性等の原理・法則と，情報のデジタル化や処理の自動化，システム化，情報セキュリティ等に関わる基礎的な技術の仕組み及び情報モラルの必要性について理解すること。
　イ　技術に込められた問題解決の工夫について考えること。
(2) 生活や社会における問題を，ネットワークを利用した双方向性のあるコンテンツのプログラミングによって解決する活動を通して，次の事項を身に付けることができるよう指導する。
　ア　情報通信ネットワークの構成と，情報を利用するための基本的な仕組みを理解し，安全・適切なプログラムの制作，動作の確認及びデバッグ等ができること。
　イ　問題を見いだして課題を設定し，使用するメディアを複合する方法とその効果的な利用方法等を構想して情報処理の手順を具体化するとともに，制作の過程や結果の評価，改善及び修正について考えること。
(3) 生活や社会における問題を，計測・制御のプログラミングによって解決する活動を通して，次の事項を身に付けることができるよう指導する。
　ア　計測・制御システムの仕組みを理解し，安全・適切なプログラムの制作，動作の確認及びデバッグ等ができること。
　イ　問題を見いだして課題を設定し，入出力されるデータの流れを元に計測・制御システムを構想して情報処理の手順を具体化するとともに，制作の過程や結果の評価，改善及び修正について考えること。

(4) これからの社会の発展と情報の技術の在り方を考える活動などを通して，次の事項を身に付けることができるよう指導する。

　ア　生活や社会，環境との関わりを踏まえて，技術の概念を理解すること。

　イ　技術を評価し，適切な選択と管理・運用の在り方や，新たな発想に基づく改良と応用について考えること。

3　内容の取扱い

(1) 内容の「A材料と加工の技術」については，次のとおり取り扱うものとする。

　ア　(1)については，我が国の伝統的な技術についても扱い，緻密なものづくりの技などが我が国の伝統や文化を支えてきたことに気付かせること。

　イ　(2)の製作に必要な図については，主として等角図及び第三角法による図法を扱うこと。

(2) 内容の「B生物育成の技術」については，次のとおり取り扱うものとする。

　ア　(1)については，作物の栽培，動物の飼育及び水産生物の栽培のいずれも扱うこと。

　イ　(2)については，地域固有の生態系に影響を及ぼすことのないよう留意するとともに，薬品を使用する場合には，使用上の基準及び注意事項を遵守させること。

(3) 内容の「Cエネルギー変換の技術」の(1)については，電気機器や屋内配線等の生活の中で使用する製品やシステムの安全な使用についても扱うものとする。

(4) 内容の「D情報の技術」については，次のとおり取り扱うものとする。

　ア　(1)については，情報のデジタル化の方法と情報の量，著作権を含めた知的財産権，発信した情報に対する責任，及び社会におけるサイバーセキュリティが重要であることについても扱うこと。

　イ　(2)については，コンテンツに用いる各種メディアの基本的な特徴や，個人情報の保護の必要性についても扱うこと。

(5) 各内容における(1)については，次のとおり取り扱うものとする。

　ア　アで取り上げる原理や法則に関しては，関係する教科との連携を図ること。

　イ　イでは，社会からの要求，安全性，環境負荷や経済性などに着目し，技術が最適化されてきたことに気付かせること。

　ウ　第1学年の最初に扱う内容では，3年間の技術分野の学習の見通しを立てさせるために，内容の「A材料と加工の技術」から「D情報の技術」ま

でに示す技術について触れること。
(6) 各内容における(2)及び内容の「D情報の技術」の(3)については，次のとおり取り扱うものとする。
　ア　イでは，各内容の(1)のイで気付かせた見方・考え方により問題を見いだして課題を設定し，自分なりの解決策を構想させること。
　イ　知的財産を創造，保護及び活用しようとする態度，技術に関わる倫理観，並びに他者と協働して粘り強く物事を前に進める態度を養うことを目指すこと。
　ウ　第3学年で取り上げる内容では，これまでの学習を踏まえた統合的な問題について扱うこと。
　エ　製作・制作・育成場面で使用する工具・機器や材料等については，図画工作科等の学習経験を踏まえるとともに，安全や健康に十分に配慮して選択すること。
(7) 内容の「A材料と加工の技術」，「B生物育成の技術」，「Cエネルギー変換の技術」の(3)及び内容の「D情報の技術」の(4)については，技術が生活の向上や産業の継承と発展，資源やエネルギーの有効利用，自然環境の保全等に貢献していることについても扱うものとする。

〔家庭分野〕

1　目　標

　生活の営みに係る見方・考え方を働かせ，衣食住などに関する実践的・体験的な活動を通して，よりよい生活の実現に向けて，生活を工夫し創造する資質・能力を次のとおり育成することを目指す。
(1) 家族・家庭の機能について理解を深め，家族・家庭，衣食住，消費や環境などについて，生活の自立に必要な基礎的な理解を図るとともに，それらに係る技能を身に付けるようにする。
(2) 家族・家庭や地域における生活の中から問題を見いだして課題を設定し，解決策を構想し，実践を評価・改善し，考察したことを論理的に表現するなど，これからの生活を展望して課題を解決する力を養う。
(3) 自分と家族，家庭生活と地域との関わりを考え，家族や地域の人々と協働し，よりよい生活の実現に向けて，生活を工夫し創造しようとする実践的な態度を養う。

2 内容

A 家族・家庭生活

次の(1)から(4)までの項目について，課題をもって，家族や地域の人々と協力・協働し，よりよい家庭生活に向けて考え，工夫する活動を通して，次の事項を身に付けることができるよう指導する。

(1) 自分の成長と家族・家庭生活

ア 自分の成長と家族や家庭生活との関わりが分かり，家族・家庭の基本的な機能について理解するとともに，家族や地域の人々と協力・協働して家庭生活を営む必要があることに気付くこと。

(2) 幼児の生活と家族

ア 次のような知識を身に付けること。

(ア) 幼児の発達と生活の特徴が分かり，子供が育つ環境としての家族の役割について理解すること。

(イ) 幼児にとっての遊びの意義や幼児との関わり方について理解すること。

イ 幼児とのよりよい関わり方について考え，工夫すること。

(3) 家族・家庭や地域との関わり

ア 次のような知識を身に付けること。

(ア) 家族の互いの立場や役割が分かり，協力することによって家族関係をよりよくできることについて理解すること。

(イ) 家庭生活は地域との相互の関わりで成り立っていることが分かり，高齢者など地域の人々と協働する必要があることや介護など高齢者との関わり方について理解すること。

イ 家族関係をよりよくする方法及び高齢者など地域の人々と関わり，協働する方法について考え，工夫すること。

(4) 家族・家庭生活についての課題と実践

ア 家族，幼児の生活又は地域の生活の中から問題を見いだして課題を設定し，その解決に向けてよりよい生活を考え，計画を立てて実践できること。

B 衣食住の生活

次の(1)から(7)までの項目について，課題をもって，健康・快適・安全で豊かな食生活，衣生活，住生活に向けて考え，工夫する活動を通して，次の事項を身に付けることができるよう指導する。

(1) 食事の役割と中学生の栄養の特徴

ア 次のような知識を身に付けること。

(ア) 生活の中で食事が果たす役割について理解すること。

(イ)　中学生に必要な栄養の特徴が分かり，健康によい食習慣について理解すること。
　　イ　健康によい食習慣について考え，工夫すること。
(2)　中学生に必要な栄養を満たす食事
　　ア　次のような知識を身に付けること。
　　　(ア)　栄養素の種類と働きが分かり，食品の栄養的な特質について理解すること。
　　　(イ)　中学生の1日に必要な食品の種類と概量が分かり，1日分の献立作成の方法について理解すること。
　　イ　中学生の1日分の献立について考え，工夫すること。
(3)　日常食の調理と地域の食文化
　　ア　次のような知識及び技能を身に付けること。
　　　(ア)　日常生活と関連付け，用途に応じた食品の選択について理解し，適切にできること。
　　　(イ)　食品や調理用具等の安全と衛生に留意した管理について理解し，適切にできること。
　　　(ウ)　材料に適した加熱調理の仕方について理解し，基礎的な日常食の調理が適切にできること。
　　　(エ)　地域の食文化について理解し，地域の食材を用いた和食の調理が適切にできること。
　　イ　日常の1食分の調理について，食品の選択や調理の仕方，調理計画を考え，工夫すること。
(4)　衣服の選択と手入れ
　　ア　次のような知識及び技能を身に付けること。
　　　(ア)　衣服と社会生活との関わりが分かり，目的に応じた着用，個性を生かす着用及び衣服の適切な選択について理解すること。
　　　(イ)　衣服の計画的な活用の必要性，衣服の材料や状態に応じた日常着の手入れについて理解し，適切にできること。
　　イ　衣服の選択，材料や状態に応じた日常着の手入れの仕方を考え，工夫すること。
(5)　生活を豊かにするための布を用いた製作
　　ア　製作する物に適した材料や縫い方について理解し，用具を安全に取り扱い，製作が適切にできること。
　　イ　資源や環境に配慮し，生活を豊かにするために布を用いた物の製作計画を考え，製作を工夫すること。

(6) 住居の機能と安全な住まい方
　ア　次のような知識を身に付けること。
　　(ア)　家族の生活と住空間との関わりが分かり，住居の基本的な機能について理解すること。
　　(イ)　家庭内の事故の防ぎ方など家族の安全を考えた住空間の整え方について理解すること。
　イ　家族の安全を考えた住空間の整え方について考え，工夫すること。
(7) 衣食住の生活についての課題と実践
　ア　食生活，衣生活，住生活の中から問題を見いだして課題を設定し，その解決に向けてよりよい生活を考え，計画を立てて実践できること。

C　消費生活・環境
　次の(1)から(3)までの項目について，課題をもって，持続可能な社会の構築に向けて考え，工夫する活動を通して，次の事項を身に付けることができるよう指導する。
(1) 金銭の管理と購入
　ア　次のような知識及び技能を身に付けること。
　　(ア)　購入方法や支払い方法の特徴が分かり，計画的な金銭管理の必要性について理解すること。
　　(イ)　売買契約の仕組み，消費者被害の背景とその対応について理解し，物資・サービスの選択に必要な情報の収集・整理が適切にできること。
　イ　物資・サービスの選択に必要な情報を活用して購入について考え，工夫すること。
(2) 消費者の権利と責任
　ア　消費者の基本的な権利と責任，自分や家族の消費生活が環境や社会に及ぼす影響について理解すること。
　イ　身近な消費生活について，自立した消費者としての責任ある消費行動を考え，工夫すること。
(3) 消費生活・環境についての課題と実践
　ア　自分や家族の消費生活の中から問題を見いだして課題を設定し，その解決に向けて環境に配慮した消費生活を考え，計画を立てて実践できること。

3　内容の取扱い

(1) 各内容については，生活の科学的な理解を深めるための実践的・体験的な活動を充実すること。
(2) 内容の「A家族・家庭生活」については，次のとおり取り扱うものとする。

ア　(1)のアについては，家族・家庭の基本的な機能がAからCまでの各内容に関わっていることや，家族・家庭や地域における様々な問題について，協力・協働，健康・快適・安全，生活文化の継承，持続可能な社会の構築等を視点として考え，解決に向けて工夫することが大切であることに気付かせるようにすること。
　　イ　(1)，(2)及び(3)については，相互に関連を図り，実習や観察，ロールプレイングなどの学習活動を中心とするよう留意すること。
　　ウ　(2)については，幼稚園，保育所，認定こども園などの幼児の観察や幼児との触れ合いができるよう留意すること。アの(ア)については，幼児期における周囲との基本的な信頼関係や生活習慣の形成の重要性についても扱うこと。
　　エ　(3)のアの(イ)については，高齢者の身体の特徴についても触れること。また，高齢者の介護の基礎に関する体験的な活動ができるよう留意すること。イについては，地域の活動や行事などを取り上げたり，他教科等における学習との関連を図ったりするよう配慮すること。
　(3)　内容の「B衣食住の生活」については，次のとおり取り扱うものとする。
　　ア　日本の伝統的な生活についても扱い，生活文化を継承する大切さに気付くことができるよう配慮すること。
　　イ　(1)のアの(ア)については，食事を共にする意義や食文化を継承することについても扱うこと。
　　ウ　(2)のアの(ア)については，水の働きや食物繊維についても触れること。
　　エ　(3)のアの(ア)については，主として調理実習で用いる生鮮食品と加工食品の表示を扱うこと。(ウ)については，煮る，焼く，蒸す等を扱うこと。また，魚，肉，野菜を中心として扱い，基礎的な題材を取り上げること。(エ)については，だしを用いた煮物又は汁物を取り上げること。また，地域の伝統的な行事食や郷土料理を扱うこともできること。
　　オ　食に関する指導については，技術・家庭科の特質に応じて，食育の充実に資するよう配慮すること。
　　カ　(4)のアの(ア)については，日本の伝統的な衣服である和服について触れること。また，和服の基本的な着装を扱うこともできること。さらに，既製服の表示と選択に当たっての留意事項を扱うこと。(イ)については，日常着の手入れは主として洗濯と補修を扱うこと。
　　キ　(5)のアについては，衣服等の再利用の方法についても触れること。
　　ク　(6)のアについては，簡単な図などによる住空間の構想を扱うこと。また，ア及びイについては，内容の「A家族・家庭生活」の(2)及び(3)との関連を

図ること。さらに，アの(イ)及びイについては，自然災害に備えた住空間の整え方についても扱うこと。
(4) 内容の「Ｃ消費生活・環境」については，次のとおり取り扱うものとする。
　ア　(1)及び(2)については，内容の「Ａ家族・家庭生活」又は「Ｂ衣食住の生活」の学習との関連を図り，実践的に学習できるようにすること。
　イ　(1)については，中学生の身近な消費行動と関連を図った物資・サービスや消費者被害を扱うこと。アの(ア)については，クレジットなどの三者間契約についても扱うこと。

第3　指導計画の作成と内容の取扱い

1　指導計画の作成に当たっては，次の事項に配慮するものとする。
(1) 題材など内容や時間のまとまりを見通して，その中で育む資質・能力の育成に向けて，生徒の主体的・対話的で深い学びの実現を図るようにすること。その際，生活の営みに係る見方・考え方や技術の見方・考え方を働かせ，知識を相互に関連付けてより深く理解するとともに，生活や社会の中から問題を見いだして解決策を構想し，実践を評価・改善して，新たな課題の解決に向かう過程を重視した学習の充実を図ること。
(2) 技術分野及び家庭分野の授業時数については，3学年間を見通した全体的な指導計画に基づき，いずれかの分野に偏ることなく配当して履修させること。その際，各学年において，技術分野及び家庭分野のいずれも履修させること。
　　家庭分野の内容の「Ａ家族・家庭生活」の(4)，「Ｂ衣食住の生活」の(7)及び「Ｃ消費生活・環境」の(3)については，これら三項目のうち，一以上を選択し履修させること。その際，他の内容と関連を図り，実践的な活動を家庭や地域などで行うことができるよう配慮すること。
(3) 技術分野の内容の「Ａ材料と加工の技術」から「Ｄ情報の技術」まで，及び家庭分野の内容の「Ａ家族・家庭生活」から「Ｃ消費生活・環境」までの各項目に配当する授業時数及び各項目の履修学年については，生徒や学校，地域の実態等に応じて，各学校において適切に定めること。その際，家庭分野の内容の「Ａ家族・家庭生活」の(1)については，小学校家庭科の学習を踏まえ，中学校における学習の見通しを立てさせるために，第1学年の最初に履修させること。
(4) 各項目及び各項目に示す事項については，相互に有機的な関連を図り，総合的に展開されるよう適切な題材を設定して計画を作成すること。その際，

生徒や学校，地域の実態を的確に捉え，指導の効果を高めるようにすること。また，小学校における学習を踏まえるとともに，高等学校における学習を見据え，他教科等との関連を明確にして系統的・発展的に指導ができるようにすること。さらに，持続可能な開発のための教育を推進する視点から他教科等との連携も図ること。

(5) 障害のある生徒などについては，学習活動を行う場合に生じる困難さに応じた指導内容や指導方法の工夫を計画的，組織的に行うこと。

(6) 第1章総則の第1の2の(2)に示す道徳教育の目標に基づき，道徳科などとの関連を考慮しながら，第3章特別の教科道徳の第2に示す内容について，技術・家庭科の特質に応じて適切な指導をすること。

2 第2の内容の取扱いについては，次の事項に配慮するものとする。

(1) 指導に当たっては，衣食住やものづくりなどに関する実習等の結果を整理し考察する学習活動や，生活や社会における課題を解決するために言葉や図表，概念などを用いて考えたり，説明したりするなどの学習活動の充実を図ること。

(2) 指導に当たっては，コンピュータや情報通信ネットワークを積極的に活用して，実習等における情報の収集・整理や，実践結果の発表などを行うことができるように工夫すること。

(3) 基礎的・基本的な知識及び技能を習得し，基本的な概念などの理解を深めるとともに，仕事の楽しさや完成の喜びを体得させるよう，実践的・体験的な活動を充実すること。また，生徒のキャリア発達を踏まえて学習内容と将来の職業の選択や生き方との関わりについても扱うこと。

(4) 資質・能力の育成を図り，一人一人の個性を生かし伸ばすよう，生徒の興味・関心を踏まえた学習課題の設定，技能の習得状況に応じた少人数指導や教材・教具の工夫など個に応じた指導の充実に努めること。

(5) 生徒が，学習した知識及び技能を生活に活用したり，生活や社会の変化に対応したりすることができるよう，生活や社会の中から問題を見いだして課題を設定し解決する学習活動を充実するとともに，家庭や地域社会，企業などとの連携を図るよう配慮すること。

3 実習の指導に当たっては，施設・設備の安全管理に配慮し，学習環境を整備するとともに，火気，用具，材料などの取扱いに注意して事故防止の指導を徹底し，安全と衛生に十分留意するものとする。

その際，技術分野においては，正しい機器の操作や作業環境の整備等について指導するとともに，適切な服装や防護眼鏡・防塵マスクの着用，作業後の手洗いの実施等による安全の確保に努めることとする。

家庭分野においては，幼児や高齢者と関わるなど校外での学習について，事故の防止策及び事故発生時の対応策等を綿密に計画するとともに，相手に対する配慮にも十分留意するものとする。また，調理実習については，食物アレルギーにも配慮するものとする。

第9節　外国語

● 第1　目標

　外国語によるコミュニケーションにおける見方・考え方を働かせ，外国語による聞くこと，読むこと，話すこと，書くことの言語活動を通して，簡単な情報や考えなどを理解したり表現したり伝え合ったりするコミュニケーションを図る資質・能力を次のとおり育成することを目指す。

(1)　外国語の音声や語彙，表現，文法，言語の働きなどを理解するとともに，これらの知識を，聞くこと，読むこと，話すこと，書くことによる実際のコミュニケーションにおいて活用できる技能を身に付けるようにする。

(2)　コミュニケーションを行う目的や場面，状況などに応じて，日常的な話題や社会的な話題について，外国語で簡単な情報や考えなどを理解したり，これらを活用して表現したり伝え合ったりすることができる力を養う。

(3)　外国語の背景にある文化に対する理解を深め，聞き手，読み手，話し手，書き手に配慮しながら，主体的に外国語を用いてコミュニケーションを図ろうとする態度を養う。

● 第2　各言語の目標及び内容等

英　語

1　目標

　英語学習の特質を踏まえ，以下に示す，聞くこと，読むこと，話すこと［やり取り］，話すこと［発表］，書くことの五つの領域別に設定する目標の実現を目指した指導を通して，第1の(1)及び(2)に示す資質・能力を一体的に育成するとともに，その過程を通して，第1の(3)に示す資質・能力を育成する。

(1)　聞くこと

　ア　はっきりと話されれば，日常的な話題について，必要な情報を聞き取ることができるようにする。

　イ　はっきりと話されれば，日常的な話題について，話の概要を捉えることができるようにする。

　ウ　はっきりと話されれば，社会的な話題について，短い説明の要点を捉えることができるようにする。

(2)　読むこと

　ア　日常的な話題について，簡単な語句や文で書かれたものから必要な情報

を読み取ることができるようにする。
　　イ　日常的な話題について，簡単な語句や文で書かれた短い文章の概要を捉えることができるようにする。
　　ウ　社会的な話題について，簡単な語句や文で書かれた短い文章の要点を捉えることができるようにする。
(3)　話すこと［やり取り］
　　ア　関心のある事柄について，簡単な語句や文を用いて即興で伝え合うことができるようにする。
　　イ　日常的な話題について，事実や自分の考え，気持ちなどを整理し，簡単な語句や文を用いて伝えたり，相手からの質問に答えたりすることができるようにする。
　　ウ　社会的な話題に関して聞いたり読んだりしたことについて，考えたことや感じたこと，その理由などを，簡単な語句や文を用いて述べ合うことができるようにする。
(4)　話すこと［発表］
　　ア　関心のある事柄について，簡単な語句や文を用いて即興で話すことができるようにする。
　　イ　日常的な話題について，事実や自分の考え，気持ちなどを整理し，簡単な語句や文を用いてまとまりのある内容を話すことができるようにする。
　　ウ　社会的な話題に関して聞いたり読んだりしたことについて，考えたことや感じたこと，その理由などを，簡単な語句や文を用いて話すことができるようにする。
(5)　書くこと
　　ア　関心のある事柄について，簡単な語句や文を用いて正確に書くことができるようにする。
　　イ　日常的な話題について，事実や自分の考え，気持ちなどを整理し，簡単な語句や文を用いてまとまりのある文章を書くことができるようにする。
　　ウ　社会的な話題に関して聞いたり読んだりしたことについて，考えたことや感じたこと，その理由などを，簡単な語句や文を用いて書くことができるようにする。

2　内　容

〔知識及び技能〕

(1)　英語の特徴やきまりに関する事項

　　実際に英語を用いた言語活動を通して，小学校学習指導要領第2章第10節

外国語第2の2の(1)及び次に示す言語材料のうち，1に示す五つの領域別の目標を達成するのにふさわしいものについて理解するとともに，言語材料と言語活動とを効果的に関連付け，実際のコミュニケーションにおいて活用できる技能を身に付けることができるよう指導する。

ア　音声

　次に示す事項について取り扱うこと。

(ア)　現代の標準的な発音

(イ)　語と語の連結による音の変化

(ウ)　語や句，文における基本的な強勢

(エ)　文における基本的なイントネーション

(オ)　文における基本的な区切り

イ　符号

　感嘆符，引用符などの符号

ウ　語，連語及び慣用表現

(ア)　1に示す五つの領域別の目標を達成するために必要となる，小学校で学習した語に1600～1800語程度の新語を加えた語

(イ)　連語のうち，活用頻度の高いもの

(ウ)　慣用表現のうち，活用頻度の高いもの

エ　文，文構造及び文法事項

　小学校学習指導要領第2章第10節外国語第2の2の(1)のエ及び次に示す事項について，意味のある文脈でのコミュニケーションの中で繰り返し触れることを通して活用すること。

(ア)　文

　a　重文，複文

　b　疑問文のうち，助動詞（may, will など）で始まるものや or を含むもの，疑問詞（which, whose）で始まるもの

　c　感嘆文のうち基本的なもの

(イ)　文構造

　a　［主語＋動詞＋補語］のうち，

　　　主語＋be 動詞以外の動詞＋ { 名詞 / 形容詞 }

　b　［主語＋動詞＋目的語］のうち，

　　(a)　主語＋動詞＋ { 動名詞 / to 不定詞 / how（など）to 不定詞 }

(b) 主語＋動詞＋$\begin{Bmatrix} that で始まる節 \\ what などで始まる節 \end{Bmatrix}$

c ［主語＋動詞＋間接目的語＋直接目的語］のうち，

(a) 主語＋動詞＋間接目的語＋$\begin{Bmatrix} 名詞 \\ 代名詞 \end{Bmatrix}$

(b) 主語＋動詞＋間接目的語＋how（など）to 不定詞

(c) 主語＋動詞＋間接目的語＋$\begin{Bmatrix} that で始まる節 \\ what などで始まる節 \end{Bmatrix}$

d ［主語＋動詞＋目的語＋補語］のうち，

(a) 主語＋動詞＋目的語＋$\begin{Bmatrix} 名詞 \\ 形容詞 \end{Bmatrix}$

(b) 主語＋動詞＋目的語＋原形不定詞

e その他

(a) There ＋ be 動詞＋〜

(b) It ＋ be 動詞＋〜（＋ for 〜）＋ to 不定詞

(c) 主語＋ tell, want など＋目的語＋ to 不定詞

(d) 主語＋ be 動詞＋形容詞＋ that で始まる節

(ウ) 文法事項

a 代名詞

(a) 人称や指示，疑問，数量を表すもの

(b) 関係代名詞のうち，主格の that, which, who, 目的格の that, which の制限的用法

b 接続詞

c 助動詞

d 前置詞

e 動詞の時制及び相など

現在形や過去形，現在進行形，過去進行形，現在完了形，現在完了進行形，助動詞などを用いた未来表現

f 形容詞や副詞を用いた比較表現

g to 不定詞

h 動名詞

i 現在分詞や過去分詞の形容詞としての用法

j 受け身

k 仮定法のうち基本的なもの

〔思考力，判断力，表現力等〕

(2) 情報を整理しながら考えなどを形成し，英語で表現したり，伝え合ったりすることに関する事項

具体的な課題等を設定し，コミュニケーションを行う目的や場面，状況などに応じて，情報を整理しながら考えなどを形成し，これらを論理的に表現することを通して，次の事項を身に付けることができるよう指導する。

ア 日常的な話題や社会的な話題について，英語を聞いたり読んだりして必要な情報や考えなどを捉えること。

イ 日常的な話題や社会的な話題について，英語を聞いたり読んだりして得られた情報や表現を，選択したり抽出したりするなどして活用し，話したり書いたりして事実や自分の考え，気持ちなどを表現すること。

ウ 日常的な話題や社会的な話題について，伝える内容を整理し，英語で話したり書いたりして互いに事実や自分の考え，気持ちなどを伝え合うこと。

(3) 言語活動及び言語の働きに関する事項

① 言語活動に関する事項

(2)に示す事項については，(1)に示す事項を活用して，例えば，次のような言語活動を通して指導する。

ア 小学校学習指導要領第2章第10節外国語の第2の2の(3)に示す言語活動のうち，小学校における学習内容の定着を図るために必要なもの。

イ 聞くこと

(ア) 日常的な話題について，自然な口調で話される英語を聞いて，話し手の意向を正確に把握する活動。

(イ) 店や公共交通機関などで用いられる簡単なアナウンスなどから，自分が必要とする情報を聞き取る活動。

(ウ) 友達からの招待など，身近な事柄に関する簡単なメッセージを聞いて，その内容を把握し，適切に応答する活動。

(エ) 友達や家族，学校生活などの日常的な話題や社会的な話題に関する会話や説明などを聞いて，概要や要点を把握する活動。また，その内容を英語で説明する活動。

ウ 読むこと

(ア) 書かれた内容や文章の構成を考えながら黙読したり，その内容を表現するよう音読したりする活動。

(イ) 日常的な話題について，簡単な表現が用いられている広告やパンフレット，予定表，手紙，電子メール，短い文章などから，自分が必要とする情報を読み取る活動。

(ウ) 簡単な語句や文で書かれた日常的な話題に関する短い説明やエッセイ，物語などを読んで概要を把握する活動。

(エ) 簡単な語句や文で書かれた社会的な話題に関する説明などを読んで，イラストや写真，図表なども参考にしながら，要点を把握する活動。また，その内容に対する賛否や自分の考えを述べる活動。

エ 話すこと［やり取り］

(ア) 関心のある事柄について，相手からの質問に対し，その場で適切に応答したり，関連する質問をしたりして，互いに会話を継続する活動。

(イ) 日常的な話題について，伝えようとする内容を整理し，自分で作成したメモなどを活用しながら相手と口頭で伝え合う活動。

(ウ) 社会的な話題に関して聞いたり読んだりしたことから把握した内容に基づき，読み取ったことや感じたこと，考えたことなどを伝えた上で，相手からの質問に対して適切に応答したり自ら質問し返したりする活動。

オ 話すこと［発表］

(ア) 関心のある事柄について，その場で考えを整理して口頭で説明する活動。

(イ) 日常的な話題について，事実や自分の考え，気持ちなどをまとめ，簡単なスピーチをする活動。

(ウ) 社会的な話題に関して聞いたり読んだりしたことから把握した内容に基づき，自分で作成したメモなどを活用しながら口頭で要約したり，自分の考えや気持ちなどを話したりする活動。

カ 書くこと

(ア) 趣味や好き嫌いなど，自分に関する基本的な情報を語句や文で書く活動。

(イ) 簡単な手紙や電子メールの形で自分の近況などを伝える活動。

(ウ) 日常的な話題について，簡単な語句や文を用いて，出来事などを説明するまとまりのある文章を書く活動。

(エ) 社会的な話題に関して聞いたり読んだりしたことから把握した内容に基づき，自分の考えや気持ち，その理由などを書く活動。

② 言語の働きに関する事項

言語活動を行うに当たり，主として次に示すような言語の使用場面や言語の働きを取り上げるようにする。

ア 言語の使用場面の例

(ア) 生徒の身近な暮らしに関わる場面

・ 家庭での生活　・ 学校での学習や活動

- 地域の行事　など
  - (イ) 特有の表現がよく使われる場面
    - 自己紹介
    - 買物
    - 食事
    - 道案内
    - 旅行
    - 電話での対応
    - 手紙や電子メールのやり取り　など

イ　言語の働きの例
  - (ア) コミュニケーションを円滑にする
    - 話し掛ける
    - 相づちを打つ
    - 聞き直す
    - 繰り返す　など
  - (イ) 気持ちを伝える
    - 礼を言う
    - 苦情を言う
    - 褒める
    - 謝る
    - 歓迎する　など
  - (ウ) 事実・情報を伝える
    - 説明する
    - 報告する
    - 発表する
    - 描写する　など
  - (エ) 考えや意図を伝える
    - 申し出る
    - 約束する
    - 意見を言う
    - 賛成する
    - 反対する
    - 承諾する
    - 断る
    - 仮定する　など
  - (オ) 相手の行動を促す
    - 質問する
    - 依頼する
    - 招待する
    - 命令する　など

3　指導計画の作成と内容の取扱い

(1) 指導計画の作成に当たっては，小学校や高等学校における指導との接続に留意しながら，次の事項に配慮するものとする。

ア　単元など内容や時間のまとまりを見通して，その中で育む資質・能力の育成に向けて，生徒の主体的・対話的で深い学びの実現を図るようにすること。その際，具体的な課題等を設定し，生徒が外国語によるコミュニケーションにおける見方・考え方を働かせながら，コミュニケーションの目的や場面，状況などを意識して活動を行い，英語の音声や語彙，表現，文法の知識を五つの領域における実際のコミュニケーションにおいて活用する学習の充実を図ること。

イ　学年ごとの目標を適切に定め，3学年間を通じて外国語科の目標の実現を図るようにすること。

ウ　実際に英語を使用して互いの考えや気持ちを伝え合うなどの言語活動を行う際は，2の(1)に示す言語材料について理解したり練習したりするための指導を必要に応じて行うこと。また，小学校第3学年から第6学年までに扱った簡単な語句や基本的な表現などの学習内容を繰り返し指導し定着を図ること。

　　エ　生徒が英語に触れる機会を充実するとともに，授業を実際のコミュニケーションの場面とするため，授業は英語で行うことを基本とする。その際，生徒の理解の程度に応じた英語を用いるようにすること。

　　オ　言語活動で扱う題材は，生徒の興味・関心に合ったものとし，国語科や理科，音楽科など，他の教科等で学習したことを活用したり，学校行事で扱う内容と関連付けたりするなどの工夫をすること。

　　カ　障害のある生徒などについては，学習活動を行う場合に生じる困難さに応じた指導内容や指導方法の工夫を計画的，組織的に行うこと。

　　キ　指導計画の作成や授業の実施に当たっては，ネイティブ・スピーカーや英語が堪能な地域人材などの協力を得る等，指導体制の充実を図るとともに，指導方法の工夫を行うこと。

(2)　2の内容に示す事項については，次の事項に配慮するものとする。

　　ア　2の(1)に示す言語材料については，平易なものから難しいものへと段階的に指導すること。また，生徒の発達の段階に応じて，聞いたり読んだりすることを通して意味を理解できるように指導すべき事項と，話したり書いたりして表現できるように指導すべき事項とがあることに留意すること。

　　イ　音声指導に当たっては，日本語との違いに留意しながら，発音練習などを通して2の(1)のアに示す言語材料を継続して指導するとともに，音声指導の補助として，必要に応じて発音表記を用いて指導することもできることに留意すること。また，発音と綴りとを関連付けて指導すること。

　　ウ　文字指導に当たっては，生徒の学習負担にも配慮しながら筆記体を指導することもできることに留意すること。

　　エ　文法事項の指導に当たっては，次の事項に留意すること。

　　　(ア)　英語の特質を理解させるために，関連のある文法事項はまとめて整理するなど，効果的な指導ができるよう工夫すること。

　　　(イ)　文法はコミュニケーションを支えるものであることを踏まえ，コミュニケーションの目的を達成する上での必要性や有用性を実感させた上でその知識を活用させたり，繰り返し使用することで当該文法事項の規則性や構造などについて気付きを促したりするなど，言語活動と効果的に

　　　　　関連付けて指導すること。
　　　(ｳ)　用語や用法の区別などの指導が中心とならないよう配慮し，実際に活用できるようにするとともに，語順や修飾関係などにおける日本語との違いに留意して指導すること。
　オ　辞書の使い方に慣れ，活用できるようにすること。
　カ　身近な事柄について，友達に質問をしたり質問に答えたりする力を育成するため，ペア・ワーク，グループ・ワークなどの学習形態について適宜工夫すること。その際，他者とコミュニケーションを行うことに課題がある生徒については，個々の生徒の特性に応じて指導内容や指導方法を工夫すること。
　キ　生徒が身に付けるべき資質・能力や生徒の実態，教材の内容などに応じて，視聴覚教材やコンピュータ，情報通信ネットワーク，教育機器などを有効活用し，生徒の興味・関心をより高め，指導の効率化や言語活動の更なる充実を図るようにすること。
　ク　各単元や各時間の指導に当たっては，コミュニケーションを行う目的，場面，状況などを明確に設定し，言語活動を通して育成すべき資質・能力を明確に示すことにより，生徒が学習の見通しを立てたり，振り返ったりすることができるようにすること。
(3)　教材については，次の事項に留意するものとする。
　ア　教材は，聞くこと，読むこと，話すこと［やり取り］，話すこと［発表］，書くことなどのコミュニケーションを図る資質・能力を総合的に育成するため，1に示す五つの領域別の目標と2に示す内容との関係について，単元など内容や時間のまとまりごとに各教材の中で明確に示すとともに，実際の言語の使用場面や言語の働きに十分配慮した題材を取り上げること。
　イ　英語を使用している人々を中心とする世界の人々や日本人の日常生活，風俗習慣，物語，地理，歴史，伝統文化，自然科学などに関するものの中から，生徒の発達の段階や興味・関心に即して適切な題材を効果的に取り上げるものとし，次の観点に配慮すること。
　　　(ｱ)　多様な考え方に対する理解を深めさせ，公正な判断力を養い豊かな心情を育てるのに役立つこと。
　　　(ｲ)　我が国の文化や，英語の背景にある文化に対する関心を高め，理解を深めようとする態度を養うのに役立つこと。
　　　(ｳ)　広い視野から国際理解を深め，国際社会と向き合うことが求められている我が国の一員としての自覚を高めるとともに，国際協調の精神を養うのに役立つこと。

その他の外国語

その他の外国語については,英語の1に示す五つの領域別の目標,2に示す内容及び3に示す指導計画の作成と内容の取扱いに準じて指導を行うものとする。

●第3　指導計画の作成と内容の取扱い

1　外国語科においては,英語を履修させることを原則とすること。

2　第1章総則の第1の2の(2)に示す道徳教育の目標に基づき,道徳科などとの関連を考慮しながら,第3章特別の教科道徳の第2に示す内容について,外国語科の特質に応じて適切な指導をすること。

第3章　特別の教科　道徳

●第1　目標

第1章総則の第1の2の(2)に示す道徳教育の目標に基づき，よりよく生きるための基盤となる道徳性を養うため，道徳的諸価値についての理解を基に，自己を見つめ，物事を広い視野から多面的・多角的に考え，人間としての生き方についての考えを深める学習を通して，道徳的な判断力，心情，実践意欲と態度を育てる。

●第2　内容

学校の教育活動全体を通じて行う道徳教育の要である道徳科においては，以下に示す項目について扱う。

A　主として自分自身に関すること

［自主，自律，自由と責任］
　自律の精神を重んじ，自主的に考え，判断し，誠実に実行してその結果に責任をもつこと。

［節度，節制］
　望ましい生活習慣を身に付け，心身の健康の増進を図り，節度を守り節制に心掛け，安全で調和のある生活をすること。

［向上心，個性の伸長］
　自己を見つめ，自己の向上を図るとともに，個性を伸ばして充実した生き方を追求すること。

［希望と勇気，克己と強い意志］
　より高い目標を設定し，その達成を目指し，希望と勇気をもち，困難や失敗を乗り越えて着実にやり遂げること。

［真理の探究，創造］
　真実を大切にし，真理を探究して新しいものを生み出そうと努めること。

B　主として人との関わりに関すること

［思いやり，感謝］
　思いやりの心をもって人と接するとともに，家族などの支えや多くの人々の善意により日々の生活や現在の自分があることに感謝し，進んでそれに応え，人間愛の精神を深めること。

［礼儀］
　礼儀の意義を理解し，時と場に応じた適切な言動をとること。

[友情，信頼]

　友情の尊さを理解して心から信頼できる友達をもち，互いに励まし合い，高め合うとともに，異性についての理解を深め，悩みや葛藤も経験しながら人間関係を深めていくこと。

[相互理解，寛容]

　自分の考えや意見を相手に伝えるとともに，それぞれの個性や立場を尊重し，いろいろなものの見方や考え方があることを理解し，寛容の心をもって謙虚に他に学び，自らを高めていくこと。

C　主として集団や社会との関わりに関すること

[遵法精神，公徳心]

　法やきまりの意義を理解し，それらを進んで守るとともに，そのよりよい在り方について考え，自他の権利を大切にし，義務を果たして，規律ある安定した社会の実現に努めること。

[公正，公平，社会正義]

　正義と公正さを重んじ，誰に対しても公平に接し，差別や偏見のない社会の実現に努めること。

[社会参画，公共の精神]

　社会参画の意識と社会連帯の自覚を高め，公共の精神をもってよりよい社会の実現に努めること。

[勤労]

　勤労の尊さや意義を理解し，将来の生き方について考えを深め，勤労を通じて社会に貢献すること。

[家族愛，家庭生活の充実]

　父母，祖父母を敬愛し，家族の一員としての自覚をもって充実した家庭生活を築くこと。

[よりよい学校生活，集団生活の充実]

　教師や学校の人々を敬愛し，学級や学校の一員としての自覚をもち，協力し合ってよりよい校風をつくるとともに，様々な集団の意義や集団の中での自分の役割と責任を自覚して集団生活の充実に努めること。

[郷土の伝統と文化の尊重，郷土を愛する態度]

　郷土の伝統と文化を大切にし，社会に尽くした先人や高齢者に尊敬の念を深め，地域社会の一員としての自覚をもって郷土を愛し，進んで郷土の発展に努めること。

[我が国の伝統と文化の尊重，国を愛する態度]

　優れた伝統の継承と新しい文化の創造に貢献するとともに，日本人としての

自覚をもって国を愛し，国家及び社会の形成者として，その発展に努めること。
［国際理解，国際貢献］
　世界の中の日本人としての自覚をもち，他国を尊重し，国際的視野に立って，世界の平和と人類の発展に寄与すること。

D　主として生命や自然，崇高なものとの関わりに関すること
［生命の尊さ］
　生命の尊さについて，その連続性や有限性なども含めて理解し，かけがえのない生命を尊重すること。
［自然愛護］
　自然の崇高さを知り，自然環境を大切にすることの意義を理解し，進んで自然の愛護に努めること。
［感動，畏敬の念］
　美しいものや気高いものに感動する心をもち，人間の力を超えたものに対する畏敬の念を深めること。
［よりよく生きる喜び］
　人間には自らの弱さや醜さを克服する強さや気高く生きようとする心があることを理解し，人間として生きることに喜びを見いだすこと。

●第3　指導計画の作成と内容の取扱い

1　各学校においては，道徳教育の全体計画に基づき，各教科，総合的な学習の時間及び特別活動との関連を考慮しながら，道徳科の年間指導計画を作成するものとする。なお，作成に当たっては，第2に示す内容項目について，各学年において全て取り上げることとする。その際，生徒や学校の実態に応じ，3学年間を見通した重点的な指導や内容項目間の関連を密にした指導，一つの内容項目を複数の時間で扱う指導を取り入れるなどの工夫を行うものとする。

2　第2の内容の指導に当たっては，次の事項に配慮するものとする。
　(1)　学級担任の教師が行うことを原則とするが，校長や教頭などの参加，他の教師との協力的な指導などについて工夫し，道徳教育推進教師を中心とした指導体制を充実すること。
　(2)　道徳科が学校の教育活動全体を通じて行う道徳教育の要としての役割を果たすことができるよう，計画的・発展的な指導を行うこと。特に，各教科，総合的な学習の時間及び特別活動における道徳教育としては取り扱う機会が十分でない内容項目に関わる指導を補うことや，生徒や学校の実態等を踏まえて指導をより一層深めること，内容項目の相互の関連を捉え直したり発展

させたりすることに留意すること。
(3) 生徒が自ら道徳性を養う中で，自らを振り返って成長を実感したり，これからの課題や目標を見付けたりすることができるよう工夫すること。その際，道徳性を養うことの意義について，生徒自らが考え，理解し，主体的に学習に取り組むことができるようにすること。また，発達の段階を考慮し，人間としての弱さを認めながら，それを乗り越えてよりよく生きようとすることのよさについて，教師が生徒と共に考える姿勢を大切にすること。
(4) 生徒が多様な感じ方や考え方に接する中で，考えを深め，判断し，表現する力などを育むことができるよう，自分の考えを基に討論したり書いたりするなどの言語活動を充実すること。その際，様々な価値観について多面的・多角的な視点から振り返って考える機会を設けるとともに，生徒が多様な見方や考え方に接しながら，更に新しい見方や考え方を生み出していくことができるよう留意すること。
(5) 生徒の発達の段階や特性等を考慮し，指導のねらいに即して，問題解決的な学習，道徳的行為に関する体験的な学習等を適切に取り入れるなど，指導方法を工夫すること。その際，それらの活動を通じて学んだ内容の意義などについて考えることができるようにすること。また，特別活動等における多様な実践活動や体験活動も道徳科の授業に生かすようにすること。
(6) 生徒の発達の段階や特性等を考慮し，第2に示す内容との関連を踏まえつつ，情報モラルに関する指導を充実すること。また，例えば，科学技術の発展と生命倫理との関係や社会の持続可能な発展などの現代的な課題の取扱いにも留意し，身近な社会的課題を自分との関係において考え，その解決に向けて取り組もうとする意欲や態度を育てるよう努めること。なお，多様な見方や考え方のできる事柄について，特定の見方や考え方に偏った指導を行うことのないようにすること。
(7) 道徳科の授業を公開したり，授業の実施や地域教材の開発や活用などに家庭や地域の人々，各分野の専門家等の積極的な参加や協力を得たりするなど，家庭や地域社会との共通理解を深め，相互の連携を図ること。
3 教材については，次の事項に留意するものとする。
(1) 生徒の発達の段階や特性，地域の実情等を考慮し，多様な教材の活用に努めること。特に，生命の尊厳，社会参画，自然，伝統と文化，先人の伝記，スポーツ，情報化への対応等の現代的な課題などを題材とし，生徒が問題意識をもって多面的・多角的に考えたり，感動を覚えたりするような充実した教材の開発や活用を行うこと。
(2) 教材については，教育基本法や学校教育法その他の法令に従い，次の観点

に照らし適切と判断されるものであること。
　　ア　生徒の発達の段階に即し，ねらいを達成するのにふさわしいものであること。
　　イ　人間尊重の精神にかなうものであって，悩みや葛藤等の心の揺れ，人間関係の理解等の課題も含め，生徒が深く考えることができ，人間としてよりよく生きる喜びや勇気を与えられるものであること。
　　ウ　多様な見方や考え方のできる事柄を取り扱う場合には，特定の見方や考え方に偏った取扱いがなされていないものであること。
4　生徒の学習状況や道徳性に係る成長の様子を継続的に把握し，指導に生かすよう努める必要がある。ただし，数値などによる評価は行わないものとする。

第4章　総合的な学習の時間

● 第1　目　標

探究的な見方・考え方を働かせ，横断的・総合的な学習を行うことを通して，よりよく課題を解決し，自己の生き方を考えていくための資質・能力を次のとおり育成することを目指す。

(1) 探究的な学習の過程において，課題の解決に必要な知識及び技能を身に付け，課題に関わる概念を形成し，探究的な学習のよさを理解するようにする。

(2) 実社会や実生活の中から問いを見いだし，自分で課題を立て，情報を集め，整理・分析して，まとめ・表現することができるようにする。

(3) 探究的な学習に主体的・協働的に取り組むとともに，互いのよさを生かしながら，積極的に社会に参画しようとする態度を養う。

● 第2　各学校において定める目標及び内容

1　目　標

各学校においては，第1の目標を踏まえ，各学校の総合的な学習の時間の目標を定める。

2　内　容

各学校においては，第1の目標を踏まえ，各学校の総合的な学習の時間の内容を定める。

3　各学校において定める目標及び内容の取扱い

各学校において定める目標及び内容の設定に当たっては，次の事項に配慮するものとする。

(1) 各学校において定める目標については，各学校における教育目標を踏まえ，総合的な学習の時間を通して育成を目指す資質・能力を示すこと。

(2) 各学校において定める目標及び内容については，他教科等の目標及び内容との違いに留意しつつ，他教科等で育成を目指す資質・能力との関連を重視すること。

(3) 各学校において定める目標及び内容については，日常生活や社会との関わりを重視すること。

(4) 各学校において定める内容については，目標を実現するにふさわしい探究

課題,探究課題の解決を通して育成を目指す具体的な資質・能力を示すこと。
(5) 目標を実現するにふさわしい探究課題については,学校の実態に応じて,例えば,国際理解,情報,環境,福祉・健康などの現代的な諸課題に対応する横断的・総合的な課題,地域や学校の特色に応じた課題,生徒の興味・関心に基づく課題,職業や自己の将来に関する課題などを踏まえて設定すること。
(6) 探究課題の解決を通して育成を目指す具体的な資質・能力については,次の事項に配慮すること。
　ア　知識及び技能については,他教科等及び総合的な学習の時間で習得する知識及び技能が相互に関連付けられ,社会の中で生きて働くものとして形成されるようにすること。
　イ　思考力,判断力,表現力等については,課題の設定,情報の収集,整理・分析,まとめ・表現などの探究的な学習の過程において発揮され,未知の状況において活用できるものとして身に付けられるようにすること。
　ウ　学びに向かう力,人間性等については,自分自身に関すること及び他者や社会との関わりに関することの両方の視点を踏まえること。
(7) 目標を実現するにふさわしい探究課題及び探究課題の解決を通して育成を目指す具体的な資質・能力については,教科等を越えた全ての学習の基盤となる資質・能力が育まれ,活用されるものとなるよう配慮すること。

第3　指導計画の作成と内容の取扱い

1　指導計画の作成に当たっては,次の事項に配慮するものとする。
(1) 年間や,単元など内容や時間のまとまりを見通して,その中で育む資質・能力の育成に向けて,生徒の主体的・対話的で深い学びの実現を図るようにすること。その際,生徒や学校,地域の実態等に応じて,生徒が探究的な見方・考え方を働かせ,教科等の枠を超えた横断的・総合的な学習や生徒の興味・関心等に基づく学習を行うなど創意工夫を生かした教育活動の充実を図ること。
(2) 全体計画及び年間指導計画の作成に当たっては,学校における全教育活動との関連の下に,目標及び内容,学習活動,指導方法や指導体制,学習の評価の計画などを示すこと。その際,小学校における総合的な学習の時間の取組を踏まえること。
(3) 他教科等及び総合的な学習の時間で身に付けた資質・能力を相互に関連付け,学習や生活において生かし,それらが総合的に働くようにすること。その際,言語能力,情報活用能力など全ての学習の基盤となる資質・能力を重

視すること。
  (4) 他教科等の目標及び内容との違いに留意しつつ,第1の目標並びに第2の各学校において定める目標及び内容を踏まえた適切な学習活動を行うこと。
  (5) 各学校における総合的な学習の時間の名称については,各学校において適切に定めること。
  (6) 障害のある生徒などについては,学習活動を行う場合に生じる困難さに応じた指導内容や指導方法の工夫を計画的,組織的に行うこと。
  (7) 第1章総則の第1の2の(2)に示す道徳教育の目標に基づき,道徳科などとの関連を考慮しながら,第3章特別の教科道徳の第2に示す内容について,総合的な学習の時間の特質に応じて適切な指導をすること。
2 第2の内容の取扱いについては,次の事項に配慮するものとする。
  (1) 第2の各学校において定める目標及び内容に基づき,生徒の学習状況に応じて教師が適切な指導を行うこと。
  (2) 探究的な学習の過程においては,他者と協働して課題を解決しようとする学習活動や,言語により分析し,まとめたり表現したりするなどの学習活動が行われるようにすること。その際,例えば,比較する,分類する,関連付けるなどの考えるための技法が活用されるようにすること。
  (3) 探究的な学習の過程においては,コンピュータや情報通信ネットワークなどを適切かつ効果的に活用して,情報を収集・整理・発信するなどの学習活動が行われるよう工夫すること。その際,情報や情報手段を主体的に選択し活用できるよう配慮すること。
  (4) 自然体験や職場体験活動,ボランティア活動などの社会体験,ものづくり,生産活動などの体験活動,観察・実験,見学や調査,発表や討論などの学習活動を積極的に取り入れること。
  (5) 体験活動については,第1の目標並びに第2の各学校において定める目標及び内容を踏まえ,探究的な学習の過程に適切に位置付けること。
  (6) グループ学習や異年齢集団による学習などの多様な学習形態,地域の人々の協力も得つつ,全教師が一体となって指導に当たるなどの指導体制について工夫を行うこと。
  (7) 学校図書館の活用,他の学校との連携,公民館,図書館,博物館等の社会教育施設や社会教育関係団体等の各種団体との連携,地域の教材や学習環境の積極的な活用などの工夫を行うこと。
  (8) 職業や自己の将来に関する学習を行う際には,探究的な学習に取り組むことを通して,自己を理解し,将来の生き方を考えるなどの学習活動が行われるようにすること。

第5章 特別活動

第1 目標

集団や社会の形成者としての見方・考え方を働かせ，様々な集団活動に自主的，実践的に取り組み，互いのよさや可能性を発揮しながら集団や自己の生活上の課題を解決することを通して，次のとおり資質・能力を育成することを目指す。

(1) 多様な他者と協働する様々な集団活動の意義や活動を行う上で必要となることについて理解し，行動の仕方を身に付けるようにする。

(2) 集団や自己の生活，人間関係の課題を見いだし，解決するために話し合い，合意形成を図ったり，意思決定したりすることができるようにする。

(3) 自主的，実践的な集団活動を通して身に付けたことを生かして，集団や社会における生活及び人間関係をよりよく形成するとともに，人間としての生き方についての考えを深め，自己実現を図ろうとする態度を養う。

第2 各活動・学校行事の目標及び内容

〔学級活動〕

1 目標

学級や学校での生活をよりよくするための課題を見いだし，解決するために話し合い，合意形成し，役割を分担して協力して実践したり，学級での話合いを生かして自己の課題の解決及び将来の生き方を描くために意思決定して実践したりすることに，自主的，実践的に取り組むことを通して，第1の目標に掲げる資質・能力を育成することを目指す。

2 内容

1の資質・能力を育成するため，全ての学年において，次の各活動を通して，それぞれの活動の意義及び活動を行う上で必要となることについて理解し，主体的に考えて実践できるよう指導する。

(1) 学級や学校における生活づくりへの参画

　ア　学級や学校における生活上の諸問題の解決

　　　学級や学校における生活をよりよくするための課題を見いだし，解決するために話し合い，合意形成を図り，実践すること。

　イ　学級内の組織づくりや役割の自覚

　　　学級生活の充実や向上のため，生徒が主体的に組織をつくり，役割を自

覚しながら仕事を分担して,協力し合い実践すること。
　　ウ　学校における多様な集団の生活の向上
　　　　生徒会など学級の枠を超えた多様な集団における活動や学校行事を通して学校生活の向上を図るため,学級としての提案や取組を話し合って決めること。
(2) 日常の生活や学習への適応と自己の成長及び健康安全
　　ア　自他の個性の理解と尊重,よりよい人間関係の形成
　　　　自他の個性を理解して尊重し,互いのよさや可能性を発揮しながらよりよい集団生活をつくること。
　　イ　男女相互の理解と協力
　　　　男女相互について理解するとともに,共に協力し尊重し合い,充実した生活づくりに参画すること。
　　ウ　思春期の不安や悩みの解決,性的な発達への対応
　　　　心や体に関する正しい理解を基に,適切な行動をとり,悩みや不安に向き合い乗り越えようとすること。
　　エ　心身ともに健康で安全な生活態度や習慣の形成
　　　　節度ある生活を送るなど現在及び生涯にわたって心身の健康を保持増進することや,事件や事故,災害等から身を守り安全に行動すること。
　　オ　食育の観点を踏まえた学校給食と望ましい食習慣の形成
　　　　給食の時間を中心としながら,成長や健康管理を意識するなど,望ましい食習慣の形成を図るとともに,食事を通して人間関係をよりよくすること。
(3) 一人一人のキャリア形成と自己実現
　　ア　社会生活,職業生活との接続を踏まえた主体的な学習態度の形成と学校図書館等の活用
　　　　現在及び将来の学習と自己実現とのつながりを考えたり,自主的に学習する場としての学校図書館等を活用したりしながら,学ぶことと働くことの意義を意識して学習の見通しを立て,振り返ること。
　　イ　社会参画意識の醸成や勤労観・職業観の形成
　　　　社会の一員としての自覚や責任をもち,社会生活を営む上で必要なマナーやルール,働くことや社会に貢献することについて考えて行動すること。
　　ウ　主体的な進路の選択と将来設計
　　　　目標をもって,生き方や進路に関する適切な情報を収集・整理し,自己の個性や興味・関心と照らして考えること。

3 内容の取扱い

(1) 2の(1)の指導に当たっては，集団としての意見をまとめる話合い活動など小学校からの積み重ねや経験を生かし，それらを発展させることができるよう工夫すること。

(2) 2の(3)の指導に当たっては，学校，家庭及び地域における学習や生活の見通しを立て，学んだことを振り返りながら，新たな学習や生活への意欲につなげたり，将来の生き方を考えたりする活動を行うこと。その際，生徒が活動を記録し蓄積する教材等を活用すること。

〔生徒会活動〕

1 目標

異年齢の生徒同士で協力し，学校生活の充実と向上を図るための諸問題の解決に向けて，計画を立て役割を分担し，協力して運営することに自主的，実践的に取り組むことを通して，第1の目標に掲げる資質・能力を育成することを目指す。

2 内容

1の資質・能力を育成するため，学校の全生徒をもって組織する生徒会において，次の各活動を通して，それぞれの活動の意義及び活動を行う上で必要となることについて理解し，主体的に考えて実践できるよう指導する。

(1) 生徒会の組織づくりと生徒会活動の計画や運営

生徒が主体的に組織をつくり，役割を分担し，計画を立て，学校生活の課題を見いだし解決するために話し合い，合意形成を図り実践すること。

(2) 学校行事への協力

学校行事の特質に応じて，生徒会の組織を活用して，計画の一部を担当したり，運営に主体的に協力したりすること。

(3) ボランティア活動などの社会参画

地域や社会の課題を見いだし，具体的な対策を考え，実践し，地域や社会に参画できるようにすること。

〔学校行事〕

1 目標

全校又は学年の生徒で協力し，よりよい学校生活を築くための体験的な活動を通して，集団への所属感や連帯感を深め，公共の精神を養いながら，第1の目標に掲げる資質・能力を育成することを目指す。

2 内容

1の資質・能力を育成するため，全ての学年において，全校又は学年を単位として，次の各行事において，学校生活に秩序と変化を与え，学校生活の充実と発展に資する体験的な活動を行うことを通して，それぞれの学校行事の意義及び活動を行う上で必要となることについて理解し，主体的に考えて実践できるよう指導する。

(1) 儀式的行事

学校生活に有意義な変化や折り目を付け，厳粛で清新な気分を味わい，新しい生活の展開への動機付けとなるようにすること。

(2) 文化的行事

平素の学習活動の成果を発表し，自己の向上の意欲を一層高めたり，文化や芸術に親しんだりするようにすること。

(3) 健康安全・体育的行事

心身の健全な発達や健康の保持増進，事件や事故，災害等から身を守る安全な行動や規律ある集団行動の体得，運動に親しむ態度の育成，責任感や連帯感の涵養，体力の向上などに資するようにすること。

(4) 旅行・集団宿泊的行事

平素と異なる生活環境にあって，見聞を広め，自然や文化などに親しむとともに，よりよい人間関係を築くなどの集団生活の在り方や公衆道徳などについての体験を積むことができるようにすること。

(5) 勤労生産・奉仕的行事

勤労の尊さや生産の喜びを体得し，職場体験活動などの勤労観・職業観に関わる啓発的な体験が得られるようにするとともに，共に助け合って生きることの喜びを体得し，ボランティア活動などの社会奉仕の精神を養う体験が得られるようにすること。

3 内容の取扱い

(1) 生徒や学校，地域の実態に応じて，2に示す行事の種類ごとに，行事及びその内容を重点化するとともに，各行事の趣旨を生かした上で，行事間の関連や統合を図るなど精選して実施すること。また，実施に当たっては，自然体験や社会体験などの体験活動を充実するとともに，体験活動を通して気付いたことなどを振り返り，まとめたり，発表し合ったりするなどの事後の活動を充実すること。

第3 指導計画の作成と内容の取扱い

1 指導計画の作成に当たっては，次の事項に配慮するものとする。
 (1) 特別活動の各活動及び学校行事を見通して，その中で育む資質・能力の育成に向けて，生徒の主体的・対話的で深い学びの実現を図るようにすること。その際，よりよい人間関係の形成，よりよい集団生活の構築や社会への参画及び自己実現に資するよう，生徒が集団や社会の形成者としての見方・考え方を働かせ，様々な集団活動に自主的，実践的に取り組む中で，互いのよさや個性，多様な考えを認め合い，等しく合意形成に関わり役割を担うようにすることを重視すること。
 (2) 各学校においては特別活動の全体計画や各活動及び学校行事の年間指導計画を作成すること。その際，学校の創意工夫を生かし，学級や学校，地域の実態，生徒の発達の段階などを考慮するとともに，第2に示す内容相互及び各教科，道徳科，総合的な学習の時間などの指導との関連を図り，生徒による自主的，実践的な活動が助長されるようにすること。また，家庭や地域の人々との連携，社会教育施設等の活用などを工夫すること。
 (3) 学級活動における生徒の自発的，自治的な活動を中心として，各活動と学校行事を相互に関連付けながら，個々の生徒についての理解を深め，教師と生徒，生徒相互の信頼関係を育み，学級経営の充実を図ること。その際，特に，いじめの未然防止等を含めた生徒指導との関連を図るようにすること。
 (4) 障害のある生徒などについては，学習活動を行う場合に生じる困難さに応じた指導内容や指導方法の工夫を計画的，組織的に行うこと。
 (5) 第1章総則の第1の2の(2)に示す道徳教育の目標に基づき，道徳科などとの関連を考慮しながら，第3章特別の教科道徳の第2に示す内容について，特別活動の特質に応じて適切な指導をすること。

2 第2の内容の取扱いについては，次の事項に配慮するものとする。
 (1) 学級活動及び生徒会活動の指導については，指導内容の特質に応じて，教師の適切な指導の下に，生徒の自発的，自治的な活動が効果的に展開されるようにすること。その際，よりよい生活を築くために自分たちできまりをつくって守る活動などを充実するよう工夫すること。
 (2) 生徒及び学校の実態並びに第1章総則の第6の2に示す道徳教育の重点などを踏まえ，各学年において取り上げる指導内容の重点化を図るとともに，必要に応じて，内容間の関連や統合を図ったり，他の内容を加えたりすることができること。
 (3) 学校生活への適応や人間関係の形成，進路の選択などについては，主に集

団の場面で必要な指導や援助を行うガイダンスと,個々の生徒の多様な実態を踏まえ,一人一人が抱える課題に個別に対応した指導を行うカウンセリング(教育相談を含む。)の双方の趣旨を踏まえて指導を行うこと。特に入学当初においては,個々の生徒が学校生活に適応するとともに,希望や目標をもって生活をできるよう工夫すること。あわせて,生徒の家庭との連絡を密にすること。
(4) 異年齢集団による交流を重視するとともに,幼児,高齢者,障害のある人々などとの交流や対話,障害のある幼児児童生徒との交流及び共同学習の機会を通して,協働することや,他者の役に立ったり社会に貢献したりすることの喜びを得られる活動を充実すること。
3 入学式や卒業式などにおいては,その意義を踏まえ,国旗を掲揚するとともに,国歌を斉唱するよう指導するものとする。

中学校 移行措置関係規定

目次

● 平成30年4月1日から平成32年3月31日までの間における中学校学習指導要領の特例を定める件
（平成29年文部科学省告示第94号） ……………………… 170

○平成三十年四月一日から平成三十二年三月三十一日までの間における中学校学習指導要領の特例を定める件（平成29年文部科学省告示第94号）

学校教育法施行規則（昭和二十二年文部省令第十一号）第七十四条の規定に基づき，平成三十年四月一日から平成三十二年三月三十一日までの間における中学校学習指導要領（平成二十年文部科学省告示第二十八号）の特例を次のように定め，平成三十年四月一日から施行する。なお，平成二十七年文部科学省告示第六十四号（平成二十七年四月一日から平成三十一年三月三十一日までの間における中学校学習指導要領の特例を定める件）は，平成三十年三月三十一日限り廃止する。

平成二十九年七月七日

文部科学大臣　松野　博一

1　総則

平成30年4月1日から平成31年3月31日まで（以下「平成30年度」という。），平成31年4月1日から平成32年3月31日まで（以下「平成31年度」という。）及び平成32年4月1日から平成33年3月31日まで（以下「平成32年度」という。）の教育課程の編成に当たっては，中学校学習指導要領（平成20年文部科学省告示第28号）（平成31年度及び平成32年度にあっては，中学校学習指導要領の一部を改正する告示（平成27年文部科学省告示第61号）による改正後の中学校学習指導要領をいう。）（以下「現行中学校学習指導要領」という。）第1章の規定にかかわらず，次のとおりとする。

(1)　平成30年度の教育課程の編成に当たっては，次のア及びイのとおりとする。

　ア　中学校学習指導要領（平成29年文部科学省告示第64号）（以下「新中学校学習指導要領」という。）第1章第1から第5までの規定（第1の2(2)及び第2の3(1)カの規定を除く。）によるものとする。

　イ　新中学校学習指導要領第1章第1の2(2)，第2の3(1)カ及び第6の規定によることができる。

(2)　平成31年度及び平成32年度の教育課程の編成に当たっては，現行中学校学習指導要領第1章の規定にかかわらず，新中学校学習指導要領第1章の規定によるものとする。

2　国語

(1)　平成31年度及び平成32年度の第1学年並びに平成32年度の第2学年の国語の指導に当たっては，現行中学校学習指導要領第2章第1節第2〔第1学年〕の2〔伝統的な言語文化と国語の特質に関する事項〕(1)ウ(ア)のうち「漢字を読む」及び現行中学校学習指導要領第2章第1節第2〔第1学年〕の2〔伝統的な言語文化と国語の特質に関する事項〕(1)ウ(イ)のうち「漢字を書き，文や文章の中で使う」並びに現行中学校学習指導要領第2章第1節第2〔第2学年〕の2〔伝統的な言語文化と国語の特質に関する事項〕(1)ウ(イ)のうち「漢字を書き，文や文章の中で使う」の部分の規定に係る事項においては，「茨，媛，岡，潟，岐，熊，香，佐，埼，崎，滋，鹿，縄，井，沖，栃，奈，梨，阪，阜」を取り扱うものとする。

(2)　平成32年度の第1学年の国語の指導に当たっては，現行中学校学習指導要領第2章第1節第2〔第1学年〕の2〔伝統的な言語文化と国語の特質に関する事項〕(1)イに規定する事項に，新中学校学習指導要領第2章第1節第2〔第1学年〕の2〔知識及び技能〕(3)ウに規定する事項を加えるものとする。

3　社会

平成30年度から平成32年度までの第1学年から第3学年までの社会の指導に当たっては，現行中学校学習指導要領第2章第2節の規定にかかわらず，その全部又は一部について新中学校学習指導要領第2章第2節の規定によることができる。ただし，現行中学校学習指導要領による場合には，

（移行措置関係規定）

次のとおりとする。
(1) 平成30年度から平成32年度までの第1学年から第3学年までの社会の指導に当たっては，次のアからウまでのとおりとする。
　ア　現行中学校学習指導要領第2章第2節第2〔地理的分野〕の2(1)に規定する事項に，新中学校学習指導要領第2章第2節第2〔地理的分野〕の2 A(1)ア(イ)に規定する事項を加え，新中学校学習指導要領第2章第2節第2〔地理的分野〕の3(3)ア(イ)の規定を適用するものとし，現行中学校学習指導要領第2章第2節第2〔地理的分野〕の2(2)アに規定する事項を省略するものとする。
　イ　現行中学校学習指導要領第2章第2節第2〔歴史的分野〕の2(5)イのうち「富国強兵・殖産興業政策」の部分の規定に係る事項については，現行中学校学習指導要領第2章第2節第2〔歴史的分野〕の3(6)イのうち「富国強兵・殖産興業政策」に関する規定は適用せず，新中学校学習指導要領第2章第2節第2〔歴史的分野〕の3(4)アのうち「富国強兵・殖産興業政策」に関する規定を適用するものとする。
　ウ　現行中学校学習指導要領第2章第2節第2〔公民的分野〕の2(4)アに規定する事項に，新中学校学習指導要領第2章第2節第2〔公民的分野〕の2 D(1)ア(ア)のうち「領土（領海，領空を含む。），国家主権，国際連合の働きなど基本的な事項について理解する」の部分の規定に係る事項を加え，現行中学校学習指導要領第2章第2節第2〔公民的分野〕の3(5)ア(イ)の規定は適用せず，新中学校学習指導要領第2章第2節第2〔公民的分野〕の3(5)ア(ア)のうち「領土（領海，領空を含む。），国家主権」に関する規定を適用するものとする。

(2) 平成31年度の第1学年及び平成32年度の第1学年並びに第2学年における社会の指導に当たっては，次のアからカまでのとおりとする。
　ア　現行中学校学習指導要領第2章第2節第2〔地理的分野〕及び現行中学校学習指導要領第2章第2節第2〔歴史的分野〕の指導に当たっては，現行中学校学習指導要領第2章第2節第3の1(2)の規定にかかわらず，新中学校学習指導要領第2章第2節第3の1(3)の規定により，授業時数を両分野に適切に配当するものとする。
　イ　現行中学校学習指導要領第2章第2節第2〔地理的分野〕の2(1)ウに規定する事項に現行中学校学習指導要領第2章第2節第2〔地理的分野〕の2(1)エのうち「様々な地域又は国の地域的特色をとらえる適切な主題を設けて追究し，世界の地理的認識を深めさせる」の部分の規定に係る事項を加え，現行中学校学習指導要領第2章第2節第2〔地理的分野〕の3(3)エの規定を適用するものし，現行中学校学習指導要領第2章第2節第2〔地理的分野〕の2(1)エに規定する事項を省略するものとする。
　ウ　現行中学校学習指導要領第2章第2節第2〔歴史的分野〕の2(2)アのうち「世界の古代文明」の部分の規定に係る事項については，現行中学校学習指導要領第2章第2節第2〔歴史的分野〕の3(3)アのうち「世界の古代文明」に関する規定は適用せず，新中学校学習指導要領第2章第2節第2〔歴史的分野〕の3(3)アのうち「世界の古代文明」に関する規定を適用するものとする。
　エ　現行中学校学習指導要領第2章第2節第2〔歴史的分野〕の2(3)アに規定する事項に，新中学校学習指導要領第2章第2節第2〔歴史的分野〕の2 B(2)ア(ア)のうち「元寇（げんこう）がユーラシアの変化の中で起こったことを理解する」の部分の規定に係る事項を加え，新中学校学習指導要領第2章第2節第2〔歴史的分野〕の3(3)イのうち「ユーラシアの変化」に関する規定を適用するものとする。
　オ　現行中学校学習指導要領第2章第2節第2〔歴史的分野〕の2(4)アのうち「ヨーロッパ人来航の背景」の部分の規定に係る事項については，現行中学校学習指導要領第2章第2節第2〔歴史的分野〕の3(5)アのうち「ヨーロッパ人来航の背景」に関する規定は適用せず，新中学校学

習指導要領第2章第2節第2〔歴史的分野〕の3⑶ウのうち「ヨーロッパ人来航の背景」に関する規定を適用するものとする。
  カ　現行中学校学習指導要領第2章第2節第2〔歴史的分野〕の2⑸アのうち「市民革命」の部分の規定に係る事項については，現行中学校学習指導要領第2章第2節第2〔歴史的分野〕の3⑹アのうち「市民革命」に関する規定は適用せず，新中学校学習指導要領第2章第2節第2〔歴史的分野〕の3⑷アのうち「市民革命」に関する規定を適用するものとする。

4　数学

⑴　次の表の第1欄に掲げる年度の同表の第2欄に掲げる学年の数学の指導に当たっては，それぞれ，現行中学校学習指導要領第2章第3節第2に規定する事項のうち同表の第2欄に掲げる学年に係る同表の第3欄に掲げる事項に，新中学校学習指導要領第2章第3節第2に規定する事項のうち同表の第2欄に掲げる学年に係る同表の第4欄に掲げる事項を加え，新中学校学習指導要領第2章第3節第2の規定のうち同学年に係る同表の第5欄に掲げる規定を適用するものとする。

第1欄	第2欄	第3欄	第4欄	第5欄
平成31年度	第1学年	2 A⑴		3⑴のうち「素数の積」に関する部分
		2 D⑴	2 D〔用語・記号〕のうち「累積度数」	
平成32年度	第1学年	2 A⑴		3⑴のうち「素数の積」に関する部分
		2 D	2 D⑵ア㋐，2 D⑵イ㋐	
		2 D⑴	2 D〔用語・記号〕のうち「累積度数」	
	第2学年	2 D	2 D⑴ア㋐，2 D⑴ア㋑	

⑵　平成31年度及び平成32年度の第1学年の数学の指導に当たっては，現行中学校学習指導要領第2章第3節第2〔第1学年〕の3⑹の規定は適用しないものとする。

5　理科

⑴　平成31年度及び平成32年度の理科の指導に当たっては，次のア及びイのとおりとする。
  ア　現行中学校学習指導要領第2章第4節第2〔第1分野〕の2⑴イ㋐に規定する事項に，新中学校学習指導要領第2章第4節第2〔第1分野〕の2⑴ア㋑㋐のうち「物体に働く2力についての実験を行い，力がつり合うときの条件を見いだして理解する」の部分の規定に係る事項を加えるものとする。
  イ　現行中学校学習指導要領第2章第4節第2〔第2分野〕の2⑵アに規定する事項に，新中学校学習指導要領第2章第4節第2〔第2分野〕の2⑵ア㋓㋐に規定する事項を加え，新中学校学習指導要領第2章第4節第2〔第2分野〕の3⑷オの規定を適用するものとする。

⑵　平成31年度の第1学年の理科の指導に当たっては，現行中学校指導要領第2章第4節第2〔第1分野〕の2⑴イ㋑に規定する事項のうち「水圧」の部分の規定に係る事項を省略し，現行中学校指導要領第2章第4節第2〔第1分野〕の3⑵オの規定は適用しないものとする。

⑶　平成32年度の第1学年の理科の指導に当たっては，次のア及びイのとおりとする。
  ア　現行中学校指導要領第2章第4節第2〔第1分野〕の2⑴イ㋑に規定する事項を省略し，現行中学校指導要領第2章第4節第2〔第1分野〕の3⑵オの規定は適用しないものとする。
  イ　現行中学校指導要領第2章第4節第2〔第2分野〕の2⑴イ㋑に規定する事項を省略し，現行中学校学習指導要領第2章第4節第2〔第2分野〕の3⑵ウの規定は適用せず，現行中学校

学習指導要領第2章第4節第2〔第2分野〕の2(3)ウに規定する事項を加え，現行中学校学習指導要領第2章第4節第2〔第2分野〕の3(4)ウ及びエの規定を適用するものとする。

(4) 平成32年度の第2学年の理科の指導に当たっては，次のアからウまでのとおりとする。

ア　現行中学校学習指導要領第2章第4節第2〔第1分野〕の2(3)ア(エ)に規定する事項については，新中学校学習指導要領第2章第4節第2〔第1分野〕の3(5)エのうち「放射線の性質と利用」に関する規定を適用するものとする。

イ　現行中学校学習指導要領第2章第4節第2〔第2分野〕の2(3)エ(ア)に規定する事項を省略し，現行中学校学習指導要領第2章第4節第2〔第2分野〕の3(4)オの規定は適用しないものとする。

ウ　現行中学校学習指導要領第2章第4節第2〔第2分野〕の2(4)ウに規定する事項に，新中学校学習指導要領第2章第4節第2〔第2分野〕2(4)ア(エ)(ア)に規定する事項を加え，新中学校学習指導要領第2章第4節第2〔第2分野〕の3(6)オの規定を適用するものとする。

6　音楽

平成30年度から平成32年度までの第1学年から第3学年までの音楽の指導に当たっては，現行中学校学習指導要領第2章第5節の規定にかかわらず，その全部又は一部について新中学校学習指導要領第2章第5節の規定によることができる。

7　美術

平成30年度から平成32年度までの第1学年から第3学年までの美術の指導に当たっては，現行中学校学習指導要領第2章第6節の規定にかかわらず，その全部又は一部について新中学校学習指導要領第2章第6節の規定によることができる。

8　保健体育

(1) 平成31年度及び平成32年度の第1学年の保健体育の指導に当たっては，次のア及びイのとおりとする。

ア　現行中学校学習指導要領第2章第7節第2〔体育分野第1学年及び第2学年〕の2H(1)に規定する事項に，新中学校学習指導要領第2章第7節第2〔体育分野第1学年及び第2学年〕の2H(1)ア(ウ)に規定する事項を加えるものとする。

イ　現行中学校学習指導要領第2章第7節第2〔保健分野〕の3(1)の規定にかかわらず，現行中学校学習指導要領第2章第7節第2〔保健分野〕の2(1)アからエまで，2(4)ア及びイのうち「健康の保持増進には，年齢，生活環境等に応じた食事，運動，休養及び睡眠の調和のとれた生活を続ける必要がある」の部分の規定に係る事項を指導するものとする。

(2) 平成32年度の第1学年の保健体育の指導に当たっては，現行中学校学習指導要領第2章第7節第2〔体育分野第1学年及び第2学年〕の〔内容の取扱い〕(2)クの規定にかかわらず，現行中学校指導要領第2章第7節第2〔体育分野第1学年及び第2学年〕の2H(1)ウに規定する事項は省略するものとする。

(3) 平成32年度の第2学年の保健体育の指導に当たっては，現行中学校学習指導要領第2章第7節第2〔保健分野〕の3(1)の規定にかかわらず，現行中学校学習指導要領第2章第7節第2〔保健分野〕の2(3)アからエまで，2(4)イのうち「食事の量や質の偏り，運動不足，休養や睡眠の不足などの生活習慣の乱れは，生活習慣病などの要因となる」の部分の規定に係る事項及び2(4)ウに規定する事項を指導するものとする。

9 技術・家庭

　平成30年度から平成32年度までの第1学年から第3学年までの技術・家庭の指導に当たっては，現行中学校学習指導要領第2章第8節の規定にかかわらず，その全部又は一部について新中学校学習指導要領第2章第8節の規定によることができる。

10 外国語

　平成30年度から平成32年度までの第1学年から第3学年までの外国語の指導に当たっては，現行中学校学習指導要領第2章第9節の規定にかかわらず，その全部又は一部について新中学校学習指導要領第2章第9節の規定によることができる。

11 道徳及び特別の教科道徳

(1) 平成30年度の第1学年から第3学年までの道徳の指導に当たっては，現行中学校学習指導要領第3章の規定にかかわらず，その全部又は一部について新中学校学習指導要領第3章の規定によることができる。

(2) 平成31年度及び第32年度の第1学年から第3学年までの特別の教科である道徳の指導に当たっては，現行中学校学習指導要領第3章の規定にかかわらず，新中学校学習指導要領第3章の規定によるものとする。

12 総合的な学習の時間

　平成30年度から平成32年度までの第1学年から第3学年までの総合的な学習の時間の指導に当たっては，現行中学校学習指導要領第4章の規定にかかわらず，新中学校学習指導要領第4章の規定によるものとする。

13 特別活動

　平成30年度から平成32年度までの第1学年から第3学年までの特別活動の指導に当たっては，現行中学校学習指導要領第5章の規定にかかわらず，新中学校学習指導要領第5章の規定によるものとする。

移行措置
関係規定

義務教育学校等 関係法令

目次

- 学校教育法（抄） …………………………………… 176
- 学校教育法施行規則（抄） ………………………… 177
- 中学校連携型小学校及び小学校連携型中学校の
  教育課程の基準の特例を定める件
  （平成28年文部科学省告示第53号） ……………… 180
- 連義務教育学校並びに中学校併設型小学校及び
  小学校併設型中学校の教育課程の基準の特例を定める件
  （平成28年文部科学省告示第53号） ……………… 181

学校教育法（抄）

昭和二十二年三月三十一日法律第二十六号
一部改正：平成二十九年五月三十一日法律第四十一号

第五章の二　義務教育学校

第四十九条の二　義務教育学校は，心身の発達に応じて，義務教育として行われる普通教育を基礎的なものから一貫して施すことを目的とする。

第四十九条の三　義務教育学校における教育は，前条に規定する目的を実現するため，第二十一条各号に掲げる目標を達成するよう行われるものとする。

第四十九条の四　義務教育学校の修業年限は，九年とする。

第四十九条の五　義務教育学校の課程は，これを前期六年の前期課程及び後期三年の後期課程に区分する。

第四十九条の六　義務教育学校の前期課程における教育は，第四十九条の二に規定する目的のうち，心身の発達に応じて，義務教育として行われる普通教育のうち基礎的なものを施すことを実現するために必要な程度において第二十一条各号に掲げる目標を達成するよう行われるものとする。

②　義務教育学校の後期課程における教育は，第四十九条の二に規定する目的のうち，前期課程における教育の基礎の上に，心身の発達に応じて，義務教育として行われる普通教育を施すことを実現するため，第二十一条各号に掲げる目標を達成するよう行われるものとする。

第四十九条の七　義務教育学校の前期課程及び後期課程の教育課程に関する事項は，第四十九条の二，第四十九条の三及び前条の規定並びに次条において読み替えて準用する第三十条第二項の規定に従い，文部科学大臣が定める。

第四十九条の八　第三十条第二項，第三十一条，第三十四条から第三十七条まで及び第四十二条から第四十四条までの規定は，義務教育学校に準用する。この場合において，第三十条第二項中「前項」とあるのは「第四十九条の三」と，第三十一条中「前条第一項」とあるのは「第四十九条の三」と読み替えるものとする。

学校教育法施行規則（抄）

昭和二十二年五月二十三日文部省令第十一号
一部改正：平成二十九年三月三十一日文部科学省令第二十号

第四章　小学校

第二節　教育課程

第五十二条の二　小学校（第七十九条の九第二項に規定する中学校併設型小学校を除く。）においては，中学校における教育との一貫性に配慮した教育を施すため，当該小学校の設置者が当該中学校の設置者との協議に基づき定めるところにより，教育課程を編成することができる。

2　前項の規定により教育課程を編成する小学校（以下「中学校連携型小学校」という。）は，第七十四条の二第一項の規定により教育課程を編成する中学校と連携し，その教育課程を実施するものとする。

第五十二条の三　中学校連携型小学校の各学年における各教科，特別の教科である道徳，外国語活動，総合的な学習の時間及び特別活動のそれぞれの授業時数並びに各学年におけるこれらの総授業時数は，別表第二の二に定める授業時数を標準とする。

第五十二条の四　中学校連携型小学校の教育課程については，この章に定めるもののほか，教育課程の基準の特例として文部科学大臣が別に定めるところによるものとする。

第五章　中学校

第七十四条の二　中学校（併設型中学校，第七十五条第二項に規定する連携型中学校及び第七十九条の九第二項に規定する小学校併設型中学校を除く。）においては，小学校における教育との一貫性に配慮した教育を施すため，当該中学校の設置者が当該小学校の設置者との協議に基づき定めるところにより，教育課程を編成することができる。

2　前項の規定により教育課程を編成する中学校（以下「小学校連携型中学校」という。）は，中学校連携型小学校と連携し，その教育課程を実施するものとする。

第七十四条の三　小学校連携型中学校の各学年における各教科，特別の教科である道徳，総合的な学習の時間及び特別活動のそれぞれの授業時数並びに各学年におけるこれらの総授業時数は，別表第二の三に定める授業時数を標準とする。

第七十四条の四　小学校連携型中学校の教育課程については，この章に定めるもののほか，教育課程の基準の特例として文部科学大臣が別に定めるところによるものとする。

第五章の二　義務教育学校並びに中学校併設型小学校及び小学校併設型中学校

第一節　義務教育学校

第七十九条の二　義務教育学校の前期課程の設備，編制その他設置に関する事項については，小学校設置基準の規定を準用する。

2　義務教育学校の後期課程の設備，編制その他設置に関する事項については，中学校設置基準の規定を準用する。

第七十九条の三　義務教育学校の学級数は，十八学級以上二十七学級以下を標準とする。ただし，地域の実態その他により特別の事情のあるときは，この限りでない。

第七十九条の四　義務教育学校の分校の学級数は，特別の事情のある場合を除き，八学級以下とし，前条の学級数に算入しないものとする。

第七十九条の五　次条第一項において準用する第五十条第一項に規定する義務教育学校の前期課程の各学年における各教科，特別の教科である道徳，外国語活動，総合的な学習の時間及び特別活動のそれぞれの授業時数並びに各学年におけるこれらの総授業時数は，別表第二の二に定める授業時数を標準とする。

2　次条第二項において準用する第七十二条に規定する義務教育学校の後期課程の各学年における各教科，特別の教科である道徳，総合的な学習の時間及び特別活動のそれぞれの授業時数並びに各学年におけるこれらの総授業時数は，別表第二の三に定める授業時数を標準とする。

第七十九条の六　義務教育学校の前期課程の教育課程については，第五十条，第五十二条の規定に基づき文部科学大臣が公示する小学校学習指導要領及び第五十五条から第五十六条の四までの規定を準用する。この場合において，第五十五条から第五十六条までの規定中「第五十条第一項，第五十一条（中学校連携型小学校にあつては第五十二条の三，第七十九条の九第二項に規定する中学校併設型小学校にあつては第七十九条の十二において準用する第七十九条の五第一項）又は第五十二条」とあるのは「第七十九条の五第一項又は第七十九条の六第一項において準用する第五十条第一項若しくは第五十二条の規定に基づき文部科学大臣が公示する小学校学習指導要領」と，第五十五条の二中「第三十条第一項」とあるのは「第四十九条の六第一項」と，第五十六条の二及び第五十六条の四中「第五十条第一項，第五十一条（中学校連携型小学校にあつては第五十二条の三，第七十九条の九第二項に規定する中学校併設型小学校にあつては第七十九条の十二において準用する第七十九条の五第一項）及び第五十二条」とあるのは「第七十九条の五第一項並びに第七十九条の六第一項において準用する第五十条第一項及び第五十二条の規定に基づき文部科学大臣が公示する小学校学習指導要領」と読み替えるものとする。

2　義務教育学校の後期課程の教育課程については，第五十条第二項，第五十五条から第五十六条の四まで及び第七十二条の規定並びに第七十四条の規定に基づき文部科学大臣が公示する中学校学習指導要領の規定を準用する。この場合において，第五十五条から第五十六条までの規定中「第五十条第一項，第五十一条（中学校連携型小学校にあつては第五十二条の三，第七十九条の九第二項に規定する中学校併設型小学校にあつては第七十九条の十二において準用する第七十九条の五第一項）又は第五十二条」とあるのは「第七十九条の五第二項又は第七十九条の六第二項において準用する第七十二条若しくは第七十四条の規定に基づき文部科学大臣が公示する中学校学習指導要領」と，第五十五条の二中「第三十条第一項」とあるのは「第四十九条の六第二項」と，第五十六条の二及び第五十六条の四中「第五十条第一項，第五十一条（中学校連携型小学校にあつては第五十二条の三，第七十九条の九第二項に規定する中学校併設型小学校にあつては第七十九条の十二において準用する第七十九条の五第一項）及び第五十二条」とあるのは「第七十九条の五第二項並びに第七十九条の六第二項において準用する第七十二条及び第七十四条の規定に基づき文部科学大臣が公示する中学校学習指導要領」と，第五十六条の四中「他の小学校，義務教育学校の前期課程又は特別支援学校の小学部」とあるのは「他の中学校，義務教育学校の後期課程，中等教育学校の前期課程又は特別支援学校の中学部」と読み替えるものとする。

第七十九条の七　義務教育学校の教育課程については，この章に定めるもののほか，教育課程の基準の特例として文部科学大臣が別に定めるところによるものとする。

第七十九条の八　第四十三条から第四十九条まで，第五十三条，第五十四条，第五十七条から第七十一条まで（第六十九条を除く。）及び第七十八条の規定は，義務教育学校に準用する。

2　第七十八条の二の規定は，義務教育学校の後期課程に準用する。

第二節　中学校併設型小学校及び小学校併設型中学校

第七十九条の九　同一の設置者が設置する小学校（中学校連携型小学校を除く。）及び中学校（併設型中学校，小学校連携型中学校及び連携型中学校を除く。）においては，義務教育学校に準じて，小学校における教育と中学校における教育を一貫して施すことができる。

2　前項の規定により中学校における教育と一貫した教育を施す小学校（以下「中学校併設型小学校」という。）及び同項の規定により小学校における教育と一貫した教育を施す中学校（以下「小学校併設型中学校」という。）においては，小学校における教育と中学校における教育を一貫して施すためにふさわしい運営の仕組みを整えるものとする。

第七十九条の十　中学校併設型小学校の教育課程については，第四章に定めるもののほか，教育課程の基準の特例として文部科学大臣が別に定めるところによるものとする。

2　小学校併設型中学校の教育課程については，第五章に定めるもののほか，教育課程の基準の特例として文部科学大臣が別に定めるところによるものとする。

第七十九条の十一　中学校併設型小学校及び小学校併設型中学校においては，小学校における教育と中学校における教育を一貫して施すため，設置者の定めるところにより，教育課程を編成するものとする。

第七十九条の十二　第七十九条の五第一項の規定は中学校併設型小学校に，同条第二項の規定は小学校併設型中学校に準用する。

附　則

この省令は，平成三十二年四月一日から施行する。

中学校連携型小学校及び小学校連携型中学校の教育課程の基準の特例を定める件

平成二十八年文部科学省告示第五十三号

1　中学校連携型小学校及び小学校連携型中学校における小中一貫教育（小学校における教育及び中学校における教育を一貫して施す教育をいう。）において特色ある教育課程を編成することができるよう次のように取り扱うものとする。

　一　中学校連携型小学校において，学校教育法施行規則別表第二の二備考第三号の規定により各教科，道徳，外国語活動，総合的な学習の時間及び特別活動（以下「小学校教科等」という。）の授業時数を減ずる場合は，その減ずる時数を当該小学校教科等の内容を代替することのできる内容の小中一貫教科等の授業時数に充てること。

　二　小学校連携型中学校において，学校教育法施行規則別表第二の三備考第三号の規定により各教科，道徳，総合的な学習の時間及び特別活動（以下「中学校教科等」という。）の授業時数を減ずる場合は，その減ずる時数を当該中学校教科等の内容を代替することのできる内容の小中一貫教科等の授業時数に充てること。

2　中学校連携型小学校及び小学校連携型中学校における教育課程は，次に掲げる要件を満たして編成するものとする。

　一　九年間の計画的かつ継続的な教育を施すものであること。

　二　学校教育法施行規則第五十二条及び第七十四条の規定に基づき文部科学大臣が公示する小学校学習指導要領及び中学校学習指導要領において全ての児童又は生徒に履修させる内容として定められている事項（次号において「内容事項」という。）が，中学校連携型小学校及び小学校連携型中学校の教育課程全体を通じて適切に取り扱われていること。

　三　内容事項を指導するために必要となる標準的な総授業時数が，中学校連携型小学校及び小学校連携型中学校の教育課程全体を通じて適切に確保されていること。

　四　児童又は生徒の発達の段階並びに小学校教科等又は中学校教科等の特性に応じた内容の系統性及び体系性に配慮がなされていること。

　五　保護者の経済的負担への配慮その他の義務教育における機会均等の観点からの適切な配慮がなされていること。

　六　前各号に掲げるもののほか，児童又は生徒の転出入に対する配慮等の教育上必要な配慮がなされていること。

附　則

この告示は，平成二十八年四月一日から施行する。

義務教育学校並びに中学校併設型小学校及び小学校併設型中学校の教育課程の基準の特例を定める件

平成二十八年文部科学省告示第五十三号

1　義務教育学校並びに中学校併設型小学校及び小学校併設型中学校における小中一貫教育（小学校における教育及び中学校における教育を一貫して施す教育をいう。）において特色ある教育課程を編成することができるよう次のように取り扱うものとする。

　一　義務教育学校の前期課程又は中学校併設型小学校において，学校教育法施行規則別表第二の二備考第三号の規定により各教科，道徳，外国語活動，総合的な学習の時間及び特別活動（以下「小学校教科等」という。）の授業時数を減ずる場合は，その減ずる時数を当該小学校教科等の内容を代替することのできる内容の小中一貫教科等の授業時数に充てること。

　二　義務教育学校の後期課程又は小学校併設型中学校において，学校教育法施行規則別表第二の三備考第三号の規定により各教科，道徳，総合的な学習の時間及び特別活動（以下「中学校教科等」という。）の授業時数を減ずる場合は，その減ずる時数を当該中学校教科等の内容を代替することのできる内容の小中一貫教科等の授業時数に充てること。

　三　義務教育学校並びに中学校併設型小学校及び小学校併設型中学校における指導については，次のように取り扱うものとすること。

　　イ　義務教育学校の前期課程及び中学校併設型小学校と義務教育学校の後期課程及び小学校併設型中学校における指導の内容については，小学校教科等又は中学校教科等の内容のうち相互に関連するものの一部を入れ替えて指導することができること。

　　ロ　義務教育学校の前期課程及び中学校併設型小学校における指導の内容の一部については，義務教育学校の後期課程及び小学校併設型中学校における指導の内容に移行して指導することができること。

　　ハ　義務教育学校の後期課程及び小学校併設型中学校における指導の内容の一部については，義務教育学校の前期課程及び中学校併設型小学校における指導の内容に移行して指導することができること。この場合においては，義務教育学校の後期課程及び小学校併設型中学校において当該移行した指導の内容について再度指導しないことができること。

　　ニ　義務教育学校の前期課程及び中学校併設型小学校における小学校教科等の内容のうち特定の学年において指導することとされているものの一部については，他の学年における指導の内容に移行して指導することができること。この場合においては，当該特定の学年において，当該移行した指導の内容について再度指導しないことができること。

　　ホ　義務教育学校の後期課程及び小学校併設型中学校における中学校教科等の内容のうち特定の学年において指導することとされているものの一部については，他の学年における指導の内容に移行して指導することができること。この場合においては，当該特定の学年において，当該移行した指導の内容について再度指導しないことができること。

2　義務教育学校並びに中学校併設型小学校及び小学校併設型中学校における教育課程は，次に掲げる要件を満たして編成するものとする。

　一　九年間の計画的かつ継続的な教育を施すものであること。

　二　学校教育法施行規則第五十二条及び第七十四条の規定に基づき文部科学大臣が公示する小学校学習指導要領及び中学校学習指導要領において全ての児童又は生徒に履修させる内容として定められている事項（次号において「内容事項」という。）が，義務教育学校並びに中学校併設型小学校及び小学校併設型中学校の教育課程全体を通じて適切に取り扱われていること。

三　内容事項を指導するために必要となる標準的な総授業時数が，義務教育学校並びに中学校併設型小学校及び小学校併設型中学校の教育課程全体を通じて適切に確保されていること。

四　児童又は生徒の発達の段階並びに小学校教科等又は中学校教科等の特性に応じた内容の系統性及び体系性に配慮がなされていること。

五　保護者の経済的負担への配慮その他の義務教育における機会均等の観点からの適切な配慮がなされていること。

六　前各号に掲げるもののほか，児童又は生徒の転出入に対する配慮等の教育上必要な配慮がなされていること。

附　則

この告示は，平成二十八年四月一日から施行する。

中等教育学校等 関係法令

目次

- 学校教育法（抄） …………………………………… 184
- 学校教育法施行規則（抄） …………………………… 185
- 中等教育学校並びに併設型中学校及び併設型高等学校の教育課程の基準の特例を定める件（平成10年文部省告示第154号） …………………………… 188
- 連携型中学校及び連携型高等学校の教育課程の基準の特例を定める件（平成16年文部科学省告示第61号） …… 189

学校教育法（抄）

昭和二十二年三月三十一日法律第二十六号
一部改正：平成二十九年五月三十一日法律第四十一号

第七章　中等教育学校

第六十三条　中等教育学校は，小学校における教育の基礎の上に，心身の発達及び進路に応じて，義務教育として行われる普通教育並びに高度な普通教育及び専門教育を一貫して施すことを目的とする。

第六十四条　中等教育学校における教育は，前条に規定する目的を実現するため，次に掲げる目標を達成するよう行われるものとする。

　一　豊かな人間性，創造性及び健やかな身体を養い，国家及び社会の形成者として必要な資質を養うこと。
　二　社会において果たさなければならない使命の自覚に基づき，個性に応じて将来の進路を決定させ，一般的な教養を高め，専門的な知識，技術及び技能を習得させること。
　三　個性の確立に努めるとともに，社会について，広く深い理解と健全な批判力を養い，社会の発展に寄与する態度を養うこと。

第六十五条　中等教育学校の修業年限は，六年とする。

第六十六条　中等教育学校の課程は，これを前期三年の前期課程及び後期三年の後期課程に区分する。

第六十七条　中等教育学校の前期課程における教育は，第六十三条に規定する目的のうち，小学校における教育の基礎の上に，心身の発達に応じて，義務教育として行われる普通教育を施すことを実現するため，第二十一条各号に掲げる目標を達成するよう行われるものとする。

②　中等教育学校の後期課程における教育は，第六十三条に規定する目的のうち，心身の発達及び進路に応じて，高度な普通教育及び専門教育を施すことを実現するため，第六十四条各号に掲げる目標を達成するよう行われるものとする。

第六十八条　中等教育学校の前期課程の教育課程に関する事項並びに後期課程の学科及び教育課程に関する事項は，第六十三条，第六十四条及び前条の規定並びに第七十条第一項において読み替えて準用する第三十条第二項の規定に従い，文部科学大臣が定める。

第七十条　第三十条第二項，第三十一条，第三十四条，第三十七条第四項から第十七項まで及び第十九項，第四十二条から第四十四条まで，第五十九条並びに第六十条第四項及び第六項の規定は中等教育学校に，第五十三条から第五十五条まで，第五十八条及び第六十一条の規定は中等教育学校の後期課程に，それぞれ準用する。この場合において，第三十条第二項中「前項」とあるのは「第六十四条」と，第三十一条中「前条第一項」とあるのは「第六十四条」と読み替えるものとする。

②　（略）

第七十一条　同一の設置者が設置する中学校及び高等学校においては，文部科学大臣の定めるところにより，中等教育学校に準じて，中学校における教育と高等学校における教育を一貫して施すことができる。

学校教育法施行規則（抄）

昭和二十二年五月二十三日文部省令第十一号
一部改正：平成二十九年三月三十一日文部科学省令第二十号

第五章　中学校

第七十五条　中学校（併設型中学校，小学校連携型中学校及び第七十九条の九第二項に規定する小学校併設型中学校を除く。）においては，高等学校における教育との一貫性に配慮した教育を施すため，当該中学校の設置者が当該高等学校の設置者との協議に基づき定めるところにより，教育課程を編成することができる。

2　前項の規定により教育課程を編成する中学校（以下「連携型中学校」という。）は，第八十七条第一項の規定により教育課程を編成する高等学校と連携し，その教育課程を実施するものとする。

第七十六条　連携型中学校の各学年における各教科，道徳，総合的な学習の時間及び特別活動のそれぞれの授業時数並びに各学年におけるこれらの総授業時数は，別表第四に定める授業時数を標準とする。

第七十七条　連携型中学校の教育課程については，この章に定めるもののほか，教育課程の基準の特例として文部科学大臣が別に定めるところによるものとする。

第六章　高等学校

第一節　設備，編制，学科及び教育課程

第八十七条　高等学校（学校教育法第七十一条の規定により中学校における教育と一貫した教育を施すもの（以下「併設型高等学校」という。）を除く。）においては，中学校における教育との一貫性に配慮した教育を施すため，当該高等学校の設置者が当該中学校の設置者との協議に基づき定めるところにより，教育課程を編成することができる。

2　前項の規定により教育課程を編成する高等学校（以下「連携型高等学校」という。）は，連携型中学校と連携し，その教育課程を実施するものとする。

第八十八条　連携型高等学校の教育課程については，この章に定めるもののほか，教育課程の基準の特例として文部科学大臣が別に定めるところによるものとする。

第七章　中等教育学校並びに併設型中学校及び併設型高等学校

第一節　中等教育学校

第百七条　次条第一項において準用する第七十二条に規定する中等教育学校の前期課程の各学年における各教科，道徳，総合的な学習の時間及び特別活動のそれぞれの授業時数並びに各学年におけるこれらの総授業時数は，別表第四に定める授業時数を標準とする。

第百八条　中等教育学校の前期課程の教育課程については，第五十条第二項，第五十五条から第五十六条の四まで及び第七十二条の規定並びに第七十四条の規定に基づき文部科学大臣が公示する中学校学習指導要領の規定を準用する。この場合において，第五十五条から第五十六条までの規定中「第五十条第一項，第五十一条（中学校連携型小学校にあつては第五十二条の三，第七十九条の九第二項に規定する中学校併設型小学校にあつては第七十九条の十二において準用する第七十九条の五第

一項）又は第五十二条」とあるのは「第百七条又は第百八条第一項において準用する第七十二条若しくは第七十四条の規定に基づき文部科学大臣が公示する中学校学習指導要領」と，第五十五条の二中「第三十条第一項」とあるのは「第六十七条第一項」と，第五十六条の二及び第五十六条の四中「第五十条第一項，第五十一条（中学校連携型小学校にあつては第五十二条の三，第七十九条の九第二項に規定する中学校併設型小学校にあつては第七十九条の十二において準用する第七十九条の五第一項）及び第五十二条」とあるのは「第百七条並びに第百八条第一項において準用する第七十二条及び第七十四条の規定に基づき文部科学大臣が公示する中学校学習指導要領」と，第五十六条の四中「他の小学校，義務教育学校の前期課程又は特別支援学校の小学部」とあるのは「他の中学校，義務教育学校の後期課程，中等教育学校の前期課程又は特別支援学校の中学部」と読み替えるものとする。

2　中等教育学校の後期課程の教育課程については，第八十三条，第八十五条から第八十六条まで及び第八十八条の二の規定並びに第八十四条の規定に基づき文部科学大臣が公示する高等学校学習指導要領の規定を準用する。この場合において，第八十五条中「前二条」とあり，並びに第八十五条の二及び第八十六条中「第八十三条又は第八十四条」とあるのは，「第百八条第二項において準用する第八十三条又は第八十四条の規定に基づき文部科学大臣が公示する高等学校学習指導要領」と，第八十五条の二中「第五十一条」とあるのは「第六十七条第二項」と読み替えるものとする。

第百九条　中等教育学校の教育課程については，この章に定めるもののほか，教育課程の基準の特例として文部科学大臣が別に定めるところによるものとする。

第百十三条　第四十三条から第四十九条まで（第四十六条を除く。），第五十四条，第五十七条，第五十八条，第五十九条から第七十一条まで（第六十九条を除く。），第七十八条の二，第八十二条，第九十一条及び第九十四条及び第百条の三の規定は，中等教育学校に準用する。この場合において，同条中「第百四条第一項」とあるのは，「第百十三条第一項」と読み替えるものとする。

2　（略）

3　第八十一条，第八十八条の三，第八十九条，第九十二条，第九十三条，第九十六条から第百条の二まで，第百一条第二項，第百二条，第百三条第一項及び第百四条第二項の規定は，中等教育学校の後期課程に準用する。この場合において，第九十六条第一項中「第八十五条，第八十五条の二又は第八十六条」とあるのは「第百八条第二項において読み替えて準用する第八十五条，第八十五条の二又は第八十六条」と，「第八十三条又は第八十四条」とあるのは「第百八条第二項において準用する第八十三条又は第八十四条の規定に基づき文部科学大臣が公示する高等学校学習指導要領」と読み替えるものとする。

第二節　併設型中学校及び併設型高等学校の教育課程及び入学

第百十四条　併設型中学校の教育課程については，第五章に定めるもののほか，教育課程の基準の特例として文部科学大臣が別に定めるところによるものとする。

2　併設型高等学校の教育課程については，第六章に定めるもののほか，教育課程の基準の特例として文部科学大臣が別に定めるところによるものとする。

第百十五条　併設型中学校及び併設型高等学校においては，中学校における教育と高等学校における教育を一貫して施すため，設置者の定めるところにより，教育課程を編成するものとする。

第百十七条　第百七条及び第百十条の規定は，併設型中学校に準用する。

附　則

　この省令は，平成三十二四月一日から施行する。

別表第四（第七十六条，第百七条，第百十七条関係）

区　　　　分		第1学年	第2学年	第3学年
各教科の授業時数	国　　　　語	140	140	105
	社　　　　会	105	105	140
	数　　　　学	140	105	140
	理　　　　科	105	140	140
	音　　　　楽	45	35	35
	美　　　　術	45	35	35
	保 健 体 育	105	105	105
	技 術・家 庭	70	70	35
	外　 国　 語	140	140	140
特別の教科である道徳の授業時数		35	35	35
総合的な学習の時間の授業時数		50	70	70
特 別 活 動 の 授 業 時 数		35	35	35
総　 授　 業　 時　 数		1015	1015	1015

備考
一　この表の授業時数の一単位時間は，五十分とする。
二　特別活動の授業時数は，中学校学習指導要領（第百八条第一項において準用する場合を含む。次号において同じ。）で定める学級活動（学校給食に係るものを除く。）に充てるものとする。
三　各学年においては，各教科の授業時数から七十を超えない範囲内の授業時数を減じ，文部科学大臣が別に定めるところにより中学校学習指導要領で定める選択教科の授業時数に充てることができる。ただし，各学年において，各教科の授業時数から減ずる授業時数は，一教科当たり三十五を限度とする。

中等教育学校並びに併設型中学校及び併設型高等学校の教育課程の基準の特例を定める件

平成十年文部省告示第百五十四号
一部改正：平成十一年三月二十九日文部省告示第五十九号
一部改正：平成十六年三月三十一日文部科学省告示第六十号
一部改正：平成二十年三月二十八日文部科学省告示第三十一号
一部改正：平成二十一年六月十日文部科学省告示第八十八号
一部改正：平成二十三年十一月一日文部科学省告示第百五十七号

1　中等教育学校並びに併設型中学校及び併設型高等学校における中高一貫教育（中学校における教育及び高等学校における教育を一貫して施す教育をいう。以下同じ。）において特色ある教育課程を編成することができるよう次のように教育課程の基準の特例を定める。

　一　中等教育学校の前期課程又は併設型中学校において，学校教育法施行規則別表第四備考第三号の規定により各教科の授業時数を減ずる場合は，その減ずる時数を当該各教科の内容を代替することのできる内容の選択教科の授業時数に充てること。

　二　中等教育学校の後期課程又は併設型高等学校の普通科においては，生徒が高等学校学習指導要領（平成二十一年文部科学省告示第三十四号）第一章第二款の4及び5に規定する学校設定科目及び学校設定教科に関する科目について修得した単位数を，合わせて三十六単位を超えない範囲で中等教育学校又は併設型高等学校が定めた全課程の修了を認めるに必要な単位数のうちに加えることができること。

　三　中等教育学校並びに併設型中学校及び併設型高等学校における指導については，次のように取り扱うものとすること。

　　イ　中等教育学校の前期課程及び併設型中学校と中等教育学校の後期課程及び併設型高等学校における指導の内容については，各教科や各教科に属する科目の内容のうち相互に関連するものの一部を入れ替えて指導することができること。

　　ロ　中等教育学校の前期課程及び併設型中学校における指導の内容の一部については，中等教育学校の後期課程及び併設型高等学校における指導の内容に移行して指導することができること。

　　ハ　中等教育学校の後期課程及び併設型高等学校における指導の内容の一部については，中等教育学校の前期課程及び併設型中学校における指導の内容に移行して指導することができること。この場合においては，中等教育学校の後期課程及び併設型高等学校において当該移行した指導の内容について再度指導しないことができること。

　　ニ　中等教育学校の前期課程及び併設型中学校における各教科の内容のうち特定の学年において指導することとされているものの一部については，他の学年における指導の内容に移行して指導することができること。この場合においては，当該特定の学年において，当該移行した指導の内容について再度指導しないことができること。

2　中等教育学校並びに併設型中学校及び併設型高等学校における中高一貫教育においては，六年間の計画的かつ継続的な教育を施し，生徒の個性の伸長，体験学習の充実等を図るための特色ある教育課程を編成するよう配慮するものとする。

附　則

この告示は，平成二十四年四月一日から施行する。

連携型中学校及び連携型高等学校の教育課程の基準の特例を定める件

平成十六年文部科学省告示第六十一号
一部改正：平成二十年三月二十八日文部科学省告示第三十一号
一部改正：平成二十一年六月十日文部科学省告示第八十八号
一部改正：平成二十三年十一月一日文部科学省告示第百五十七号

1 連携型中学校及び連携型高等学校における中高一貫教育（中学校における教育と高等学校における教育との一貫性に配慮して施す教育をいう。以下同じ。）において特色ある教育課程を編成することができるよう次のように教育課程の基準の特例を定める。
　一　連携型中学校において，学校教育法施行規則別表第四備考第三号の規定により各教科の授業時数を減ずる場合は，その減ずる時数を当該各教科の内容を代替することのできる内容の選択教科の授業時数に充てること。
　二　連携型高等学校の普通科においては，生徒が高等学校学習指導要領（平成二十一年文部科学省告示第三十四号）第一章第二款の4及び5に規定する学校設定科目及び学校設定教科に関する科目について修得した単位数を，合わせて三十六単位を超えない範囲で連携型高等学校が定めた全課程の修了を認めるに必要な単位数のうちに加えることができること。
2 連携型中学校及び連携型高等学校における中高一貫教育においては，六年間の計画的かつ継続的な教育を施し，生徒の個性の伸長，体験学習の充実等を図るための特色ある教育課程を編成するよう配慮するものとする。

附　則

この告示は，平成二十四年四月一日から施行する。

幼稚園教育要領

目次

- 前文 …………………………………………… 192
- 第1章 総則 …………………………………… 194
- 第2章 ねらい及び内容 ……………………… 200
  - 健　康 ……………………………………… 200
  - 人間関係 …………………………………… 201
  - 環　境 ……………………………………… 202
  - 言　葉 ……………………………………… 203
  - 表　現 ……………………………………… 204
- 第3章 教育課程に係る教育時間の終了後等に行う教育活動などの留意事項 ………………… 205

○文部科学省告示第六十二号

　学校教育法施行規則（昭和二十二年文部省令第十一号）第三十八条の規定に基づき，幼稚園教育要領（平成二十年文部科学省告示第二十六号）の全部を次のように改正し，平成三十年四月一日から施行する。

　平成二十九年三月三十一日

　　　　　　　　　　　　　　　　　　　　　　　　　　　　　文部科学大臣　松野　博一

教育は，教育基本法第1条に定めるとおり，人格の完成を目指し，平和で民主的な国家及び社会の形成者として必要な資質を備えた心身ともに健康な国民の育成を期すという目的のもと，同法第2条に掲げる次の目標を達成するよう行われなければならない。
1　幅広い知識と教養を身に付け，真理を求める態度を養い，豊かな情操と道徳心を培うとともに，健やかな身体を養うこと。
2　個人の価値を尊重して，その能力を伸ばし，創造性を培い，自主及び自律の精神を養うとともに，職業及び生活との関連を重視し，勤労を重んずる態度を養うこと。
3　正義と責任，男女の平等，自他の敬愛と協力を重んずるとともに，公共の精神に基づき，主体的に社会の形成に参画し，その発展に寄与する態度を養うこと。
4　生命を尊び，自然を大切にし，環境の保全に寄与する態度を養うこと。
5　伝統と文化を尊重し，それらをはぐくんできた我が国と郷土を愛するとともに，他国を尊重し，国際社会の平和と発展に寄与する態度を養うこと。
　また，幼児期の教育については，同法第11条に掲げるとおり，生涯にわたる人格形成の基礎を培う重要なものであることにかんがみ，国及び地方公共団体は，幼児の健やかな成長に資する良好な環境の整備その他適当な方法によって，その振興に努めなければならないこととされている。
　これからの幼稚園には，学校教育の始まりとして，こうした教育の目的及び目標の達成を目指しつつ，一人一人の幼児が，将来，自分のよさや可能性を認識するとともに，あらゆる他者を価値のある存在として尊重し，多様な人々と協働しながら様々な社会的変化を乗り越え，豊かな人生を切り拓き，持続可能な社会の創り手となることができるようにするための基礎を培うことが求められる。このために必要な教育の在り方を具体化するのが，各幼稚園において教育の内容等を組織的かつ計画的に組み立てた教育課程である。
　教育課程を通して，これからの時代に求められる教育を実現していくためには，よりよい学校教育を通してよりよい社会を創るという理念を学校と社会とが共有し，それぞれの幼稚園において，幼児期にふさわしい生活をどのように展開し，どのような資質・能力を育むようにするのかを教育課程において明確にしながら，社会との連携及び協働によりその実現を図っていくという，社会に開かれた教育課程の実現が重要となる。
　幼稚園教育要領とは，こうした理念の実現に向けて必要となる教育課程の基準を大綱的に定めるものである。幼稚園教育要領が果たす役割の一つは，公の性質を有する幼稚園における教育水準を全国的に確保することである。また，各幼稚園がその特色を生かして創意工夫を重ね，長年にわたり積み重ねられてきた教育実践や学術研究の蓄積を生かしながら，幼児や地域の現状や課題を捉え，家庭や地域社会と協力して，幼稚園教育要領を踏まえた教育活動の更なる充実を図っていくことも重要である。
　幼児の自発的な活動としての遊びを生み出すために必要な環境を整え，一人一人の資質・能力を育んでいくことは，教職員をはじめとする幼稚園関係者はもとより，家庭や地域の人々も含め，様々な立場から幼児や幼稚園に関わる全ての大人に期待される役割である。家庭との緊密な連携の下，小学校以降の教育や生涯にわたる学習とのつながりを見通しながら，幼児の自発的な活動としての遊びを通しての総合的な指導をする際に広く活用されるものとなることを期待して，ここに幼稚園教育要領を定める。

第1章　総則

第1　幼稚園教育の基本

　幼児期の教育は，生涯にわたる人格形成の基礎を培う重要なものであり，幼稚園教育は，学校教育法に規定する目的及び目標を達成するため，幼児期の特性を踏まえ，環境を通して行うものであることを基本とする。

　このため教師は，幼児との信頼関係を十分に築き，幼児が身近な環境に主体的に関わり，環境との関わり方や意味に気付き，これらを取り込もうとして，試行錯誤したり，考えたりするようになる幼児期の教育における見方・考え方を生かし，幼児と共によりよい教育環境を創造するように努めるものとする。これらを踏まえ，次に示す事項を重視して教育を行わなければならない。

1　幼児は安定した情緒の下で自己を十分に発揮することにより発達に必要な体験を得ていくものであることを考慮して，幼児の主体的な活動を促し，幼児期にふさわしい生活が展開されるようにすること。
2　幼児の自発的な活動としての遊びは，心身の調和のとれた発達の基礎を培う重要な学習であることを考慮して，遊びを通しての指導を中心として第2章に示すねらいが総合的に達成されるようにすること。
3　幼児の発達は，心身の諸側面が相互に関連し合い，多様な経過をたどって成し遂げられていくものであること，また，幼児の生活経験がそれぞれ異なることなどを考慮して，幼児一人一人の特性に応じ，発達の課題に即した指導を行うようにすること。

　その際，教師は，幼児の主体的な活動が確保されるよう幼児一人一人の行動の理解と予想に基づき，計画的に環境を構成しなければならない。この場合において，教師は，幼児と人やものとの関わりが重要であることを踏まえ，教材を工夫し，物的・空間的環境を構成しなければならない。また，幼児一人一人の活動の場面に応じて，様々な役割を果たし，その活動を豊かにしなければならない。

第2　幼稚園教育において育みたい資質・能力及び「幼児期の終わりまでに育ってほしい姿」

1　幼稚園においては，生きる力の基礎を育むため，この章の第1に示す幼稚園教育の基本を踏まえ，次に掲げる資質・能力を一体的に育むよう努めるものとする。
　(1)　豊かな体験を通じて，感じたり，気付いたり，分かったり，できるようになったりする「知識及び技能の基礎」
　(2)　気付いたことや，できるようになったことなどを使い，考えたり，試したり，工夫したり，表現したりする「思考力，判断力，表現力等の基礎」
　(3)　心情，意欲，態度が育つ中で，よりよい生活を営もうとする「学びに向かう力，人間性等」
2　1に示す資質・能力は，第2章に示すねらい及び内容に基づく活動全体によって育むものである。
3　次に示す「幼児期の終わりまでに育ってほしい姿」は，第2章に示すねらい及び内容に基づく活動全体を通して資質・能力が育まれている幼児の幼稚園修了時の具体的な姿であり，教師が指導を行う際に考慮するものである。
　(1)　健康な心と体
　　幼稚園生活の中で，充実感をもって自分のやりたいことに向かって心と体を十分に働かせ，見通しをもって行動し，自ら健康で安全な生活をつくり出すようになる。

(2) 自立心

　身近な環境に主体的に関わり様々な活動を楽しむ中で，しなければならないことを自覚し，自分の力で行うために考えたり，工夫したりしながら，諦めずにやり遂げることで達成感を味わい，自信をもって行動するようになる。

(3) 協同性

　友達と関わる中で，互いの思いや考えなどを共有し，共通の目的の実現に向けて，考えたり，工夫したり，協力したりし，充実感をもってやり遂げるようになる。

(4) 道徳性・規範意識の芽生え

　友達と様々な体験を重ねる中で，してよいことや悪いことが分かり，自分の行動を振り返ったり，友達の気持ちに共感したりし，相手の立場に立って行動するようになる。また，きまりを守る必要性が分かり，自分の気持ちを調整し，友達と折り合いを付けながら，きまりをつくったり，守ったりするようになる。

(5) 社会生活との関わり

　家族を大切にしようとする気持ちをもつとともに，地域の身近な人と触れ合う中で，人との様々な関わり方に気付き，相手の気持ちを考えて関わり，自分が役に立つ喜びを感じ，地域に親しみをもつようになる。また，幼稚園内外の様々な環境に関わる中で，遊びや生活に必要な情報を取り入れ，情報に基づき判断したり，情報を伝え合ったり，活用したりするなど，情報を役立てながら活動するようになるとともに，公共の施設を大切に利用するなどして，社会とのつながりなどを意識するようになる。

(6) 思考力の芽生え

　身近な事象に積極的に関わる中で，物の性質や仕組みなどを感じ取ったり，気付いたりし，考えたり，予想したり，工夫したりするなど，多様な関わりを楽しむようになる。また，友達の様々な考えに触れる中で，自分と異なる考えがあることに気付き，自ら判断したり，考え直したりするなど，新しい考えを生み出す喜びを味わいながら，自分の考えをよりよいものにするようになる。

(7) 自然との関わり・生命尊重

　自然に触れて感動する体験を通して，自然の変化などを感じ取り，好奇心や探究心をもって考え言葉などで表現しながら，身近な事象への関心が高まるとともに，自然への愛情や畏敬の念をもつようになる。また，身近な動植物に心を動かされる中で，生命の不思議さや尊さに気付き，身近な動植物への接し方を考え，命あるものとしていたわり，大切にする気持ちをもって関わるようになる。

(8) 数量や図形，標識や文字などへの関心・感覚

　遊びや生活の中で，数量や図形，標識や文字などに親しむ体験を重ねたり，標識や文字の役割に気付いたりし，自らの必要感に基づきこれらを活用し，興味や関心，感覚をもつようになる。

(9) 言葉による伝え合い

　先生や友達と心を通わせる中で，絵本や物語などに親しみながら，豊かな言葉や表現を身に付け，経験したことや考えたことなどを言葉で伝えたり，相手の話を注意して聞いたりし，言葉による伝え合いを楽しむようになる。

(10) 豊かな感性と表現

　心を動かす出来事などに触れ感性を働かせる中で，様々な素材の特徴や表現の仕方などに気付き，感じたことや考えたことを自分で表現したり，友達同士で表現する過程を楽しんだりし，表現する喜びを味わい，意欲をもつようになる。

幼稚園教育要領

第3 教育課程の役割と編成等

1 教育課程の役割

　各幼稚園においては，教育基本法及び学校教育法その他の法令並びにこの幼稚園教育要領の示すところに従い，創意工夫を生かし，幼児の心身の発達と幼稚園及び地域の実態に即応した適切な教育課程を編成するものとする。

　また，各幼稚園においては，6に示す全体的な計画にも留意しながら，「幼児期の終わりまでに育ってほしい姿」を踏まえ教育課程を編成すること，教育課程の実施状況を評価してその改善を図っていくこと，教育課程の実施に必要な人的又は物的な体制を確保するとともにその改善を図っていくことなどを通して，教育課程に基づき組織的かつ計画的に各幼稚園の教育活動の質の向上を図っていくこと（以下「カリキュラム・マネジメント」という。）に努めるものとする。

2 各幼稚園の教育目標と教育課程の編成

　教育課程の編成に当たっては，幼稚園教育において育みたい資質・能力を踏まえつつ，各幼稚園の教育目標を明確にするとともに，教育課程の編成についての基本的な方針が家庭や地域とも共有されるよう努めるものとする。

3 教育課程の編成上の基本的事項

(1) 幼稚園生活の全体を通して第2章に示すねらいが総合的に達成されるよう，教育課程に係る教育期間や幼児の生活経験や発達の過程などを考慮して具体的なねらいと内容を組織するものとする。この場合においては，特に，自我が芽生え，他者の存在を意識し，自己を抑制しようとする気持ちが生まれる幼児期の発達の特性を踏まえ，入園から修了に至るまでの長期的な視野をもって充実した生活が展開できるように配慮するものとする。

(2) 幼稚園の毎学年の教育課程に係る教育週数は，特別の事情のある場合を除き，39週を下ってはならない。

(3) 幼稚園の1日の教育課程に係る教育時間は，4時間を標準とする。ただし，幼児の心身の発達の程度や季節などに適切に配慮するものとする。

4 教育課程の編成上の留意事項

　教育課程の編成に当たっては，次の事項に留意するものとする。

(1) 幼児の生活は，入園当初の一人一人の遊びや教師との触れ合いを通して幼稚園生活に親しみ，安定していく時期から，他の幼児との関わりの中で幼児の主体的な活動が深まり，幼児が互いに必要な存在であることを認識するようになり，やがて幼児同士や学級全体で目的をもって協同して幼稚園生活を展開し，深めていく時期などに至るまでの過程を様々に経ながら広げられていくものであることを考慮し，活動がそれぞれの時期にふさわしく展開されるようにすること。

(2) 入園当初，特に，3歳児の入園については，家庭との連携を緊密にし，生活のリズムや安全面に十分配慮すること。また，満3歳児については，学年の途中から入園することを考慮し，幼児が安心して幼稚園生活を過ごすことができるよう配慮すること。

(3) 幼稚園生活が幼児にとって安全なものとなるよう，教職員による協力体制の下，幼児の主体的な活動を大切にしつつ，園庭や園舎などの環境の配慮や指導の工夫を行うこと。

5 小学校教育との接続に当たっての留意事項

(1) 幼稚園においては，幼稚園教育が，小学校以降の生活や学習の基盤の育成につながることに配慮し，幼児期にふさわしい生活を通して，創造的な思考や主体的な生活態度などの基礎を培うようにするものとする。

(2) 幼稚園教育において育まれた資質・能力を踏まえ，小学校教育が円滑に行われるよう，小学

校の教師との意見交換や合同の研究の機会などを設け,「幼児期の終わりまでに育ってほしい姿」を共有するなど連携を図り,幼稚園教育と小学校教育との円滑な接続を図るよう努めるものとする。
6　全体的な計画の作成
　各幼稚園においては,教育課程を中心に,第3章に示す教育課程に係る教育時間の終了後等に行う教育活動の計画,学校保健計画,学校安全計画などとを関連させ,一体的に教育活動が展開されるよう全体的な計画を作成するものとする。

第4　指導計画の作成と幼児理解に基づいた評価

1　指導計画の考え方
　幼稚園教育は,幼児が自ら意欲をもって環境と関わることによりつくり出される具体的な活動を通して,その目標の達成を図るものである。
　幼稚園においてはこのことを踏まえ,幼児期にふさわしい生活が展開され,適切な指導が行われるよう,それぞれの幼稚園の教育課程に基づき,調和のとれた組織的,発展的な指導計画を作成し,幼児の活動に沿った柔軟な指導を行わなければならない。
2　指導計画の作成上の基本的事項
⑴　指導計画は,幼児の発達に即して一人一人の幼児が幼児期にふさわしい生活を展開し,必要な体験を得られるようにするために,具体的に作成するものとする。
⑵　指導計画の作成に当たっては,次に示すところにより,具体的なねらい及び内容を明確に設定し,適切な環境を構成することなどにより活動が選択・展開されるようにするものとする。
　ア　具体的なねらい及び内容は,幼稚園生活における幼児の発達の過程を見通し,幼児の生活の連続性,季節の変化などを考慮して,幼児の興味や関心,発達の実情などに応じて設定すること。
　イ　環境は,具体的なねらいを達成するために適切なものとなるように構成し,幼児が自らその環境に関わることにより様々な活動を展開しつつ必要な体験を得られるようにすること。その際,幼児の生活する姿や発想を大切にし,常にその環境が適切なものとなるようにすること。
　ウ　幼児の行う具体的な活動は,生活の流れの中で様々に変化するものであることに留意し,幼児が望ましい方向に向かって自ら活動を展開していくことができるよう必要な援助をすること。

　その際,幼児の実態及び幼児を取り巻く状況の変化などに即して指導の過程についての評価を適切に行い,常に指導計画の改善を図るものとする。
3　指導計画の作成上の留意事項
　指導計画の作成に当たっては,次の事項に留意するものとする。
⑴　長期的に発達を見通した年,学期,月などにわたる長期の指導計画やこれとの関連を保ちながらより具体的な幼児の生活に即した週,日などの短期の指導計画を作成し,適切な指導が行われるようにすること。特に,週,日などの短期の指導計画については,幼児の生活のリズムに配慮し,幼児の意識や興味の連続性のある活動が相互に関連して幼稚園生活の自然な流れの中に組み込まれるようにすること。
⑵　幼児が様々な人やものとの関わりを通して,多様な体験をし,心身の調和のとれた発達を促すようにしていくこと。その際,幼児の発達に即して主体的・対話的で深い学びが実現するようにするとともに,心を動かされる体験が次の活動を生み出すことを考慮し,一つ一つの体験

が相互に結び付き，幼稚園生活が充実するようにすること。

(3) 言語に関する能力の発達と思考力等の発達が関連していることを踏まえ，幼稚園生活全体を通して，幼児の発達を踏まえた言語環境を整え，言語活動の充実を図ること。

(4) 幼児が次の活動への期待や意欲をもつことができるよう，幼児の実態を踏まえながら，教師や他の幼児と共に遊びや生活の中で見通しをもったり，振り返ったりするよう工夫すること。

(5) 行事の指導に当たっては，幼稚園生活の自然の流れの中で生活に変化や潤いを与え，幼児が主体的に楽しく活動できるようにすること。なお，それぞれの行事についてはその教育的価値を十分検討し，適切なものを精選し，幼児の負担にならないようにすること。

(6) 幼児期は直接的な体験が重要であることを踏まえ，視聴覚教材やコンピュータなど情報機器を活用する際には，幼稚園生活では得難い体験を補完するなど，幼児の体験との関連を考慮すること。

(7) 幼児の主体的な活動を促すためには，教師が多様な関わりをもつことが重要であることを踏まえ，教師は，理解者，共同作業者など様々な役割を果たし，幼児の発達に必要な豊かな体験が得られるよう，活動の場面に応じて，適切な指導を行うようにすること。

(8) 幼児の行う活動は，個人，グループ，学級全体などで多様に展開されるものであることを踏まえ，幼稚園全体の教師による協力体制を作りながら，一人一人の幼児が興味や欲求を十分に満足させるよう適切な援助を行うようにすること。

4　幼児理解に基づいた評価の実施

　幼児一人一人の発達の理解に基づいた評価の実施に当たっては，次の事項に配慮するものとする。

(1) 指導の過程を振り返りながら幼児の理解を進め，幼児一人一人のよさや可能性などを把握し，指導の改善に生かすようにすること。その際，他の幼児との比較や一定の基準に対する達成度についての評定によって捉えるものではないことに留意すること。

(2) 評価の妥当性や信頼性が高められるよう創意工夫を行い，組織的かつ計画的な取組を推進するとともに，次年度又は小学校等にその内容が適切に引き継がれるようにすること。

● 第5　特別な配慮を必要とする幼児への指導

1　障害のある幼児などへの指導

　障害のある幼児などへの指導に当たっては，集団の中で生活することを通して全体的な発達を促していくことに配慮し，特別支援学校などの助言又は援助を活用しつつ，個々の幼児の障害の状態などに応じた指導内容や指導方法の工夫を組織的かつ計画的に行うものとする。また，家庭，地域及び医療や福祉，保健等の業務を行う関係機関との連携を図り，長期的な視点で幼児への教育的支援を行うために，個別の教育支援計画を作成し活用することに努めるとともに，個々の幼児の実態を的確に把握し，個別の指導計画を作成し活用することに努めるものとする。

2　海外から帰国した幼児や生活に必要な日本語の習得に困難のある幼児の幼稚園生活への適応

　海外から帰国した幼児や生活に必要な日本語の習得に困難のある幼児については，安心して自己を発揮できるよう配慮するなど個々の幼児の実態に応じ，指導内容や指導方法の工夫を組織的かつ計画的に行うものとする。

第6　幼稚園運営上の留意事項

1　各幼稚園においては，園長の方針の下に，園務分掌に基づき教職員が適切に役割を分担しつつ，相互に連携しながら，教育課程や指導の改善を図るものとする。また，各幼稚園が行う学校評価については，教育課程の編成，実施，改善が教育活動や幼稚園運営の中核となることを踏まえ，カリキュラム・マネジメントと関連付けながら実施するよう留意するものとする。

2　幼児の生活は，家庭を基盤として地域社会を通じて次第に広がりをもつものであることに留意し，家庭との連携を十分に図るなど，幼稚園における生活が家庭や地域社会と連続性を保ちつつ展開されるようにするものとする。その際，地域の自然，高齢者や異年齢の子供などを含む人材，行事や公共施設などの地域の資源を積極的に活用し，幼児が豊かな生活体験を得られるように工夫するものとする。また，家庭との連携に当たっては，保護者との情報交換の機会を設けたり，保護者と幼児との活動の機会を設けたりなどすることを通じて，保護者の幼児期の教育に関する理解が深まるよう配慮するものとする。

3　地域や幼稚園の実態等により，幼稚園間に加え，保育所，幼保連携型認定こども園，小学校，中学校，高等学校及び特別支援学校などとの間の連携や交流を図るものとする。特に，幼稚園教育と小学校教育の円滑な接続のため，幼稚園の幼児と小学校の児童との交流の機会を積極的に設けるようにするものとする。また，障害のある幼児児童生徒との交流及び共同学習の機会を設け，共に尊重し合いながら協働して生活していく態度を育むよう努めるものとする。

第7　教育課程に係る教育時間終了後等に行う教育活動など

幼稚園は，第3章に示す教育課程に係る教育時間の終了後等に行う教育活動について，学校教育法に規定する目的及び目標並びにこの章の第1に示す幼稚園教育の基本を踏まえ実施するものとする。また，幼稚園の目的の達成に資するため，幼児の生活全体が豊かなものとなるよう家庭や地域における幼児期の教育の支援に努めるものとする。

第2章　ねらい及び内容

　この章に示すねらいは，幼稚園教育において育みたい資質・能力を幼児の生活する姿から捉えたものであり，内容は，ねらいを達成するために指導する事項である。各領域は，これらを幼児の発達の側面から，心身の健康に関する領域「健康」，人との関わりに関する領域「人間関係」，身近な環境との関わりに関する領域「環境」，言葉の獲得に関する領域「言葉」及び感性と表現に関する領域「表現」としてまとめ，示したものである。内容の取扱いは，幼児の発達を踏まえた指導を行うに当たって留意すべき事項である。

　各領域に示すねらいは，幼稚園における生活の全体を通じ，幼児が様々な体験を積み重ねる中で相互に関連をもちながら次第に達成に向かうものであること，内容は，幼児が環境に関わって展開する具体的な活動を通して総合的に指導されるものであることに留意しなければならない。

　また，「幼児期の終わりまでに育ってほしい姿」が，ねらい及び内容に基づく活動全体を通して資質・能力が育まれている幼児の幼稚園修了時の具体的な姿であることを踏まえ，指導を行う際に考慮するものとする。

　なお，特に必要な場合には，各領域に示すねらいの趣旨に基づいて適切な，具体的な内容を工夫し，それを加えても差し支えないが，その場合には，それが第1章の第1に示す幼稚園教育の基本を逸脱しないよう慎重に配慮する必要がある。

健　康
〔健康な心と体を育て，自ら健康で安全な生活をつくり出す力を養う。〕

1　ねらい
(1)　明るく伸び伸びと行動し，充実感を味わう。
(2)　自分の体を十分に動かし，進んで運動しようとする。
(3)　健康，安全な生活に必要な習慣や態度を身に付け，見通しをもって行動する。

2　内容
(1)　先生や友達と触れ合い，安定感をもって行動する。
(2)　いろいろな遊びの中で十分に体を動かす。
(3)　進んで戸外で遊ぶ。
(4)　様々な活動に親しみ，楽しんで取り組む。
(5)　先生や友達と食べることを楽しみ，食べ物への興味や関心をもつ。
(6)　健康な生活のリズムを身に付ける。
(7)　身の回りを清潔にし，衣服の着脱，食事，排泄(せつ)などの生活に必要な活動を自分でする。
(8)　幼稚園における生活の仕方を知り，自分たちで生活の場を整えながら見通しをもって行動する。
(9)　自分の健康に関心をもち，病気の予防などに必要な活動を進んで行う。
(10)　危険な場所，危険な遊び方，災害時などの行動の仕方が分かり，安全に気を付けて行動する。

3　内容の取扱い
上記の取扱いに当たっては，次の事項に留意する必要がある。
(1)　心と体の健康は，相互に密接な関連があるものであることを踏まえ，幼児が教師や他の幼児との温かい触れ合いの中で自己の存在感や充実感を味わうことなどを基盤として，しなやかな心と体の発達を促すこと。特に，十分に体を動かす気持ちよさを体験し，自ら体を動かそうとする意欲が育つようにすること。
(2)　様々な遊びの中で，幼児が興味や関心，能力に応じて全身を使って活動することにより，体を動かす楽しさを味わい，自分の体を大切にしようとする気持ちが育つようにすること。その際，多様な動きを経験する中で，体の動きを調整するようにすること。

(3) 自然の中で伸び伸びと体を動かして遊ぶことにより，体の諸機能の発達が促されることに留意し，幼児の興味や関心が戸外にも向くようにすること。その際，幼児の動線に配慮した園庭や遊具の配置などを工夫すること。
(4) 健康な心と体を育てるためには食育を通じた望ましい食習慣の形成が大切であることを踏まえ，幼児の食生活の実情に配慮し，和やかな雰囲気の中で教師や他の幼児と食べる喜びや楽しさを味わったり，様々な食べ物への興味や関心をもったりするなどし，食の大切さに気付き，進んで食べようとする気持ちが育つようにすること。
(5) 基本的な生活習慣の形成に当たっては，家庭での生活経験に配慮し，幼児の自立心を育て，幼児が他の幼児と関わりながら主体的な活動を展開する中で，生活に必要な習慣を身に付け，次第に見通しをもって行動できるようにすること。
(6) 安全に関する指導に当たっては，情緒の安定を図り，遊びを通して安全についての構えを身に付け，危険な場所や事物などが分かり，安全についての理解を深めるようにすること。また，交通安全の習慣を身に付けるようにするとともに，避難訓練などを通して，災害などの緊急時に適切な行動がとれるようにすること。

人間関係
〔他の人々と親しみ，支え合って生活するために，自立心を育て，人と関わる力を養う。〕
1 ねらい
(1) 幼稚園生活を楽しみ，自分の力で行動することの充実感を味わう。
(2) 身近な人と親しみ，関わりを深め，工夫したり，協力したりして一緒に活動する楽しさを味わい，愛情や信頼感をもつ。
(3) 社会生活における望ましい習慣や態度を身に付ける。
2 内 容
(1) 先生や友達と共に過ごすことの喜びを味わう。
(2) 自分で考え，自分で行動する。
(3) 自分でできることは自分でする。
(4) いろいろな遊びを楽しみながら物事をやり遂げようとする気持ちをもつ。
(5) 友達と積極的に関わりながら喜びや悲しみを共感し合う。
(6) 自分の思ったことを相手に伝え，相手の思っていることに気付く。
(7) 友達のよさに気付き，一緒に活動する楽しさを味わう。
(8) 友達と楽しく活動する中で，共通の目的を見いだし，工夫したり，協力したりなどする。
(9) よいことや悪いことがあることに気付き，考えながら行動する。
(10) 友達との関わりを深め，思いやりをもつ。
(11) 友達と楽しく生活する中できまりの大切さに気付き，守ろうとする。
(12) 共同の遊具や用具を大切にし，皆で使う。
(13) 高齢者をはじめ地域の人々などの自分の生活に関係の深いいろいろな人に親しみをもつ。
3 内容の取扱い
上記の取扱いに当たっては，次の事項に留意する必要がある。
(1) 教師との信頼関係に支えられて自分自身の生活を確立していくことが人と関わる基盤となることを考慮し，幼児が自ら周囲に働き掛けることにより多様な感情を体験し，試行錯誤しながら諦めずにやり遂げることの達成感や，前向きな見通しをもって自分の力で行うことの充実感を味わうことができるよう，幼児の行動を見守りながら適切な援助を行うようにすること。

(2) 一人一人を生かした集団を形成しながら人と関わる力を育てていくようにすること。その際，集団の生活の中で，幼児が自己を発揮し，教師や他の幼児に認められる体験をし，自分のよさや特徴に気付き，自信をもって行動できるようにすること。

(3) 幼児が互いに関わりを深め，協同して遊ぶようになるため，自ら行動する力を育てるようにするとともに，他の幼児と試行錯誤しながら活動を展開する楽しさや共通の目的が実現する喜びを味わうことができるようにすること。

(4) 道徳性の芽生えを培うに当たっては，基本的な生活習慣の形成を図るとともに，幼児が他の幼児との関わりの中で他人の存在に気付き，相手を尊重する気持ちをもって行動できるようにし，また，自然や身近な動植物に親しむことなどを通して豊かな心情が育つようにすること。特に，人に対する信頼感や思いやりの気持ちは，葛藤やつまずきをも体験し，それらを乗り越えることにより次第に芽生えてくることに配慮すること。

(5) 集団の生活を通して，幼児が人との関わりを深め，規範意識の芽生えが培われることを考慮し，幼児が教師との信頼関係に支えられて自己を発揮する中で，互いに思いを主張し，折り合いを付ける体験をし，きまりの必要性などに気付き，自分の気持ちを調整する力が育つようにすること。

(6) 高齢者をはじめ地域の人々などの自分の生活に関係の深いいろいろな人と触れ合い，自分の感情や意志を表現しながら共に楽しみ，共感し合う体験を通して，これらの人々などに親しみをもち，人と関わることの楽しさや人の役に立つ喜びを味わうことができるようにすること。また，生活を通して親や祖父母などの家族の愛情に気付き，家族を大切にしようとする気持ちが育つようにすること。

環境

〔周囲の様々な環境に好奇心や探究心をもって関わり，それらを生活に取り入れていこうとする力を養う。〕

1 ねらい

(1) 身近な環境に親しみ，自然と触れ合う中で様々な事象に興味や関心をもつ。

(2) 身近な環境に自分から関わり，発見を楽しんだり，考えたりし，それを生活に取り入れようとする。

(3) 身近な事象を見たり，考えたり，扱ったりする中で，物の性質や数量，文字などに対する感覚を豊かにする。

2 内容

(1) 自然に触れて生活し，その大きさ，美しさ，不思議さなどに気付く。

(2) 生活の中で，様々な物に触れ，その性質や仕組みに興味や関心をもつ。

(3) 季節により自然や人間の生活に変化のあることに気付く。

(4) 自然などの身近な事象に関心をもち，取り入れて遊ぶ。

(5) 身近な動植物に親しみをもって接し，生命の尊さに気付き，いたわったり，大切にしたりする。

(6) 日常生活の中で，我が国や地域社会における様々な文化や伝統に親しむ。

(7) 身近な物を大切にする。

(8) 身近な物や遊具に興味をもって関わり，自分なりに比べたり，関連付けたりしながら考えたり，試したりして工夫して遊ぶ。

(9) 日常生活の中で数量や図形などに関心をもつ。

(10) 日常生活の中で簡単な標識や文字などに関心をもつ。

(11) 生活に関係の深い情報や施設などに興味や関心をもつ。

(12) 幼稚園内外の行事において国旗に親しむ。

3　内容の取扱い

上記の取扱いに当たっては，次の事項に留意する必要がある。

(1) 幼児が，遊びの中で周囲の環境と関わり，次第に周囲の世界に好奇心を抱き，その意味や操作の仕方に関心をもち，物事の法則性に気付き，自分なりに考えることができるようになる過程を大切にすること。また，他の幼児の考えなどに触れて新しい考えを生み出す喜びや楽しさを味わい，自分の考えをよりよいものにしようとする気持ちが育つようにすること。

(2) 幼児期において自然のもつ意味は大きく，自然の大きさ，美しさ，不思議さなどに直接触れる体験を通して，幼児の心が安らぎ，豊かな感情，好奇心，思考力，表現力の基礎が培われることを踏まえ，幼児が自然との関わりを深めることができるよう工夫すること。

(3) 身近な事象や動植物に対する感動を伝え合い，共感し合うことなどを通して自分から関わろうとする意欲を育てるとともに，様々な関わり方を通してそれらに対する親しみや畏敬の念，生命を大切にする気持ち，公共心，探究心などが養われるようにすること。

(4) 文化や伝統に親しむ際には，正月や節句など我が国の伝統的な行事，国歌，唱歌，わらべうたや我が国の伝統的な遊びに親しんだり，異なる文化に触れる活動に親しんだりすることを通じて，社会とのつながりの意識や国際理解の意識の芽生えなどが養われるようにすること。

(5) 数量や文字などに関しては，日常生活の中で幼児自身の必要感に基づく体験を大切にし，数量や文字などに関する興味や関心，感覚が養われるようにすること。

言　葉

〔経験したことや考えたことなどを自分なりの言葉で表現し，相手の話す言葉を聞こうとする意欲や態度を育て，言葉に対する感覚や言葉で表現する力を養う。〕

1　ねらい

(1) 自分の気持ちを言葉で表現する楽しさを味わう。

(2) 人の言葉や話などをよく聞き，自分の経験したことや考えたことを話し，伝え合う喜びを味わう。

(3) 日常生活に必要な言葉が分かるようになるとともに，絵本や物語などに親しみ，言葉に対する感覚を豊かにし，先生や友達と心を通わせる。

2　内　容

(1) 先生や友達の言葉や話に興味や関心をもち，親しみをもって聞いたり，話したりする。

(2) したり，見たり，聞いたり，感じたり，考えたりなどしたことを自分なりに言葉で表現する。

(3) したいこと，してほしいことを言葉で表現したり，分からないことを尋ねたりする。

(4) 人の話を注意して聞き，相手に分かるように話す。

(5) 生活の中で必要な言葉が分かり，使う。

(6) 親しみをもって日常の挨拶をする。

(7) 生活の中で言葉の楽しさや美しさに気付く。

(8) いろいろな体験を通じてイメージや言葉を豊かにする。

(9) 絵本や物語などに親しみ，興味をもって聞き，想像をする楽しさを味わう。

(10) 日常生活の中で，文字などで伝える楽しさを味わう。

3　内容の取扱い

上記の取扱いに当たっては，次の事項に留意する必要がある。

(1) 言葉は，身近な人に親しみをもって接し，自分の感情や意志などを伝え，それに相手が応答し，その言葉を聞くことを通して次第に獲得されていくものであることを考慮して，幼児が教師や他の幼児と関わることにより心を動かされるような体験をし，言葉を交わす喜びを味わえるようにすること。

(2) 幼児が自分の思いを言葉で伝えるとともに，教師や他の幼児などの話を興味をもって注意して聞くことを通して次第に話を理解するようになっていき，言葉による伝え合いができるようにすること。

(3) 絵本や物語などで，その内容と自分の経験とを結び付けたり，想像を巡らせたりするなど，楽しみを十分に味わうことによって，次第に豊かなイメージをもち，言葉に対する感覚が養われるようにすること。

(4) 幼児が生活の中で，言葉の響きやリズム，新しい言葉や表現などに触れ，これらを使う楽しさを味わえるようにすること。その際，絵本や物語に親しんだり，言葉遊びなどをしたりすることを通して，言葉が豊かになるようにすること。

(5) 幼児が日常生活の中で，文字などを使いながら思ったことや考えたことを伝える喜びや楽しさを味わい，文字に対する興味や関心をもつようにすること。

表　現

〔感じたことや考えたことを自分なりに表現することを通して，豊かな感性や表現する力を養い，創造性を豊かにする。〕

1　ねらい

(1) いろいろなものの美しさなどに対する豊かな感性をもつ。
(2) 感じたことや考えたことを自分なりに表現して楽しむ。
(3) 生活の中でイメージを豊かにし，様々な表現を楽しむ。

2　内　容

(1) 生活の中で様々な音，形，色，手触り，動きなどに気付いたり，感じたりするなどして楽しむ。
(2) 生活の中で美しいものや心を動かす出来事に触れ，イメージを豊かにする。
(3) 様々な出来事の中で，感動したことを伝え合う楽しさを味わう。
(4) 感じたこと，考えたことなどを音や動きなどで表現したり，自由にかいたり，つくったりなどする。
(5) いろいろな素材に親しみ，工夫して遊ぶ。
(6) 音楽に親しみ，歌を歌ったり，簡単なリズム楽器を使ったりなどする楽しさを味わう。
(7) かいたり，つくったりすることを楽しみ，遊びに使ったり，飾ったりなどする。
(8) 自分のイメージを動きや言葉などで表現したり，演じて遊んだりするなどの楽しさを味わう。

3　内容の取扱い

上記の取扱いに当たっては，次の事項に留意する必要がある。

(1) 豊かな感性は，身近な環境と十分に関わる中で美しいもの，優れたもの，心を動かす出来事などに出会い，そこから得た感動を他の幼児や教師と共有し，様々に表現することなどを通して養われるようにすること。その際，風の音や雨の音，身近にある草や花の形や色など自然の中にある音，形，色などに気付くようにすること。

(2) 幼児の自己表現は素朴な形で行われることが多いので，教師はそのような表現を受容し，幼児自身の表現しようとする意欲を受け止めて，幼児が生活の中で幼児らしい様々な表現を楽しむことができるようにすること。

(3) 生活経験や発達に応じ，自ら様々な表現を楽しみ，表現する意欲を十分に発揮させることができるように，遊具や用具などを整えたり，様々な素材や表現の仕方に親しんだり，他の幼児の表現に触れられるよう配慮したりし，表現する過程を大切にして自己表現を楽しめるよう工夫すること。

第3章 教育課程に係る教育時間の終了後等に行う教育活動などの留意事項

1 地域の実態や保護者の要請により，教育課程に係る教育時間の終了後等に希望する者を対象に行う教育活動については，幼児の心身の負担に配慮するものとする。また，次の点にも留意するものとする。
 (1) 教育課程に基づく活動を考慮し，幼児期にふさわしい無理のないものとなるようにすること。その際，教育課程に基づく活動を担当する教師と緊密な連携を図るようにすること。
 (2) 家庭や地域での幼児の生活も考慮し，教育課程に係る教育時間の終了後等に行う教育活動の計画を作成するようにすること。その際，地域の人々と連携するなど，地域の様々な資源を活用しつつ，多様な体験ができるようにすること。
 (3) 家庭との緊密な連携を図るようにすること。その際，情報交換の機会を設けたりするなど，保護者が，幼稚園と共に幼児を育てるという意識が高まるようにすること。
 (4) 地域の実態や保護者の事情とともに幼児の生活のリズムを踏まえつつ，例えば実施日数や時間などについて，弾力的な運用に配慮すること。
 (5) 適切な責任体制と指導体制を整備した上で行うようにすること。
2 幼稚園の運営に当たっては，子育ての支援のために保護者や地域の人々に機能や施設を開放して，園内体制の整備や関係機関との連携及び協力に配慮しつつ，幼児期の教育に関する相談に応じたり，情報を提供したり，幼児と保護者との登園を受け入れたり，保護者同士の交流の機会を提供したりするなど，幼稚園と家庭が一体となって幼児と関わる取組を進め，地域における幼児期の教育のセンターとしての役割を果たすよう努めるものとする。その際，心理や保健の専門家，地域の子育て経験者等と連携・協働しながら取り組むよう配慮するものとする。

小学校 学習指導要領

目次

- 前文 …………………………………………………… 208
- 第1章　総則 …………………………………………… 210
- 第2章　各教科 ………………………………………… 217
  - 第1節　国　　語 …………………………………… 217
  - 第2節　社　　会 …………………………………… 230
  - 第3節　算　　数 …………………………………… 242
  - 第4節　理　　科 …………………………………… 263
  - 第5節　生　　活 …………………………………… 275
  - 第6節　音　　楽 …………………………………… 278
  - 第7節　図画工作 …………………………………… 287
  - 第8節　家　　庭 …………………………………… 292
  - 第9節　体　　育 …………………………………… 296
  - 第10節　外 国 語 …………………………………… 306
- 第3章　特別の教科　道徳 …………………………… 312
- 第4章　外国語活動 …………………………………… 318
- 第5章　総合的な学習の時間 ………………………… 322
- 第6章　特 別 活 動 …………………………………… 325

○文部科学省告示第六十三号

　学校教育法施行規則(昭和二十二年文部省令第十一号)第五十二条の規定に基づき,小学校学習指導要領(平成二十年文部科学省告示第二十七号)の全部を次のように改正し,平成三十二年四月一日から施行する。平成三十年四月一日から平成三十二年三月三十一日までの間における小学校学習指導要領の必要な特例については,別に定める。

　平成二十九年三月三十一日

　　　　　　　　　　　　　　　　　　　　　　　　　　　　　文部科学大臣　松野　博一

教育は，教育基本法第1条に定めるとおり，人格の完成を目指し，平和で民主的な国家及び社会の形成者として必要な資質を備えた心身ともに健康な国民の育成を期すという目的のもと，同法第2条に掲げる次の目標を達成するよう行われなければならない。
1　幅広い知識と教養を身に付け，真理を求める態度を養い，豊かな情操と道徳心を培うとともに，健やかな身体を養うこと。
2　個人の価値を尊重して，その能力を伸ばし，創造性を培い，自主及び自律の精神を養うとともに，職業及び生活との関連を重視し，勤労を重んずる態度を養うこと。
3　正義と責任，男女の平等，自他の敬愛と協力を重んずるとともに，公共の精神に基づき，主体的に社会の形成に参画し，その発展に寄与する態度を養うこと。
4　生命を尊び，自然を大切にし，環境の保全に寄与する態度を養うこと。
5　伝統と文化を尊重し，それらをはぐくんできた我が国と郷土を愛するとともに，他国を尊重し，国際社会の平和と発展に寄与する態度を養うこと。
　これからの学校には，こうした教育の目的及び目標の達成を目指しつつ，一人一人の児童が，自分のよさや可能性を認識するとともに，あらゆる他者を価値のある存在として尊重し，多様な人々と協働しながら様々な社会的変化を乗り越え，豊かな人生を切り拓き，持続可能な社会の創り手となることができるようにすることが求められる。このために必要な教育の在り方を具体化するのが，各学校において教育の内容等を組織的かつ計画的に組み立てた教育課程である。
　教育課程を通して，これからの時代に求められる教育を実現していくためには，よりよい学校教育を通してよりよい社会を創るという理念を学校と社会とが共有し，それぞれの学校において，必要な学習内容をどのように学び，どのような資質・能力を身に付けられるようにするのかを教育課程において明確にしながら，社会との連携及び協働によりその実現を図っていくという，社会に開かれた教育課程の実現が重要となる。
　学習指導要領とは，こうした理念の実現に向けて必要となる教育課程の基準を大綱的に定めるものである。学習指導要領が果たす役割の一つは，公の性質を有する学校における教育水準を全国的に確保することである。また，各学校がその特色を生かして創意工夫を重ね，長年にわたり積み重ねられてきた教育実践や学術研究の蓄積を生かしながら，児童や地域の現状や課題を捉え，家庭や地域社会と協力して，学習指導要領を踏まえた教育活動の更なる充実を図っていくことも重要である。
　児童が学ぶことの意義を実感できる環境を整え，一人一人の資質・能力を伸ばせるようにしていくことは，教職員をはじめとする学校関係者はもとより，家庭や地域の人々も含め，様々な立場から児童や学校に関わる全ての大人に期待される役割である。幼児期の教育の基礎の上に，中学校以降の教育や生涯にわたる学習とのつながりを見通しながら，児童の学習の在り方を展望していくために広く活用されるものとなることを期待して，ここに小学校学習指導要領を定める。

第1章　総則

第1　小学校教育の基本と教育課程の役割

1　各学校においては，教育基本法及び学校教育法その他の法令並びにこの章以下に示すところに従い，児童の人間として調和のとれた育成を目指し，児童の心身の発達の段階や特性及び学校や地域の実態を十分考慮して，適切な教育課程を編成するものとし，これらに掲げる目標を達成するよう教育を行うものとする。

2　学校の教育活動を進めるに当たっては，各学校において，第3の1に示す主体的・対話的で深い学びの実現に向けた授業改善を通して，創意工夫を生かした特色ある教育活動を展開する中で，次の(1)から(3)までに掲げる事項の実現を図り，児童に生きる力を育むことを目指すものとする。

(1)　基礎的・基本的な知識及び技能を確実に習得させ，これらを活用して課題を解決するために必要な思考力，判断力，表現力等を育むとともに，主体的に学習に取り組む態度を養い，個性を生かし多様な人々との協働を促す教育の充実に努めること。その際，児童の発達の段階を考慮して，児童の言語活動など，学習の基盤をつくる活動を充実するとともに，家庭との連携を図りながら，児童の学習習慣が確立するよう配慮すること。

(2)　道徳教育や体験活動，多様な表現や鑑賞の活動等を通して，豊かな心や創造性の涵養を目指した教育の充実に努めること。

学校における道徳教育は，特別の教科である道徳（以下「道徳科」という。）を要として学校の教育活動全体を通じて行うものであり，道徳科はもとより，各教科，外国語活動，総合的な学習の時間及び特別活動のそれぞれの特質に応じて，児童の発達の段階を考慮して，適切な指導を行うこと。

道徳教育は，教育基本法及び学校教育法に定められた教育の根本精神に基づき，自己の生き方を考え，主体的な判断の下に行動し，自立した人間として他者と共によりよく生きるための基盤となる道徳性を養うことを目標とすること。

道徳教育を進めるに当たっては，人間尊重の精神と生命に対する畏敬の念を家庭，学校，その他社会における具体的な生活の中に生かし，豊かな心をもち，伝統と文化を尊重し，それらを育んできた我が国と郷土を愛し，個性豊かな文化の創造を図るとともに，平和で民主的な国家及び社会の形成者として，公共の精神を尊び，社会及び国家の発展に努め，他国を尊重し，国際社会の平和と発展や環境の保全に貢献し未来を拓く主体性のある日本人の育成に資することとなるよう特に留意すること。

(3)　学校における体育・健康に関する指導を，児童の発達の段階を考慮して，学校の教育活動全体を通じて適切に行うことにより，健康で安全な生活と豊かなスポーツライフの実現を目指した教育の充実に努めること。特に，学校における食育の推進並びに体力の向上に関する指導，安全に関する指導及び心身の健康の保持増進に関する指導については，体育科，家庭科及び特別活動の時間はもとより，各教科，道徳科，外国語活動及び総合的な学習の時間などにおいてもそれぞれの特質に応じて適切に行うよう努めること。また，それらの指導を通して，家庭や地域社会との連携を図りながら，日常生活において適切な体育・健康に関する活動の実践を促し，生涯を通じて健康・安全で活力ある生活を送るための基礎が培われるよう配慮すること。

3　2の(1)から(3)までに掲げる事項の実現を図り，豊かな創造性を備え持続可能な社会の創り手となることが期待される児童に，生きる力を育むことを目指すに当たっては，学校教育全体並びに各教科，道徳科，外国語活動，総合的な学習の時間及び特別活動（以下「各教科等」という。ただし，第2の3の(2)のア及びウにおいて，特別活動については学級活動（学校給食に係るものを

除く。)に限る。)の指導を通してどのような資質・能力の育成を目指すのかを明確にしながら，教育活動の充実を図るものとする。その際，児童の発達の段階や特性等を踏まえつつ，次に掲げることが偏りなく実現できるようにするものとする。

(1) 知識及び技能が習得されるようにすること。
(2) 思考力，判断力，表現力等を育成すること。
(3) 学びに向かう力，人間性等を涵養すること。

4 各学校においては，児童や学校，地域の実態を適切に把握し，教育の目的や目標の実現に必要な教育の内容等を教科等横断的な視点で組み立てていくこと，教育課程の実施状況を評価してその改善を図っていくこと，教育課程の実施に必要な人的又は物的な体制を確保するとともにその改善を図っていくことなどを通して，教育課程に基づき組織的かつ計画的に各学校の教育活動の質の向上を図っていくこと（以下「カリキュラム・マネジメント」という。）に努めるものとする。

● 第2 教育課程の編成

1 各学校の教育目標と教育課程の編成
　教育課程の編成に当たっては，学校教育全体や各教科等における指導を通して育成を目指す資質・能力を踏まえつつ，各学校の教育目標を明確にするとともに，教育課程の編成についての基本的な方針が家庭や地域とも共有されるよう努めるものとする。その際，第5章総合的な学習の時間の第2の1に基づき定められる目標との関連を図るものとする。

2 教科等横断的な視点に立った資質・能力の育成
(1) 各学校においては，児童の発達の段階を考慮し，言語能力，情報活用能力（情報モラルを含む。），問題発見・解決能力等の学習の基盤となる資質・能力を育成していくことができるよう，各教科等の特質を生かし，教科等横断的な視点から教育課程の編成を図るものとする。
(2) 各学校においては，児童や学校，地域の実態及び児童の発達の段階を考慮し，豊かな人生の実現や災害等を乗り越えて次代の社会を形成することに向けた現代的な諸課題に対応して求められる資質・能力を，教科等横断的な視点で育成していくことができるよう，各学校の特色を生かした教育課程の編成を図るものとする。

3 教育課程の編成における共通的事項
(1) 内容等の取扱い
　ア 第2章以下に示す各教科，道徳科，外国語活動及び特別活動の内容に関する事項は，特に示す場合を除き，いずれの学校においても取り扱わなければならない。
　イ 学校において特に必要がある場合には，第2章以下に示していない内容を加えて指導することができる。また，第2章以下に示す内容の取扱いのうち内容の範囲や程度等を示す事項は，全ての児童に対して指導するものとする内容の範囲や程度等を示したものであり，学校において特に必要がある場合には，この事項にかかわらず加えて指導することができる。ただし，これらの場合には，第2章以下に示す各教科，道徳科，外国語活動及び特別活動の目標や内容の趣旨を逸脱したり，児童の負担過重となったりすることのないようにしなければならない。
　ウ 第2章以下に示す各教科，道徳科，外国語活動及び特別活動の内容に掲げる事項の順序は，特に示す場合を除き，指導の順序を示すものではないので，学校においては，その取扱いについて適切な工夫を加えるものとする。

エ　学年の内容を2学年まとめて示した教科及び外国語活動の内容は，2学年間かけて指導する事項を示したものである。各学校においては，これらの事項を児童や学校，地域の実態に応じ，2学年間を見通して計画的に指導することとし，特に示す場合を除き，いずれかの学年に分けて，又はいずれの学年においても指導するものとする。

　　オ　学校において2以上の学年の児童で編制する学級について特に必要がある場合には，各教科及び道徳科の目標の達成に支障のない範囲内で，各教科及び道徳科の目標及び内容について学年別の順序によらないことができる。

　　カ　道徳科を要として学校の教育活動全体を通じて行う道徳教育の内容は，第3章特別の教科道徳の第2に示す内容とし，その実施に当たっては，第6に示す道徳教育に関する配慮事項を踏まえるものとする。

　(2)　授業時数等の取扱い

　　ア　各教科等の授業は，年間35週（第1学年については34週）以上にわたって行うよう計画し，週当たりの授業時数が児童の負担過重にならないようにするものとする。ただし，各教科等や学習活動の特質に応じ効果的な場合には，夏季，冬季，学年末等の休業日の期間に授業日を設定する場合を含め，これらの授業を特定の期間に行うことができる。

　　イ　特別活動の授業のうち，児童会活動，クラブ活動及び学校行事については，それらの内容に応じ，年間，学期ごと，月ごとなどに適切な授業時数を充てるものとする。

　　ウ　各学校の時間割については，次の事項を踏まえ適切に編成するものとする。

　　　(ア)　各教科等のそれぞれの授業の1単位時間は，各学校において，各教科等の年間授業時数を確保しつつ，児童の発達の段階及び各教科等や学習活動の特質を考慮して適切に定めること。

　　　(イ)　各教科等の特質に応じ，10分から15分程度の短い時間を活用して特定の教科等の指導を行う場合において，教師が，単元や題材など内容や時間のまとまりを見通した中で，その指導内容の決定や指導の成果の把握と活用等を責任をもって行う体制が整備されているときは，その時間を当該教科等の年間授業時数に含めることができること。

　　　(ウ)　給食，休憩などの時間については，各学校において工夫を加え，適切に定めること。

　　　(エ)　各学校において，児童や学校，地域の実態，各教科等や学習活動の特質等に応じて，創意工夫を生かした時間割を弾力的に編成できること。

　　エ　総合的な学習の時間における学習活動により，特別活動の学校行事に掲げる各行事の実施と同様の成果が期待できる場合においては，総合的な学習の時間における学習活動をもって相当する特別活動の学校行事に掲げる各行事の実施に替えることができる。

　(3)　指導計画の作成等に当たっての配慮事項

　　各学校においては，次の事項に配慮しながら，学校の創意工夫を生かし，全体として，調和のとれた具体的な指導計画を作成するものとする。

　　ア　各教科等の指導内容については，(1)のアを踏まえつつ，単元や題材など内容や時間のまとまりを見通しながら，そのまとめ方や重点の置き方に適切な工夫を加え，第3の1に示す主体的・対話的で深い学びの実現に向けた授業改善を通して資質・能力を育む効果的な指導ができるようにすること。

　　イ　各教科等及び各学年相互間の関連を図り，系統的，発展的な指導ができるようにすること。

　　ウ　学年の内容を2学年まとめて示した教科及び外国語活動については，当該学年間を見通して，児童や学校，地域の実態に応じ，児童の発達の段階を考慮しつつ，効果的，段階的に指導するようにすること。

　　エ　児童の実態等を考慮し，指導の効果を高めるため，児童の発達の段階や指導内容の関連性等を踏まえつつ，合科的・関連的な指導を進めること。

4 学校段階等間の接続

教育課程の編成に当たっては，次の事項に配慮しながら，学校段階等間の接続を図るものとする。

(1) 幼児期の終わりまでに育ってほしい姿を踏まえた指導を工夫することにより，幼稚園教育要領等に基づく幼児期の教育を通して育まれた資質・能力を踏まえて教育活動を実施し，児童が主体的に自己を発揮しながら学びに向かうことが可能となるようにすること。

また，低学年における教育全体において，例えば生活科において育成する自立し生活を豊かにしていくための資質・能力が，他教科等の学習においても生かされるようにするなど，教科等間の関連を積極的に図り，幼児期の教育及び中学年以降の教育との円滑な接続が図られるよう工夫すること。特に，小学校入学当初においては，幼児期において自発的な活動としての遊びを通して育まれてきたことが，各教科等における学習に円滑に接続されるよう，生活科を中心に，合科的・関連的な指導や弾力的な時間割の設定など，指導の工夫や指導計画の作成を行うこと。

(2) 中学校学習指導要領及び高等学校学習指導要領を踏まえ，中学校教育及びその後の教育との円滑な接続が図られるよう工夫すること。特に，義務教育学校，中学校連携型小学校及び中学校併設型小学校においては，義務教育9年間を見通した計画的かつ継続的な教育課程を編成すること。

● 第3 教育課程の実施と学習評価

1 主体的・対話的で深い学びの実現に向けた授業改善

各教科等の指導に当たっては，次の事項に配慮するものとする。

(1) 第1の3の(1)から(3)までに示すことが偏りなく実現されるよう，単元や題材など内容や時間のまとまりを見通しながら，児童の主体的・対話的で深い学びの実現に向けた授業改善を行うこと。

特に，各教科等において身に付けた知識及び技能を活用したり，思考力，判断力，表現力等や学びに向かう力，人間性等を発揮させたりして，学習の対象となる物事を捉え思考することにより，各教科等の特質に応じた物事を捉える視点や考え方（以下「見方・考え方」という。）が鍛えられていくことに留意し，児童が各教科等の特質に応じた見方・考え方を働かせながら，知識を相互に関連付けてより深く理解したり，情報を精査して考えを形成したり，問題を見いだして解決策を考えたり，思いや考えを基に創造したりすることに向かう過程を重視した学習の充実を図ること。

(2) 第2の2の(1)に示す言語能力の育成を図るため，各学校において必要な言語環境を整えるとともに，国語科を要としつつ各教科等の特質に応じて，児童の言語活動を充実すること。あわせて，(7)に示すとおり読書活動を充実すること。

(3) 第2の2の(1)に示す情報活用能力の育成を図るため，各学校において，コンピュータや情報通信ネットワークなどの情報手段を活用するために必要な環境を整え，これらを適切に活用した学習活動の充実を図ること。また，各種の統計資料や新聞，視聴覚教材や教育機器などの教材・教具の適切な活用を図ること。

あわせて，各教科等の特質に応じて，次の学習活動を計画的に実施すること。

ア 児童がコンピュータで文字を入力するなどの学習の基盤として必要となる情報手段の基本的な操作を習得するための学習活動

イ 児童がプログラミングを体験しながら，コンピュータに意図した処理を行わせるために必要な論理的思考力を身に付けるための学習活動

(4) 児童が学習の見通しを立てたり学習したことを振り返ったりする活動を，計画的に取り入れるように工夫すること。

(5) 児童が生命の有限性や自然の大切さ，主体的に挑戦してみることや多様な他者と協働することの重要性などを実感しながら理解することができるよう，各教科等の特質に応じた体験活動を重視し，家庭や地域社会と連携しつつ体系的・継続的に実施できるよう工夫すること。

(6) 児童が自ら学習課題や学習活動を選択する機会を設けるなど，児童の興味・関心を生かした自主的，自発的な学習が促されるよう工夫すること。

(7) 学校図書館を計画的に利用しその機能の活用を図り，児童の主体的・対話的で深い学びの実現に向けた授業改善に生かすとともに，児童の自主的，自発的な学習活動や読書活動を充実すること。また，地域の図書館や博物館，美術館，劇場，音楽堂等の施設の活用を積極的に図り，資料を活用した情報の収集や鑑賞等の学習活動を充実すること。

2 学習評価の充実

学習評価の実施に当たっては，次の事項に配慮するものとする。

(1) 児童のよい点や進歩の状況などを積極的に評価し，学習したことの意義や価値を実感できるようにすること。また，各教科等の目標の実現に向けた学習状況を把握する観点から，単元や題材など内容や時間のまとまりを見通しながら評価の場面や方法を工夫して，学習の過程や成果を評価し，指導の改善や学習意欲の向上を図り，資質・能力の育成に生かすようにすること。

(2) 創意工夫の中で学習評価の妥当性や信頼性が高められるよう，組織的かつ計画的な取組を推進するとともに，学年や学校段階を越えて児童の学習の成果が円滑に接続されるように工夫すること。

第4 児童の発達の支援

1 児童の発達を支える指導の充実

教育課程の編成及び実施に当たっては，次の事項に配慮するものとする。

(1) 学習や生活の基盤として，教師と児童との信頼関係及び児童相互のよりよい人間関係を育てるため，日頃から学級経営の充実を図ること。また，主に集団の場面で必要な指導や援助を行うガイダンスと，個々の児童の多様な実態を踏まえ，一人一人が抱える課題に個別に対応した指導を行うカウンセリングの双方により，児童の発達を支援すること。

あわせて，小学校の低学年，中学年，高学年の学年の時期の特長を生かした指導の工夫を行うこと。

(2) 児童が，自己の存在感を実感しながら，よりよい人間関係を形成し，有意義で充実した学校生活を送る中で，現在及び将来における自己実現を図っていくことができるよう，児童理解を深め，学習指導と関連付けながら，生徒指導の充実を図ること。

(3) 児童が，学ぶことと自己の将来とのつながりを見通しながら，社会的・職業的自立に向けて必要な基盤となる資質・能力を身に付けていくことができるよう，特別活動を要としつつ各教科等の特質に応じて，キャリア教育の充実を図ること。

(4) 児童が，基礎的・基本的な知識及び技能の習得も含め，学習内容を確実に身に付けることができるよう，児童や学校の実態に応じ，個別学習やグループ別学習，繰り返し学習，学習内容の習熟の程度に応じた学習，児童の興味・関心等に応じた課題学習，補充的な学習や発展的な学習などの学習活動を取り入れることや，教師間の協力による指導体制を確保することなど，指導方法や指導体制の工夫改善により，個に応じた指導の充実を図ること。その際，第3の1の(3)に示す情報手段や教材・教具の活用を図ること。

2 特別な配慮を必要とする児童への指導
(1) 障害のある児童などへの指導
　ア　障害のある児童などについては，特別支援学校等の助言又は援助を活用しつつ，個々の児童の障害の状態等に応じた指導内容や指導方法の工夫を組織的かつ計画的に行うものとする。
　イ　特別支援学級において実施する特別の教育課程については，次のとおり編成するものとする。
　　(ｱ) 障害による学習上又は生活上の困難を克服し自立を図るため，特別支援学校小学部・中学部学習指導要領第7章に示す自立活動を取り入れること。
　　(ｲ) 児童の障害の程度や学級の実態等を考慮の上，各教科の目標や内容を下学年の教科の目標や内容に替えたり，各教科を，知的障害者である児童に対する教育を行う特別支援学校の各教科に替えたりするなどして，実態に応じた教育課程を編成すること。
　ウ　障害のある児童に対して，通級による指導を行い，特別の教育課程を編成する場合には，特別支援学校小学部・中学部学習指導要領第7章に示す自立活動の内容を参考とし，具体的な目標や内容を定め，指導を行うものとする。その際，効果的な指導が行われるよう，各教科等と通級による指導との関連を図るなど，教師間の連携に努めるものとする。
　エ　障害のある児童などについては，家庭，地域及び医療や福祉，保健，労働等の業務を行う関係機関との連携を図り，長期的な視点で児童への教育的支援を行うために，個別の教育支援計画を作成し活用することに努めるとともに，各教科等の指導に当たって，個々の児童の実態を的確に把握し，個別の指導計画を作成し活用することに努めるものとする。特に，特別支援学級に在籍する児童や通級による指導を受ける児童については，個々の児童の実態を的確に把握し，個別の教育支援計画や個別の指導計画を作成し，効果的に活用するものとする。
(2) 海外から帰国した児童などの学校生活への適応や，日本語の習得に困難のある児童に対する日本語指導
　ア　海外から帰国した児童などについては，学校生活への適応を図るとともに，外国における生活経験を生かすなどの適切な指導を行うものとする。
　イ　日本語の習得に困難のある児童については，個々の児童の実態に応じた指導内容や指導方法の工夫を組織的かつ計画的に行うものとする。特に，通級による日本語指導については，教師間の連携に努め，指導についての計画を個別に作成することなどにより，効果的な指導に努めるものとする。
(3) 不登校児童への配慮
　ア　不登校児童については，保護者や関係機関と連携を図り，心理や福祉の専門家の助言又は援助を得ながら，社会的自立を目指す観点から，個々の児童の実態に応じた情報の提供その他の必要な支援を行うものとする。
　イ　相当の期間小学校を欠席し引き続き欠席すると認められる児童を対象として，文部科学大臣が認める特別の教育課程を編成する場合には，児童の実態に配慮した教育課程を編成するとともに，個別学習やグループ別学習など指導方法や指導体制の工夫改善に努めるものとする。

● 第5　学校運営上の留意事項

1 教育課程の改善と学校評価等
　ア　各学校においては，校長の方針の下に，校務分掌に基づき教職員が適切に役割を分担しつつ，相互に連携しながら，各学校の特色を生かしたカリキュラム・マネジメントを行うよう

努めるものとする。また，各学校が行う学校評価については，教育課程の編成，実施，改善が教育活動や学校運営の中核となることを踏まえ，カリキュラム・マネジメントと関連付けながら実施するよう留意するものとする。

　　イ　教育課程の編成及び実施に当たっては，学校保健計画，学校安全計画，食に関する指導の全体計画，いじめの防止等のための対策に関する基本的な方針など，各分野における学校の全体計画等と関連付けながら，効果的な指導が行われるように留意するものとする。

2　家庭や地域社会との連携及び協働と学校間の連携

　教育課程の編成及び実施に当たっては，次の事項に配慮するものとする。

　　ア　学校がその目的を達成するため，学校や地域の実態等に応じ，教育活動の実施に必要な人的又は物的な体制を家庭や地域の人々の協力を得ながら整えるなど，家庭や地域社会との連携及び協働を深めること。また，高齢者や異年齢の子供など，地域における世代を越えた交流の機会を設けること。

　　イ　他の小学校や，幼稚園，認定こども園，保育所，中学校，高等学校，特別支援学校などとの間の連携や交流を図るとともに，障害のある幼児児童生徒との交流及び共同学習の機会を設け，共に尊重し合いながら協働して生活していく態度を育むようにすること。

第6　道徳教育に関する配慮事項

　道徳教育を進めるに当たっては，道徳教育の特質を踏まえ，前項までに示す事項に加え，次の事項に配慮するものとする。

1　各学校においては，第1の2の(2)に示す道徳教育の目標を踏まえ，道徳教育の全体計画を作成し，校長の方針の下に，道徳教育の推進を主に担当する教師（以下「道徳教育推進教師」という。）を中心に，全教師が協力して道徳教育を展開すること。なお，道徳教育の全体計画の作成に当たっては，児童や学校，地域の実態を考慮して，学校の道徳教育の重点目標を設定するとともに，道徳科の指導方針，第3章特別の教科道徳の第2に示す内容との関連を踏まえた各教科，外国語活動，総合的な学習の時間及び特別活動における指導の内容及び時期並びに家庭や地域社会との連携の方法を示すこと。

2　各学校においては，児童の発達の段階や特性等を踏まえ，指導内容の重点化を図ること。その際，各学年を通じて，自立心や自律性，生命を尊重する心や他者を思いやる心を育てることに留意すること。また，各学年段階においては，次の事項に留意すること。

　(1)　第1学年及び第2学年においては，挨拶などの基本的な生活習慣を身に付けること，善悪を判断し，してはならないことをしないこと，社会生活上のきまりを守ること。

　(2)　第3学年及び第4学年においては，善悪を判断し，正しいと判断したことを行うこと，身近な人々と協力し助け合うこと，集団や社会のきまりを守ること。

　(3)　第5学年及び第6学年においては，相手の考え方や立場を理解して支え合うこと，法やきまりの意義を理解して進んで守ること，集団生活の充実に努めること，伝統と文化を尊重し，それらを育んできた我が国と郷土を愛するとともに，他国を尊重すること。

3　学校や学級内の人間関係や環境を整えるとともに，集団宿泊活動やボランティア活動，自然体験活動，地域の行事への参加などの豊かな体験を充実すること。また，道徳教育の指導内容が，児童の日常生活に生かされるようにすること。その際，いじめの防止や安全の確保等にも資することとなるよう留意すること。

4　学校の道徳教育の全体計画や道徳教育に関する諸活動などの情報を積極的に公表したり，道徳教育の充実のために家庭や地域の人々の積極的な参加や協力を得たりするなど，家庭や地域社会との共通理解を深め，相互の連携を図ること。

第2章　各教科

第1節　国語

第1　目標

言葉による見方・考え方を働かせ，言語活動を通して，国語で正確に理解し適切に表現する資質・能力を次のとおり育成することを目指す。

(1) 日常生活に必要な国語について，その特質を理解し適切に使うことができるようにする。
(2) 日常生活における人との関わりの中で伝え合う力を高め，思考力や想像力を養う。
(3) 言葉がもつよさを認識するとともに，言語感覚を養い，国語の大切さを自覚し，国語を尊重してその能力の向上を図る態度を養う。

第2　各学年の目標及び内容

〔第1学年及び第2学年〕

1　目標

(1) 日常生活に必要な国語の知識や技能を身に付けるとともに，我が国の言語文化に親しんだり理解したりすることができるようにする。
(2) 順序立てて考える力や感じたり想像したりする力を養い，日常生活における人との関わりの中で伝え合う力を高め，自分の思いや考えをもつことができるようにする。
(3) 言葉がもつよさを感じるとともに，楽しんで読書をし，国語を大切にして，思いや考えを伝え合おうとする態度を養う。

2　内容

〔知識及び技能〕

(1) 言葉の特徴や使い方に関する次の事項を身に付けることができるよう指導する。

ア　言葉には，事物の内容を表す働きや，経験したことを伝える働きがあることに気付くこと。
イ　音節と文字との関係，アクセントによる語の意味の違いなどに気付くとともに，姿勢や口形，発声や発音に注意して話すこと。
ウ　長音，拗音，促音，撥音などの表記，助詞の「は」，「へ」及び「を」の使い方，句読点の打ち方，かぎ（「 」）の使い方を理解して文や文章の中で使うこと。また，平仮名及び片仮名を読み，書くとともに，片仮名で書く語の種類を知り，文や文章の中で使うこと。
エ　第1学年においては，別表の学年別漢字配当表（以下「学年別漢字配当表」という。）の第1学年に配当されている漢字を読み，漸次書き，文や文章の中で使うこと。第2学年においては，学年別漢字配当表の第2学年までに配当されている漢字を読むこと。また，第1学年に配当されている漢字を書き，文や文章の中で使うとともに，第2学年に配当されている漢字を漸次書き，文や文章の中で使うこと。
オ　身近なことを表す語句の量を増し，話や文章の中で使うとともに，言葉には意味による語句のまとまりがあることに気付き，語彙を豊かにすること。
カ　文の中における主語と述語との関係に気付くこと。
キ　丁寧な言葉と普通の言葉との違いに気を付けて使うとともに，敬体で書かれた文章に慣れ

ること。
　　ク　語のまとまりや言葉の響きなどに気を付けて音読すること。
(2) 話や文章に含まれている情報の扱い方に関する次の事項を身に付けることができるよう指導する。
　　ア　共通，相違，事柄の順序など情報と情報との関係について理解すること。
(3) 我が国の言語文化に関する次の事項を身に付けることができるよう指導する。
　　ア　昔話や神話・伝承などの読み聞かせを聞くなどして，我が国の伝統的な言語文化に親しむこと。
　　イ　長く親しまれている言葉遊びを通して，言葉の豊かさに気付くこと。
　　ウ　書写に関する次の事項を理解し使うこと。
　　　(ア) 姿勢や筆記具の持ち方を正しくして書くこと。
　　　(イ) 点画の書き方や文字の形に注意しながら，筆順に従って丁寧に書くこと。
　　　(ウ) 点画相互の接し方や交わり方，長短や方向などに注意して，文字を正しく書くこと。
　　エ　読書に親しみ，いろいろな本があることを知ること。
〔思考力，判断力，表現力等〕
A　話すこと・聞くこと
(1) 話すこと・聞くことに関する次の事項を身に付けることができるよう指導する。
　　ア　身近なことや経験したことなどから話題を決め，伝え合うために必要な事柄を選ぶこと。
　　イ　相手に伝わるように，行動したことや経験したことに基づいて，話す事柄の順序を考えること。
　　ウ　伝えたい事柄や相手に応じて，声の大きさや速さなどを工夫すること。
　　エ　話し手が知らせたいことや自分が聞きたいことを落とさないように集中して聞き，話の内容を捉えて感想をもつこと。
　　オ　互いの話に関心をもち，相手の発言を受けて話をつなぐこと。
(2) (1)に示す事項については，例えば，次のような言語活動を通して指導するものとする。
　　ア　紹介や説明，報告など伝えたいことを話したり，それらを聞いて声に出して確かめたり感想を述べたりする活動。
　　イ　尋ねたり応答したりするなどして，少人数で話し合う活動。
B　書くこと
(1) 書くことに関する次の事項を身に付けることができるよう指導する。
　　ア　経験したことや想像したことなどから書くことを見付け，必要な事柄を集めたり確かめたりして，伝えたいことを明確にすること。
　　イ　自分の思いや考えが明確になるように，事柄の順序に沿って簡単な構成を考えること。
　　ウ　語と語や文と文との続き方に注意しながら，内容のまとまりが分かるように書き表し方を工夫すること。
　　エ　文章を読み返す習慣を付けるとともに，間違いを正したり，語と語や文と文との続き方を確かめたりすること。
　　オ　文章に対する感想を伝え合い，自分の文章の内容や表現のよいところを見付けること。
(2) (1)に示す事項については，例えば，次のような言語活動を通して指導するものとする。
　　ア　身近なことや経験したことを報告したり，観察したことを記録したりするなど，見聞きしたことを書く活動。
　　イ　日記や手紙を書くなど，思ったことや伝えたいことを書く活動。
　　ウ　簡単な物語をつくるなど，感じたことや想像したことを書く活動。

C　読むこと
(1)　読むことに関する次の事項を身に付けることができるよう指導する。
　　ア　時間的な順序や事柄の順序などを考えながら，内容の大体を捉えること。
　　イ　場面の様子や登場人物の行動など，内容の大体を捉えること。
　　ウ　文章の中の重要な語や文を考えて選び出すこと。
　　エ　場面の様子に着目して，登場人物の行動を具体的に想像すること。
　　オ　文章の内容と自分の体験とを結び付けて，感想をもつこと。
　　カ　文章を読んで感じたことや分かったことを共有すること。
(2)　(1)に示す事項については，例えば，次のような言語活動を通して指導するものとする。
　　ア　事物の仕組みを説明した文章などを読み，分かったことや考えたことを述べる活動。
　　イ　読み聞かせを聞いたり物語などを読んだりして，内容や感想などを伝え合ったり，演じたりする活動。
　　ウ　学校図書館などを利用し，図鑑や科学的なことについて書いた本などを読み，分かったことなどを説明する活動。

〔第３学年及び第４学年〕
１　目　標
(1)　日常生活に必要な国語の知識や技能を身に付けるとともに，我が国の言語文化に親しんだり理解したりすることができるようにする。
(2)　筋道立てて考える力や豊かに感じたり想像したりする力を養い，日常生活における人との関わりの中で伝え合う力を高め，自分の思いや考えをまとめることができるようにする。
(3)　言葉がもつよさに気付くとともに，幅広く読書をし，国語を大切にして，思いや考えを伝え合おうとする態度を養う。

２　内　容
〔知識及び技能〕
(1)　言葉の特徴や使い方に関する次の事項を身に付けることができるよう指導する。
　　ア　言葉には，考えたことや思ったことを表す働きがあることに気付くこと。
　　イ　相手を見て話したり聞いたりするとともに，言葉の抑揚や強弱，間の取り方などに注意して話すこと。
　　ウ　漢字と仮名を用いた表記，送り仮名の付け方，改行の仕方を理解して文や文章の中で使うとともに，句読点を適切に打つこと。また，第３学年においては，日常使われている簡単な単語について，ローマ字で表記されたものを読み，ローマ字で書くこと。
　　エ　第３学年及び第４学年の各学年においては，学年別漢字配当表の当該学年までに配当されている漢字を読むこと。また，当該学年の前の学年までに配当されている漢字を書き，文や文章の中で使うとともに，当該学年に配当されている漢字を漸次書き，文や文章の中で使うこと。
　　オ　様子や行動，気持ちや性格を表す語句の量を増し，話や文章の中で使うとともに，言葉には性質や役割による語句のまとまりがあることを理解し，語彙を豊かにすること。
　　カ　主語と述語との関係，修飾と被修飾との関係，指示する語句と接続する語句の役割，段落の役割について理解すること。
　　キ　丁寧な言葉を使うとともに，敬体と常体との違いに注意しながら書くこと。
　　ク　文章全体の構成や内容の大体を意識しながら音読すること。
(2)　話や文章に含まれている情報の扱い方に関する次の事項を身に付けることができるよう指導

する。
- ア 考えとそれを支える理由や事例,全体と中心など情報と情報との関係について理解すること。
- イ 比較や分類の仕方,必要な語句などの書き留め方,引用の仕方や出典の示し方,辞書や事典の使い方を理解し使うこと。
(3) 我が国の言語文化に関する次の事項を身に付けることができるよう指導する。
- ア 易しい文語調の短歌や俳句を音読したり暗唱したりするなどして,言葉の響きやリズムに親しむこと。
- イ 長い間使われてきたことわざや慣用句,故事成語などの意味を知り,使うこと。
- ウ 漢字が,へんやつくりなどから構成されていることについて理解すること。
- エ 書写に関する次の事項を理解し使うこと。
  - (ア) 文字の組立て方を理解し,形を整えて書くこと。
  - (イ) 漢字や仮名の大きさ,配列に注意して書くこと。
  - (ウ) 毛筆を使用して点画の書き方への理解を深め,筆圧などに注意して書くこと。
- オ 幅広く読書に親しみ,読書が,必要な知識や情報を得ることに役立つことに気付くこと。

〔思考力,判断力,表現力等〕

A 話すこと・聞くこと
(1) 話すこと・聞くことに関する次の事項を身に付けることができるよう指導する。
- ア 目的を意識して,日常生活の中から話題を決め,集めた材料を比較したり分類したりして,伝え合うために必要な事柄を選ぶこと。
- イ 相手に伝わるように,理由や事例などを挙げながら,話の中心が明確になるよう話の構成を考えること。
- ウ 話の中心や話す場面を意識して,言葉の抑揚や強弱,間の取り方などを工夫すること。
- エ 必要なことを記録したり質問したりしながら聞き,話し手が伝えたいことや自分が聞きたいことの中心を捉え,自分の考えをもつこと。
- オ 目的や進め方を確認し,司会などの役割を果たしながら話し合い,互いの意見の共通点や相違点に着目して,考えをまとめること。

(2) (1)に示す事項については,例えば,次のような言語活動を通して指導するものとする。
- ア 説明や報告など調べたことを話したり,それらを聞いたりする活動。
- イ 質問するなどして情報を集めたり,それらを発表したりする活動。
- ウ 互いの考えを伝えるなどして,グループや学級全体で話し合う活動。

B 書くこと
(1) 書くことに関する次の事項を身に付けることができるよう指導する。
- ア 相手や目的を意識して,経験したことや想像したことなどから書くことを選び,集めた材料を比較したり分類したりして,伝えたいことを明確にすること。
- イ 書く内容の中心を明確にし,内容のまとまりで段落をつくったり,段落相互の関係に注意したりして,文章の構成を考えること。
- ウ 自分の考えとそれを支える理由や事例との関係を明確にして,書き表し方を工夫すること。
- エ 間違いを正したり,相手や目的を意識した表現になっているかを確かめたりして,文や文章を整えること。
- オ 書こうとしたことが明確になっているかなど,文章に対する感想や意見を伝え合い,自分の文章のよいところを見付けること。

(2) (1)に示す事項については,例えば,次のような言語活動を通して指導するものとする。
- ア 調べたことをまとめて報告するなど,事実やそれを基に考えたことを書く活動。

イ　行事の案内やお礼の文章を書くなど，伝えたいことを手紙に書く活動。
　ウ　詩や物語をつくるなど，感じたことや想像したことを書く活動。
C　読むこと
(1)　読むことに関する次の事項を身に付けることができるよう指導する。
　ア　段落相互の関係に着目しながら，考えとそれを支える理由や事例との関係などについて，叙述を基に捉えること。
　イ　登場人物の行動や気持ちなどについて，叙述を基に捉えること。
　ウ　目的を意識して，中心となる語や文を見付けて要約すること。
　エ　登場人物の気持ちの変化や性格，情景について，場面の移り変わりと結び付けて具体的に想像すること。
　オ　文章を読んで理解したことに基づいて，感想や考えをもつこと。
　カ　文章を読んで感じたことや考えたことを共有し，一人一人の感じ方などに違いがあることに気付くこと。
(2)　(1)に示す事項については，例えば，次のような言語活動を通して指導するものとする。
　ア　記録や報告などの文章を読み，文章の一部を引用して，分かったことや考えたことを説明したり，意見を述べたりする活動。
　イ　詩や物語などを読み，内容を説明したり，考えたことなどを伝え合ったりする活動。
　ウ　学校図書館などを利用し，事典や図鑑などから情報を得て，分かったことなどをまとめて説明する活動。

〔第5学年及び第6学年〕
1　目　標
(1)　日常生活に必要な国語の知識や技能を身に付けるとともに，我が国の言語文化に親しんだり理解したりすることができるようにする。
(2)　筋道立てて考える力や豊かに感じたり想像したりする力を養い，日常生活における人との関わりの中で伝え合う力を高め，自分の思いや考えを広げることができるようにする。
(3)　言葉がもつよさを認識するとともに，進んで読書をし，国語の大切さを自覚して，思いや考えを伝え合おうとする態度を養う。

2　内　容
〔知識及び技能〕
(1)　言葉の特徴や使い方に関する次の事項を身に付けることができるよう指導する。
　ア　言葉には，相手とのつながりをつくる働きがあることに気付くこと。
　イ　話し言葉と書き言葉との違いに気付くこと。
　ウ　文や文章の中で漢字と仮名を適切に使い分けるとともに，送り仮名や仮名遣いに注意して正しく書くこと。
　エ　第5学年及び第6学年の各学年においては，学年別漢字配当表の当該学年までに配当されている漢字を読むこと。また，当該学年の前の学年までに配当されている漢字を書き，文や文章の中で使うとともに，当該学年に配当されている漢字を漸次書き，文や文章の中で使うこと。
　オ　思考に関わる語句の量を増し，話や文章の中で使うとともに，語句と語句との関係，語句の構成や変化について理解し，語彙を豊かにすること。また，語感や言葉の使い方に対する感覚を意識して，語や語句を使うこと。
　カ　文の中での語句の係り方や語順，文と文との接続の関係，話や文章の構成や展開，話や文

　　　　　章の種類とその特徴について理解すること。
　　　キ　日常よく使われる敬語を理解し使い慣れること。
　　　ク　比喩や反復などの表現の工夫に気付くこと。
　　　ケ　文章を音読したり朗読したりすること。
　(2)　話や文章に含まれている情報の扱い方に関する次の事項を身に付けることができるよう指導する。
　　　ア　原因と結果など情報と情報との関係について理解すること。
　　　イ　情報と情報との関係付けの仕方，図などによる語句と語句との関係の表し方を理解し使うこと。
　(3)　我が国の言語文化に関する次の事項を身に付けることができるよう指導する。
　　　ア　親しみやすい古文や漢文，近代以降の文語調の文章を音読するなどして，言葉の響きやリズムに親しむこと。
　　　イ　古典について解説した文章を読んだり作品の内容の大体を知ったりすることを通して，昔の人のものの見方や感じ方を知ること。
　　　ウ　語句の由来などに関心をもつとともに，時間の経過による言葉の変化や世代による言葉の違いに気付き，共通語と方言との違いを理解すること。また，仮名及び漢字の由来，特質などについて理解すること。
　　　エ　書写に関する次の事項を理解し使うこと。
　　　　(ｱ)　用紙全体との関係に注意して，文字の大きさや配列などを決めるとともに，書く速さを意識して書くこと。
　　　　(ｲ)　毛筆を使用して，穂先の動きと点画のつながりを意識して書くこと。
　　　　(ｳ)　目的に応じて使用する筆記具を選び，その特徴を生かして書くこと。
　　　オ　日常的に読書に親しみ，読書が，自分の考えを広げることに役立つことに気付くこと。
　〔思考力，判断力，表現力等〕
　A　話すこと・聞くこと
　(1)　話すこと・聞くことに関する次の事項を身に付けることができるよう指導する。
　　　ア　目的や意図に応じて，日常生活の中から話題を決め，集めた材料を分類したり関係付けたりして，伝え合う内容を検討すること。
　　　イ　話の内容が明確になるように，事実と感想，意見とを区別するなど，話の構成を考えること。
　　　ウ　資料を活用するなどして，自分の考えが伝わるように表現を工夫すること。
　　　エ　話し手の目的や自分が聞こうとする意図に応じて，話の内容を捉え，話し手の考えと比較しながら，自分の考えをまとめること。
　　　オ　互いの立場や意図を明確にしながら計画的に話し合い，考えを広げたりまとめたりすること。
　(2)　(1)に示す事項については，例えば，次のような言語活動を通して指導するものとする。
　　　ア　意見や提案など自分の考えを話したり，それらを聞いたりする活動。
　　　イ　インタビューなどをして必要な情報を集めたり，それらを発表したりする活動。
　　　ウ　それぞれの立場から考えを伝えるなどして話し合う活動。
　B　書くこと
　(1)　書くことに関する次の事項を身に付けることができるよう指導する。
　　　ア　目的や意図に応じて，感じたことや考えたことなどから書くことを選び，集めた材料を分類したり関係付けたりして，伝えたいことを明確にすること。
　　　イ　筋道の通った文章となるように，文章全体の構成や展開を考えること。

ウ　目的や意図に応じて簡単に書いたり詳しく書いたりするとともに，事実と感想，意見とを区別して書いたりするなど，自分の考えが伝わるように書き表し方を工夫すること。
　　エ　引用したり，図表やグラフなどを用いたりして，自分の考えが伝わるように書き表し方を工夫すること。
　　オ　文章全体の構成や書き表し方などに着目して，文や文章を整えること。
　　カ　文章全体の構成や展開が明確になっているかなど，文章に対する感想や意見を伝え合い，自分の文章のよいところを見付けること。
　(2)　(1)に示す事項については，例えば，次のような言語活動を通して指導するものとする。
　　ア　事象を説明したり意見を述べたりするなど，考えたことや伝えたいことを書く活動。
　　イ　短歌や俳句をつくるなど，感じたことや想像したことを書く活動。
　　ウ　事実や経験を基に，感じたり考えたりしたことや自分にとっての意味について文章に書く活動。
C　読むこと
　(1)　読むことに関する次の事項を身に付けることができるよう指導する。
　　ア　事実と感想，意見などとの関係を叙述を基に押さえ，文章全体の構成を捉えて要旨を把握すること。
　　イ　登場人物の相互関係や心情などについて，描写を基に捉えること。
　　ウ　目的に応じて，文章と図表などを結び付けるなどして必要な情報を見付けたり，論の進め方について考えたりすること。
　　エ　人物像や物語などの全体像を具体的に想像したり，表現の効果を考えたりすること。
　　オ　文章を読んで理解したことに基づいて，自分の考えをまとめること。
　　カ　文章を読んでまとめた意見や感想を共有し，自分の考えを広げること。
　(2)　(1)に示す事項については，例えば，次のような言語活動を通して指導するものとする。
　　ア　説明や解説などの文章を比較するなどして読み，分かったことや考えたことを，話し合ったり文章にまとめたりする活動。
　　イ　詩や物語，伝記などを読み，内容を説明したり，自分の生き方などについて考えたことを伝え合ったりする活動。
　　ウ　学校図書館などを利用し，複数の本や新聞などを活用して，調べたり考えたりしたことを報告する活動。

● 第3　指導計画の作成と内容の取扱い

1　指導計画の作成に当たっては，次の事項に配慮するものとする。
　(1)　単元など内容や時間のまとまりを見通して，その中で育む資質・能力の育成に向けて，児童の主体的・対話的で深い学びの実現を図るようにすること。その際，言葉による見方・考え方を働かせ，言語活動を通して，言葉の特徴や使い方などを理解し自分の思いや考えを深める学習の充実を図ること。
　(2)　第2の各学年の内容の指導については，必要に応じて当該学年より前の学年において初歩的な形で取り上げたり，その後の学年で程度を高めて取り上げたりするなどして，弾力的に指導すること。
　(3)　第2の各学年の内容の〔知識及び技能〕に示す事項については，〔思考力，判断力，表現力等〕に示す事項の指導を通して指導することを基本とし，必要に応じて，特定の事項だけを取り上げて指導したり，それらをまとめて指導したりするなど，指導の効果を高めるよう工夫すること。なお，その際，第1章総則の第2の3の(2)のウの(イ)に掲げる指導を行う場合には，当

該指導のねらいを明確にするとともに，単元など内容や時間のまとまりを見通して資質・能力が偏りなく育成されるよう計画的に指導すること。

(4) 第2の各学年の内容の〔思考力，判断力，表現力等〕の「A話すこと・聞くこと」に関する指導については，意図的，計画的に指導する機会が得られるように，第1学年及び第2学年では年間35単位時間程度，第3学年及び第4学年では年間30単位時間程度，第5学年及び第6学年では年間25単位時間程度を配当すること。その際，音声言語のための教材を活用するなどして指導の効果を高めるよう工夫すること。

(5) 第2の各学年の内容の〔思考力，判断力，表現力等〕の「B書くこと」に関する指導については，第1学年及び第2学年では年間100単位時間程度，第3学年及び第4学年では年間85単位時間程度，第5学年及び第6学年では年間55単位時間程度を配当すること。その際，実際に文章を書く活動をなるべく多くすること。

(6) 第2の第1学年及び第2学年の内容の〔知識及び技能〕の(3)のエ，第3学年及び第4学年，第5学年及び第6学年の内容の〔知識及び技能〕の(3)のオ及び各学年の内容の〔思考力，判断力，表現力等〕の「C読むこと」に関する指導については，読書意欲を高め，日常生活において読書活動を活発に行うようにするとともに，他教科等の学習における読書の指導や学校図書館における指導との関連を考えて行うこと。

(7) 低学年においては，第1章総則の第2の4の(1)を踏まえ，他教科等との関連を積極的に図り，指導の効果を高めるようにするとともに，幼稚園教育要領等に示す幼児期の終わりまでに育ってほしい姿との関連を考慮すること。特に，小学校入学当初においては，生活科を中心とした合科的・関連的な指導や，弾力的な時間割の設定を行うなどの工夫をすること。

(8) 言語能力の向上を図る観点から，外国語活動及び外国語科など他教科等との関連を積極的に図り，指導の効果を高めるようにすること。

(9) 障害のある児童などについては，学習活動を行う場合に生じる困難さに応じた指導内容や指導方法の工夫を計画的，組織的に行うこと。

(10) 第1章総則の第1の2の(2)に示す道徳教育の目標に基づき，道徳科などとの関連を考慮しながら，第3章特別の教科道徳の第2に示す内容について，国語科の特質に応じて適切な指導をすること。

2 第2の内容の取扱いについては，次の事項に配慮するものとする。

(1) 〔知識及び技能〕に示す事項については，次のとおり取り扱うこと。

　ア　日常の言語活動を振り返ることなどを通して，児童が，実際に話したり聞いたり書いたり読んだりする場面を意識できるよう指導を工夫すること。

　イ　理解したり表現したりするために必要な文字や語句については，辞書や事典を利用して調べる活動を取り入れるなど，調べる習慣が身に付くようにすること。

　ウ　第3学年におけるローマ字の指導に当たっては，第5章総合的な学習の時間の第3の2の(3)に示す，コンピュータで文字を入力するなどの学習の基盤として必要となる情報手段の基本的な操作を習得し，児童が情報や情報手段を主体的に選択し活用できるよう配慮することとの関連が図られるようにすること。

　エ　漢字の指導については，第2の内容に定めるほか，次のとおり取り扱うこと。

　　(ｱ)　学年ごとに配当されている漢字は，児童の学習負担に配慮しつつ，必要に応じて，当該学年以前の学年又は当該学年以降の学年において指導することもできること。

　　(ｲ)　当該学年より後の学年に配当されている漢字及びそれ以外の漢字については，振り仮名を付けるなど，児童の学習負担に配慮しつつ提示することができること。

　　(ｳ)　他教科等の学習において必要となる漢字については，当該教科等と関連付けて指導するなど，その確実な定着が図られるよう指導を工夫すること。

(エ)　漢字の指導においては，学年別漢字配当表に示す漢字の字体を標準とすること。
　オ　各学年の(3)のア及びイに関する指導については，各学年で行い，古典に親しめるよう配慮すること。
　カ　書写の指導については，第2の内容に定めるほか，次のとおり取り扱うこと。
　　(ア)　文字を正しく整えて書くことができるようにするとともに，書写の能力を学習や生活に役立てる態度を育てるよう配慮すること。
　　(イ)　硬筆を使用する書写の指導は各学年で行うこと。
　　(ウ)　毛筆を使用する書写の指導は第3学年以上の各学年で行い，各学年年間30単位時間程度を配当するとともに，毛筆を使用する書写の指導は硬筆による書写の能力の基礎を養うよう指導すること。
　　(エ)　第1学年及び第2学年の(3)のウの(イ)の指導については，適切に運筆する能力の向上につながるよう，指導を工夫すること。
(2)　第2の内容の指導に当たっては，児童がコンピュータや情報通信ネットワークを積極的に活用する機会を設けるなどして，指導の効果を高めるよう工夫すること。
(3)　第2の内容の指導に当たっては，学校図書館などを目的をもって計画的に利用しその機能の活用を図るようにすること。その際，本などの種類や配置，探し方について指導するなど，児童が必要な本などを選ぶことができるよう配慮すること。なお，児童が読む図書については，人間形成のため偏りがないよう配慮して選定すること。
3　教材については，次の事項に留意するものとする。
(1)　教材は，第2の各学年の目標及び内容に示す資質・能力を偏りなく養うことや読書に親しむ態度の育成を通して読書習慣を形成することをねらいとし，児童の発達の段階に即して適切な話題や題材を精選して調和的に取り上げること。また，第2の各学年の内容の〔思考力，判断力，表現力等〕の「A話すこと・聞くこと」，「B書くこと」及び「C読むこと」のそれぞれの(2)に掲げる言語活動が十分行われるよう教材を選定すること。
(2)　教材は，次のような観点に配慮して取り上げること。
　ア　国語に対する関心を高め，国語を尊重する態度を育てるのに役立つこと。
　イ　伝え合う力，思考力や想像力及び言語感覚を養うのに役立つこと。
　ウ　公正かつ適切に判断する能力や態度を育てるのに役立つこと。
　エ　科学的，論理的に物事を捉え考察し，視野を広げるのに役立つこと。
　オ　生活を明るくし，強く正しく生きる意志を育てるのに役立つこと。
　カ　生命を尊重し，他人を思いやる心を育てるのに役立つこと。
　キ　自然を愛し，美しいものに感動する心を育てるのに役立つこと。
　ク　我が国の伝統と文化に対する理解と愛情を育てるのに役立つこと。
　ケ　日本人としての自覚をもって国を愛し，国家，社会の発展を願う態度を育てるのに役立つこと。
　コ　世界の風土や文化などを理解し，国際協調の精神を養うのに役立つこと。
(3)　第2の各学年の内容の〔思考力，判断力，表現力等〕の「C読むこと」の教材については，各学年で説明的な文章や文学的な文章などの文章形態を調和的に取り扱うこと。また，説明的な文章については，適宜，図表や写真などを含むものを取り上げること。

別　　表

学年別漢字配当表

第一学年	一 右 雨 円 王 音 下 火 花 貝 学 気 九 休 玉 金 空 月 犬 見 五 口 校 左 三 山 子 四 糸 字 耳 七 車 手 十 出 女 小 上 森 人 水 正 生 青 夕 石 赤 千 川 先 早 草 足 村 大 男 竹 中 虫 町 天 田 土 二 日 入 年 白 八 百 文 木 本 名 目 立 力 林 六 (80字)
第二学年	引 羽 雲 園 遠 何 科 夏 家 歌 画 回 会 海 絵 外 角 楽 活 間 丸 岩 顔 汽 記 帰 弓 牛 魚 京 強 教 近 兄 形 計 元 言 原 戸 古 午 後 語 工 公 広 交 光 考 行 高 黄 合 谷 国 黒 今 才 細 作 算 止 市 矢 姉 思 紙 寺 自 時 室 社 弱 首 秋 週 春 書 少 場 色 食 心 新 親 図 数 西 声 星 晴 切 雪 船 線 前 組 走 多 太 体 台 地 池 知 茶 昼 長 鳥 朝 直 通 弟 店 点 電 刀 冬 当 東 答 頭 同 道 読 内 南 肉 馬 売 買 麦 半 番 父 風 分 聞 米 歩 母 方 北 毎 妹 万 明 鳴 毛 門 夜 野 友 用 曜 来 里 理 話 (160字)
	悪 安 暗 医 委 意 育 員 院 飲 運 泳 駅 央 横 屋 温 化 荷 界 開 階 寒 感 漢 館 岸 起 期 客 究 急 級 宮 球 去 橋 業 曲 局

第三学年

皿 祭 根 号 港 幸 向 湖 庫 県 研 決 血 軽 係 君 具 苦 区 銀
州 受 酒 取 守 主 者 写 実 式 持 事 次 詩 歯 指 始 使 死 仕
神 身 申 植 乗 勝 章 商 消 昭 助 暑 所 宿 重 住 集 習 終 拾
題 第 代 待 対 打 他 族 速 息 想 送 相 全 昔 整 世 進 深 真
島 豆 投 度 都 転 鉄 笛 庭 定 追 調 帳 丁 柱 注 着 談 短 炭
筆 鼻 美 悲 皮 板 坂 反 発 畑 箱 倍 配 波 農 童 動 等 登 湯
薬 役 面 問 命 味 放 勉 返 平 物 福 服 部 負 品 病 秒 表 氷
和 路 練 列 礼 緑 両 旅 流 落 様 陽 葉 洋 羊 予 遊 有 油 由

(200字)

第四学年

改 賀 芽 課 貨 果 加 億 岡 塩 媛 栄 英 印 茨 位 衣 以 案 愛
求 議 機 器 旗 季 希 岐 願 観 関 管 官 完 潟 覚 各 街 害 械
建 結 欠 芸 景 径 群 郡 軍 訓 熊 極 競 鏡 協 共 漁 挙 給 泣
参 察 刷 札 昨 崎 材 埼 最 菜 差 佐 康 候 香 好 功 固 験 健
笑 松 初 順 祝 周 種 借 失 鹿 辞 滋 治 児 試 司 氏 残 散 産
選 戦 浅 説 節 折 積 席 静 清 省 成 井 信 臣 縄 城 照 焼 唱
的 底 低 兆 沖 仲 置 単 達 隊 帯 孫 辛 続 側 束 巣 倉 争 然
必 飛 飯 阪 博 梅 敗 念 熱 梨 奈 栃 徳 特 働 灯 努 徒 伝 典
満 末 牧 望 法 包 便 変 辺 別 兵 副 富 阜 府 付 夫 不 標 票

	未民無約勇要養浴利陸良料量輪類令冷例連老労録	(202字)
第五学年	圧囲移因永営衛易益液演応往桜可仮価河過快解格確額刊幹慣眼紀基寄規喜技義逆久旧救居許境均禁句型経潔件険検限現減故個護効厚耕航鉱構興講告混査再災妻採際在財罪殺雑酸賛士支史志枝師資飼示似識質舎謝授修述術準序招証象賞条状常情織職制性政勢精製税責績接設絶祖素総造像増則測属率損貸態団断築貯張停提程適統堂銅導得毒独任燃能破犯判版比肥非費備評貧布婦武復複仏粉編弁保墓報豊防貿暴脈務夢迷綿輸余容略留領歴	(193字)
第六学年	胃異遺域宇映延沿恩我灰拡革閣割株干巻看簡危机揮貴疑吸供胸郷勤筋系敬警劇激穴券絹権憲源厳己呼誤后孝皇紅降鋼刻穀骨困砂座済裁策冊蚕至私姿視詞誌磁射捨尺若樹収宗就衆従縦縮熟純処署諸除承将傷障蒸針仁垂推寸盛聖誠舌宣専泉洗染銭善奏窓創装層操蔵臓存尊退	

年	宅 担 探 誕 段 暖 値 宙 忠 著 庁 頂 腸 潮 賃 痛 敵 展 討 党
	糖 届 難 乳 認 納 脳 派 拝 背 肺 俳 班 晩 否 批 秘 俵 腹 奮
	並 陛 閉 片 補 暮 宝 訪 亡 忘 棒 枚 幕 密 盟 模 訳 郵 優 預
	幼 欲 翌 乱 卵 覧 裏 律 臨 朗 論　　　　　　　　（191字）

第2節 社会

● 第1 目 標

社会的な見方・考え方を働かせ，課題を追究したり解決したりする活動を通して，グローバル化する国際社会に主体的に生きる平和で民主的な国家及び社会の形成者に必要な公民としての資質・能力の基礎を次のとおり育成することを目指す。

(1) 地域や我が国の国土の地理的環境，現代社会の仕組みや働き，地域や我が国の歴史や伝統と文化を通して社会生活について理解するとともに，様々な資料や調査活動を通して情報を適切に調べまとめる技能を身に付けるようにする。

(2) 社会的事象の特色や相互の関連，意味を多角的に考えたり，社会に見られる課題を把握して，その解決に向けて社会への関わり方を選択・判断したりする力，考えたことや選択・判断したことを適切に表現する力を養う。

(3) 社会的事象について，よりよい社会を考え主体的に問題解決しようとする態度を養うとともに，多角的な思考や理解を通して，地域社会に対する誇りと愛情，地域社会の一員としての自覚，我が国の国土と歴史に対する愛情，我が国の将来を担う国民としての自覚，世界の国々の人々と共に生きていくことの大切さについての自覚などを養う。

● 第2 各学年の目標及び内容

〔第3学年〕

1 目 標

社会的事象の見方・考え方を働かせ，学習の問題を追究・解決する活動を通して，次のとおり資質・能力を育成することを目指す。

(1) 身近な地域や市区町村の地理的環境，地域の安全を守るための諸活動や地域の産業と消費生活の様子，地域の様子の移り変わりについて，人々の生活との関連を踏まえて理解するとともに，調査活動，地図帳や各種の具体的資料を通して，必要な情報を調べまとめる技能を身に付けるようにする。

(2) 社会的事象の特色や相互の関連，意味を考える力，社会に見られる課題を把握して，その解決に向けて社会への関わり方を選択・判断する力，考えたことや選択・判断したことを表現する力を養う。

(3) 社会的事象について，主体的に学習の問題を解決しようとする態度や，よりよい社会を考え学習したことを社会生活に生かそうとする態度を養うとともに，思考や理解を通して，地域社会に対する誇りと愛情，地域社会の一員としての自覚を養う。

2 内 容

(1) 身近な地域や市区町村（以下第2章第2節において「市」という。）の様子について，学習の問題を追究・解決する活動を通して，次の事項を身に付けることができるよう指導する。
　ア　次のような知識及び技能を身に付けること。
　　(ｱ)　身近な地域や自分たちの市の様子を大まかに理解すること。
　　(ｲ)　観察・調査したり地図などの資料で調べたりして，白地図などにまとめること。
　イ　次のような思考力，判断力，表現力等を身に付けること。
　　(ｱ)　都道府県内における市の位置，市の地形や土地利用，交通の広がり，市役所など主な公

共施設の場所と働き,古くから残る建造物の分布などに着目して,身近な地域や市の様子を捉え,場所による違いを考え,表現すること。
(2) 地域に見られる生産や販売の仕事について,学習の問題を追究・解決する活動を通して,次の事項を身に付けることができるよう指導する。
　ア　次のような知識及び技能を身に付けること。
　　(ｱ)　生産の仕事は,地域の人々の生活と密接な関わりをもって行われていることを理解すること。
　　(ｲ)　販売の仕事は,消費者の多様な願いを踏まえ売り上げを高めるよう,工夫して行われていることを理解すること。
　　(ｳ)　見学・調査したり地図などの資料で調べたりして,白地図などにまとめること。
　イ　次のような思考力,判断力,表現力等を身に付けること。
　　(ｱ)　仕事の種類や産地の分布,仕事の工程などに着目して,生産に携わっている人々の仕事の様子を捉え,地域の人々の生活との関連を考え,表現すること。
　　(ｲ)　消費者の願い,販売の仕方,他地域や外国との関わりなどに着目して,販売に携わっている人々の仕事の様子を捉え,それらの仕事に見られる工夫を考え,表現すること。
(3) 地域の安全を守る働きについて,学習の問題を追究・解決する活動を通して,次の事項を身に付けることができるよう指導する。
　ア　次のような知識及び技能を身に付けること。
　　(ｱ)　消防署や警察署などの関係機関は,地域の安全を守るために,相互に連携して緊急時に対処する体制をとっていることや,関係機関が地域の人々と協力して火災や事故などの防止に努めていることを理解すること。
　　(ｲ)　見学・調査したり地図などの資料で調べたりして,まとめること。
　イ　次のような思考力,判断力,表現力等を身に付けること。
　　(ｱ)　施設・設備などの配置,緊急時への備えや対応などに着目して,関係機関や地域の人々の諸活動を捉え,相互の関連や従事する人々の働きを考え,表現すること。
(4) 市の様子の移り変わりについて,学習の問題を追究・解決する活動を通して,次の事項を身に付けることができるよう指導する。
　ア　次のような知識及び技能を身に付けること。
　　(ｱ)　市や人々の生活の様子は,時間の経過に伴い,移り変わってきたことを理解すること。
　　(ｲ)　聞き取り調査をしたり地図などの資料で調べたりして,年表などにまとめること。
　イ　次のような思考力,判断力,表現力等を身に付けること。
　　(ｱ)　交通や公共施設,土地利用や人口,生活の道具などの時期による違いに着目して,市や人々の生活の様子を捉え,それらの変化を考え,表現すること。

3　内容の取扱い

(1) 内容の(1)については,次のとおり取り扱うものとする。
　ア　学年の導入で扱うこととし,アの(ｱ)については,「自分たちの市」に重点を置くよう配慮すること。
　イ　アの(ｲ)については,「白地図などにまとめる」際に,教科用図書「地図」(以下第2章第2節において「地図帳」という。)を参照し,方位や主な地図記号について扱うこと。
(2) 内容の(2)については,次のとおり取り扱うものとする。
　ア　アの(ｱ)及びイの(ｱ)については,事例として農家,工場などの中から選択して取り上げるようにすること。
　イ　アの(ｲ)及びイの(ｲ)については,商店を取り上げ,「他地域や外国との関わり」を扱う際に

は，地図帳などを使用して都道府県や国の名称と位置などを調べるようにすること。
ウ　イの(イ)については，我が国や外国には国旗があることを理解し，それを尊重する態度を養うよう配慮すること。
(3) 内容の(3)については，次のとおり取り扱うものとする。
ア　アの(ア)の「緊急時に対処する体制をとっていること」と「防止に努めていること」については，火災と事故はいずれも取り上げること。その際，どちらかに重点を置くなど効果的な指導を工夫すること。
イ　イの(ア)については，社会生活を営む上で大切な法やきまりについて扱うとともに，地域や自分自身の安全を守るために自分たちにできることなどを考えたり選択・判断したりできるよう配慮すること。
(4) 内容の(4)については，次のとおり取り扱うものとする。
ア　アの(イ)の「年表などにまとめる」際には，時期の区分について，昭和，平成など元号を用いた言い表し方などがあることを取り上げること。
イ　イの(ア)の「公共施設」については，市が公共施設の整備を進めてきたことを取り上げること。その際，租税の役割に触れること。
ウ　イの(ア)の「人口」を取り上げる際には，少子高齢化，国際化などに触れ，これからの市の発展について考えることができるよう配慮すること。

〔第4学年〕

1　目　標

社会的事象の見方・考え方を働かせ，学習の問題を追究・解決する活動を通して，次のとおり資質・能力を育成することを目指す。

(1) 自分たちの都道府県の地理的環境の特色，地域の人々の健康と生活環境を支える働きや自然災害から地域の安全を守るための諸活動，地域の伝統と文化や地域の発展に尽くした先人の働きなどについて，人々の生活との関連を踏まえて理解するとともに，調査活動，地図帳や各種の具体的資料を通して，必要な情報を調べまとめる技能を身に付けるようにする。

(2) 社会的事象の特色や相互の関連，意味を考える力，社会に見られる課題を把握して，その解決に向けて社会への関わり方を選択・判断する力，考えたことや選択・判断したことを表現する力を養う。

(3) 社会的事象について，主体的に学習の問題を解決しようとする態度や，よりよい社会を考え学習したことを社会生活に生かそうとする態度を養うとともに，思考や理解を通して，地域社会に対する誇りと愛情，地域社会の一員としての自覚を養う。

2　内　容

(1) 都道府県（以下第2章第2節において「県」という。）の様子について，学習の問題を追究・解決する活動を通して，次の事項を身に付けることができるよう指導する。
ア　次のような知識及び技能を身に付けること。
(ア) 自分たちの県の地理的環境の概要を理解すること。また，47都道府県の名称と位置を理解すること。
(イ) 地図帳や各種の資料で調べ，白地図などにまとめること。
イ　次のような思考力，判断力，表現力等を身に付けること。
(ア) 我が国における自分たちの県の位置，県全体の地形や主な産業の分布，交通網や主な都市の位置などに着目して，県の様子を捉え，地理的環境の特色を考え，表現すること。

(2) 人々の健康や生活環境を支える事業について，学習の問題を追究・解決する活動を通して，

次の事項を身に付けることができるよう指導する。
　ア　次のような知識及び技能を身に付けること。
　　(ｱ)　飲料水，電気，ガスを供給する事業は，安全で安定的に供給できるよう進められていることや，地域の人々の健康な生活の維持と向上に役立っていることを理解すること。
　　(ｲ)　廃棄物を処理する事業は，衛生的な処理や資源の有効利用ができるよう進められていることや，生活環境の維持と向上に役立っていることを理解すること。
　　(ｳ)　見学・調査したり地図などの資料で調べたりして，まとめること。
　イ　次のような思考力，判断力，表現力等を身に付けること。
　　(ｱ)　供給の仕組みや経路，県内外の人々の協力などに着目して，飲料水，電気，ガスの供給のための事業の様子を捉え，それらの事業が果たす役割を考え，表現すること。
　　(ｲ)　処理の仕組みや再利用，県内外の人々の協力などに着目して，廃棄物の処理のための事業の様子を捉え，その事業が果たす役割を考え，表現すること。
(3)　自然災害から人々を守る活動について，学習の問題を追究・解決する活動を通して，次の事項を身に付けることができるよう指導する。
　ア　次のような知識及び技能を身に付けること。
　　(ｱ)　地域の関係機関や人々は，自然災害に対し，様々な協力をして対処してきたことや，今後想定される災害に対し，様々な備えをしていることを理解すること。
　　(ｲ)　聞き取り調査をしたり地図や年表などの資料で調べたりして，まとめること。
　イ　次のような思考力，判断力，表現力等を身に付けること。
　　(ｱ)　過去に発生した地域の自然災害，関係機関の協力などに着目して，災害から人々を守る活動を捉え，その働きを考え，表現すること。
(4)　県内の伝統や文化，先人の働きについて，学習の問題を追究・解決する活動を通して，次の事項を身に付けることができるよう指導する。
　ア　次のような知識及び技能を身に付けること。
　　(ｱ)　県内の文化財や年中行事は，地域の人々が受け継いできたことや，それらには地域の発展など人々の様々な願いが込められていることを理解すること。
　　(ｲ)　地域の発展に尽くした先人は，様々な苦心や努力により当時の生活の向上に貢献したことを理解すること。
　　(ｳ)　見学・調査したり地図などの資料で調べたりして，年表などにまとめること。
　イ　次のような思考力，判断力，表現力等を身に付けること。
　　(ｱ)　歴史的背景や現在に至る経過，保存や継承のための取組などに着目して，県内の文化財や年中行事の様子を捉え，人々の願いや努力を考え，表現すること。
　　(ｲ)　当時の世の中の課題や人々の願いなどに着目して，地域の発展に尽くした先人の具体的事例を捉え，先人の働きを考え，表現すること。
(5)　県内の特色ある地域の様子について，学習の問題を追究・解決する活動を通して，次の事項を身に付けることができるよう指導する。
　ア　次のような知識及び技能を身に付けること。
　　(ｱ)　県内の特色ある地域では，人々が協力し，特色あるまちづくりや観光などの産業の発展に努めていることを理解すること。
　　(ｲ)　地図帳や各種の資料で調べ，白地図などにまとめること。
　イ　次のような思考力，判断力，表現力等を身に付けること。
　　(ｱ)　特色ある地域の位置や自然環境，人々の活動や産業の歴史的背景，人々の協力関係などに着目して，地域の様子を捉え，それらの特色を考え，表現すること。

3　内容の取扱い
(1) 内容の(2)については，次のとおり取り扱うものとする。
　ア　アの(ｱ)及びイ(ｲ)については，現在に至るまでに仕組みが計画的に改善され公衆衛生が向上してきたことに触れること。
　イ　アの(ｱ)及びイの(ｱ)については，飲料水，電気，ガスの中から選択して取り上げること。
　ウ　アの(ｲ)及びイの(ｲ)については，ごみ，下水のいずれかを選択して取り上げること。
　エ　イの(ｱ)については，節水や節電など自分たちにできることを考えたり選択・判断したりできるよう配慮すること。
　オ　イの(ｲ)については，社会生活を営む上で大切な法やきまりについて扱うとともに，ごみの減量や水を汚さない工夫など，自分たちにできることを考えたり選択・判断したりできるよう配慮すること。
(2) 内容の(3)については，次のとおり取り扱うものとする。
　ア　アの(ｱ)については，地震災害，津波災害，風水害，火山災害，雪害などの中から，過去に県内で発生したものを選択して取り上げること。
　イ　アの(ｱ)及びイの(ｱ)の「関係機関」については，県庁や市役所の働きなどを中心に取り上げ，防災情報の発信，避難体制の確保などの働き，自衛隊など国の機関との関わりを取り上げること。
　ウ　イの(ｱ)については，地域で起こり得る災害を想定し，日頃から必要な備えをするなど，自分たちにできることなどを考えたり選択・判断したりできるよう配慮すること。
(3) 内容の(4)については，次のとおり取り扱うものとする。
　ア　アの(ｱ)については，県内の主な文化財や年中行事が大まかに分かるようにするとともに，イの(ｱ)については，それらの中から具体的事例を取り上げること。
　イ　アの(ｲ)及びイの(ｲ)については，開発，教育，医療，文化，産業などの地域の発展に尽くした先人の中から選択して取り上げること。
　ウ　イの(ｱ)については，地域の伝統や文化の保存や継承に関わって，自分たちにできることなどを考えたり選択・判断したりできるよう配慮すること。
(4) 内容の(5)については，次のとおり取り扱うものとする。
　ア　県内の特色ある地域が大まかに分かるようにするとともに，伝統的な技術を生かした地場産業が盛んな地域，国際交流に取り組んでいる地域及び地域の資源を保護・活用している地域を取り上げること。その際，地域の資源を保護・活用している地域については，自然環境，伝統的な文化のいずれかを選択して取り上げること。
　イ　国際交流に取り組んでいる地域を取り上げる際には，我が国や外国には国旗があることを理解し，それを尊重する態度を養うよう配慮すること。

〔第5学年〕
1　目　標
　社会的事象の見方・考え方を働かせ，学習の問題を追究・解決する活動を通して，次のとおり資質・能力を育成することを目指す。
(1) 我が国の国土の地理的環境の特色や産業の現状，社会の情報化と産業の関わりについて，国民生活との関連を踏まえて理解するとともに，地図帳や地球儀，統計などの各種の基礎的資料を通して，情報を適切に調べまとめる技能を身に付けるようにする。
(2) 社会的事象の特色や相互の関連，意味を多角的に考える力，社会に見られる課題を把握して，その解決に向けて社会への関わり方を選択・判断する力，考えたことや選択・判断したことを説明したり，それらを基に議論したりする力を養う。

(3) 社会的事象について，主体的に学習の問題を解決しようとする態度や，よりよい社会を考え学習したことを社会生活に生かそうとする態度を養うとともに，多角的な思考や理解を通して，我が国の国土に対する愛情，我が国の産業の発展を願い我が国の将来を担う国民としての自覚を養う。

2　内　容

(1) 我が国の国土の様子と国民生活について，学習の問題を追究・解決する活動を通して，次の事項を身に付けることができるよう指導する。
　ア　次のような知識及び技能を身に付けること。
　　(ア)　世界における我が国の国土の位置，国土の構成，領土の範囲などを大まかに理解すること。
　　(イ)　我が国の国土の地形や気候の概要を理解するとともに，人々は自然環境に適応して生活していることを理解すること。
　　(ウ)　地図帳や地球儀，各種の資料で調べ，まとめること。
　イ　次のような思考力，判断力，表現力等を身に付けること。
　　(ア)　世界の大陸と主な海洋，主な国の位置，海洋に囲まれ多数の島からなる国土の構成などに着目して，我が国の国土の様子を捉え，その特色を考え，表現すること。
　　(イ)　地形や気候などに着目して，国土の自然などの様子や自然条件から見て特色ある地域の人々の生活を捉え，国土の自然環境の特色やそれらと国民生活との関連を考え，表現すること。

(2) 我が国の農業や水産業における食料生産について，学習の問題を追究・解決する活動を通して，次の事項を身に付けることができるよう指導する。
　ア　次のような知識及び技能を身に付けること。
　　(ア)　我が国の食料生産は，自然条件を生かして営まれていることや，国民の食料を確保する重要な役割を果たしていることを理解すること。
　　(イ)　食料生産に関わる人々は，生産性や品質を高めるよう努力したり輸送方法や販売方法を工夫したりして，良質な食料を消費地に届けるなど，食料生産を支えていることを理解すること。
　　(ウ)　地図帳や地球儀，各種の資料で調べ，まとめること。
　イ　次のような思考力，判断力，表現力等を身に付けること。
　　(ア)　生産物の種類や分布，生産量の変化，輸入など外国との関わりなどに着目して，食料生産の概要を捉え，食料生産が国民生活に果たす役割を考え，表現すること。
　　(イ)　生産の工程，人々の協力関係，技術の向上，輸送，価格や費用などに着目して，食料生産に関わる人々の工夫や努力を捉え，その働きを考え，表現すること。

(3) 我が国の工業生産について，学習の問題を追究・解決する活動を通して，次の事項を身に付けることができるよう指導する。
　ア　次のような知識及び技能を身に付けること。
　　(ア)　我が国では様々な工業生産が行われていることや，国土には工業の盛んな地域が広がっていること及び工業製品は国民生活の向上に重要な役割を果たしていることを理解すること。
　　(イ)　工業生産に関わる人々は，消費者の需要や社会の変化に対応し，優れた製品を生産するよう様々な工夫や努力をして，工業生産を支えていることを理解すること。
　　(ウ)　貿易や運輸は，原材料の確保や製品の販売などにおいて，工業生産を支える重要な役割を果たしていることを理解すること。

(エ) 地図帳や地球儀，各種の資料で調べ，まとめること。
イ 次のような思考力，判断力，表現力等を身に付けること。
(ア) 工業の種類，工業の盛んな地域の分布，工業製品の改良などに着目して，工業生産の概要を捉え，工業生産が国民生活に果たす役割を考え，表現すること。
(イ) 製造の工程，工場相互の協力関係，優れた技術などに着目して，工業生産に関わる人々の工夫や努力を捉え，その働きを考え，表現すること。
(ウ) 交通網の広がり，外国との関わりなどに着目して，貿易や運輸の様子を捉え，それらの役割を考え，表現すること。

(4) 我が国の産業と情報との関わりについて，学習の問題を追究・解決する活動を通して，次の事項を身に付けることができるよう指導する。
ア 次のような知識及び技能を身に付けること。
(ア) 放送，新聞などの産業は，国民生活に大きな影響を及ぼしていることを理解すること。
(イ) 大量の情報や情報通信技術の活用は，様々な産業を発展させ，国民生活を向上させていることを理解すること。
(ウ) 聞き取り調査をしたり映像や新聞などの各種資料で調べたりして，まとめること。
イ 次のような思考力，判断力，表現力等を身に付けること。
(ア) 情報を集め発信するまでの工夫や努力などに着目して，放送，新聞などの産業の様子を捉え，それらの産業が国民生活に果たす役割を考え，表現すること。
(イ) 情報の種類，情報の活用の仕方などに着目して，産業における情報活用の現状を捉え，情報を生かして発展する産業が国民生活に果たす役割を考え，表現すること。

(5) 我が国の国土の自然環境と国民生活との関連について，学習の問題を追究・解決する活動を通して，次の事項を身に付けることができるよう指導する。
ア 次のような知識及び技能を身に付けること。
(ア) 自然災害は国土の自然条件などと関連して発生していることや，自然災害から国土を保全し国民生活を守るために国や県などが様々な対策や事業を進めていることを理解すること。
(イ) 森林は，その育成や保護に従事している人々の様々な工夫と努力により国土の保全など重要な役割を果たしていることを理解すること。
(ウ) 関係機関や地域の人々の様々な努力により公害の防止や生活環境の改善が図られてきたことを理解するとともに，公害から国土の環境や国民の健康な生活を守ることの大切さを理解すること。
(エ) 地図帳や各種の資料で調べ，まとめること。
イ 次のような思考力，判断力，表現力等を身に付けること。
(ア) 災害の種類や発生の位置や時期，防災対策などに着目して，国土の自然災害の状況を捉え，自然条件との関連を考え，表現すること。
(イ) 森林資源の分布や働きなどに着目して，国土の環境を捉え，森林資源が果たす役割を考え，表現すること。
(ウ) 公害の発生時期や経過，人々の協力や努力などに着目して，公害防止の取組を捉え，その働きを考え，表現すること。

3 内容の取扱い
(1) 内容の(1)については，次のとおり取り扱うものとする。
ア アの(ア)の「領土の範囲」については，竹島や北方領土，尖閣諸島が我が国の固有の領土であることに触れること。

イ　アの(ｳ)については，地図帳や地球儀を用いて，方位，緯度や経度などによる位置の表し方
　　　について取り扱うこと。
　　ウ　イの(ｱ)の「主な国」については，名称についても扱うようにし，近隣の諸国を含めて取り
　　　上げること。その際，我が国や諸外国には国旗があることを理解し，それを尊重する態度を
　　　養うよう配慮すること。
　　エ　イの(ｲ)の「自然条件から見て特色ある地域」については，地形条件や気候条件から見て特
　　　色ある地域を取り上げること。
 (2) 内容の(2)については，次のとおり取り扱うものとする。
　　ア　アの(ｲ)及びイの(ｲ)については，食料生産の盛んな地域の具体的事例を通して調べることと
　　　し，稲作のほか，野菜，果物，畜産物，水産物などの中から一つを取り上げること。
　　イ　イの(ｱ)及び(ｲ)については，消費者や生産者の立場などから多角的に考えて，これからの農
　　　業などの発展について，自分の考えをまとめることができるよう配慮すること。
 (3) 内容の(3)については，次のとおり取り扱うものとする。
　　ア　アの(ｲ)及びイの(ｲ)については，工業の盛んな地域の具体的事例を通して調べることとし，
　　　金属工業，機械工業，化学工業，食料品工業などの中から一つを取り上げること。
　　イ　イの(ｱ)及び(ｲ)については，消費者や生産者の立場などから多角的に考えて，これからの工
　　　業の発展について，自分の考えをまとめることができるよう配慮すること。
 (4) 内容の(4)については，次のとおり取り扱うものとする。
　　ア　アの(ｱ)の「放送，新聞などの産業」については，それらの中から選択して取り上げること。
　　　その際，情報を有効に活用することについて，情報の送り手と受け手の立場から多角的に考
　　　え，受け手として正しく判断することや送り手として責任をもつことが大切であることに気
　　　付くようにすること。
　　イ　アの(ｲ)及びイの(ｲ)については，情報や情報技術を活用して発展している販売，運輸，観光，
　　　医療，福祉などに関わる産業の中から選択して取り上げること。その際，産業と国民の立場
　　　から多角的に考えて，情報化の進展に伴う産業の発展や国民生活の向上について，自分の考
　　　えをまとめることができるよう配慮すること。
 (5) 内容の(5)については，次のとおり取り扱うものとする。
　　ア　アの(ｱ)については，地震災害，津波災害，風水害，火山災害，雪害などを取り上げること。
　　イ　アの(ｳ)及びイの(ｳ)については，大気の汚染，水質の汚濁などの中から具体的事例を選択し
　　　て取り上げること。
　　ウ　イの(ｲ)及び(ｳ)については，国土の環境保全について，自分たちにできることなどを考えた
　　　り選択・判断したりできるよう配慮すること。

〔第6学年〕
1　目　標
　社会的事象の見方・考え方を働かせ，学習の問題を追究・解決する活動を通して，次のとおり
資質・能力を育成することを目指す。
(1) 我が国の政治の考え方と仕組みや働き，国家及び社会の発展に大きな働きをした先人の業績
　や優れた文化遺産，我が国と関係の深い国の生活やグローバル化する国際社会における我が国
　の役割について理解するとともに，地図帳や地球儀，統計や年表などの各種の基礎的資料を通
　して，情報を適切に調べまとめる技能を身に付けるようにする。
(2) 社会的事象の特色や相互の関連，意味を多角的に考える力，社会に見られる課題を把握して，
　その解決に向けて社会への関わり方を選択・判断する力，考えたことや選択・判断したことを
　説明したり，それらを基に議論したりする力を養う。

(3) 社会的事象について，主体的に学習の問題を解決しようとする態度や，よりよい社会を考え学習したことを社会生活に生かそうとする態度を養うとともに，多角的な思考や理解を通して，我が国の歴史や伝統を大切にして国を愛する心情，我が国の将来を担う国民としての自覚や平和を願う日本人として世界の国々の人々と共に生きることの大切さについての自覚を養う。

2　内容

(1) 我が国の政治の働きについて，学習の問題を追究・解決する活動を通して，次の事項を身に付けることができるよう指導する。

ア　次のような知識及び技能を身に付けること。
　(ｱ) 日本国憲法は国家の理想，天皇の地位，国民としての権利及び義務など国家や国民生活の基本を定めていることや，現在の我が国の民主政治は日本国憲法の基本的な考え方に基づいていることを理解するとともに，立法，行政，司法の三権がそれぞれの役割を果たしていることを理解すること。
　(ｲ) 国や地方公共団体の政治は，国民主権の考え方の下，国民生活の安定と向上を図る大切な働きをしていることを理解すること。
　(ｳ) 見学・調査したり各種の資料で調べたりして，まとめること。

イ　次のような思考力，判断力，表現力等を身に付けること。
　(ｱ) 日本国憲法の基本的な考え方に着目して，我が国の民主政治を捉え，日本国憲法が国民生活に果たす役割や，国会，内閣，裁判所と国民との関わりを考え，表現すること。
　(ｲ) 政策の内容や計画から実施までの過程，法令や予算との関わりなどに着目して，国や地方公共団体の政治の取組を捉え，国民生活における政治の働きを考え，表現すること。

(2) 我が国の歴史上の主な事象について，学習の問題を追究・解決する活動を通して，次の事項を身に付けることができるよう指導する。

ア　次のような知識及び技能を身に付けること。その際，我が国の歴史上の主な事象を手掛かりに，大まかな歴史を理解するとともに，関連する先人の業績，優れた文化遺産を理解すること。
　(ｱ) 狩猟・採集や農耕の生活，古墳，大和朝廷（大和政権）による統一の様子を手掛かりに，むらからくにへと変化したことを理解すること。その際，神話・伝承を手掛かりに，国の形成に関する考え方などに関心をもつこと。
　(ｲ) 大陸文化の摂取，大化の改新，大仏造営の様子を手掛かりに，天皇を中心とした政治が確立されたことを理解すること。
　(ｳ) 貴族の生活や文化を手掛かりに，日本風の文化が生まれたことを理解すること。
　(ｴ) 源平の戦い，鎌倉幕府の始まり，元との戦いを手掛かりに，武士による政治が始まったことを理解すること。
　(ｵ) 京都の室町に幕府が置かれた頃の代表的な建造物や絵画を手掛かりに，今日の生活文化につながる室町文化が生まれたことを理解すること。
　(ｶ) キリスト教の伝来，織田・豊臣の天下統一を手掛かりに，戦国の世が統一されたことを理解すること。
　(ｷ) 江戸幕府の始まり，参勤交代や鎖国などの幕府の政策，身分制を手掛かりに，武士による政治が安定したことを理解すること。
　(ｸ) 歌舞伎や浮世絵，国学や蘭学を手掛かりに，町人の文化が栄え新しい学問がおこったことを理解すること。
　(ｹ) 黒船の来航，廃藩置県や四民平等などの改革，文明開化などを手掛かりに，我が国が明治維新を機に欧米の文化を取り入れつつ近代化を進めたことを理解すること。

㋙　大日本帝国憲法の発布，日清（にっしん）・日露の戦争，条約改正，科学の発展などを手掛かりに，我が国の国力が充実し国際的地位が向上したことを理解すること。

　㋚　日中戦争や我が国に関わる第二次世界大戦，日本国憲法の制定，オリンピック・パラリンピックの開催などを手掛かりに，戦後我が国は民主的な国家として出発し，国民生活が向上し，国際社会の中で重要な役割を果たしてきたことを理解すること。

　㋛　遺跡や文化財，地図や年表などの資料で調べ，まとめること。

　イ　次のような思考力，判断力，表現力等を身に付けること。

　　㋐　世の中の様子，人物の働きや代表的な文化遺産などに着目して，我が国の歴史上の主な事象を捉え，我が国の歴史の展開を考えるとともに，歴史を学ぶ意味を考え，表現すること。

(3)　グローバル化する世界と日本の役割について，学習の問題を追究・解決する活動を通して，次の事項を身に付けることができるよう指導する。

　ア　次のような知識及び技能を身に付けること。

　　㋐　我が国と経済や文化などの面でつながりが深い国の人々の生活は，多様であることを理解するとともに，スポーツや文化などを通して他国と交流し，異なる文化や習慣を尊重し合うことが大切であることを理解すること。

　　㋑　我が国は，平和な世界の実現のために国際連合の一員として重要な役割を果たしたり，諸外国の発展のために援助や協力を行ったりしていることを理解すること。

　　㋒　地図帳や地球儀，各種の資料で調べ，まとめること。

　イ　次のような思考力，判断力，表現力等を身に付けること。

　　㋐　外国の人々の生活の様子などに着目して，日本の文化や習慣との違いを捉え，国際交流の果たす役割を考え，表現すること。

　　㋑　地球規模で発生している課題の解決に向けた連携・協力などに着目して，国際連合の働きや我が国の国際協力の様子を捉え，国際社会において我が国が果たしている役割を考え，表現すること。

3　内容の取扱い

(1)　内容の(1)については，次のとおり取り扱うものとする。

　ア　アの㋐については，国会などの議会政治や選挙の意味，国会と内閣と裁判所の三権相互の関連，裁判員制度や租税の役割などについて扱うこと。その際，イの㋐に関わって，国民としての政治への関わり方について多角的に考えて，自分の考えをまとめることができるよう配慮すること。

　イ　アの㋐の「天皇の地位」については，日本国憲法に定める天皇の国事に関する行為など児童に理解しやすい事項を取り上げ，歴史に関する学習との関連も図りながら，天皇についての理解と敬愛の念を深めるようにすること。また，「国民としての権利及び義務」については，参政権，納税の義務などを取り上げること。

　ウ　アの㋑の「国や地方公共団体の政治」については，社会保障，自然災害からの復旧や復興，地域の開発や活性化などの取組の中から選択して取り上げること。

　エ　イの㋐の「国会」について，国民との関わりを指導する際には，各々の国民の祝日に関心をもち，我が国の社会や文化における意義を考えることができるよう配慮すること。

(2)　内容の(2)については，次のとおり取り扱うものとする。

　ア　アの㋐から㋚までについては，児童の興味・関心を重視し，取り上げる人物や文化遺産の重点の置き方に工夫を加えるなど，精選して具体的に理解できるようにすること。その際，アの㋚の指導に当たっては，児童の発達の段階を考慮すること。

イ　アの㋐から㋙までについては、例えば、国宝、重要文化財に指定されているものや、世界文化遺産に登録されているものなどを取り上げ、我が国の代表的な文化遺産を通して学習できるように配慮すること。

ウ　アの㋐から㋚までについては、例えば、次に掲げる人物を取り上げ、人物の働きを通して学習できるよう指導すること。

卑弥呼、聖徳太子、小野妹子、中大兄皇子、中臣鎌足、聖武天皇、行基、鑑真、藤原道長、紫式部、清少納言、平清盛、源頼朝、源義経、北条時宗、足利義満、足利義政、雪舟、ザビエル、織田信長、豊臣秀吉、徳川家康、徳川家光、近松門左衛門、歌川広重、本居宣長、杉田玄白、伊能忠敬、ペリー、勝海舟、西郷隆盛、大久保利通、木戸孝允、明治天皇、福沢諭吉、大隈重信、板垣退助、伊藤博文、陸奥宗光、東郷平八郎、小村寿太郎、野口英世

エ　アの㋐の「神話・伝承」については、古事記、日本書紀、風土記などの中から適切なものを取り上げること。

オ　アの㋑から㋙までについては、当時の世界との関わりにも目を向け、我が国の歴史を広い視野から捉えられるよう配慮すること。

カ　アの㋛については、年表や絵画など資料の特性に留意した読み取り方についても指導すること。

キ　イの㋐については、歴史学習全体を通して、我が国は長い歴史をもち伝統や文化を育んできたこと、我が国の歴史は政治の中心地や世の中の様子などによって幾つかの時期に分けられることに気付くようにするとともに、現在の自分たちの生活と過去の出来事との関わりを考えたり、過去の出来事を基に現在及び将来の発展を考えたりするなど、歴史を学ぶ意味を考えるようにすること。

(3)　内容の(3)については、次のとおり取り扱うものとする。

ア　アについては、我が国の国旗と国歌の意義を理解し、これを尊重する態度を養うとともに、諸外国の国旗と国歌も同様に尊重する態度を養うよう配慮すること。

イ　アの㋐については、我が国とつながりが深い国から数か国を取り上げること。その際、児童が1か国を選択して調べるよう配慮すること。

ウ　アの㋐については、我が国や諸外国の伝統や文化を尊重しようとする態度を養うよう配慮すること。

エ　イについては、世界の人々と共に生きていくために大切なことや、今後、我が国が国際社会において果たすべき役割などを多角的に考えたり選択・判断したりできるよう配慮すること。

オ　イの㋑については、網羅的、抽象的な扱いを避けるため、「国際連合の働き」については、ユニセフやユネスコの身近な活動を取り上げること。また、「我が国の国際協力の様子」については、教育、医療、農業などの分野で世界に貢献している事例の中から選択して取り上げること。

● 第3　指導計画の作成と内容の取扱い

1　指導計画の作成に当たっては、次の事項に配慮するものとする。

(1)　単元など内容や時間のまとまりを見通して、その中で育む資質・能力の育成に向けて、児童の主体的・対話的で深い学びの実現を図るようにすること。その際、問題解決への見通しをもつこと、社会的事象の見方・考え方を働かせ、事象の特色や意味などを考え概念などに関する知識を獲得すること、学習の過程や成果を振り返り学んだことを活用することなど、学習の問題を追究・解決する活動の充実を図ること。

(2) 各学年の目標や内容を踏まえて,事例の取り上げ方を工夫して,内容の配列や授業時数の配分などに留意して効果的な年間指導計画を作成すること。

(3) 我が国の47都道府県の名称と位置,世界の大陸と主な海洋の名称と位置については,学習内容と関連付けながら,その都度,地図帳や地球儀などを使って確認するなどして,小学校卒業までに身に付け活用できるように工夫して指導すること。

(4) 障害のある児童などについては,学習活動を行う場合に生じる困難さに応じた指導内容や指導方法の工夫を計画的,組織的に行うこと。

(5) 第1章総則の第1の2の(2)に示す道徳教育の目標に基づき,道徳科などとの関連を考慮しながら,第3章特別の教科道徳の第2に示す内容について,社会科の特質に応じて適切な指導をすること。

2 第2の内容の取扱いについては,次の事項に配慮するものとする。

(1) 各学校においては,地域の実態を生かし,児童が興味・関心をもって学習に取り組めるようにするとともに,観察や見学,聞き取りなどの調査活動を含む具体的な体験を伴う学習やそれに基づく表現活動の一層の充実を図ること。また,社会的事象の特色や意味,社会に見られる課題などについて,多角的に考えたことや選択・判断したことを論理的に説明したり,立場や根拠を明確にして議論したりするなど言語活動に関わる学習を一層重視すること。

(2) 学校図書館や公共図書館,コンピュータなどを活用して,情報の収集やまとめなどを行うようにすること。また,全ての学年において,地図帳を活用すること。

(3) 博物館や資料館などの施設の活用を図るとともに,身近な地域及び国土の遺跡や文化財などについての調査活動を取り入れるようにすること。また,内容に関わる専門家や関係者,関係の諸機関との連携を図るようにすること。

(4) 児童の発達の段階を考慮し,社会的事象については,児童の考えが深まるよう様々な見解を提示するよう配慮し,多様な見解のある事柄,未確定な事柄を取り上げる場合には,有益適切な教材に基づいて指導するとともに,特定の事柄を強調し過ぎたり,一面的な見解を十分な配慮なく取り上げたりするなどの偏った取扱いにより,児童が多角的に考えたり,事実を客観的に捉え,公正に判断したりすることを妨げることのないよう留意すること。

第3節　算数

● 第1　目標

数学的な見方・考え方を働かせ，数学的活動を通して，数学的に考える資質・能力を次のとおり育成することを目指す。

(1) 数量や図形などについての基礎的・基本的な概念や性質などを理解するとともに，日常の事象を数理的に処理する技能を身に付けるようにする。

(2) 日常の事象を数理的に捉え見通しをもち筋道を立てて考察する力，基礎的・基本的な数量や図形の性質などを見いだし統合的・発展的に考察する力，数学的な表現を用いて事象を簡潔・明瞭・的確に表したり目的に応じて柔軟に表したりする力を養う。

(3) 数学的活動の楽しさや数学のよさに気付き，学習を振り返ってよりよく問題解決しようとする態度，算数で学んだことを生活や学習に活用しようとする態度を養う。

● 第2　各学年の目標及び内容

〔第1学年〕

1　目標

(1) 数の概念とその表し方及び計算の意味を理解し，量，図形及び数量の関係についての理解の基礎となる経験を重ね，数量や図形についての感覚を豊かにするとともに，加法及び減法の計算をしたり，形を構成したり，身の回りにある量の大きさを比べたり，簡単な絵や図などに表したりすることなどについての技能を身に付けるようにする。

(2) ものの数に着目し，具体物や図などを用いて数の数え方や計算の仕方を考える力，ものの形に着目して特徴を捉えたり，具体的な操作を通して形の構成について考えたりする力，身の回りにあるものの特徴を量に着目して捉え，量の大きさの比べ方を考える力，データの個数に着目して身の回りの事象の特徴を捉える力などを養う。

(3) 数量や図形に親しみ，算数で学んだことのよさや楽しさを感じながら学ぶ態度を養う。

2　内容

A　数と計算

(1) 数の構成と表し方に関わる数学的活動を通して，次の事項を身に付けることができるよう指導する。

　ア　次のような知識及び技能を身に付けること。

　　(ア)　ものとものとを対応させることによって，ものの個数を比べること。

　　(イ)　個数や順番を正しく数えたり表したりすること。

　　(ウ)　数の大小や順序を考えることによって，数の系列を作ったり，数直線の上に表したりすること。

　　(エ)　一つの数をほかの数の和や差としてみるなど，ほかの数と関係付けてみること。

　　(オ)　2位数の表し方について理解すること。

　　(カ)　簡単な場合について，3位数の表し方を知ること。

　　(キ)　数を，十を単位としてみること。

　　(ク)　具体物をまとめて数えたり等分したりして整理し，表すこと。

イ 次のような思考力，判断力，表現力等を身に付けること。
(ア) 数のまとまりに着目し，数の大きさの比べ方や数え方を考え，それらを日常生活に生かすこと。
(2) 加法及び減法に関わる数学的活動を通して，次の事項を身に付けることができるよう指導する。
ア 次のような知識及び技能を身に付けること。
(ア) 加法及び減法の意味について理解し，それらが用いられる場合について知ること。
(イ) 加法及び減法が用いられる場面を式に表したり，式を読み取ったりすること。
(ウ) 1位数と1位数との加法及びその逆の減法の計算が確実にできること。
(エ) 簡単な場合について，2位数などについても加法及び減法ができることを知ること。
イ 次のような思考力，判断力，表現力等を身に付けること。
(ア) 数量の関係に着目し，計算の意味や計算の仕方を考えたり，日常生活に生かしたりすること。

B 図形
(1) 身の回りにあるものの形に関わる数学的活動を通して，次の事項を身に付けることができるよう指導する。
ア 次のような知識及び技能を身に付けること。
(ア) ものの形を認め，形の特徴を知ること。
(イ) 具体物を用いて形を作ったり分解したりすること。
(ウ) 前後，左右，上下など方向や位置についての言葉を用いて，ものの位置を表すこと。
イ 次のような思考力，判断力，表現力等を身に付けること。
(ア) ものの形に着目し，身の回りにあるものの特徴を捉えたり，具体的な操作を通して形の構成について考えたりすること。

C 測定
(1) 身の回りのものの大きさに関わる数学的活動を通して，次の事項を身に付けることができるよう指導する。
ア 次のような知識及び技能を身に付けること。
(ア) 長さ，広さ，かさなどの量を，具体的な操作によって直接比べたり，他のものを用いて比べたりすること。
(イ) 身の回りにあるものの大きさを単位として，その幾つ分かで大きさを比べること。
イ 次のような思考力，判断力，表現力等を身に付けること。
(ア) 身の回りのものの特徴に着目し，量の大きさの比べ方を見いだすこと。
(2) 時刻に関わる数学的活動を通して，次の事項を身に付けることができるよう指導する。
ア 次のような知識及び技能を身に付けること。
(ア) 日常生活の中で時刻を読むこと。
イ 次のような思考力，判断力，表現力等を身に付けること。
(ア) 時刻の読み方を用いて，時刻と日常生活を関連付けること。

D データの活用
(1) 数量の整理に関わる数学的活動を通して，次の事項を身に付けることができるよう指導する。
ア 次のような知識及び技能を身に付けること。
(ア) ものの個数について，簡単な絵や図などに表したり，それらを読み取ったりすること。
イ 次のような思考力，判断力，表現力等を身に付けること。
(ア) データの個数に着目し，身の回りの事象の特徴を捉えること。

〔数学的活動〕
(1) 内容の「A数と計算」,「B図形」,「C測定」及び「Dデータの活用」に示す学習については,次のような数学的活動に取り組むものとする。
　ア　身の回りの事象を観察したり,具体物を操作したりして,数量や形を見いだす活動
　イ　日常生活の問題を具体物などを用いて解決したり結果を確かめたりする活動
　ウ　算数の問題を具体物などを用いて解決したり結果を確かめたりする活動
　エ　問題解決の過程や結果を,具体物や図などを用いて表現する活動

〔用語・記号〕
　　一の位　十の位　＋　－　＝

〔第2学年〕

1 目 標

(1) 数の概念についての理解を深め,計算の意味と性質,基本的な図形の概念,量の概念,簡単な表とグラフなどについて理解し,数量や図形についての感覚を豊かにするとともに,加法,減法及び乗法の計算をしたり,図形を構成したり,長さやかさなどを測定したり,表やグラフに表したりすることなどについての技能を身に付けるようにする。

(2) 数とその表現や数量の関係に着目し,必要に応じて具体物や図などを用いて数の表し方や計算の仕方などを考察する力,平面図形の特徴を図形を構成する要素に着目して捉えたり,身の回りの事象を図形の性質から考察したりする力,身の回りにあるものの特徴を量に着目して捉え,量の単位を用いて的確に表現する力,身の回りの事象をデータの特徴に着目して捉え,簡潔に表現したり考察したりする力などを養う。

(3) 数量や図形に進んで関わり,数学的に表現・処理したことを振り返り,数理的な処理のよさに気付き生活や学習に活用しようとする態度を養う。

2 内 容

A 数と計算

(1) 数の構成と表し方に関わる数学的活動を通して,次の事項を身に付けることができるよう指導する。
　ア　次のような知識及び技能を身に付けること。
　　(ア) 同じ大きさの集まりにまとめて数えたり,分類して数えたりすること。
　　(イ) 4位数までについて,十進位取り記数法による数の表し方及び数の大小や順序について理解すること。
　　(ウ) 数を十や百を単位としてみるなど,数の相対的な大きさについて理解すること。
　　(エ) 一つの数をほかの数の積としてみるなど,ほかの数と関係付けてみること。
　　(オ) 簡単な事柄を分類整理し,それを数を用いて表すこと。
　　(カ) $\frac{1}{2}$, $\frac{1}{3}$など簡単な分数について知ること。
　イ　次のような思考力,判断力,表現力等を身に付けること。
　　(ア) 数のまとまりに着目し,大きな数の大きさの比べ方や数え方を考え,日常生活に生かすこと。

(2) 加法及び減法に関わる数学的活動を通して,次の事項を身に付けることができるよう指導する。
　ア　次のような知識及び技能を身に付けること。
　　(ア) 2位数の加法及びその逆の減法の計算が,1位数などについての基本的な計算を基にしてできることを理解し,それらの計算が確実にできること。また,それらの筆算の仕方に

　　　　ついて理解すること。
　　　(イ) 簡単な場合について，3位数などの加法及び減法の計算の仕方を知ること。
　　　(ウ) 加法及び減法に関して成り立つ性質について理解すること。
　　　(エ) 加法と減法との相互関係について理解すること。
　　イ　次のような思考力，判断力，表現力等を身に付けること。
　　　(ア) 数量の関係に着目し，計算の仕方を考えたり計算に関して成り立つ性質を見いだしたりするとともに，その性質を活用して，計算を工夫したり計算の確かめをしたりすること。
　(3) 乗法に関わる数学的活動を通して，次の事項を身に付けることができるよう指導する。
　　ア　次のような知識及び技能を身に付けること。
　　　(ア) 乗法の意味について理解し，それが用いられる場合について知ること。
　　　(イ) 乗法が用いられる場面を式に表したり，式を読み取ったりすること。
　　　(ウ) 乗法に関して成り立つ簡単な性質について理解すること。
　　　(エ) 乗法九九について知り，1位数と1位数との乗法の計算が確実にできること。
　　　(オ) 簡単な場合について，2位数と1位数との乗法の計算の仕方を知ること。
　　イ　次のような思考力，判断力，表現力等を身に付けること。
　　　(ア) 数量の関係に着目し，計算の意味や計算の仕方を考えたり計算に関して成り立つ性質を見いだしたりするとともに，その性質を活用して，計算を工夫したり計算の確かめをしたりすること。
　　　(イ) 数量の関係に着目し，計算を日常生活に生かすこと。
B　図形
　(1) 図形に関わる数学的活動を通して，次の事項を身に付けることができるよう指導する。
　　ア　次のような知識及び技能を身に付けること。
　　　(ア) 三角形，四角形について知ること。
　　　(イ) 正方形，長方形，直角三角形について知ること。
　　　(ウ) 正方形や長方形の面で構成される箱の形をしたものについて理解し，それらを構成したり分解したりすること。
　　イ　次のような思考力，判断力，表現力等を身に付けること。
　　　(ア) 図形を構成する要素に着目し，構成の仕方を考えるとともに，身の回りのものの形を図形として捉えること。
C　測定
　(1) 量の単位と測定に関わる数学的活動を通して，次の事項を身に付けることができるよう指導する。
　　ア　次のような知識及び技能を身に付けること。
　　　(ア) 長さの単位（ミリメートル（mm），センチメートル（cm），メートル（m））及びかさの単位（ミリリットル（mL），デシリットル（dL），リットル（L））について知り，測定の意味を理解すること。
　　　(イ) 長さ及びかさについて，およその見当を付け，単位を適切に選択して測定すること。
　　イ　次のような思考力，判断力，表現力等を身に付けること。
　　　(ア) 身の回りのものの特徴に着目し，目的に応じた単位で量の大きさを的確に表現したり，比べたりすること。
　(2) 時刻と時間に関わる数学的活動を通して，次の事項を身に付けることができるよう指導する。
　　ア　次のような知識及び技能を身に付けること。
　　　(ア) 日，時，分について知り，それらの関係を理解すること。
　　イ　次のような思考力，判断力，表現力等を身に付けること。

(ｱ) 時間の単位に着目し，時刻や時間を日常生活に生かすこと。

D　データの活用

(1) データの分析に関わる数学的活動を通して，次の事項を身に付けることができるよう指導する。

　ア　次のような知識及び技能を身に付けること。

　　(ｱ) 身の回りにある数量を分類整理し，簡単な表やグラフを用いて表したり読み取ったりすること。

　イ　次のような思考力，判断力，表現力等を身に付けること。

　　(ｱ) データを整理する観点に着目し，身の回りの事象について表やグラフを用いて考察すること。

〔数学的活動〕

(1) 内容の「A数と計算」，「B図形」，「C測定」及び「Dデータの活用」に示す学習については，次のような数学的活動に取り組むものとする。

　ア　身の回りの事象を観察したり，具体物を操作したりして，数量や図形に進んで関わる活動

　イ　日常の事象から見いだした算数の問題を，具体物，図，数，式などを用いて解決し，結果を確かめる活動

　ウ　算数の学習場面から見いだした算数の問題を，具体物，図，数，式などを用いて解決し，結果を確かめる活動

　エ　問題解決の過程や結果を，具体物，図，数，式などを用いて表現し伝え合う活動

〔用語・記号〕

　直線　直角　頂点　辺　面　単位　×　＞　＜

3　内容の取扱い

(1) 内容の「A数と計算」の(1)については，1万についても取り扱うものとする。

(2) 内容の「A数と計算」の(2)については，必要な場合には，（　）や□などを用いることができる。また，計算の結果の見積りについて配慮するものとする。

(3) 内容の「A数と計算」の(2)のアの(ｳ)については，交換法則や結合法則を取り扱うものとする。

(4) 内容の「A数と計算」の(3)のアの(ｳ)については，主に乗数が1ずつ増えるときの積の増え方や交換法則を取り扱うものとする。

(5) 内容の「B図形」の(1)のアの(ｲ)に関連して，正方形，長方形が身の回りで多く使われていることが分かるようにするとともに，敷き詰めるなどの操作的な活動を通して，平面の広がりについての基礎となる経験を豊かにするよう配慮するものとする。

〔第3学年〕

1　目標

(1) 数の表し方，整数の計算の意味と性質，小数及び分数の意味と表し方，基本的な図形の概念，量の概念，棒グラフなどについて理解し，数量や図形についての感覚を豊かにするとともに，整数などの計算をしたり，図形を構成したり，長さや重さなどを測定したり，表やグラフに表したりすることなどについての技能を身に付けるようにする。

(2) 数とその表現や数量の関係に着目し，必要に応じて具体物や図などを用いて数の表し方や計算の仕方などを考察する力，平面図形の特徴を図形を構成する要素に着目して捉えたり，身の回りの事象を図形の性質から考察したりする力，身の回りにあるものの特徴を量に着目して捉え，量の単位を用いて的確に表現する力，身の回りの事象をデータの特徴に着目して捉え，簡潔に表現したり適切に判断したりする力などを養う。

(3) 数量や図形に進んで関わり，数学的に表現・処理したことを振り返り，数理的な処理のよさ

に気付き生活や学習に活用しようとする態度を養う。

2 内容

A 数と計算

(1) 整数の表し方に関わる数学的活動を通して、次の事項を身に付けることができるよう指導する。

　ア　次のような知識及び技能を身に付けること。
　　(ｱ)　万の単位について知ること。
　　(ｲ)　10倍，100倍，1000倍，$\frac{1}{10}$の大きさの数及びそれらの表し方について知ること。
　　(ｳ)　数の相対的な大きさについての理解を深めること。
　イ　次のような思考力，判断力，表現力等を身に付けること。
　　(ｱ)　数のまとまりに着目し，大きな数の大きさの比べ方や表し方を考え，日常生活に生かすこと。

(2) 加法及び減法に関わる数学的活動を通して、次の事項を身に付けることができるよう指導する。

　ア　次のような知識及び技能を身に付けること。
　　(ｱ)　3位数や4位数の加法及び減法の計算が，2位数などについての基本的な計算を基にしてできることを理解すること。また，それらの筆算の仕方について理解すること。
　　(ｲ)　加法及び減法の計算が確実にでき，それらを適切に用いること。
　イ　次のような思考力，判断力，表現力等を身に付けること。
　　(ｱ)　数量の関係に着目し，計算の仕方を考えたり計算に関して成り立つ性質を見いだしたりするとともに，その性質を活用して，計算を工夫したり計算の確かめをしたりすること。

(3) 乗法に関わる数学的活動を通して、次の事項を身に付けることができるよう指導する。

　ア　次のような知識及び技能を身に付けること。
　　(ｱ)　2位数や3位数に1位数や2位数をかける乗法の計算が，乗法九九などの基本的な計算を基にしてできることを理解すること。また，その筆算の仕方について理解すること。
　　(ｲ)　乗法の計算が確実にでき，それを適切に用いること。
　　(ｳ)　乗法に関して成り立つ性質について理解すること。
　イ　次のような思考力，判断力，表現力等を身に付けること。
　　(ｱ)　数量の関係に着目し，計算の仕方を考えたり計算に関して成り立つ性質を見いだしたりするとともに，その性質を活用して，計算を工夫したり計算の確かめをしたりすること。

(4) 除法に関わる数学的活動を通して、次の事項を身に付けることができるよう指導する。

　ア　次のような知識及び技能を身に付けること。
　　(ｱ)　除法の意味について理解し，それが用いられる場合について知ること。また，余りについて知ること。
　　(ｲ)　除法が用いられる場面を式に表したり，式を読み取ったりすること。
　　(ｳ)　除法と乗法や減法との関係について理解すること。
　　(ｴ)　除数と商が共に1位数である除法の計算が確実にできること。
　　(ｵ)　簡単な場合について，除数が1位数で商が2位数の除法の計算の仕方を知ること。
　イ　次のような思考力，判断力，表現力等を身に付けること。
　　(ｱ)　数量の関係に着目し，計算の意味や計算の仕方を考えたり，計算に関して成り立つ性質を見いだしたりするとともに，その性質を活用して，計算を工夫したり計算の確かめをしたりすること。
　　(ｲ)　数量の関係に着目し，計算を日常生活に生かすこと。

(5) 小数とその表し方に関わる数学的活動を通して，次の事項を身に付けることができるよう指導する。
　ア　次のような知識及び技能を身に付けること。
　　(ア)　端数部分の大きさを表すのに小数を用いることを知ること。また，小数の表し方及び $\frac{1}{10}$ の位について知ること。
　　(イ)　$\frac{1}{10}$ の位までの小数の加法及び減法の意味について理解し，それらの計算ができることを知ること。
　イ　次のような思考力，判断力，表現力等を身に付けること。
　　(ア)　数のまとまりに着目し，小数でも数の大きさを比べたり計算したりできるかどうかを考えるとともに，小数を日常生活に生かすこと。

(6) 分数とその表し方に関わる数学的活動を通して，次の事項を身に付けることができるよう指導する。
　ア　次のような知識及び技能を身に付けること。
　　(ア)　等分してできる部分の大きさや端数部分の大きさを表すのに分数を用いることを知ること。また，分数の表し方について知ること。
　　(イ)　分数が単位分数の幾つ分かで表すことができることを知ること。
　　(ウ)　簡単な場合について，分数の加法及び減法の意味について理解し，それらの計算ができることを知ること。
　イ　次のような思考力，判断力，表現力等を身に付けること。
　　(ア)　数のまとまりに着目し，分数でも数の大きさを比べたり計算したりできるかどうかを考えるとともに，分数を日常生活に生かすこと。

(7) 数量の関係を表す式に関わる数学的活動を通して，次の事項を身に付けることができるよう指導する。
　ア　次のような知識及び技能を身に付けること。
　　(ア)　数量の関係を表す式について理解するとともに，数量を□などを用いて表し，その関係を式に表したり，□などに数を当てはめて調べたりすること。
　イ　次のような思考力，判断力，表現力等を身に付けること。
　　(ア)　数量の関係に着目し，数量の関係を図や式を用いて簡潔に表したり，式と図を関連付けて式を読んだりすること。

(8) そろばんを用いた数の表し方と計算に関わる数学的活動を通して，次の事項を身に付けることができるよう指導する。
　ア　次のような知識及び技能を身に付けること。
　　(ア)　そろばんによる数の表し方について知ること。
　　(イ)　簡単な加法及び減法の計算の仕方について知り，計算すること。
　イ　次のような思考力，判断力，表現力等を身に付けること。
　　(ア)　そろばんの仕組みに着目し，大きな数や小数の計算の仕方を考えること。

B　図形
(1) 図形に関わる数学的活動を通して，次の事項を身に付けることができるよう指導する。
　ア　次のような知識及び技能を身に付けること。
　　(ア)　二等辺三角形，正三角形などについて知り，作図などを通してそれらの関係に次第に着目すること。
　　(イ)　基本的な図形と関連して角について知ること。
　　(ウ)　円について，中心，半径，直径を知ること。また，円に関連して，球についても直径などを知ること。

イ 次のような思考力，判断力，表現力等を身に付けること。
　(ア) 図形を構成する要素に着目し，構成の仕方を考えるとともに，図形の性質を見いだし，身の回りのものの形を図形として捉えること。

C　測定
(1) 量の単位と測定に関わる数学的活動を通して，次の事項を身に付けることができるよう指導する。
　ア 次のような知識及び技能を身に付けること。
　　(ア) 長さの単位（キロメートル（km））及び重さの単位（グラム（g），キログラム（kg））について知り，測定の意味を理解すること。
　　(イ) 長さや重さについて，適切な単位で表したり，およその見当を付け計器を適切に選んで測定したりすること。
　イ 次のような思考力，判断力，表現力等を身に付けること。
　　(ア) 身の回りのものの特徴に着目し，単位の関係を統合的に考察すること。
(2) 時刻と時間に関わる数学的活動を通して，次の事項を身に付けることができるよう指導する。
　ア 次のような知識及び技能を身に付けること。
　　(ア) 秒について知ること。
　　(イ) 日常生活に必要な時刻や時間を求めること。
　イ 次のような思考力，判断力，表現力等を身に付けること。
　　(ア) 時間の単位に着目し，時刻や時間の求め方について考察し，日常生活に生かすこと。

D　データの活用
(1) データの分析に関わる数学的活動を通して，次の事項を身に付けることができるよう指導する。
　ア 次のような知識及び技能を身に付けること。
　　(ア) 日時の観点や場所の観点などからデータを分類整理し，表に表したり読んだりすること。
　　(イ) 棒グラフの特徴やその用い方を理解すること。
　イ 次のような思考力，判断力，表現力等を身に付けること。
　　(ア) データを整理する観点に着目し，身の回りの事象について表やグラフを用いて考察して，見いだしたことを表現すること。

〔数学的活動〕
(1) 内容の「A数と計算」，「B図形」，「C測定」及び「Dデータの活用」に示す学習については，次のような数学的活動に取り組むものとする。
　ア 身の回りの事象を観察したり，具体物を操作したりして，数量や図形に進んで関わる活動
　イ 日常の事象から見いだした算数の問題を，具体物，図，数，式などを用いて解決し，結果を確かめる活動
　ウ 算数の学習場面から見いだした算数の問題を，具体物，図，数，式などを用いて解決し，結果を確かめる活動
　エ 問題解決の過程や結果を，具体物，図，数，式などを用いて表現し伝え合う活動

〔用語・記号〕
等号　不等号　小数点　$\frac{1}{10}$の位　数直線　分母　分子　÷

3　内容の取扱い

(1) 内容の「A数と計算」の(1)については，1億についても取り扱うものとする。
(2) 内容の「A数と計算」の(2)及び(3)については，簡単な計算は暗算でできるよう配慮するものとする。また，計算の結果の見積りについても触れるものとする。

(3) 内容の「A数と計算」の(3)については，乗数又は被乗数が0の場合の計算についても取り扱うものとする。

(4) 内容の「A数と計算」の(3)のアの(ウ)については，交換法則，結合法則，分配法則を取り扱うものとする。

(5) 内容の「A数と計算」の(5)及び(6)については，小数の0.1と分数$\frac{1}{10}$のなどを数直線を用いて関連付けて取り扱うものとする。

(6) 内容の「B図形」の(1)の基本的な図形については，定規，コンパスなどを用いて，図形をかいたり確かめたりする活動を重視するとともに，三角形や円などを基にして模様をかくなどの具体的な活動を通して，図形のもつ美しさに関心をもたせるよう配慮するものとする。

(7) 内容の「C測定」の(1)については，重さの単位のトン(t)について触れるとともに，接頭語（キロ（k）やミリ（m））についても触れるものとする。

(8) 内容の「Dデータの活用」の(1)のアの(イ)については，最小目盛りが2，5又は20，50などの棒グラフや，複数の棒グラフを組み合わせたグラフなどにも触れるものとする。

〔第4学年〕

1 目標

(1) 小数及び分数の意味と表し方，四則の関係，平面図形と立体図形，面積，角の大きさ，折れ線グラフなどについて理解するとともに，整数，小数及び分数の計算をしたり，図形を構成したり，図形の面積や角の大きさを求めたり，表やグラフに表したりすることなどについての技能を身に付けるようにする。

(2) 数とその表現や数量の関係に着目し，目的に合った表現方法を用いて計算の仕方などを考察する力，図形を構成する要素及びそれらの位置関係に着目し，図形の性質や図形の計量について考察する力，伴って変わる二つの数量やそれらの関係に着目し，変化や対応の特徴を見いだして，二つの数量の関係を表や式を用いて考察する力，目的に応じてデータを収集し，データの特徴や傾向に着目して表やグラフに的確に表現し，それらを用いて問題解決したり，解決の過程や結果を多面的に捉え考察したりする力などを養う。

(3) 数学的に表現・処理したことを振り返り，多面的に捉え検討してよりよいものを求めて粘り強く考える態度，数学のよさに気付き学習したことを生活や学習に活用しようとする態度を養う。

2 内容

A 数と計算

(1) 整数の表し方に関わる数学的活動を通して，次の事項を身に付けることができるよう指導する。

ア 次のような知識及び技能を身に付けること。
(ア) 億，兆の単位について知り，十進位取り記数法についての理解を深めること。

イ 次のような思考力，判断力，表現力等を身に付けること。
(ア) 数のまとまりに着目し，大きな数の大きさの比べ方や表し方を統合的に捉えるとともに，それらを日常生活に生かすこと。

(2) 概数に関わる数学的活動を通して，次の事項を身に付けることができるよう指導する。

ア 次のような知識及び技能を身に付けること。
(ア) 概数が用いられる場合について知ること。
(イ) 四捨五入について知ること。
(ウ) 目的に応じて四則計算の結果の見積りをすること。

イ　次のような思考力，判断力，表現力等を身に付けること。
　　　㋐　日常の事象における場面に着目し，目的に合った数の処理の仕方を考えるとともに，それを日常生活に生かすこと。
(3)　整数の除法に関わる数学的活動を通して，次の事項を身に付けることができるよう指導する。
　　ア　次のような知識及び技能を身に付けること。
　　　㋐　除数が1位数や2位数で被除数が2位数や3位数の場合の計算が，基本的な計算を基にしてできることを理解すること。また，その筆算の仕方について理解すること。
　　　㋑　除法の計算が確実にでき，それを適切に用いること。
　　　㋒　除法について，次の関係を理解すること。
　　　　（被除数）＝（除数）×（商）＋（余り）
　　　㋓　除法に関して成り立つ性質について理解すること。
　　イ　次のような思考力，判断力，表現力等を身に付けること。
　　　㋐　数量の関係に着目し，計算の仕方を考えたり計算に関して成り立つ性質を見いだしたりするとともに，その性質を活用して，計算を工夫したり計算の確かめをしたりすること。
(4)　小数とその計算に関わる数学的活動を通して，次の事項を身に付けることができるよう指導する。
　　ア　次のような知識及び技能を身に付けること。
　　　㋐　ある量の何倍かを表すのに小数を用いることを知ること。
　　　㋑　小数が整数と同じ仕組みで表されていることを知るとともに，数の相対的な大きさについての理解を深めること。
　　　㋒　小数の加法及び減法の計算ができること。
　　　㋓　乗数や除数が整数である場合の小数の乗法及び除法の計算ができること。
　　イ　次のような思考力，判断力，表現力等を身に付けること。
　　　㋐　数の表し方の仕組みや数を構成する単位に着目し，計算の仕方を考えるとともに，それを日常生活に生かすこと。
(5)　分数とその加法及び減法に関わる数学的活動を通して，次の事項を身に付けることができるよう指導する。
　　ア　次のような知識及び技能を身に付けること。
　　　㋐　簡単な場合について，大きさの等しい分数があることを知ること。
　　　㋑　同分母の分数の加法及び減法の計算ができること。
　　イ　次のような思考力，判断力，表現力等を身に付けること。
　　　㋐　数を構成する単位に着目し，大きさの等しい分数を探したり，計算の仕方を考えたりするとともに，それを日常生活に生かすこと。
(6)　数量の関係を表す式に関わる数学的活動を通して，次の事項を身に付けることができるよう指導する。
　　ア　次のような知識及び技能を身に付けること。
　　　㋐　四則の混合した式や（　）を用いた式について理解し，正しく計算すること。
　　　㋑　公式についての考え方を理解し，公式を用いること。
　　　㋒　数量を□，△などを用いて表し，その関係を式に表したり，□，△などに数を当てはめて調べたりすること。
　　イ　次のような思考力，判断力，表現力等を身に付けること。
　　　㋐　問題場面の数量の関係に着目し，数量の関係を簡潔に，また一般的に表現したり，式の意味を読み取ったりすること。
(7)　計算に関して成り立つ性質に関わる数学的活動を通して，次の事項を身に付けることができ

るよう指導する。
　　ア　次のような知識及び技能を身に付けること。
　　　(ｱ)　四則に関して成り立つ性質についての理解を深めること。
　　イ　次のような思考力，判断力，表現力等を身に付けること。
　　　(ｱ)　数量の関係に着目し，計算に関して成り立つ性質を用いて計算の仕方を考えること。
(8)　そろばんを用いた数の表し方と計算に関わる数学的活動を通して，次の事項を身に付けることができるよう指導する。
　　ア　次のような知識及び技能を身に付けること。
　　　(ｱ)　加法及び減法の計算をすること。
　　イ　次のような思考力，判断力，表現力等を身に付けること。
　　　(ｱ)　そろばんの仕組みに着目し，大きな数や小数の計算の仕方を考えること。
B　図形
(1)　平面図形に関わる数学的活動を通して，次の事項を身に付けることができるよう指導する。
　　ア　次のような知識及び技能を身に付けること。
　　　(ｱ)　直線の平行や垂直の関係について理解すること。
　　　(ｲ)　平行四辺形，ひし形，台形について知ること。
　　イ　次のような思考力，判断力，表現力等を身に付けること。
　　　(ｱ)　図形を構成する要素及びそれらの位置関係に着目し，構成の仕方を考察し図形の性質を見いだすとともに，その性質を基に既習の図形を捉え直すこと。
(2)　立体図形に関わる数学的活動を通して，次の事項を身に付けることができるよう指導する。
　　ア　次のような知識及び技能を身に付けること。
　　　(ｱ)　立方体，直方体について知ること。
　　　(ｲ)　直方体に関連して，直線や平面の平行や垂直の関係について理解すること。
　　　(ｳ)　見取図，展開図について知ること。
　　イ　次のような思考力，判断力，表現力等を身に付けること。
　　　(ｱ)　図形を構成する要素及びそれらの位置関係に着目し，立体図形の平面上での表現や構成の仕方を考察し図形の性質を見いだすとともに，日常の事象を図形の性質から捉え直すこと。
(3)　ものの位置に関わる数学的活動を通して，次の事項を身に付けることができるよう指導する。
　　ア　次のような知識及び技能を身に付けること。
　　　(ｱ)　ものの位置の表し方について理解すること。
　　イ　次のような思考力，判断力，表現力等を身に付けること。
　　　(ｱ)　平面や空間における位置を決める要素に着目し，その位置を数を用いて表現する方法を考察すること。
(4)　平面図形の面積に関わる数学的活動を通して，次の事項を身に付けることができるよう指導する。
　　ア　次のような知識及び技能を身に付けること。
　　　(ｱ)　面積の単位（平方センチメートル（cm^2），平方メートル（m^2），平方キロメートル（km^2））について知ること。
　　　(ｲ)　正方形及び長方形の面積の計算による求め方について理解すること。
　　イ　次のような思考力，判断力，表現力等を身に付けること。
　　　(ｱ)　面積の単位や図形を構成する要素に着目し，図形の面積の求め方を考えるとともに，面積の単位とこれまでに学習した単位との関係を考察すること。
(5)　角の大きさに関わる数学的活動を通して，次の事項を身に付けることができるよう指導する。

ア　次のような知識及び技能を身に付けること。
　　　(ア)　角の大きさを回転の大きさとして捉えること。
　　　(イ)　角の大きさの単位（度（°））について知り，角の大きさを測定すること。
　　イ　次のような思考力，判断力，表現力等を身に付けること。
　　　(ア)　図形の角の大きさに着目し，角の大きさを柔軟に表現したり，図形の考察に生かしたりすること。
C　変化と関係
(1)　伴って変わる二つの数量に関わる数学的活動を通して，次の事項を身に付けることができるよう指導する。
　　ア　次のような知識及び技能を身に付けること。
　　　(ア)　変化の様子を表や式，折れ線グラフを用いて表したり，変化の特徴を読み取ったりすること。
　　イ　次のような思考力，判断力，表現力等を身に付けること。
　　　(ア)　伴って変わる二つの数量を見いだして，それらの関係に着目し，表や式を用いて変化や対応の特徴を考察すること。
(2)　二つの数量の関係に関わる数学的活動を通して，次の事項を身に付けることができるよう指導する。
　　ア　次のような知識及び技能を身に付けること。
　　　(ア)　簡単な場合について，ある二つの数量の関係と別の二つの数量の関係とを比べる場合に割合を用いる場合があることを知ること。
　　イ　次のような思考力，判断力，表現力等を身に付けること。
　　　(ア)　日常の事象における数量の関係に着目し，図や式などを用いて，ある二つの数量の関係と別の二つの数量の関係との比べ方を考察すること。
D　データの活用
(1)　データの収集とその分析に関わる数学的活動を通して，次の事項を身に付けることができるよう指導する。
　　ア　次のような知識及び技能を身に付けること。
　　　(ア)　データを二つの観点から分類整理する方法を知ること。
　　　(イ)　折れ線グラフの特徴とその用い方を理解すること。
　　イ　次のような思考力，判断力，表現力等を身に付けること。
　　　(ア)　目的に応じてデータを集めて分類整理し，データの特徴や傾向に着目し，問題を解決するために適切なグラフを選択して判断し，その結論について考察すること。

〔数学的活動〕
(1)　内容の「A数と計算」，「B図形」，「C変化と関係」及び「Dデータの活用」に示す学習については，次のような数学的活動に取り組むものとする。
　　ア　日常の事象から算数の問題を見いだして解決し，結果を確かめたり，日常生活等に生かしたりする活動
　　イ　算数の学習場面から算数の問題を見いだして解決し，結果を確かめたり，発展的に考察したりする活動
　　ウ　問題解決の過程や結果を，図や式などを用いて数学的に表現し伝え合う活動

〔用語・記号〕
　　和　差　積　商　以上　以下　未満　真分数　仮分数　帯分数　平行　垂直　対角線　平面

3　内容の取扱い

(1) 内容の「A数と計算」の(1)については，大きな数を表す際に，3桁ごとに区切りを用いる場合があることに触れるものとする。

(2) 内容の「A数と計算」の(2)のアの(ｳ)及び(3)については，簡単な計算は暗算でできるよう配慮するものとする。また，暗算を筆算や見積りに生かすよう配慮するものとする。

(3) 内容の「A数と計算」の(3)については，第1学年から第4学年までに示す整数の計算の能力を定着させ，それを用いる能力を伸ばすことに配慮するものとする。

(4) 内容の「A数と計算」の(3)のアの(ｴ)については，除数及び被除数に同じ数をかけても，同じ数で割っても商は変わらないという性質などを取り扱うものとする。

(5) 内容の「A数と計算」の(4)のアの(ｴ)については，整数を整数で割って商が小数になる場合も含めるものとする。

(6) 内容の「A数と計算」の(7)のアの(ｱ)については，交換法則，結合法則，分配法則を扱うものとする。

(7) 内容の「B図形」の(1)については，平行四辺形，ひし形，台形で平面を敷き詰めるなどの操作的な活動を重視するよう配慮するものとする。

(8) 内容の「B図形」の(4)のアの(ｱ)については，アール（a），ヘクタール（ha）の単位についても触れるものとする。

(9) 内容の「Dデータの活用」の(1)のアの(ｱ)については，資料を調べるときに，落ちや重なりがないようにすることを取り扱うものとする。

(10) 内容の「Dデータの活用」の(1)のアの(ｲ)については，複数系列のグラフや組み合わせたグラフにも触れるものとする。

〔第5学年〕

1　目　標

(1) 整数の性質，分数の意味，小数と分数の計算の意味，面積の公式，図形の意味と性質，図形の体積，速さ，割合，帯グラフなどについて理解するとともに，小数や分数の計算をしたり，図形の性質を調べたり，図形の面積や体積を求めたり，表やグラフに表したりすることなどについての技能を身に付けるようにする。

(2) 数とその表現や計算の意味に着目し，目的に合った表現方法を用いて数の性質や計算の仕方などを考察する力，図形を構成する要素や図形間の関係などに着目し，図形の性質や図形の計量について考察する力，伴って変わる二つの数量やそれらの関係に着目し，変化や対応の特徴を見いだして，二つの数量の関係を表や式を用いて考察する力，目的に応じてデータを収集し，データの特徴や傾向に着目して表やグラフに的確に表現し，それらを用いて問題解決したり，解決の過程や結果を多面的に捉え考察したりする力などを養う。

(3) 数学的に表現・処理したことを振り返り，多面的に捉え検討してよりよいものを求めて粘り強く考える態度，数学のよさに気付き学習したことを生活や学習に活用しようとする態度を養う。

2　内　容

A　数と計算

(1) 整数の性質及び整数の構成に関わる数学的活動を通して，次の事項を身に付けることができるよう指導する。

　ア　次のような知識及び技能を身に付けること。

　　(ｱ)　整数は，観点を決めると偶数と奇数に類別されることを知ること。

(イ) 約数，倍数について知ること。
イ 次のような思考力，判断力，表現力等を身に付けること。
(ア) 乗法及び除法に着目し，観点を決めて整数を類別する仕方を考えたり，数の構成について考察したりするとともに，日常生活に生かすこと。

(2) 整数及び小数の表し方に関わる数学的活動を通して，次の事項を身に付けることができるよう指導する。
ア 次のような知識及び技能を身に付けること。
(ア) ある数の10倍，100倍，1000倍，$\frac{1}{10}$，$\frac{1}{100}$ などの大きさの数を，小数点の位置を移してつくること。
イ 次のような思考力，判断力，表現力等を身に付けること。
(ア) 数の表し方の仕組みに着目し，数の相対的な大きさを考察し，計算などに有効に生かすこと。

(3) 小数の乗法及び除法に関わる数学的活動を通して，次の事項を身に付けることができるよう指導する。
ア 次のような知識及び技能を身に付けること。
(ア) 乗数や除数が小数である場合の小数の乗法及び除法の意味について理解すること。
(イ) 小数の乗法及び除法の計算ができること。また，余りの大きさについて理解すること。
(ウ) 小数の乗法及び除法についても整数の場合と同じ関係や法則が成り立つことを理解すること。
イ 次のような思考力，判断力，表現力等を身に付けること。
(ア) 乗法及び除法の意味に着目し，乗数や除数が小数である場合まで数の範囲を広げて乗法及び除法の意味を捉え直すとともに，それらの計算の仕方を考えたり，それらを日常生活に生かしたりすること。

(4) 分数に関わる数学的活動を通して，次の事項を身に付けることができるよう指導する。
ア 次のような知識及び技能を身に付けること。
(ア) 整数及び小数を分数の形に直したり，分数を小数で表したりすること。
(イ) 整数の除法の結果は，分数を用いると常に一つの数として表すことができることを理解すること。
(ウ) 一つの分数の分子及び分母に同じ数を乗除してできる分数は，元の分数と同じ大きさを表すことを理解すること。
(エ) 分数の相等及び大小について知り，大小を比べること。
イ 次のような思考力，判断力，表現力等を身に付けること。
(ア) 数を構成する単位に着目し，数の相等及び大小関係について考察すること。
(イ) 分数の表現に着目し，除法の結果の表し方を振り返り，分数の意味をまとめること。

(5) 分数の加法及び減法に関わる数学的活動を通して，次の事項を身に付けることができるよう指導する。
ア 次のような知識及び技能を身に付けること。
(ア) 異分母の分数の加法及び減法の計算ができること。
イ 次のような思考力，判断力，表現力等を身に付けること。
(ア) 分数の意味や表現に着目し，計算の仕方を考えること。

(6) 数量の関係を表す式に関わる数学的活動を通して，次の事項を身に付けることができるよう指導する。
ア 次のような知識及び技能を身に付けること。
(ア) 数量の関係を表す式についての理解を深めること。

イ 次のような思考力，判断力，表現力等を身に付けること。
(ア) 二つの数量の対応や変わり方に着目し，簡単な式で表されている関係について考察すること。

B 図形
(1) 平面図形に関わる数学的活動を通して，次の事項を身に付けることができるよう指導する。
ア 次のような知識及び技能を身に付けること。
(ア) 図形の形や大きさが決まる要素について理解するとともに，図形の合同について理解すること。
(イ) 三角形や四角形など多角形についての簡単な性質を理解すること。
(ウ) 円と関連させて正多角形の基本的な性質を知ること。
(エ) 円周率の意味について理解し，それを用いること。
イ 次のような思考力，判断力，表現力等を身に付けること。
(ア) 図形を構成する要素及び図形間の関係に着目し，構成の仕方を考察したり，図形の性質を見いだし，その性質を筋道を立てて考え説明したりすること。

(2) 立体図形に関わる数学的活動を通して，次の事項を身に付けることができるよう指導する。
ア 次のような知識及び技能を身に付けること。
(ア) 基本的な角柱や円柱について知ること。
イ 次のような思考力，判断力，表現力等を身に付けること。
(ア) 図形を構成する要素に着目し，図形の性質を見いだすとともに，その性質を基に既習の図形を捉え直すこと。

(3) 平面図形の面積に関わる数学的活動を通して，次の事項を身に付けることができるよう指導する。
ア 次のような知識及び技能を身に付けること。
(ア) 三角形，平行四辺形，ひし形，台形の面積の計算による求め方について理解すること。
イ 次のような思考力，判断力，表現力等を身に付けること。
(ア) 図形を構成する要素などに着目して，基本図形の面積の求め方を見いだすとともに，その表現を振り返り，簡潔かつ的確な表現に高め，公式として導くこと。

(4) 立体図形の体積に関わる数学的活動を通して，次の事項を身に付けることができるよう指導する。
ア 次のような知識及び技能を身に付けること。
(ア) 体積の単位（立方センチメートル（cm^3），立方メートル（m^3））について知ること。
(イ) 立方体及び直方体の体積の計算による求め方について理解すること。
イ 次のような思考力，判断力，表現力等を身に付けること。
(ア) 体積の単位や図形を構成する要素に着目し，図形の体積の求め方を考えるとともに，体積の単位とこれまでに学習した単位との関係を考察すること。

C 変化と関係
(1) 伴って変わる二つの数量に関わる数学的活動を通して，次の事項を身に付けることができるよう指導する。
ア 次のような知識及び技能を身に付けること。
(ア) 簡単な場合について，比例の関係があることを知ること。
イ 次のような思考力，判断力，表現力等を身に付けること。
(ア) 伴って変わる二つの数量を見いだして，それらの関係に着目し，表や式を用いて変化や対応の特徴を考察すること。

(2) 異種の二つの量の割合として捉えられる数量に関わる数学的活動を通して，次の事項を身に

付けることができるよう指導する。
　　　ア　次のような知識及び技能を身に付けること。
　　　　(ア)　速さなど単位量当たりの大きさの意味及び表し方について理解し，それを求めること。
　　　イ　次のような思考力，判断力，表現力等を身に付けること。
　　　　(ア)　異種の二つの量の割合として捉えられる数量の関係に着目し，目的に応じて大きさを比べたり表現したりする方法を考察し，それらを日常生活に生かすこと。
　(3)　二つの数量の関係に関わる数学的活動を通して，次の事項を身に付けることができるよう指導する。
　　　ア　次のような知識及び技能を身に付けること。
　　　　(ア)　ある二つの数量の関係と別の二つの数量の関係とを比べる場合に割合を用いる場合があることを理解すること。
　　　　(イ)　百分率を用いた表し方を理解し，割合などを求めること。
　　　イ　次のような思考力，判断力，表現力等を身に付けること。
　　　　(ア)　日常の事象における数量の関係に着目し，図や式などを用いて，ある二つの数量の関係と別の二つの数量の関係との比べ方を考察し，それを日常生活に生かすこと。
　Ｄ　データの活用
　(1)　データの収集とその分析に関わる数学的活動を通して，次の事項を身に付けることができるよう指導する。
　　　ア　次のような知識及び技能を身に付けること。
　　　　(ア)　円グラフや帯グラフの特徴とそれらの用い方を理解すること。
　　　　(イ)　データの収集や適切な手法の選択など統計的な問題解決の方法を知ること。
　　　イ　次のような思考力，判断力，表現力等を身に付けること。
　　　　(ア)　目的に応じてデータを集めて分類整理し，データの特徴や傾向に着目し，問題を解決するために適切なグラフを選択して判断し，その結論について多面的に捉え考察すること。
　(2)　測定した結果を平均する方法に関わる数学的活動を通して，次の事項を身に付けることができるよう指導する。
　　　ア　次のような知識及び技能を身に付けること。
　　　　(ア)　平均の意味について理解すること。
　　　イ　次のような思考力，判断力，表現力等を身に付けること。
　　　　(ア)　概括的に捉えることに着目し，測定した結果を平均する方法について考察し，それを学習や日常生活に生かすこと。
〔数学的活動〕
　(1)　内容の「Ａ数と計算」，「Ｂ図形」，「Ｃ変化と関係」及び「Ｄデータの活用」に示す学習については，次のような数学的活動に取り組むものとする。
　　　ア　日常の事象から算数の問題を見いだして解決し，結果を確かめたり，日常生活等に生かしたりする活動
　　　イ　算数の学習場面から算数の問題を見いだして解決し，結果を確かめたり，発展的に考察したりする活動
　　　ウ　問題解決の過程や結果を，図や式などを用いて数学的に表現し伝え合う活動
〔用語・記号〕
　　　最大公約数　最小公倍数　通分　約分　底面　側面　比例　％

3　内容の取扱い
　(1)　内容の「Ａ数と計算」の(1)のアの(イ)については，最大公約数や最小公倍数を形式的に求める

ことに偏ることなく，具体的な場面に即して取り扱うものとする。
(2) 内容の「B図形」の(1)については，平面を合同な図形で敷き詰めるなどの操作的な活動を重視するよう配慮するものとする。
(3) 内容の「B図形」の(1)のアの(エ)については，円周率は 3.14 を用いるものとする。
(4) 内容の「C変化と関係」の(3)のアの(イ)については，歩合の表し方について触れるものとする。
(5) 内容の「Dデータの活用」の(1)については，複数の帯グラフを比べることにも触れるものとする。

〔第6学年〕

1 目標

(1) 分数の計算の意味，文字を用いた式，図形の意味，図形の体積，比例，度数分布を表す表などについて理解するとともに，分数の計算をしたり，図形を構成したり，図形の面積や体積を求めたり，表やグラフに表したりすることなどについての技能を身に付けるようにする。
(2) 数とその表現や計算の意味に着目し，発展的に考察して問題を見いだすとともに，目的に応じて多様な表現方法を用いながら数の表し方や計算の仕方などを考察する力，図形を構成する要素や図形間の関係などに着目し，図形の性質や図形の計量について考察する力，伴って変わる二つの数量やそれらの関係に着目し，変化や対応の特徴を見いだして，二つの数量の関係を表や式，グラフを用いて考察する力，身の回りの事象から設定した問題について，目的に応じてデータを収集し，データの特徴や傾向に着目して適切な手法を選択して分析を行い，それらを用いて問題解決したり，解決の過程や結果を批判的に考察したりする力などを養う。
(3) 数学的に表現・処理したことを振り返り，多面的に捉え検討してよりよいものを求めて粘り強く考える態度，数学のよさに気付き学習したことを生活や学習に活用しようとする態度を養う。

2 内容

A 数と計算
(1) 分数の乗法及び除法に関わる数学的活動を通して，次の事項を身に付けることができるよう指導する。
　ア 次のような知識及び技能を身に付けること。
　　(ア) 乗数や除数が整数や分数である場合も含めて，分数の乗法及び除法の意味について理解すること。
　　(イ) 分数の乗法及び除法の計算ができること。
　　(ウ) 分数の乗法及び除法についても，整数の場合と同じ関係や法則が成り立つことを理解すること。
　イ 次のような思考力，判断力，表現力等を身に付けること。
　　(ア) 数の意味と表現，計算について成り立つ性質に着目し，計算の仕方を多面的に捉え考えること。
(2) 数量の関係を表す式に関わる数学的活動を通して，次の事項を身に付けることができるよう指導する。
　ア 次のような知識及び技能を身に付けること。
　　(ア) 数量を表す言葉や□，△などの代わりに，a, x などの文字を用いて式に表したり，文字に数を当てはめて調べたりすること。
　イ 次のような思考力，判断力，表現力等を身に付けること。
　　(ア) 問題場面の数量の関係に着目し，数量の関係を簡潔かつ一般的に表現したり，式の意味

　　　　を読み取ったりすること。
　B　図形
　(1)　平面図形に関わる数学的活動を通して，次の事項を身に付けることができるよう指導する。
　　ア　次のような知識及び技能を身に付けること。
　　　(ア)　縮図や拡大図について理解すること。
　　　(イ)　対称な図形について理解すること。
　　イ　次のような思考力，判断力，表現力等を身に付けること。
　　　(ア)　図形を構成する要素及び図形間の関係に着目し，構成の仕方を考察したり図形の性質を見いだしたりするとともに，その性質を基に既習の図形を捉え直したり日常生活に生かしたりすること。
　(2)　身の回りにある形の概形やおよその面積などに関わる数学的活動を通して，次の事項を身に付けることができるよう指導する。
　　ア　次のような知識及び技能を身に付けること。
　　　(ア)　身の回りにある形について，その概形を捉え，およその面積などを求めること。
　　イ　次のような思考力，判断力，表現力等を身に付けること。
　　　(ア)　図形を構成する要素や性質に着目し，筋道を立てて面積などの求め方を考え，それを日常生活に生かすこと。
　(3)　平面図形の面積に関わる数学的活動を通して，次の事項を身に付けることができるよう指導する。
　　ア　次のような知識及び技能を身に付けること。
　　　(ア)　円の面積の計算による求め方について理解すること。
　　イ　次のような思考力，判断力，表現力等を身に付けること。
　　　(ア)　図形を構成する要素などに着目し，基本図形の面積の求め方を見いだすとともに，その表現を振り返り，簡潔かつ的確な表現に高め，公式として導くこと。
　(4)　立体図形の体積に関わる数学的活動を通して，次の事項を身に付けることができるよう指導する。
　　ア　次のような知識及び技能を身に付けること。
　　　(ア)　基本的な角柱及び円柱の体積の計算による求め方について理解すること。
　　イ　次のような思考力，判断力，表現力等を身に付けること。
　　　(ア)　図形を構成する要素に着目し，基本図形の体積の求め方を見いだすとともに，その表現を振り返り，簡潔かつ的確な表現に高め，公式として導くこと。
　C　変化と関係
　(1)　伴って変わる二つの数量に関わる数学的活動を通して，次の事項を身に付けることができるよう指導する。
　　ア　次のような知識及び技能を身に付けること。
　　　(ア)　比例の関係の意味や性質を理解すること。
　　　(イ)　比例の関係を用いた問題解決の方法について知ること。
　　　(ウ)　反比例の関係について知ること。
　　イ　次のような思考力，判断力，表現力等を身に付けること。
　　　(ア)　伴って変わる二つの数量を見いだして，それらの関係に着目し，目的に応じて表や式，グラフを用いてそれらの関係を表現して，変化や対応の特徴を見いだすとともに，それらを日常生活に生かすこと。
　(2)　二つの数量の関係に関わる数学的活動を通して，次の事項を身に付けることができるよう指導する。

ア　次のような知識及び技能を身に付けること。
　　　(ｱ)　比の意味や表し方を理解し，数量の関係を比で表したり，等しい比をつくったりすること。
　　イ　次のような思考力，判断力，表現力等を身に付けること。
　　　(ｱ)　日常の事象における数量の関係に着目し，図や式などを用いて数量の関係の比べ方を考察し，それを日常生活に生かすこと。
　D　データの活用
　(1)　データの収集とその分析に関わる数学的活動を通して，次の事項を身に付けることができるよう指導する。
　　ア　次のような知識及び技能を身に付けること。
　　　(ｱ)　代表値の意味や求め方を理解すること。
　　　(ｲ)　度数分布を表す表やグラフの特徴及びそれらの用い方を理解すること。
　　　(ｳ)　目的に応じてデータを収集したり適切な手法を選択したりするなど，統計的な問題解決の方法を知ること。
　　イ　次のような思考力，判断力，表現力等を身に付けること。
　　　(ｱ)　目的に応じてデータを集めて分類整理し，データの特徴や傾向に着目し，代表値などを用いて問題の結論について判断するとともに，その妥当性について批判的に考察すること。
　(2)　起こり得る場合に関わる数学的活動を通して，次の事項を身に付けることができるよう指導する。
　　ア　次のような知識及び技能を身に付けること。
　　　(ｱ)　起こり得る場合を順序よく整理するための図や表などの用い方を知ること。
　　イ　次のような思考力，判断力，表現力等を身に付けること。
　　　(ｱ)　事象の特徴に着目し，順序よく整理する観点を決めて，落ちや重なりなく調べる方法を考察すること。

〔数学的活動〕
(1)　内容の「A数と計算」，「B図形」，「C変化と関係」及び「Dデータの活用」に示す学習については，次のような数学的活動に取り組むものとする。
　ア　日常の事象を数理的に捉え問題を見いだして解決し，解決過程を振り返り，結果や方法を改善したり，日常生活等に生かしたりする活動
　イ　算数の学習場面から算数の問題を見いだして解決し，解決過程を振り返り統合的・発展的に考察する活動
　ウ　問題解決の過程や結果を，目的に応じて図や式などを用いて数学的に表現し伝え合う活動

〔用語・記号〕
　線対称　点対称　対称の軸　対称の中心　比の値　ドットプロット　平均値　中央値　最頻値　階級　：

3　内容の取扱い

(1)　内容の「A数と計算」の(1)については，逆数を用いて除法を乗法の計算としてみることや，整数や小数の乗法や除法を分数の場合の計算にまとめることも取り扱うものとする。
(2)　内容の「A数と計算」の(1)については，第3学年から第6学年までに示す小数や分数の計算の能力を定着させ，それらを用いる能力を伸ばすことに配慮するものとする。
(3)　内容の「B図形」の(3)のアの(ｱ)については，円周率は3.14を用いるものとする。

第3　指導計画の作成と内容の取扱い

1　指導計画の作成に当たっては，次の事項に配慮するものとする。
 (1)　単元など内容や時間のまとまりを見通して，その中で育む資質・能力の育成に向けて，数学的活動を通して，児童の主体的・対話的で深い学びの実現を図るようにすること。その際，数学的な見方・考え方を働かせながら，日常の事象を数理的に捉え，算数の問題を見いだし，問題を自立的，協働的に解決し，学習の過程を振り返り，概念を形成するなどの学習の充実を図ること。
 (2)　第2の各学年の内容は，次の学年以降においても必要に応じて継続して指導すること。数量や図形についての基礎的な能力の習熟や維持を図るため，適宜練習の機会を設けて計画的に指導すること。なお，その際，第1章総則の第2の3の(2)のウの(イ)に掲げる指導を行う場合には，当該指導のねらいを明確にするとともに，単元など内容や時間のまとまりを見通して資質・能力が偏りなく育成されるよう計画的に指導すること。また，学年間の指導内容を円滑に接続させるため，適切な反復による学習指導を進めるようにすること。
 (3)　第2の各学年の内容の「A数と計算」，「B図形」，「C測定」，「C変化と関係」及び「Dデータの活用」の間の指導の関連を図ること。
 (4)　低学年においては，第1章総則の第2の4の(1)を踏まえ，他教科等との関連を積極的に図り，指導の効果を高めるようにするとともに，幼稚園教育要領等に示す幼児期の終わりまでに育ってほしい姿との関連を考慮すること。特に，小学校入学当初においては，生活科を中心とした合科的・関連的な指導や，弾力的な時間割の設定を行うなどの工夫をすること。
 (5)　障害のある児童などについては，学習活動を行う場合に生じる困難さに応じた指導内容や指導方法の工夫を計画的，組織的に行うこと。
 (6)　第1章総則の第1の2の(2)に示す道徳教育の目標に基づき，道徳科などとの関連を考慮しながら，第3章特別の教科道徳の第2に示す内容について，算数科の特質に応じて適切な指導をすること。

2　第2の内容の取扱いについては，次の事項に配慮するものとする。
 (1)　思考力，判断力，表現力等を育成するため，各学年の内容の指導に当たっては，具体物，図，言葉，数，式，表，グラフなどを用いて考えたり，説明したり，互いに自分の考えを表現し伝え合ったり，学び合ったり，高め合ったりするなどの学習活動を積極的に取り入れるようにすること。
 (2)　数量や図形についての感覚を豊かにしたり，表やグラフを用いて表現する力を高めたりするなどのため，必要な場面においてコンピュータなどを適切に活用すること。また，第1章総則の第3の1の(3)のイに掲げるプログラミングを体験しながら論理的思考力を身に付けるための学習活動を行う場合には，児童の負担に配慮しつつ，例えば第2の各学年の内容の〔第5学年〕の「B図形」の(1)における正多角形の作図を行う学習に関連して，正確な繰り返し作業を行う必要があり，更に一部を変えることでいろいろな正多角形を同様に考えることができる場面などで取り扱うこと。
 (3)　各領域の指導に当たっては，具体物を操作したり，日常の事象を観察したり，児童にとって身近な算数の問題を解決したりするなどの具体的な体験を伴う学習を通して，数量や図形について実感を伴った理解をしたり，算数を学ぶ意義を実感したりする機会を設けること。
 (4)　第2の各学年の内容に示す〔用語・記号〕は，当該学年で取り上げる内容の程度や範囲を明確にするために示したものであり，その指導に当たっては，各学年の内容と密接に関連させて取り上げるようにし，それらを用いて表したり考えたりすることのよさが分かるようにするこ

と。
(5) 数量や図形についての豊かな感覚を育てるとともに，およその大きさや形を捉え，それらに基づいて適切に判断したり，能率的な処理の仕方を考え出したりすることができるようにすること。
(6) 筆算による計算の技能を確実に身に付けることを重視するとともに，目的に応じて計算の結果の見積りをして，計算の仕方や結果について適切に判断できるようにすること。また，低学年の「A数と計算」の指導に当たっては，そろばんや具体物などの教具を適宜用いて，数と計算についての意味の理解を深めるよう留意すること。

3 数学的活動の取組においては，次の事項に配慮するものとする。
(1) 数学的活動は，基礎的・基本的な知識及び技能を確実に身に付けたり，思考力，判断力，表現力等を高めたり，算数を学ぶことの楽しさや意義を実感したりするために，重要な役割を果たすものであることから，各学年の内容の「A数と計算」，「B図形」，「C測定」，「C変化と関係」及び「Dデータの活用」に示す事項については，数学的活動を通して指導するようにすること。
(2) 数学的活動を楽しめるようにする機会を設けること。
(3) 算数の問題を解決する方法を理解するとともに，自ら問題を見いだし，解決するための構想を立て，実践し，その結果を評価・改善する機会を設けること。
(4) 具体物，図，数，式，表，グラフ相互の関連を図る機会を設けること。
(5) 友達と考えを伝え合うことで学び合ったり，学習の過程と成果を振り返り，よりよく問題解決できたことを実感したりする機会を設けること。

第4節 理科

● 第1 目標

　自然に親しみ，理科の見方・考え方を働かせ，見通しをもって観察，実験を行うことなどを通して，自然の事物・現象についての問題を科学的に解決するために必要な資質・能力を次のとおり育成することを目指す。

(1) 自然の事物・現象についての理解を図り，観察，実験などに関する基本的な技能を身に付けるようにする。

(2) 観察，実験などを行い，問題解決の力を養う。

(3) 自然を愛する心情や主体的に問題解決しようとする態度を養う。

● 第2 各学年の目標及び内容

〔第3学年〕

1 目 標

(1) 物質・エネルギー

① 物の性質，風とゴムの力の働き，光と音の性質，磁石の性質及び電気の回路についての理解を図り，観察，実験などに関する基本的な技能を身に付けるようにする。

② 物の性質，風とゴムの力の働き，光と音の性質，磁石の性質及び電気の回路について追究する中で，主に差異点や共通点を基に，問題を見いだす力を養う。

③ 物の性質，風とゴムの力の働き，光と音の性質，磁石の性質及び電気の回路について追究する中で，主体的に問題解決しようとする態度を養う。

(2) 生命・地球

① 身の回りの生物，太陽と地面の様子についての理解を図り，観察，実験などに関する基本的な技能を身に付けるようにする。

② 身の回りの生物，太陽と地面の様子について追究する中で，主に差異点や共通点を基に，問題を見いだす力を養う。

③ 身の回りの生物，太陽と地面の様子について追究する中で，生物を愛護する態度や主体的に問題解決しようとする態度を養う。

2 内 容

A 物質・エネルギー

(1) 物と重さ

　物の性質について，形や体積に着目して，重さを比較しながら調べる活動を通して，次の事項を身に付けることができるよう指導する。

　ア 次のことを理解するとともに，観察，実験などに関する技能を身に付けること。

　　(ア) 物は，形が変わっても重さは変わらないこと。

　　(イ) 物は，体積が同じでも重さは違うことがあること。

　イ 物の形や体積と重さとの関係について追究する中で，差異点や共通点を基に，物の性質についての問題を見いだし，表現すること。

(2) 風とゴムの力の働き

　風とゴムの力の働きについて，力と物の動く様子に着目して，それらを比較しながら調べる

活動を通して，次の事項を身に付けることができるよう指導する。
ア　次のことを理解するとともに，観察，実験などに関する技能を身に付けること。
　(ア)　風の力は，物を動かすことができること。また，風の力の大きさを変えると，物が動く様子も変わること。
　(イ)　ゴムの力は，物を動かすことができること。また，ゴムの力の大きさを変えると，物が動く様子も変わること。
イ　風とゴムの力で物が動く様子について追究する中で，差異点や共通点を基に，風とゴムの力の働きについての問題を見いだし，表現すること。

(3)　光と音の性質

光と音の性質について，光を当てたときの明るさや暖かさ，音を出したときの震え方に着目して，光の強さや音の大きさを変えたときの違いを比較しながら調べる活動を通して，次の事項を身に付けることができるよう指導する。
ア　次のことを理解するとともに，観察，実験などに関する技能を身に付けること。
　(ア)　日光は直進し，集めたり反射させたりできること。
　(イ)　物に日光を当てると，物の明るさや暖かさが変わること。
　(ウ)　物から音が出たり伝わったりするとき，物は震えていること。また，音の大きさが変わるとき物の震え方が変わること。
イ　光を当てたときの明るさや暖かさの様子，音を出したときの震え方の様子について追究する中で，差異点や共通点を基に，光と音の性質についての問題を見いだし，表現すること。

(4)　磁石の性質

磁石の性質について，磁石を身の回りの物に近付けたときの様子に着目して，それらを比較しながら調べる活動を通して，次の事項を身に付けることができるよう指導する。
ア　次のことを理解するとともに，観察，実験などに関する技能を身に付けること。
　(ア)　磁石に引き付けられる物と引き付けられない物があること。また，磁石に近付けると磁石になる物があること。
　(イ)　磁石の異極は引き合い，同極は退け合うこと。
イ　磁石を身の回りの物に近付けたときの様子について追究する中で，差異点や共通点を基に，磁石の性質についての問題を見いだし，表現すること。

(5)　電気の通り道

電気の回路について，乾電池と豆電球などのつなぎ方と乾電池につないだ物の様子に着目して，電気を通すときと通さないときのつなぎ方を比較しながら調べる活動を通して，次の事項を身に付けることができるよう指導する。
ア　次のことを理解するとともに，観察，実験などに関する技能を身に付けること。
　(ア)　電気を通すつなぎ方と通さないつなぎ方があること。
　(イ)　電気を通す物と通さない物があること。
イ　乾電池と豆電球などのつなぎ方と乾電池につないだ物の様子について追究する中で，差異点や共通点を基に，電気の回路についての問題を見いだし，表現すること。

B　生命・地球

(1)　身の回りの生物

身の回りの生物について，探したり育てたりする中で，それらの様子や周辺の環境，成長の過程や体のつくりに着目して，それらを比較しながら調べる活動を通して，次の事項を身に付けることができるよう指導する。
ア　次のことを理解するとともに，観察，実験などに関する技能を身に付けること。
　(ア)　生物は，色，形，大きさなど，姿に違いがあること。また，周辺の環境と関わって生き

　　　　ていること。
　　　(イ)　昆虫の育ち方には一定の順序があること。また，成虫の体は頭，胸及び腹からできていること。
　　　(ウ)　植物の育ち方には一定の順序があること。また，その体は根，茎及び葉からできていること。
　イ　身の回りの生物の様子について追究する中で，差異点や共通点を基に，身の回りの生物と環境との関わり，昆虫や植物の成長のきまりや体のつくりについての問題を見いだし，表現すること。
(2)　太陽と地面の様子
　　太陽と地面の様子との関係について，日なたと日陰の様子に着目して，それらを比較しながら調べる活動を通して，次の事項を身に付けることができるよう指導する。
　ア　次のことを理解するとともに，観察，実験などに関する技能を身に付けること。
　　　(ア)　日陰は太陽の光を遮るとでき，日陰の位置は太陽の位置の変化によって変わること。
　　　(イ)　地面は太陽によって暖められ，日なたと日陰では地面の暖かさや湿り気に違いがあること。
　イ　日なたと日陰の様子について追究する中で，差異点や共通点を基に，太陽と地面の様子との関係についての問題を見いだし，表現すること。

3　内容の取扱い

(1)　内容の「A物質・エネルギー」の指導に当たっては，3種類以上のものづくりを行うものとする。
(2)　内容の「A物質・エネルギー」の(4)のアの(ア)については，磁石が物を引き付ける力は，磁石と物の距離によって変わることにも触れること。
(3)　内容の「B生命・地球」の(1)については，次のとおり取り扱うものとする。
　ア　アの(イ)及び(ウ)については，飼育，栽培を通して行うこと。
　イ　アの(ウ)の「植物の育ち方」については，夏生一年生の双子葉植物を扱うこと。
(4)　内容の「B生命・地球」の(2)のアの(ア)の「太陽の位置の変化」については，東から南，西へと変化することを取り扱うものとする。また，太陽の位置を調べるときの方位は東，西，南，北を扱うものとする。

〔第4学年〕
1　目　標

(1)　物質・エネルギー
① 空気，水及び金属の性質，電流の働きについての理解を図り，観察，実験などに関する基本的な技能を身に付けるようにする。
② 空気，水及び金属の性質，電流の働きについて追究する中で，主に既習の内容や生活経験を基に，根拠のある予想や仮説を発想する力を養う。
③ 空気，水及び金属の性質，電流の働きについて追究する中で，主体的に問題解決しようとする態度を養う。
(2)　生命・地球
① 人の体のつくりと運動，動物の活動や植物の成長と環境との関わり，雨水の行方と地面の様子，気象現象，月や星についての理解を図り，観察，実験などに関する基本的な技能を身に付けるようにする。
② 人の体のつくりと運動，動物の活動や植物の成長と環境との関わり，雨水の行方と地面の様

子，気象現象，月や星について追究する中で，主に既習の内容や生活経験を基に，根拠のある予想や仮説を発想する力を養う。
　③　人の体のつくりと運動，動物の活動や植物の成長と環境との関わり，雨水の行方と地面の様子，気象現象，月や星について追究する中で，生物を愛護する態度や主体的に問題解決しようとする態度を養う。

2　内 容

A　物質・エネルギー
(1)　空気と水の性質
　空気と水の性質について，体積や圧し返す力の変化に着目して，それらと圧す力とを関係付けて調べる活動を通して，次の事項を身に付けることができるよう指導する。
　ア　次のことを理解するとともに，観察，実験などに関する技能を身に付けること。
　　(ア)　閉じ込めた空気を圧すと，体積は小さくなるが，圧し返す力は大きくなること。
　　(イ)　閉じ込めた空気は圧し縮められるが，水は圧し縮められないこと。
　イ　空気と水の性質について追究する中で，既習の内容や生活経験を基に，空気と水の体積や圧し返す力の変化と圧す力との関係について，根拠のある予想や仮説を発想し，表現すること。

(2)　金属，水，空気と温度
　金属，水及び空気の性質について，体積や状態の変化，熱の伝わり方に着目して，それらと温度の変化とを関係付けて調べる活動を通して，次の事項を身に付けることができるよう指導する。
　ア　次のことを理解するとともに，観察，実験などに関する技能を身に付けること。
　　(ア)　金属，水及び空気は，温めたり冷やしたりすると，それらの体積が変わるが，その程度には違いがあること。
　　(イ)　金属は熱せられた部分から順に温まるが，水や空気は熱せられた部分が移動して全体が温まること。
　　(ウ)　水は，温度によって水蒸気や氷に変わること。また，水が氷になると体積が増えること。
　イ　金属，水及び空気の性質について追究する中で，既習の内容や生活経験を基に，金属，水及び空気の温度を変化させたときの体積や状態の変化，熱の伝わり方について，根拠のある予想や仮説を発想し，表現すること。

(3)　電流の働き
　電流の働きについて，電流の大きさや向きと乾電池につないだ物の様子に着目して，それらを関係付けて調べる活動を通して，次の事項を身に付けることができるよう指導する。
　ア　次のことを理解するとともに，観察，実験などに関する技能を身に付けること。
　　(ア)　乾電池の数やつなぎ方を変えると，電流の大きさや向きが変わり，豆電球の明るさやモーターの回り方が変わること。
　イ　電流の働きについて追究する中で，既習の内容や生活経験を基に，電流の大きさや向きと乾電池につないだ物の様子との関係について，根拠のある予想や仮説を発想し，表現すること。

B　生命・地球
(1)　人の体のつくりと運動
　人や他の動物について，骨や筋肉のつくりと働きに着目して，それらを関係付けて調べる活動を通して，次の事項を身に付けることができるよう指導する。
　ア　次のことを理解するとともに，観察，実験などに関する技能を身に付けること。

(ア) 人の体には骨と筋肉があること。
(イ) 人が体を動かすことができるのは，骨，筋肉の働きによること。
イ 人や他の動物について追究する中で，既習の内容や生活経験を基に，人や他の動物の骨や筋肉のつくりと働きについて，根拠のある予想や仮説を発想し，表現すること。

(2) 季節と生物

身近な動物や植物について，探したり育てたりする中で，動物の活動や植物の成長と季節の変化に着目して，それらを関係付けて調べる活動を通して，次の事項を身に付けることができるよう指導する。

ア 次のことを理解するとともに，観察，実験などに関する技能を身に付けること。
(ア) 動物の活動は，暖かい季節，寒い季節などによって違いがあること。
(イ) 植物の成長は，暖かい季節，寒い季節などによって違いがあること。
イ 身近な動物や植物について追究する中で，既習の内容や生活経験を基に，季節ごとの動物の活動や植物の成長の変化について，根拠のある予想や仮説を発想し，表現すること。

(3) 雨水の行方と地面の様子

雨水の行方と地面の様子について，流れ方やしみ込み方に着目して，それらと地面の傾きや土の粒の大きさとを関係付けて調べる活動を通して，次の事項を身に付けることができるよう指導する。

ア 次のことを理解するとともに，観察，実験などに関する技能を身に付けること。
(ア) 水は，高い場所から低い場所へと流れて集まること。
(イ) 水のしみ込み方は，土の粒の大きさによって違いがあること。
イ 雨水の行方と地面の様子について追究する中で，既習の内容や生活経験を基に，雨水の流れ方やしみ込み方と地面の傾きや土の粒の大きさとの関係について，根拠のある予想や仮説を発想し，表現すること。

(4) 天気の様子

天気や自然界の水の様子について，気温や水の行方に着目して，それらと天気の様子や水の状態変化とを関係付けて調べる活動を通して，次の事項を身に付けることができるよう指導する。

ア 次のことを理解するとともに，観察，実験などに関する技能を身に付けること。
(ア) 天気によって1日の気温の変化の仕方に違いがあること。
(イ) 水は，水面や地面などから蒸発し，水蒸気になって空気中に含まれていくこと。また，空気中の水蒸気は，結露して再び水になって現れることがあること。
イ 天気や自然界の水の様子について追究する中で，既習の内容や生活経験を基に，天気の様子や水の状態変化と気温や水の行方との関係について，根拠のある予想や仮説を発想し，表現すること。

(5) 月と星

月や星の特徴について，位置の変化や時間の経過に着目して，それらを関係付けて調べる活動を通して，次の事項を身に付けることができるよう指導する。

ア 次のことを理解するとともに，観察，実験などに関する技能を身に付けること。
(ア) 月は日によって形が変わって見え，1日のうちでも時刻によって位置が変わること。
(イ) 空には，明るさや色の違う星があること。
(ウ) 星の集まりは，1日のうちでも時刻によって，並び方は変わらないが，位置が変わること。
イ 月や星の特徴について追究する中で，既習の内容や生活経験を基に，月や星の位置の変化と時間の経過との関係について，根拠のある予想や仮説を発想し，表現すること。

3　内容の取扱い

(1) 内容の「A物質・エネルギー」の(3)のアの(ア)については，直列つなぎと並列つなぎを扱うものとする。
(2) 内容の「A物質・エネルギー」の指導に当たっては，2種類以上のものづくりを行うものとする。
(3) 内容の「B生命・地球」の(1)のアの(イ)については，関節の働きを扱うものとする。
(4) 内容の「B生命・地球」の(2)については，1年を通じて動物の活動や植物の成長をそれぞれ2種類以上観察するものとする。

〔第5学年〕

1　目　標

(1) 物質・エネルギー
① 物の溶け方，振り子の運動，電流がつくる磁力についての理解を図り，観察，実験などに関する基本的な技能を身に付けるようにする。
② 物の溶け方，振り子の運動，電流がつくる磁力について追究する中で，主に予想や仮説を基に，解決の方法を発想する力を養う。
③ 物の溶け方，振り子の運動，電流がつくる磁力について追究する中で，主体的に問題解決しようとする態度を養う。

(2) 生命・地球
① 生命の連続性，流れる水の働き，気象現象の規則性についての理解を図り，観察，実験などに関する基本的な技能を身に付けるようにする。
② 生命の連続性，流れる水の働き，気象現象の規則性について追究する中で，主に予想や仮説を基に，解決の方法を発想する力を養う。
③ 生命の連続性，流れる水の働き，気象現象の規則性について追究する中で，生命を尊重する態度や主体的に問題解決しようとする態度を養う。

2　内　容

A　物質・エネルギー

(1) 物の溶け方
　物の溶け方について，溶ける量や様子に着目して，水の温度や量などの条件を制御しながら調べる活動を通して，次の事項を身に付けることができるよう指導する。
ア　次のことを理解するとともに，観察，実験などに関する技能を身に付けること。
　(ア) 物が水に溶けても，水と物とを合わせた重さは変わらないこと。
　(イ) 物が水に溶ける量には，限度があること。
　(ウ) 物が水に溶ける量は水の温度や量，溶ける物によって違うこと。また，この性質を利用して，溶けている物を取り出すことができること。
イ　物の溶け方について追究する中で，物の溶け方の規則性についての予想や仮説を基に，解決の方法を発想し，表現すること。

(2) 振り子の運動
　振り子の運動の規則性について，振り子が1往復する時間に着目して，おもりの重さや振り子の長さなどの条件を制御しながら調べる活動を通して，次の事項を身に付けることができるよう指導する。
ア　次のことを理解するとともに，観察，実験などに関する技能を身に付けること。
　(ア) 振り子が1往復する時間は，おもりの重さなどによっては変わらないが，振り子の長さによって変わること。

イ　振り子の運動の規則性について追究する中で，振り子が1往復する時間に関係する条件についての予想や仮説を基に，解決の方法を発想し，表現すること。

(3) 電流がつくる磁力

　電流がつくる磁力について，電流の大きさや向き，コイルの巻数などに着目して，それらの条件を制御しながら調べる活動を通して，次の事項を身に付けることができるよう指導する。

　ア　次のことを理解するとともに，観察，実験などに関する技能を身に付けること。

　　(ア) 電流の流れているコイルは，鉄心を磁化する働きがあり，電流の向きが変わると，電磁石の極も変わること。

　　(イ) 電磁石の強さは，電流の大きさや導線の巻数によって変わること。

　イ　電流がつくる磁力について追究する中で，電流がつくる磁力の強さに関係する条件についての予想や仮説を基に，解決の方法を発想し，表現すること。

B　生命・地球

(1) 植物の発芽，成長，結実

　植物の育ち方について，発芽，成長及び結実の様子に着目して，それらに関わる条件を制御しながら調べる活動を通して，次の事項を身に付けることができるよう指導する。

　ア　次のことを理解するとともに，観察，実験などに関する技能を身に付けること。

　　(ア) 植物は，種子の中の養分を基にして発芽すること。

　　(イ) 植物の発芽には，水，空気及び温度が関係していること。

　　(ウ) 植物の成長には，日光や肥料などが関係していること。

　　(エ) 花にはおしべやめしべなどがあり，花粉がめしべの先に付くとめしべのもとが実になり，実の中に種子ができること。

　イ　植物の育ち方について追究する中で，植物の発芽，成長及び結実とそれらに関わる条件についての予想や仮説を基に，解決の方法を発想し，表現すること。

(2) 動物の誕生

　動物の発生や成長について，魚を育てたり人の発生についての資料を活用したりする中で，卵や胎児の様子に着目して，時間の経過と関係付けて調べる活動を通して，次の事項を身に付けることができるよう指導する。

　ア　次のことを理解するとともに，観察，実験などに関する技能を身に付けること。

　　(ア) 魚には雌雄があり，生まれた卵は日がたつにつれて中の様子が変化してかえること。

　　(イ) 人は，母体内で成長して生まれること。

　イ　動物の発生や成長について追究する中で，動物の発生や成長の様子と経過についての予想や仮説を基に，解決の方法を発想し，表現すること。

(3) 流れる水の働きと土地の変化

　流れる水の働きと土地の変化について，水の速さや量に着目して，それらの条件を制御しながら調べる活動を通して，次の事項を身に付けることができるよう指導する。

　ア　次のことを理解するとともに，観察，実験などに関する技能を身に付けること。

　　(ア) 流れる水には，土地を侵食したり，石や土などを運搬したり堆積させたりする働きがあること。

　　(イ) 川の上流と下流によって，川原の石の大きさや形に違いがあること。

　　(ウ) 雨の降り方によって，流れる水の速さや量は変わり，増水により土地の様子が大きく変化する場合があること。

　イ　流れる水の働きについて追究する中で，流れる水の働きと土地の変化との関係についての予想や仮説を基に，解決の方法を発想し，表現すること。

(4) 天気の変化

　天気の変化の仕方について，雲の様子を観測したり，映像などの気象情報を活用したりする中で，雲の量や動きに着目して，それらと天気の変化とを関係付けて調べる活動を通して，次の事項を身に付けることができるよう指導する。

　ア　次のことを理解するとともに，観察，実験などに関する技能を身に付けること。
　　(ア)　天気の変化は，雲の量や動きと関係があること。
　　(イ)　天気の変化は，映像などの気象情報を用いて予想できること。
　イ　天気の変化の仕方について追究する中で，天気の変化の仕方と雲の量や動きとの関係についての予想や仮説を基に，解決の方法を発想し，表現すること。

3　内容の取扱い

(1) 内容の「A物質・エネルギー」の指導に当たっては，2種類以上のものづくりを行うものとする。

(2) 内容の「A物質・エネルギー」の(1)については，水溶液の中では，溶けている物が均一に広がることにも触れること。

(3) 内容の「B生命・地球」の(1)については，次のとおり取り扱うものとする。
　ア　アの(ア)の「種子の中の養分」については，でんぷんを扱うこと。
　イ　アの(エ)については，おしべ，めしべ，がく及び花びらを扱うこと。また，受粉については，風や昆虫などが関係していることにも触れること。

(4) 内容の「B生命・地球」の(2)のアの(イ)については，人の受精に至る過程は取り扱わないものとする。

(5) 内容の「B生命・地球」の(3)のアの(ウ)については，自然災害についても触れること。

(6) 内容の「B生命・地球」の(4)のアの(イ)については，台風の進路による天気の変化や台風と降雨との関係及びそれに伴う自然災害についても触れること。

〔第6学年〕

1　目　標

(1) 物質・エネルギー
① 燃焼の仕組み，水溶液の性質，てこの規則性及び電気の性質や働きについての理解を図り，観察，実験などに関する基本的な技能を身に付けるようにする。
② 燃焼の仕組み，水溶液の性質，てこの規則性及び電気の性質や働きについて追究する中で，主にそれらの仕組みや性質，規則性及び働きについて，より妥当な考えをつくりだす力を養う。
③ 燃焼の仕組み，水溶液の性質，てこの規則性及び電気の性質や働きについて追究する中で，主体的に問題解決しようとする態度を養う。

(2) 生命・地球
① 生物の体のつくりと働き，生物と環境との関わり，土地のつくりと変化，月の形の見え方と太陽との位置関係についての理解を図り，観察，実験などに関する基本的な技能を身に付けるようにする。
② 生物の体のつくりと働き，生物と環境との関わり，土地のつくりと変化，月の形の見え方と太陽との位置関係について追究する中で，主にそれらの働きや関わり，変化及び関係について，より妥当な考えをつくりだす力を養う。
③ 生物の体のつくりと働き，生物と環境との関わり，土地のつくりと変化，月の形の見え方と太陽との位置関係について追究する中で，生命を尊重する態度や主体的に問題解決しようとする態度を養う。

2 内容

A 物質・エネルギー

(1) 燃焼の仕組み

燃焼の仕組みについて，空気の変化に着目して，物の燃え方を多面的に調べる活動を通して，次の事項を身に付けることができるよう指導する。

ア 次のことを理解するとともに，観察，実験などに関する技能を身に付けること。

(ｱ) 植物体が燃えるときには，空気中の酸素が使われて二酸化炭素ができること。

イ 燃焼の仕組みについて追究する中で，物が燃えたときの空気の変化について，より妥当な考えをつくりだし，表現すること。

(2) 水溶液の性質

水溶液について，溶けている物に着目して，それらによる水溶液の性質や働きの違いを多面的に調べる活動を通して，次の事項を身に付けることができるよう指導する。

ア 次のことを理解するとともに，観察，実験などに関する技能を身に付けること。

(ｱ) 水溶液には，酸性，アルカリ性及び中性のものがあること。

(ｲ) 水溶液には，気体が溶けているものがあること。

(ｳ) 水溶液には，金属を変化させるものがあること。

イ 水溶液の性質や働きについて追究する中で，溶けているものによる性質や働きの違いについて，より妥当な考えをつくりだし，表現すること。

(3) てこの規則性

てこの規則性について，力を加える位置や力の大きさに着目して，てこの働きを多面的に調べる活動を通して，次の事項を身に付けることができるよう指導する。

ア 次のことを理解するとともに，観察，実験などに関する技能を身に付けること。

(ｱ) 力を加える位置や力の大きさを変えると，てこを傾ける働きが変わり，てこがつり合うときにはそれらの間に規則性があること。

(ｲ) 身の回りには，てこの規則性を利用した道具があること。

イ てこの規則性について追究する中で，力を加える位置や力の大きさとてこの働きとの関係について，より妥当な考えをつくりだし，表現すること。

(4) 電気の利用

発電や蓄電，電気の変換について，電気の量や働きに着目して，それらを多面的に調べる活動を通して，次の事項を身に付けることができるよう指導する。

ア 次のことを理解するとともに，観察，実験などに関する技能を身に付けること。

(ｱ) 電気は，つくりだしたり蓄えたりすることができること。

(ｲ) 電気は，光，音，熱，運動などに変換することができること。

(ｳ) 身の回りには，電気の性質や働きを利用した道具があること。

イ 電気の性質や働きについて追究する中で，電気の量と働きとの関係，発電や蓄電，電気の変換について，より妥当な考えをつくりだし，表現すること。

B 生命・地球

(1) 人の体のつくりと働き

人や他の動物について，体のつくりと呼吸，消化，排出及び循環の働きに着目して，生命を維持する働きを多面的に調べる活動を通して，次の事項を身に付けることができるよう指導する。

ア 次のことを理解するとともに，観察，実験などに関する技能を身に付けること。

(ｱ) 体内に酸素が取り入れられ，体外に二酸化炭素などが出されていること。

(ｲ) 食べ物は，口，胃，腸などを通る間に消化，吸収され，吸収されなかった物は排出されること。

(ウ) 血液は，心臓の働きで体内を巡り，養分，酸素及び二酸化炭素などを運んでいること。
　　　(エ) 体内には，生命活動を維持するための様々な臓器があること。
　　イ　人や他の動物の体のつくりと働きについて追究する中で，体のつくりと呼吸，消化，排出及び循環の働きについて，より妥当な考えをつくりだし，表現すること。
　(2) 植物の養分と水の通り道
　　　植物について，その体のつくり，体内の水などの行方及び葉で養分をつくる働きに着目して，生命を維持する働きを多面的に調べる活動を通して，次の事項を身に付けることができるよう指導する。
　　ア　次のことを理解するとともに，観察，実験などに関する技能を身に付けること。
　　　(ア) 植物の葉に日光が当たるとでんぷんができること。
　　　(イ) 根，茎及び葉には，水の通り道があり，根から吸い上げられた水は主に葉から蒸散により排出されること。
　　イ　植物の体のつくりと働きについて追究する中で，体のつくり，体内の水などの行方及び葉で養分をつくる働きについて，より妥当な考えをつくりだし，表現すること。
　(3) 生物と環境
　　　生物と環境について，動物や植物の生活を観察したり資料を活用したりする中で，生物と環境との関わりに着目して，それらを多面的に調べる活動を通して，次の事項を身に付けることができるよう指導する。
　　ア　次のことを理解するとともに，観察，実験などに関する技能を身に付けること。
　　　(ア) 生物は，水及び空気を通して周囲の環境と関わって生きていること。
　　　(イ) 生物の間には，食う食われるという関係があること。
　　　(ウ) 人は，環境と関わり，工夫して生活していること。
　　イ　生物と環境について追究する中で，生物と環境との関わりについて，より妥当な考えをつくりだし，表現すること。
　(4) 土地のつくりと変化
　　　土地のつくりと変化について，土地やその中に含まれる物に着目して，土地のつくりやでき方を多面的に調べる活動を通して，次の事項を身に付けることができるよう指導する。
　　ア　次のことを理解するとともに，観察，実験などに関する技能を身に付けること。
　　　(ア) 土地は，礫，砂，泥，火山灰などからできており，層をつくって広がっているものがあること。また，層には化石が含まれているものがあること。
　　　(イ) 地層は，流れる水の働きや火山の噴火によってできること。
　　　(ウ) 土地は，火山の噴火や地震によって変化すること。
　　イ　土地のつくりと変化について追究する中で，土地のつくりやでき方について，より妥当な考えをつくりだし，表現すること。
　(5) 月と太陽
　　　月の形の見え方について，月と太陽の位置に着目して，それらの位置関係を多面的に調べる活動を通して，次の事項を身に付けることができるよう指導する。
　　ア　次のことを理解するとともに，観察，実験などに関する技能を身に付けること。
　　　(ア) 月の輝いている側に太陽があること。また，月の形の見え方は，太陽と月との位置関係によって変わること。
　　イ　月の形の見え方について追究する中で，月の位置や形と太陽の位置との関係について，より妥当な考えをつくりだし，表現すること。

3 内容の取扱い

(1) 内容の「A物質・エネルギー」の指導に当たっては，2種類以上のものづくりを行うものとする。

(2) 内容の「A物質・エネルギー」の(4)のアの(ア)については，電気をつくりだす道具として，手回し発電機，光電池などを扱うものとする。

(3) 内容の「B生命・地球」の(1)については，次のとおり取り扱うものとする。
  ア アの(ウ)については，心臓の拍動と脈拍とが関係することにも触れること。
  イ アの(エ)については，主な臓器として，肺，胃，小腸，大腸，肝臓，腎臓，心臓を扱うこと。

(4) 内容の「B生命・地球」の(3)については，次のとおり取り扱うものとする。
  ア アの(ア)については，水が循環していることにも触れること。
  イ アの(イ)については，水中の小さな生物を観察し，それらが魚などの食べ物になっていることに触れること。

(5) 内容の「B生命・地球」の(4)については，次のとおり取り扱うものとする。
  ア アの(イ)については，流れる水の働きでできた岩石として礫岩，砂岩，泥岩を扱うこと。
  イ アの(ウ)については，自然災害についても触れること。

(6) 内容の「B生命・地球」の(5)のアの(ア)については，地球から見た太陽と月との位置関係で扱うものとする。

● 第3 指導計画の作成と内容の取扱い

1 指導計画の作成に当たっては，次の事項に配慮するものとする。

(1) 単元など内容や時間のまとまりを見通して，その中で育む資質・能力の育成に向けて，児童の主体的・対話的で深い学びの実現を図るようにすること。その際，理科の学習過程の特質を踏まえ，理科の見方・考え方を働かせ，見通しをもって観察，実験を行うことなどの，問題を科学的に解決しようとする学習活動の充実を図ること。

(2) 各学年で育成を目指す思考力，判断力，表現力等については，該当学年において育成することを目指す力のうち，主なものを示したものであり，実際の指導に当たっては，他の学年で掲げている力の育成についても十分に配慮すること。

(3) 障害のある児童などについては，学習活動を行う場合に生じる困難さに応じた指導内容や指導方法の工夫を計画的，組織的に行うこと。

(4) 第1章総則の第1の2の(2)に示す道徳教育の目標に基づき，道徳科などとの関連を考慮しながら，第3章特別の教科道徳の第2に示す内容について，理科の特質に応じて適切な指導をすること。

2 第2の内容の取扱いについては，次の事項に配慮するものとする。

(1) 問題を見いだし，予想や仮説，観察，実験などの方法について考えたり説明したりする学習活動，観察，実験の結果を整理し考察する学習活動，科学的な言葉や概念を使用して考えたり説明したりする学習活動などを重視することによって，言語活動が充実するようにすること。

(2) 観察，実験などの指導に当たっては，指導内容に応じてコンピュータや情報通信ネットワークなどを適切に活用できるようにすること。また，第1章総則の第3の1の(3)のイに掲げるプログラミングを体験しながら論理的思考力を身に付けるための学習活動を行う場合には，児童の負担に配慮しつつ，例えば第2の各学年の内容の〔第6学年〕の「A物質・エネルギー」の(4)における電気の性質や働きを利用した道具があることを捉える学習など，与えた条件に応じて動作していることを考察し，更に条件を変えることにより，動作が変化することについて考える場面で取り扱うものとする。

(3) 生物，天気，川，土地などの指導に当たっては，野外に出掛け地域の自然に親しむ活動や体験的な活動を多く取り入れるとともに，生命を尊重し，自然環境の保全に寄与する態度を養うようにすること。

(4) 天気，川，土地などの指導に当たっては，災害に関する基礎的な理解が図られるようにすること。

(5) 個々の児童が主体的に問題解決の活動を進めるとともに，日常生活や他教科等との関連を図った学習活動，目的を設定し，計測して制御するという考え方に基づいた学習活動が充実するようにすること。

(6) 博物館や科学学習センターなどと連携，協力を図りながら，それらを積極的に活用すること。

3　観察，実験などの指導に当たっては，事故防止に十分留意すること。また，環境整備に十分配慮するとともに，使用薬品についても適切な措置をとるよう配慮すること。

第5節　生活

第1　目標

具体的な活動や体験を通して，身近な生活に関わる見方・考え方を生かし，自立し生活を豊かにしていくための資質・能力を次のとおり育成することを目指す。

(1) 活動や体験の過程において，自分自身，身近な人々，社会及び自然の特徴やよさ，それらの関わり等に気付くとともに，生活上必要な習慣や技能を身に付けるようにする。

(2) 身近な人々，社会及び自然を自分との関わりで捉え，自分自身や自分の生活について考え，表現することができるようにする。

(3) 身近な人々，社会及び自然に自ら働きかけ，意欲や自信をもって学んだり生活を豊かにしたりしようとする態度を養う。

第2　各学年の目標及び内容

〔第1学年及び第2学年〕

1　目標

(1) 学校，家庭及び地域の生活に関わることを通して，自分と身近な人々，社会及び自然との関わりについて考えることができ，それらのよさやすばらしさ，自分との関わりに気付き，地域に愛着をもち自然を大切にしたり，集団や社会の一員として安全で適切な行動をしたりするようにする。

(2) 身近な人々，社会及び自然と触れ合ったり関わったりすることを通して，それらを工夫したり楽しんだりすることができ，活動のよさや大切さに気付き，自分たちの遊びや生活をよりよくするようにする。

(3) 自分自身を見つめることを通して，自分の生活や成長，身近な人々の支えについて考えることができ，自分のよさや可能性に気付き，意欲と自信をもって生活するようにする。

2　内容

1の資質・能力を育成するため，次の内容を指導する。

〔学校，家庭及び地域の生活に関する内容〕

(1) 学校生活に関わる活動を通して，学校の施設の様子や学校生活を支えている人々や友達，通学路の様子やその安全を守っている人々などについて考えることができ，学校での生活は様々な人や施設と関わっていることが分かり，楽しく安心して遊びや生活をしたり，安全な登下校をしたりしようとする。

(2) 家庭生活に関わる活動を通して，家庭における家族のことや自分でできることなどについて考えることができ，家庭での生活は互いに支え合っていることが分かり，自分の役割を積極的に果たしたり，規則正しく健康に気を付けて生活したりしようとする。

(3) 地域に関わる活動を通して，地域の場所やそこで生活したり働いたりしている人々について考えることができ，自分たちの生活は様々な人や場所と関わっていることが分かり，それらに親しみや愛着をもち，適切に接したり安全に生活したりしようとする。

〔身近な人々，社会及び自然と関わる活動に関する内容〕

(4) 公共物や公共施設を利用する活動を通して，それらのよさを感じたり働きを捉えたりすることができ，身の回りにはみんなで使うものがあることやそれらを支えている人々がいることな

どが分かるとともに，それらを大切にし，安全に気を付けて正しく利用しようとする。
　(5) 身近な自然を観察したり，季節や地域の行事に関わったりするなどの活動を通して，それらの違いや特徴を見付けることができ，自然の様子や四季の変化，季節によって生活の様子が変わることに気付くとともに，それらを取り入れ自分の生活を楽しくしようとする。
　(6) 身近な自然を利用したり，身近にある物を使ったりするなどして遊ぶ活動を通して，遊びや遊びに使う物を工夫してつくることができ，その面白さや自然の不思議さに気付くとともに，みんなと楽しみながら遊びを創り出そうとする。
　(7) 動物を飼ったり植物を育てたりする活動を通して，それらの育つ場所，変化や成長の様子に関心をもって働きかけることができ，それらは生命をもっていることや成長していることに気付くとともに，生き物への親しみをもち，大切にしようとする。
　(8) 自分たちの生活や地域の出来事を身近な人々と伝え合う活動を通して，相手のことを想像したり伝えたいことや伝え方を選んだりすることができ，身近な人々と関わることのよさや楽しさが分かるとともに，進んで触れ合い交流しようとする。
　〔自分自身の生活や成長に関する内容〕
　(9) 自分自身の生活や成長を振り返る活動を通して，自分のことや支えてくれた人々について考えることができ，自分が大きくなったこと，自分でできるようになったこと，役割が増えたことなどが分かるとともに，これまでの生活や成長を支えてくれた人々に感謝の気持ちをもち，これからの成長への願いをもって，意欲的に生活しようとする。

● 第3　指導計画の作成と内容の取扱い

1　指導計画の作成に当たっては，次の事項に配慮するものとする。
　(1) 年間や，単元など内容や時間のまとまりを見通して，その中で育む資質・能力の育成に向けて，児童の主体的・対話的で深い学びの実現を図るようにすること。その際，児童が具体的な活動や体験を通して，身近な生活に関わる見方・考え方を生かし，自分と地域の人々，社会及び自然との関わりが具体的に把握できるような学習活動の充実を図ることとし，校外での活動を積極的に取り入れること。
　(2) 児童の発達の段階や特性を踏まえ，2学年間を見通して学習活動を設定すること。
　(3) 第2の内容の(7)については，2学年間にわたって取り扱うものとし，動物や植物への関わり方が深まるよう継続的な飼育，栽培を行うようにすること。
　(4) 他教科等との関連を積極的に図り，指導の効果を高め，低学年における教育全体の充実を図り，中学年以降の教育へ円滑に接続できるようにするとともに，幼稚園教育要領等に示す幼児期の終わりまでに育ってほしい姿との関連を考慮すること。特に，小学校入学当初においては，幼児期における遊びを通した総合的な学びから他教科等における学習に円滑に移行し，主体的に自己を発揮しながら，より自覚的な学びに向かうことが可能となるようにすること。その際，生活科を中心とした合科的・関連的な指導や，弾力的な時間割の設定を行うなどの工夫をすること。
　(5) 障害のある児童などについては，学習活動を行う場合に生じる困難さに応じた指導内容や指導方法の工夫を計画的，組織的に行うこと。
　(6) 第1章総則の第1の2の(2)に示す道徳教育の目標に基づき，道徳科などとの関連を考慮しながら，第3章特別の教科道徳の第2に示す内容について，生活科の特質に応じて適切な指導をすること。
2　第2の内容の取扱いについては，次の事項に配慮するものとする。
　(1) 地域の人々，社会及び自然を生かすとともに，それらを一体的に扱うよう学習活動を工夫すること。

(2) 身近な人々,社会及び自然に関する活動の楽しさを味わうとともに,それらを通して気付いたことや楽しかったことなどについて,言葉,絵,動作,劇化などの多様な方法により表現し,考えることができるようにすること。また,このように表現し,考えることを通して,気付きを確かなものとしたり,気付いたことを関連付けたりすることができるよう工夫すること。

(3) 具体的な活動や体験を通して気付いたことを基に考えることができるようにするため,見付ける,比べる,たとえる,試す,見通す,工夫するなどの多様な学習活動を行うようにすること。

(4) 学習活動を行うに当たっては,コンピュータなどの情報機器について,その特質を踏まえ,児童の発達の段階や特性及び生活科の特質などに応じて適切に活用するようにすること。

(5) 具体的な活動や体験を行うに当たっては,身近な幼児や高齢者,障害のある児童生徒などの多様な人々と触れ合うことができるようにすること。

(6) 生活上必要な習慣や技能の指導については,人,社会,自然及び自分自身に関わる学習活動の展開に即して行うようにすること。

第6節　音楽

● 第1　目標

表現及び鑑賞の活動を通して，音楽的な見方・考え方を働かせ，生活や社会の中の音や音楽と豊かに関わる資質・能力を次のとおり育成することを目指す。

(1) 曲想と音楽の構造などとの関わりについて理解するとともに，表したい音楽表現をするために必要な技能を身に付けるようにする。

(2) 音楽表現を工夫することや，音楽を味わって聴くことができるようにする。

(3) 音楽活動の楽しさを体験することを通して，音楽を愛好する心情と音楽に対する感性を育むとともに，音楽に親しむ態度を養い，豊かな情操を培う。

● 第2　各学年の目標及び内容

〔第1学年及び第2学年〕

1　目標

(1) 曲想と音楽の構造などとの関わりについて気付くとともに，音楽表現を楽しむために必要な歌唱，器楽，音楽づくりの技能を身に付けるようにする。

(2) 音楽表現を考えて表現に対する思いをもつことや，曲や演奏の楽しさを見いだしながら音楽を味わって聴くことができるようにする。

(3) 楽しく音楽に関わり，協働して音楽活動をする楽しさを感じながら，身の回りの様々な音楽に親しむとともに，音楽経験を生かして生活を明るく潤いのあるものにしようとする態度を養う。

2　内容

A　表現

(1) 歌唱の活動を通して，次の事項を身に付けることができるよう指導する。

　ア　歌唱表現についての知識や技能を得たり生かしたりしながら，曲想を感じ取って表現を工夫し，どのように歌うかについて思いをもつこと。

　イ　曲想と音楽の構造との関わり，曲想と歌詞の表す情景や気持ちとの関わりについて気付くこと。

　ウ　思いに合った表現をするために必要な次の(ｱ)から(ｳ)までの技能を身に付けること。

　　(ｱ)　範唱を聴いて歌ったり，階名で模唱したり暗唱したりする技能

　　(ｲ)　自分の歌声及び発音に気を付けて歌う技能

　　(ｳ)　互いの歌声や伴奏を聴いて，声を合わせて歌う技能

(2) 器楽の活動を通して，次の事項を身に付けることができるよう指導する。

　ア　器楽表現についての知識や技能を得たり生かしたりしながら，曲想を感じ取って表現を工夫し，どのように演奏するかについて思いをもつこと。

　イ　次の(ｱ)及び(ｲ)について気付くこと。

　　(ｱ)　曲想と音楽の構造との関わり

　　(ｲ)　楽器の音色と演奏の仕方との関わり

　ウ　思いに合った表現をするために必要な次の(ｱ)から(ｳ)までの技能を身に付けること。

　　(ｱ)　範奏を聴いたり，リズム譜などを見たりして演奏する技能

(イ) 音色に気を付けて，旋律楽器及び打楽器を演奏する技能
　　　(ウ) 互いの楽器の音や伴奏を聴いて，音を合わせて演奏する技能
　(3) 音楽づくりの活動を通して，次の事項を身に付けることができるよう指導する。
　　ア　音楽づくりについての知識や技能を得たり生かしたりしながら，次の(ア)及び(イ)をできるようにすること。
　　　(ア) 音遊びを通して，音楽づくりの発想を得ること。
　　　(イ) どのように音を音楽にしていくかについて思いをもつこと。
　　イ　次の(ア)及び(イ)について，それらが生み出す面白さなどと関わらせて気付くこと。
　　　(ア) 声や身の回りの様々な音の特徴
　　　(イ) 音やフレーズのつなげ方の特徴
　　ウ　発想を生かした表現や，思いに合った表現をするために必要な次の(ア)及び(イ)の技能を身に付けること。
　　　(ア) 設定した条件に基づいて，即興的に音を選んだりつなげたりして表現する技能
　　　(イ) 音楽の仕組みを用いて，簡単な音楽をつくる技能
B　鑑　賞
　(1) 鑑賞の活動を通して，次の事項を身に付けることができるよう指導する。
　　ア　鑑賞についての知識を得たり生かしたりしながら，曲や演奏の楽しさを見いだし，曲全体を味わって聴くこと。
　　イ　曲想と音楽の構造との関わりについて気付くこと。
〔共通事項〕
　(1) 「A表現」及び「B鑑賞」の指導を通して，次の事項を身に付けることができるよう指導する。
　　ア　音楽を形づくっている要素を聴き取り，それらの働きが生み出すよさや面白さ，美しさを感じ取りながら，聴き取ったことと感じ取ったこととの関わりについて考えること。
　　イ　音楽を形づくっている要素及びそれらに関わる身近な音符，休符，記号や用語について，音楽における働きと関わらせて理解すること。

3　内容の取扱い
　(1) 歌唱教材は次に示すものを取り扱う。
　　ア　主となる歌唱教材については，各学年ともイの共通教材を含めて，斉唱及び輪唱で歌う曲
　　イ　共通教材
　　　〔第1学年〕
　　　　「うみ」　　　　　　（文部省唱歌）林　柳波作詞　井上武士作曲
　　　　「かたつむり」　　　（文部省唱歌）
　　　　「日のまる」　　　　（文部省唱歌）高野辰之作詞　岡野貞一作曲
　　　　「ひらいたひらいた」（わらべうた）
　　　〔第2学年〕
　　　　「かくれんぼ」　　　（文部省唱歌）林　柳波作詞　下総皖一作曲
　　　　「春がきた」　　　　（文部省唱歌）高野辰之作詞　岡野貞一作曲
　　　　「虫のこえ」　　　　（文部省唱歌）
　　　　「夕やけこやけ」　　中村雨紅作詞　草川信作曲
　(2) 主となる器楽教材については，既習の歌唱教材を含め，主旋律に簡単なリズム伴奏や低声部などを加えた曲を取り扱う。
　(3) 鑑賞教材は次に示すものを取り扱う。

ア　我が国及び諸外国のわらべうたや遊びうた，行進曲や踊りの音楽など体を動かすことの快さを感じ取りやすい音楽，日常の生活に関連して情景を思い浮かべやすい音楽など，いろいろな種類の曲
　　イ　音楽を形づくっている要素の働きを感じ取りやすく，親しみやすい曲
　　ウ　楽器の音色や人の声の特徴を捉えやすく親しみやすい，いろいろな演奏形態による曲

〔第3学年及び第4学年〕

1　目　標

(1)　曲想と音楽の構造などとの関わりについて気付くとともに，表したい音楽表現をするために必要な歌唱，器楽，音楽づくりの技能を身に付けるようにする。

(2)　音楽表現を考えて表現に対する思いや意図をもつことや，曲や演奏のよさなどを見いだしながら音楽を味わって聴くことができるようにする。

(3)　進んで音楽に関わり，協働して音楽活動をする楽しさを感じながら，様々な音楽に親しむとともに，音楽経験を生かして生活を明るく潤いのあるものにしようとする態度を養う。

2　内　容

A　表　現

(1)　歌唱の活動を通して，次の事項を身に付けることができるよう指導する。
　　ア　歌唱表現についての知識や技能を得たり生かしたりしながら，曲の特徴を捉えた表現を工夫し，どのように歌うかについて思いや意図をもつこと。
　　イ　曲想と音楽の構造や歌詞の内容との関わりについて気付くこと。
　　ウ　思いや意図に合った表現をするために必要な次の(ｱ)から(ｳ)までの技能を身に付けること。
　　　(ｱ)　範唱を聴いたり，ハ長調の楽譜を見たりして歌う技能
　　　(ｲ)　呼吸及び発音の仕方に気を付けて，自然で無理のない歌い方で歌う技能
　　　(ｳ)　互いの歌声や副次的な旋律，伴奏を聴いて，声を合わせて歌う技能

(2)　器楽の活動を通して，次の事項を身に付けることができるよう指導する。
　　ア　器楽表現についての知識や技能を得たり生かしたりしながら，曲の特徴を捉えた表現を工夫し，どのように演奏するかについて思いや意図をもつこと。
　　イ　次の(ｱ)及び(ｲ)について気付くこと。
　　　(ｱ)　曲想と音楽の構造との関わり
　　　(ｲ)　楽器の音色や響きと演奏の仕方との関わり
　　ウ　思いや意図に合った表現をするために必要な次の(ｱ)から(ｳ)までの技能を身に付けること。
　　　(ｱ)　範奏を聴いたり，ハ長調の楽譜を見たりして演奏する技能
　　　(ｲ)　音色や響きに気を付けて，旋律楽器及び打楽器を演奏する技能
　　　(ｳ)　互いの楽器の音や副次的な旋律，伴奏を聴いて，音を合わせて演奏する技能

(3)　音楽づくりの活動を通して，次の事項を身に付けることができるよう指導する。
　　ア　音楽づくりについての知識や技能を得たり生かしたりしながら，次の(ｱ)及び(ｲ)をできるようにすること。
　　　(ｱ)　即興的に表現することを通して，音楽づくりの発想を得ること。
　　　(ｲ)　音を音楽へと構成することを通して，どのようにまとまりを意識した音楽をつくるかについて思いや意図をもつこと。
　　イ　次の(ｱ)及び(ｲ)について，それらが生み出すよさや面白さなどと関わらせて気付くこと。
　　　(ｱ)　いろいろな音の響きやそれらの組合せの特徴
　　　(ｲ)　音やフレーズのつなげ方や重ね方の特徴

ウ　発想を生かした表現や，思いや意図に合った表現をするために必要な次の(ア)及び(イ)の技能を身に付けること。
　　　(ア)　設定した条件に基づいて，即興的に音を選択したり組み合わせたりして表現する技能
　　　(イ)　音楽の仕組みを用いて，音楽をつくる技能
B　鑑　賞
(1)　鑑賞の活動を通して，次の事項を身に付けることができるよう指導する。
　　ア　鑑賞についての知識を得たり生かしたりしながら，曲や演奏のよさなどを見いだし，曲全体を味わって聴くこと。
　　イ　曲想及びその変化と，音楽の構造との関わりについて気付くこと。
〔共通事項〕
(1)　「A表現」及び「B鑑賞」の指導を通して，次の事項を身に付けることができるよう指導する。
　　ア　音楽を形づくっている要素を聴き取り，それらの働きが生み出すよさや面白さ，美しさを感じ取りながら，聴き取ったことと感じ取ったこととの関わりについて考えること。
　　イ　音楽を形づくっている要素及びそれらに関わる音符，休符，記号や用語について，音楽における働きと関わらせて理解すること。

3　内容の取扱い

(1)　歌唱教材は次に示すものを取り扱う。
　　ア　主となる歌唱教材については，各学年ともイの共通教材を含めて，斉唱及び簡単な合唱で歌う曲
　　イ　共通教材
　　　〔第3学年〕
　　　　「うさぎ」　　　　（日本古謡）
　　　　「茶つみ」　　　　（文部省唱歌）
　　　　「春の小川」　　　（文部省唱歌）高野辰之作詞　岡野貞一作曲
　　　　「ふじ山」　　　　（文部省唱歌）巖谷小波作詞
　　　〔第4学年〕
　　　　「さくらさくら」　（日本古謡）
　　　　「とんび」　　　　葛原しげる作詞　梁田貞作曲
　　　　「まきばの朝」　　（文部省唱歌）船橋栄吉作曲
　　　　「もみじ」　　　　（文部省唱歌）高野辰之作詞　岡野貞一作曲
(2)　主となる器楽教材については，既習の歌唱教材を含め，簡単な重奏や合奏などの曲を取り扱う。
(3)　鑑賞教材は次に示すものを取り扱う。
　　ア　和楽器の音楽を含めた我が国の音楽，郷土の音楽，諸外国に伝わる民謡など生活との関わりを捉えやすい音楽，劇の音楽，人々に長く親しまれている音楽など，いろいろな種類の曲
　　イ　音楽を形づくっている要素の働きを感じ取りやすく，聴く楽しさを得やすい曲
　　ウ　楽器や人の声による演奏表現の違いを聴き取りやすい，独奏，重奏，独唱，重唱を含めたいろいろな演奏形態による曲

〔第5学年及び第6学年〕

1　目　標

(1)　曲想と音楽の構造などとの関わりについて理解するとともに，表したい音楽表現をするために必要な歌唱，器楽，音楽づくりの技能を身に付けるようにする。

(2) 音楽表現を考えて表現に対する思いや意図をもつことや，曲や演奏のよさなどを見いだしながら音楽を味わって聴くことができるようにする。

(3) 主体的に音楽に関わり，協働して音楽活動をする楽しさを味わいながら，様々な音楽に親しむとともに，音楽経験を生かして生活を明るく潤いのあるものにしようとする態度を養う。

2 内容

A 表現

(1) 歌唱の活動を通して，次の事項を身に付けることができるよう指導する。

ア 歌唱表現についての知識や技能を得たり生かしたりしながら，曲の特徴にふさわしい表現を工夫し，どのように歌うかについて思いや意図をもつこと。

イ 曲想と音楽の構造や歌詞の内容との関わりについて理解すること。

ウ 思いや意図に合った表現をするために必要な次の(ア)から(ウ)までの技能を身に付けること。

(ア) 範唱を聴いたり，ハ長調及びイ短調の楽譜を見たりして歌う技能

(イ) 呼吸及び発音の仕方に気を付けて，自然で無理のない，響きのある歌い方で歌う技能

(ウ) 各声部の歌声や全体の響き，伴奏を聴いて，声を合わせて歌う技能

(2) 器楽の活動を通して，次の事項を身に付けることができるよう指導する。

ア 器楽表現についての知識や技能を得たり生かしたりしながら，曲の特徴にふさわしい表現を工夫し，どのように演奏するかについて思いや意図をもつこと。

イ 次の(ア)及び(イ)について理解すること。

(ア) 曲想と音楽の構造との関わり

(イ) 多様な楽器の音色や響きと演奏の仕方との関わり

ウ 思いや意図に合った表現をするために必要な次の(ア)から(ウ)までの技能を身に付けること。

(ア) 範奏を聴いたり，ハ長調及びイ短調の楽譜を見たりして演奏する技能

(イ) 音色や響きに気を付けて，旋律楽器及び打楽器を演奏する技能

(ウ) 各声部の楽器の音や全体の響き，伴奏を聴いて，音を合わせて演奏する技能

(3) 音楽づくりの活動を通して，次の事項を身に付けることができるよう指導する。

ア 音楽づくりについての知識や技能を得たり生かしたりしながら，次の(ア)及び(イ)をできるようにすること。

(ア) 即興的に表現することを通して，音楽づくりの様々な発想を得ること。

(イ) 音を音楽へと構成することを通して，どのように全体のまとまりを意識した音楽をつくるかについて思いや意図をもつこと。

イ 次の(ア)及び(イ)について，それらが生み出すよさや面白さなどと関わらせて理解すること。

(ア) いろいろな音の響きやそれらの組合せの特徴

(イ) 音やフレーズのつなげ方や重ね方の特徴

ウ 発想を生かした表現や，思いや意図に合った表現をするために必要な次の(ア)及び(イ)の技能を身に付けること。

(ア) 設定した条件に基づいて，即興的に音を選択したり組み合わせたりして表現する技能

(イ) 音楽の仕組みを用いて，音楽をつくる技能

B 鑑賞

(1) 鑑賞の活動を通して，次の事項を身に付けることができるよう指導する。

ア 鑑賞についての知識を得たり生かしたりしながら，曲や演奏のよさなどを見いだし，曲全体を味わって聴くこと。

イ 曲想及びその変化と，音楽の構造との関わりについて理解すること。

〔共通事項〕
(1) 「A表現」及び「B鑑賞」の指導を通して，次の事項を身に付けることができるよう指導する。
　ア　音楽を形づくっている要素を聴き取り，それらの働きが生み出すよさや面白さ，美しさを感じ取りながら，聴き取ったことと感じ取ったこととの関わりについて考えること。
　イ　音楽を形づくっている要素及びそれらに関わる音符，休符，記号や用語について，音楽における働きと関わらせて理解すること。

3　内容の取扱い

(1) 歌唱教材は次に示すものを取り扱う。
　ア　主となる歌唱教材については，各学年ともイの共通教材の中の3曲を含めて，斉唱及び合唱で歌う曲
　イ　共通教材
　〔第5学年〕
　　「こいのぼり」（文部省唱歌）
　　「子もり歌」　（日本古謡）
　　「スキーの歌」（文部省唱歌）　林柳波作詞　橋本国彦作曲
　　「冬げしき」　（文部省唱歌）
　〔第6学年〕
　　「越天楽今様（歌詞は第2節まで）」（日本古謡）慈鎮和尚作歌
　　「おぼろ月夜」（文部省唱歌）　高野辰之作詞　岡野貞一作曲
　　「ふるさと」　（文部省唱歌）　高野辰之作詞　岡野貞一作曲
　　「われは海の子（歌詞は第3節まで）」（文部省唱歌）

(2) 主となる器楽教材については，楽器の演奏効果を考慮し，簡単な重奏や合奏などの曲を取り扱う。

(3) 鑑賞教材は次に示すものを取り扱う。
　ア　和楽器の音楽を含めた我が国の音楽や諸外国の音楽など文化との関わりを捉えやすい音楽，人々に長く親しまれている音楽など，いろいろな種類の曲
　イ　音楽を形づくっている要素の働きを感じ取りやすく，聴く喜びを深めやすい曲
　ウ　楽器の音や人の声が重なり合う響きを味わうことができる，合奏，合唱を含めたいろいろな演奏形態による曲

● 第3　指導計画の作成と内容の取扱い

1　指導計画の作成に当たっては，次の事項に配慮するものとする。
(1) 題材など内容や時間のまとまりを見通して，その中で育む資質・能力の育成に向けて，児童の主体的・対話的で深い学びの実現を図るようにすること。その際，音楽的な見方・考え方を働かせ，他者と協働しながら，音楽表現を生み出したり音楽を聴いてそのよさなどを見いだしたりするなど，思考，判断し，表現する一連の過程を大切にした学習の充実を図ること。
(2) 第2の各学年の内容の「A表現」の(1)，(2)及び(3)の指導については，ア，イ及びウの各事項を，「B鑑賞」の(1)の指導については，ア及びイの各事項を適切に関連させて指導すること。
(3) 第2の各学年の内容の〔共通事項〕は，表現及び鑑賞の学習において共通に必要となる資質・能力であり，「A表現」及び「B鑑賞」の指導と併せて，十分な指導が行われるよう工夫すること。

(4) 第2の各学年の内容の「A表現」の(1),(2)及び(3)並びに「B鑑賞」の(1)の指導については,適宜,〔共通事項〕を要として各領域や分野の関連を図るようにすること。

(5) 国歌「君が代」は,いずれの学年においても歌えるよう指導すること。

(6) 低学年においては,第1章総則の第2の4の(1)を踏まえ,他教科等との関連を積極的に図り,指導の効果を高めるようにするとともに,幼稚園教育要領等に示す幼児期の終わりまでに育ってほしい姿との関連を考慮すること。特に,小学校入学当初においては,生活科を中心とした合科的・関連的な指導や,弾力的な時間割の設定を行うなどの工夫をすること。

(7) 障害のある児童などについては,学習活動を行う場合に生じる困難さに応じた指導内容や指導方法の工夫を計画的,組織的に行うこと。

(8) 第1章総則の第1の2の(2)に示す道徳教育の目標に基づき,道徳科などとの関連を考慮しながら,第3章特別の教科道徳の第2に示す内容について,音楽科の特質に応じて適切な指導をすること。

2 第2の内容の取扱いについては,次の事項に配慮するものとする。

(1) 各学年の「A表現」及び「B鑑賞」の指導に当たっては,次のとおり取り扱うこと。

　ア 音楽によって喚起されたイメージや感情,音楽表現に対する思いや意図,音楽を聴いて感じ取ったことや想像したことなどを伝え合い共感するなど,音や音楽及び言葉によるコミュニケーションを図り,音楽科の特質に応じた言語活動を適切に位置付けられるよう指導を工夫すること。

　イ 音楽との一体感を味わい,想像力を働かせて音楽と関わることができるよう,指導のねらいに即して体を動かす活動を取り入れること。

　ウ 児童が様々な感覚を働かせて音楽への理解を深めたり,主体的に学習に取り組んだりすることができるようにするため,コンピュータや教育機器を効果的に活用できるよう指導を工夫すること。

　エ 児童が学校内及び公共施設などの学校外における音楽活動とのつながりを意識できるようにするなど,児童や学校,地域の実態に応じ,生活や社会の中の音や音楽と主体的に関わっていくことができるよう配慮すること。

　オ 表現したり鑑賞したりする多くの曲について,それらを創作した著作者がいることに気付き,学習した曲や自分たちのつくった曲を大切にする態度を養うようにするとともに,それらの著作者の創造性を尊重する意識をもてるようにすること。また,このことが,音楽文化の継承,発展,創造を支えていることについて理解する素地となるよう配慮すること。

(2) 和音の指導に当たっては,合唱や合奏などの活動を通して和音のもつ表情を感じ取ることができるようにすること。また,長調及び短調の曲においては,Ⅰ,Ⅳ,Ⅴ及びⅤ₇などの和音を中心に指導すること。

(3) 我が国や郷土の音楽の指導に当たっては,そのよさなどを感じ取って表現したり鑑賞したりできるよう,音源や楽譜等の示し方,伴奏の仕方,曲に合った歌い方や楽器の演奏の仕方などの指導方法を工夫すること。

(4) 各学年の「A表現」の(1)の歌唱の指導に当たっては,次のとおり取り扱うこと。

　ア 歌唱教材については,我が国や郷土の音楽に愛着がもてるよう,共通教材のほか,長い間親しまれてきた唱歌,それぞれの地方に伝承されているわらべうたや民謡など日本のうたを含めて取り上げるようにすること。

　イ 相対的な音程感覚を育てるために,適宜,移動ド唱法を用いること。

　ウ 変声以前から自分の声の特徴に関心をもたせるとともに,変声期の児童に対して適切に配慮すること。

(5) 各学年の「A表現」の(2)の楽器については,次のとおり取り扱うこと。

ア　各学年で取り上げる打楽器は，木琴，鉄琴，和楽器，諸外国に伝わる様々な楽器を含めて，演奏の効果，児童や学校の実態を考慮して選択すること。

イ　第1学年及び第2学年で取り上げる旋律楽器は，オルガン，鍵盤ハーモニカなどの中から児童や学校の実態を考慮して選択すること。

ウ　第3学年及び第4学年で取り上げる旋律楽器は，既習の楽器を含めて，リコーダーや鍵盤楽器，和楽器などの中から児童や学校の実態を考慮して選択すること。

エ　第5学年及び第6学年で取り上げる旋律楽器は，既習の楽器を含めて，電子楽器，和楽器，諸外国に伝わる楽器などの中から児童や学校の実態を考慮して選択すること。

オ　合奏で扱う楽器については，各声部の役割を生かした演奏ができるよう，楽器の特性を生かして選択すること。

(6) 各学年の「A表現」の(3)の音楽づくりの指導に当たっては，次のとおり取り扱うこと。

ア　音遊びや即興的な表現では，身近なものから多様な音を探したり，リズムや旋律を模倣したりして，音楽づくりのための発想を得ることができるよう指導すること。その際，適切な条件を設定するなど，児童が無理なく音を選択したり組み合わせたりすることができるよう指導を工夫すること。

イ　どのような音楽を，どのようにしてつくるかなどについて，児童の実態に応じて具体的な例を示しながら指導するなど，見通しをもって音楽づくりの活動ができるよう指導を工夫すること。

ウ　つくった音楽については，指導のねらいに即し，必要に応じて作品を記録させること。作品を記録する方法については，図や絵によるもの，五線譜など柔軟に指導すること。

エ　拍のないリズム，我が国の音楽に使われている音階や調性にとらわれない音階などを児童の実態に応じて取り上げるようにすること。

(7) 各学年の「B鑑賞」の指導に当たっては，言葉などで表す活動を取り入れ，曲想と音楽の構造との関わりについて気付いたり理解したり，曲や演奏の楽しさやよさなどを見いだしたりすることができるよう指導を工夫すること。

(8) 各学年の〔共通事項〕に示す「音楽を形づくっている要素」については，児童の発達の段階や指導のねらいに応じて，次のア及びイから適切に選択したり関連付けたりして指導すること。

ア　音楽を特徴付けている要素

音色，リズム，速度，旋律，強弱，音の重なり，和音の響き，音階，調，拍，フレーズなど

イ　音楽の仕組み

反復，呼びかけとこたえ，変化，音楽の縦と横との関係など

(9) 各学年の〔共通事項〕の(1)のイに示す「音符，休符，記号や用語」については，児童の学習状況を考慮して，次に示すものを音楽における働きと関わらせて理解し，活用できるよう取り扱うこと。

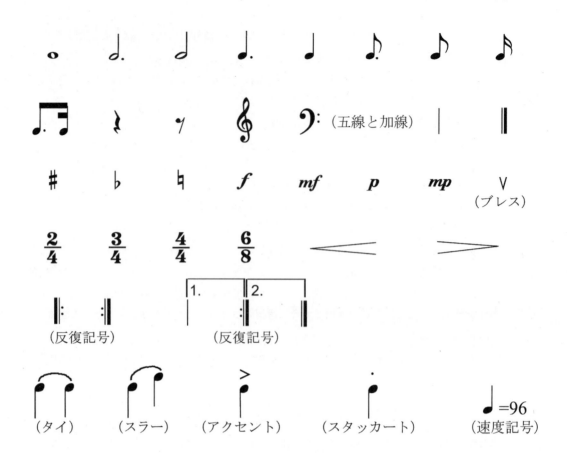

第7節　図画工作

● 第1　目標

　表現及び鑑賞の活動を通して，造形的な見方・考え方を働かせ，生活や社会の中の形や色などと豊かに関わる資質・能力を次のとおり育成することを目指す。

(1) 対象や事象を捉える造形的な視点について自分の感覚や行為を通して理解するとともに，材料や用具を使い，表し方などを工夫して，創造的につくったり表したりすることができるようにする。

(2) 造形的なよさや美しさ，表したいこと，表し方などについて考え，創造的に発想や構想をしたり，作品などに対する自分の見方や感じ方を深めたりすることができるようにする。

(3) つくりだす喜びを味わうとともに，感性を育み，楽しく豊かな生活を創造しようとする態度を養い，豊かな情操を培う。

● 第2　各学年の目標及び内容

〔第1学年及び第2学年〕

1　目　標

(1) 対象や事象を捉える造形的な視点について自分の感覚や行為を通して気付くとともに，手や体全体の感覚などを働かせ材料や用具を使い，表し方などを工夫して，創造的につくったり表したりすることができるようにする。

(2) 造形的な面白さや楽しさ，表したいこと，表し方などについて考え，楽しく発想や構想をしたり，身の回りの作品などから自分の見方や感じ方を広げたりすることができるようにする。

(3) 楽しく表現したり鑑賞したりする活動に取り組み，つくりだす喜びを味わうとともに，形や色などに関わり楽しい生活を創造しようとする態度を養う。

2　内　容

A　表　現

(1) 表現の活動を通して，発想や構想に関する次の事項を身に付けることができるよう指導する。

　ア　造形遊びをする活動を通して，身近な自然物や人工の材料の形や色などを基に造形的な活動を思い付くことや，感覚や気持ちを生かしながら，どのように活動するかについて考えること。

　イ　絵や立体，工作に表す活動を通して，感じたこと，想像したことから，表したいことを見付けることや，好きな形や色を選んだり，いろいろな形や色を考えたりしながら，どのように表すかについて考えること。

(2) 表現の活動を通して，技能に関する次の事項を身に付けることができるよう指導する。

　ア　造形遊びをする活動を通して，身近で扱いやすい材料や用具に十分に慣れるとともに，並べたり，つないだり，積んだりするなど手や体全体の感覚などを働かせ，活動を工夫してつくること。

　イ　絵や立体，工作に表す活動を通して，身近で扱いやすい材料や用具に十分に慣れるとともに，手や体全体の感覚などを働かせ，表したいことを基に表し方を工夫して表すこと。

B　鑑　賞

(1) 鑑賞の活動を通して，次の事項を身に付けることができるよう指導する。

ア　身の回りの作品などを鑑賞する活動を通して，自分たちの作品や身近な材料などの造形的な面白さや楽しさ，表したいこと，表し方などについて，感じ取ったり考えたりし，自分の見方や感じ方を広げること。

〔共通事項〕
(1)　「A表現」及び「B鑑賞」の指導を通して，次の事項を身に付けることができるよう指導する。
　　ア　自分の感覚や行為を通して，形や色などに気付くこと。
　　イ　形や色などを基に，自分のイメージをもつこと。

〔第3学年及び第4学年〕

1　目標

(1)　対象や事象を捉える造形的な視点について自分の感覚や行為を通して分かるとともに，手や体全体を十分に働かせ材料や用具を使い，表し方などを工夫して，創造的につくったり表したりすることができるようにする。

(2)　造形的なよさや面白さ，表したいこと，表し方などについて考え，豊かに発想や構想をしたり，身近にある作品などから自分の見方や感じ方を広げたりすることができるようにする。

(3)　進んで表現したり鑑賞したりする活動に取り組み，つくりだす喜びを味わうとともに，形や色などに関わり楽しく豊かな生活を創造しようとする態度を養う。

2　内容

A　表現
(1)　表現の活動を通して，発想や構想に関する次の事項を身に付けることができるよう指導する。
　　ア　造形遊びをする活動を通して，身近な材料や場所などを基に造形的な活動を思い付くことや，新しい形や色などを思い付きながら，どのように活動するかについて考えること。
　　イ　絵や立体，工作に表す活動を通して，感じたこと，想像したこと，見たことから，表したいことを見付けることや，表したいことや用途などを考え，形や色，材料などを生かしながら，どのように表すかについて考えること。
(2)　表現の活動を通して，技能に関する次の事項を身に付けることができるよう指導する。
　　ア　造形遊びをする活動を通して，材料や用具を適切に扱うとともに，前学年までの材料や用具についての経験を生かし，組み合わせたり，切ってつないだり，形を変えたりするなどして，手や体全体を十分に働かせ，活動を工夫してつくること。
　　イ　絵や立体，工作に表す活動を通して，材料や用具を適切に扱うとともに，前学年までの材料や用具についての経験を生かし，手や体全体を十分に働かせ，表したいことに合わせて表し方を工夫して表すこと。

B　鑑賞
(1)　鑑賞の活動を通して，次の事項を身に付けることができるよう指導する。
　　ア　身近にある作品などを鑑賞する活動を通して，自分たちの作品や身近な美術作品，製作の過程などの造形的なよさや面白さ，表したいこと，いろいろな表し方などについて，感じ取ったり考えたりし，自分の見方や感じ方を広げること。

〔共通事項〕
(1)　「A表現」及び「B鑑賞」の指導を通して，次の事項を身に付けることができるよう指導する。
　　ア　自分の感覚や行為を通して，形や色などの感じが分かること。
　　イ　形や色などの感じを基に，自分のイメージをもつこと。

〔第5学年及び第6学年〕
1 目標
(1) 対象や事象を捉える造形的な視点について自分の感覚や行為を通して理解するとともに，材料や用具を活用し，表し方などを工夫して，創造的につくったり表したりすることができるようにする。
(2) 造形的なよさや美しさ，表したいこと，表し方などについて考え，創造的に発想や構想をしたり，親しみのある作品などから自分の見方や感じ方を深めたりすることができるようにする。
(3) 主体的に表現したり鑑賞したりする活動に取り組み，つくりだす喜びを味わうとともに，形や色などに関わり楽しく豊かな生活を創造しようとする態度を養う。

2 内容
A 表現
(1) 表現の活動を通して，発想や構想に関する次の事項を身に付けることができるよう指導する。
　ア 造形遊びをする活動を通して，材料や場所，空間などの特徴を基に造形的な活動を思い付くことや，構成したり周囲の様子を考え合わせたりしながら，どのように活動するかについて考えること。
　イ 絵や立体，工作に表す活動を通して，感じたこと，想像したこと，見たこと，伝え合いたいことから，表したいことを見付けることや，形や色，材料の特徴，構成の美しさなどの感じ，用途などを考えながら，どのように主題を表すかについて考えること。
(2) 表現の活動を通して，技能に関する次の事項を身に付けることができるよう指導する。
　ア 造形遊びをする活動を通して，活動に応じて材料や用具を活用するとともに，前学年までの材料や用具についての経験や技能を総合的に生かしたり，方法などを組み合わせたりするなどして，活動を工夫してつくること。
　イ 絵や立体，工作に表す活動を通して，表現方法に応じて材料や用具を活用するとともに，前学年までの材料や用具などについての経験や技能を総合的に生かしたり，表現に適した方法などを組み合わせたりするなどして，表したいことに合わせて表し方を工夫して表すこと。
B 鑑賞
(1) 鑑賞の活動を通して，次の事項を身に付けることができるよう指導する。
　ア 親しみのある作品などを鑑賞する活動を通して，自分たちの作品，我が国や諸外国の親しみのある美術作品，生活の中の造形などの造形的なよさや美しさ，表現の意図や特徴，表し方の変化などについて，感じ取ったり考えたりし，自分の見方や感じ方を深めること。
〔共通事項〕
(1) 「A表現」及び「B鑑賞」の指導を通して，次の事項を身に付けることができるよう指導する。
　ア 自分の感覚や行為を通して，形や色などの造形的な特徴を理解すること。
　イ 形や色などの造形的な特徴を基に，自分のイメージをもつこと。

● 第3 指導計画の作成と内容の取扱い

1 指導計画の作成に当たっては，次の事項に配慮するものとする。
(1) 題材など内容や時間のまとまりを見通して，その中で育む資質・能力の育成に向けて，児童の主体的・対話的で深い学びの実現を図るようにすること。その際，造形的な見方・考え方を働かせ，表現及び鑑賞に関する資質・能力を相互に関連させた学習の充実を図ること。
(2) 第2の各学年の内容の「A表現」及び「B鑑賞」の指導については相互の関連を図るように

すること。ただし,「B鑑賞」の指導については,指導の効果を高めるため必要がある場合には,児童や学校の実態に応じて,独立して行うようにすること。

(3) 第2の各学年の内容の〔共通事項〕は,表現及び鑑賞の学習において共通に必要となる資質・能力であり,「A表現」及び「B鑑賞」の指導と併せて,十分な指導が行われるよう工夫すること。

(4) 第2の各学年の内容の「A表現」については,造形遊びをする活動では,(1)のア及び(2)のアを,絵や立体,工作に表す活動では,(1)のイ及び(2)のイを関連付けて指導すること。その際,(1)のイ及び(2)のイの指導に配当する授業時数については,工作に表すことの内容に配当する授業時数が,絵や立体に表すことの内容に配当する授業時数とおよそ等しくなるように計画すること。

(5) 第2の各学年の内容の「A表現」の指導については,適宜共同してつくりだす活動を取り上げるようにすること。

(6) 第2の各学年の内容の「B鑑賞」においては,自分たちの作品や美術作品などの特質を踏まえて指導すること。

(7) 低学年においては,第1章総則の第2の4の(1)を踏まえ,他教科等との関連を積極的に図り,指導の効果を高めるようにするとともに,幼稚園教育要領等に示す幼児期の終わりまでに育ってほしい姿との関連を考慮すること。特に,小学校入学当初においては,生活科を中心とした合科的・関連的な指導や,弾力的な時間割の設定を行うなどの工夫をすること。

(8) 障害のある児童などについては,学習活動を行う場合に生じる困難さに応じた指導内容や指導方法の工夫を計画的,組織的に行うこと。

(9) 第1章総則の第1の2の(2)に示す道徳教育の目標に基づき,道徳科などとの関連を考慮しながら,第3章特別の教科道徳の第2に示す内容について,図画工作科の特質に応じて適切な指導をすること。

2　第2の内容の取扱いについては,次の事項に配慮するものとする。

(1) 児童が個性を生かして活動することができるようにするため,学習活動や表現方法などに幅をもたせるようにすること。

(2) 各学年の「A表現」及び「B鑑賞」の指導を通して,児童が〔共通事項〕のアとイとの関わりに気付くようにすること。

(3) 〔共通事項〕のアの指導に当たっては,次の事項に配慮し,必要に応じて,その後の学年で繰り返し取り上げること。

　ア　第1学年及び第2学年においては,いろいろな形や色,触った感じなどを捉えること。

　イ　第3学年及び第4学年においては,形の感じ,色の感じ,それらの組合せによる感じ,色の明るさなどを捉えること。

　ウ　第5学年及び第6学年においては,動き,奥行き,バランス,色の鮮やかさなどを捉えること。

(4) 各学年の「A表現」の指導に当たっては,活動の全過程を通して児童が実現したい思いを大切にしながら活動できるようにし,自分のよさや可能性を見いだし,楽しく豊かな生活を創造しようとする態度を養うようにすること。

(5) 各活動において,互いのよさや個性などを認め尊重し合うようにすること。

(6) 材料や用具については,次のとおり取り扱うこととし,必要に応じて,当該学年より前の学年において初歩的な形で取り上げたり,その後の学年で繰り返し取り上げたりすること。

　ア　第1学年及び第2学年においては,土,粘土,木,紙,クレヨン,パス,はさみ,のり,簡単な小刀類など身近で扱いやすいものを用いること。

　イ　第3学年及び第4学年においては,木切れ,板材,釘,水彩絵の具,小刀,使いやすいのこぎり,金づちなどを用いること。

ウ　第5学年及び第6学年においては，針金，糸のこぎりなどを用いること。
(7)　各学年の「A表現」の(1)のイ及び(2)のイについては，児童や学校の実態に応じて，児童が工夫して楽しめる程度の版に表す経験や焼成する経験ができるようにすること。
(8)　各学年の「B鑑賞」の指導に当たっては，児童や学校の実態に応じて，地域の美術館などを利用したり，連携を図ったりすること。
(9)　各学年の「A表現」及び「B鑑賞」の指導に当たっては，思考力，判断力，表現力等を育成する観点から，〔共通事項〕に示す事項を視点として，感じたことや思ったこと，考えたことなどを，話したり聞いたり話し合ったりする，言葉で整理するなどの言語活動を充実すること。
(10)　コンピュータ，カメラなどの情報機器を利用することについては，表現や鑑賞の活動で使う用具の一つとして扱うとともに，必要性を十分に検討して利用すること。
(11)　創造することの価値に気付き，自分たちの作品や美術作品などに表れている創造性を大切にする態度を養うようにすること。また，こうした態度を養うことが，美術文化の継承，発展，創造を支えていることについて理解する素地となるよう配慮すること。
3　造形活動で使用する材料や用具，活動場所については，安全な扱い方について指導する，事前に点検するなどして，事故防止に留意するものとする。
4　校内の適切な場所に作品を展示するなどし，平素の学校生活においてそれを鑑賞できるよう配慮するものとする。また，学校や地域の実態に応じて，校外に児童の作品を展示する機会を設けるなどするものとする。

第8節　家庭

● 第1　目標

生活の営みに係る見方・考え方を働かせ，衣食住などに関する実践的・体験的な活動を通して，生活をよりよくしようと工夫する資質・能力を次のとおり育成することを目指す。

(1) 家族や家庭，衣食住，消費や環境などについて，日常生活に必要な基礎的な理解を図るとともに，それらに係る技能を身に付けるようにする。

(2) 日常生活の中から問題を見いだして課題を設定し，様々な解決方法を考え，実践を評価・改善し，考えたことを表現するなど，課題を解決する力を養う。

(3) 家庭生活を大切にする心情を育み，家族や地域の人々との関わりを考え，家族の一員として，生活をよりよくしようと工夫する実践的な態度を養う。

● 第2　各学年の内容

〔第5学年及び第6学年〕

1　内容

A　家族・家庭生活

次の(1)から(4)までの項目について，課題をもって，家族や地域の人々と協力し，よりよい家庭生活に向けて考え，工夫する活動を通して，次の事項を身に付けることができるよう指導する。

(1) 自分の成長と家族・家庭生活

ア　自分の成長を自覚し，家庭生活と家族の大切さや家庭生活が家族の協力によって営まれていることに気付くこと。

(2) 家庭生活と仕事

ア　家庭には，家庭生活を支える仕事があり，互いに協力し分担する必要があることや生活時間の有効な使い方について理解すること。

イ　家庭の仕事の計画を考え，工夫すること。

(3) 家族や地域の人々との関わり

ア　次のような知識を身に付けること。

(ア) 家族との触れ合いや団らんの大切さについて理解すること。

(イ) 家庭生活は地域の人々との関わりで成り立っていることが分かり，地域の人々との協力が大切であることを理解すること。

イ　家族や地域の人々とのよりよい関わりについて考え，工夫すること。

(4) 家族・家庭生活についての課題と実践

ア　日常生活の中から問題を見いだして課題を設定し，よりよい生活を考え，計画を立てて実践できること。

B　衣食住の生活

次の(1)から(6)までの項目について，課題をもって，健康・快適・安全で豊かな食生活，衣生活，住生活に向けて考え，工夫する活動を通して，次の事項を身に付けることができるよう指導する。

(1) 食事の役割

ア　食事の役割が分かり，日常の食事の大切さと食事の仕方について理解すること。

イ　楽しく食べるために日常の食事の仕方を考え，工夫すること。

(2) 調理の基礎
　ア　次のような知識及び技能を身に付けること。
　　(ア) 調理に必要な材料の分量や手順が分かり，調理計画について理解すること。
　　(イ) 調理に必要な用具や食器の安全で衛生的な取扱い及び加熱用調理器具の安全な取扱いについて理解し，適切に使用できること。
　　(ウ) 材料に応じた洗い方，調理に適した切り方，味の付け方，盛り付け，配膳及び後片付けを理解し，適切にできること。
　　(エ) 材料に適したゆで方，いため方を理解し，適切にできること。
　　(オ) 伝統的な日常食である米飯及びみそ汁の調理の仕方を理解し，適切にできること。
　イ　おいしく食べるために調理計画を考え，調理の仕方を工夫すること。

(3) 栄養を考えた食事
　ア　次のような知識を身に付けること。
　　(ア) 体に必要な栄養素の種類と主な働きについて理解すること。
　　(イ) 食品の栄養的な特徴が分かり，料理や食品を組み合わせてとる必要があることを理解すること。
　　(ウ) 献立を構成する要素が分かり，1食分の献立作成の方法について理解すること。
　イ　1食分の献立について栄養のバランスを考え，工夫すること。

(4) 衣服の着用と手入れ
　ア　次のような知識及び技能を身に付けること。
　　(ア) 衣服の主な働きが分かり，季節や状況に応じた日常着の快適な着方について理解すること。
　　(イ) 日常着の手入れが必要であることや，ボタンの付け方及び洗濯の仕方を理解し，適切にできること。
　イ　日常着の快適な着方や手入れの仕方を考え，工夫すること。

(5) 生活を豊かにするための布を用いた製作
　ア　次のような知識及び技能を身に付けること。
　　(ア) 製作に必要な材料や手順が分かり，製作計画について理解すること。
　　(イ) 手縫いやミシン縫いによる目的に応じた縫い方及び用具の安全な取扱いについて理解し，適切にできること。
　イ　生活を豊かにするために布を用いた物の製作計画を考え，製作を工夫すること。

(6) 快適な住まい方
　ア　次のような知識及び技能を身に付けること。
　　(ア) 住まいの主な働きが分かり，季節の変化に合わせた生活の大切さや住まい方について理解すること。
　　(イ) 住まいの整理・整頓や清掃の仕方を理解し，適切にできること。
　イ　季節の変化に合わせた住まい方，整理・整頓や清掃の仕方を考え，快適な住まい方を工夫すること。

C　消費生活・環境
　次の(1)及び(2)の項目について，課題をもって，持続可能な社会の構築に向けて身近な消費生活と環境を考え，工夫する活動を通して，次の事項を身に付けることができるよう指導する。

(1) 物や金銭の使い方と買物
　ア　次のような知識及び技能を身に付けること。
　　(ア) 買物の仕組みや消費者の役割が分かり，物や金銭の大切さと計画的な使い方について理解すること。

　　　　(イ) 身近な物の選び方，買い方を理解し，購入するために必要な情報の収集・整理が適切にできること。
　　イ　購入に必要な情報を活用し，身近な物の選び方，買い方を考え，工夫すること。
　(2) 環境に配慮した生活
　　ア　自分の生活と身近な環境との関わりや環境に配慮した物の使い方などについて理解すること。
　　イ　環境に配慮した生活について物の使い方などを考え，工夫すること。

2　内容の取扱い
(1) 内容の「A家族・家庭生活」については，次のとおり取り扱うこと。
　ア　(1)のアについては，AからCまでの各内容の学習と関連を図り，日常生活における様々な問題について，家族や地域の人々との協力，健康・快適・安全，持続可能な社会の構築等を視点として考え，解決に向けて工夫することが大切であることに気付かせるようにすること。
　イ　(2)のイについては，内容の「B衣食住の生活」と関連を図り，衣食住に関わる仕事を具体的に実践できるよう配慮すること。
　ウ　(3)については，幼児又は低学年の児童や高齢者など異なる世代の人々との関わりについても扱うこと。また，イについては，他教科等における学習との関連を図るよう配慮すること。
(2) 内容の「B衣食住の生活」については，次のとおり取り扱うこと。
　ア　日本の伝統的な生活についても扱い，生活文化に気付くことができるよう配慮すること。
　イ　(2)のア(エ)については，ゆでる材料として青菜やじゃがいもなどを扱うこと。(オ)については，和食の基本となるだしの役割についても触れること。
　ウ　(3)のア(ア)については，五大栄養素と食品の体内での主な働きを中心に扱うこと。(ウ)については，献立を構成する要素として主食，主菜，副菜について扱うこと。
　エ　食に関する指導については，家庭科の特質に応じて，食育の充実に資するよう配慮すること。また，第4学年までの食に関する学習との関連を図ること。
　オ　(5)については，日常生活で使用する物を入れる袋などの製作を扱うこと。
　カ　(6)のア(ア)については，主として暑さ・寒さ，通風・換気，採光，及び音を取り上げること。暑さ・寒さについては，(4)のア(ア)の日常着の快適な着方と関連を図ること。
(3) 内容の「C消費生活・環境」については，次のとおり取り扱うこと。
　ア　(1)については，内容の「A家族・家庭生活」の(3)，「B衣食住の生活」の(2)，(5)及び(6)で扱う用具や実習材料などの身近な物を取り上げること。
　イ　(1)のア(ア)については，売買契約の基礎について触れること。
　ウ　(2)については，内容の「B衣食住の生活」との関連を図り，実践的に学習できるようにすること。

● 第3　指導計画の作成と内容の取扱い

1　指導計画の作成に当たっては，次の事項に配慮するものとする。
(1) 題材など内容や時間のまとまりを見通して，その中で育む資質・能力の育成に向けて，児童の主体的・対話的で深い学びの実現を図るようにすること。その際，生活の営みに係る見方・考え方を働かせ，知識を生活体験等と関連付けてより深く理解するとともに，日常生活の中から問題を見いだして様々な解決方法を考え，他者と意見交流し，実践を評価・改善して，新たな課題を見いだす過程を重視した学習の充実を図ること。
(2) 第2の内容の「A家族・家庭生活」から「C消費生活・環境」までの各項目に配当する授業

時数及び各項目の履修学年については，児童や学校，地域の実態等に応じて各学校において適切に定めること。その際，「A家族・家庭生活」の(1)のアについては，第4学年までの学習を踏まえ，2学年間の学習の見通しをもたせるために，第5学年の最初に履修させるとともに，「A家族・家庭生活」，「B衣食住の生活」，「C消費生活・環境」の学習と関連させるようにすること。

(3) 第2の内容の「A家族・家庭生活」の(4)については，実践的な活動を家庭や地域などで行うことができるよう配慮し，2学年間で一つ又は二つの課題を設定して履修させること。その際，「A家族・家庭生活」の(2)又は(3)，「B衣食住の生活」，「C消費生活・環境」で学習した内容との関連を図り，課題を設定できるようにすること。

(4) 第2の内容の「B衣食住の生活」の(2)及び(5)については，学習の効果を高めるため，2学年間にわたって取り扱い，平易なものから段階的に学習できるよう計画すること。

(5) 題材の構成に当たっては，児童や学校，地域の実態を的確に捉えるとともに，内容相互の関連を図り，指導の効果を高めるようにすること。その際，他教科等との関連を明確にするとともに，中学校の学習を見据え，系統的に指導ができるようにすること。

(6) 障害のある児童などについては，学習活動を行う場合に生じる困難さに応じた指導内容や指導方法の工夫を計画的，組織的に行うこと。

(7) 第1章総則の第1の2の(2)に示す道徳教育の目標に基づき，道徳科などとの関連を考慮しながら，第3章特別の教科道徳の第2に示す内容について，家庭科の特質に応じて適切な指導をすること。

2 第2の内容の取扱いについては，次の事項に配慮するものとする。

(1) 指導に当たっては，衣食住など生活の中の様々な言葉を実感を伴って理解する学習活動や，自分の生活における課題を解決するために言葉や図表などを用いて生活をよりよくする方法を考えたり，説明したりするなどの学習活動の充実を図ること。

(2) 指導に当たっては，コンピュータや情報通信ネットワークを積極的に活用して，実習等における情報の収集・整理や，実践結果の発表などを行うことができるように工夫すること。

(3) 生活の自立の基礎を培う基礎的・基本的な知識及び技能を習得するために，調理や製作等の手順の根拠について考えたり，実践する喜びを味わったりするなどの実践的・体験的な活動を充実すること。

(4) 学習内容の定着を図り，一人一人の個性を生かし伸ばすよう，児童の特性や生活体験などを把握し，技能の習得状況に応じた少人数指導や教材・教具の工夫など個に応じた指導の充実に努めること。

(5) 家庭や地域との連携を図り，児童が身に付けた知識及び技能などを日常生活に活用できるよう配慮すること。

3 実習の指導に当たっては，次の事項に配慮するものとする。

(1) 施設・設備の安全管理に配慮し，学習環境を整備するとともに，熱源や用具，機械などの取扱いに注意して事故防止の指導を徹底すること。

(2) 服装を整え，衛生に留意して用具の手入れや保管を適切に行うこと。

(3) 調理に用いる食品については，生の魚や肉は扱わないなど，安全・衛生に留意すること。また，食物アレルギーについても配慮すること。

第9節 体育

第1 目標

体育や保健の見方・考え方を働かせ，課題を見付け，その解決に向けた学習過程を通して，心と体を一体として捉え，生涯にわたって心身の健康を保持増進し豊かなスポーツライフを実現するための資質・能力を次のとおり育成することを目指す。

(1) その特性に応じた各種の運動の行い方及び身近な生活における健康・安全について理解するとともに，基本的な動きや技能を身に付けるようにする。
(2) 運動や健康についての自己の課題を見付け，その解決に向けて思考し判断するとともに，他者に伝える力を養う。
(3) 運動に親しむとともに健康の保持増進と体力の向上を目指し，楽しく明るい生活を営む態度を養う。

第2 各学年の目標及び内容

〔第1学年及び第2学年〕

1 目標

(1) 各種の運動遊びの楽しさに触れ，その行い方を知るとともに，基本的な動きを身に付けるようにする。
(2) 各種の運動遊びの行い方を工夫するとともに，考えたことを他者に伝える力を養う。
(3) 各種の運動遊びに進んで取り組み，きまりを守り誰とでも仲よく運動をしたり，健康・安全に留意したりし，意欲的に運動をする態度を養う。

2 内容

A 体つくりの運動遊び

体つくりの運動遊びについて，次の事項を身に付けることができるよう指導する。

(1) 次の運動遊びの楽しさに触れ，その行い方を知るとともに，体を動かす心地よさを味わったり，基本的な動きを身に付けたりすること。
　ア　体ほぐしの運動遊びでは，手軽な運動遊びを行い，心と体の変化に気付いたり，みんなで関わり合ったりすること。
　イ　多様な動きをつくる運動遊びでは，体のバランスをとる動き，体を移動する動き，用具を操作する動き，力試しの動きをすること。
(2) 体をほぐしたり多様な動きをつくったりする遊び方を工夫するとともに，考えたことを友達に伝えること。
(3) 運動遊びに進んで取り組み，きまりを守り誰とでも仲よく運動をしたり，場の安全に気を付けたりすること。

B 器械・器具を使っての運動遊び

器械・器具を使っての運動遊びについて，次の事項を身に付けることができるよう指導する。

(1) 次の運動遊びの楽しさに触れ，その行い方を知るとともに，その動きを身に付けること。
　ア　固定施設を使った運動遊びでは，登り下りや懸垂移行，渡り歩きや跳び下りをすること。
　イ　マットを使った運動遊びでは，いろいろな方向への転がり，手で支えての体の保持や回転をすること。

ウ　鉄棒を使った運動遊びでは，支持しての揺れや上がり下り，ぶら下がりや易しい回転をすること。
　　エ　跳び箱を使った運動遊びでは，跳び乗りや跳び下り，手を着いてのまたぎ乗りやまたぎ下りをすること。
(2)　器械・器具を用いた簡単な遊び方を工夫するとともに，考えたことを友達に伝えること。
(3)　運動遊びに進んで取り組み，順番やきまりを守り誰とでも仲よく運動をしたり，場や器械・器具の安全に気を付けたりすること。

C　走・跳の運動遊び
　走・跳の運動遊びについて，次の事項を身に付けることができるよう指導する。
(1)　次の運動遊びの楽しさに触れ，その行い方を知るとともに，その動きを身に付けること。
　　ア　走の運動遊びでは，いろいろな方向に走ったり，低い障害物を走り越えたりすること。
　　イ　跳の運動遊びでは，前方や上方に跳んだり，連続して跳んだりすること。
(2)　走ったり跳んだりする簡単な遊び方を工夫するとともに，考えたことを友達に伝えること。
(3)　運動遊びに進んで取り組み，順番やきまりを守り誰とでも仲よく運動をしたり，勝敗を受け入れたり，場の安全に気を付けたりすること。

D　水遊び
　水遊びについて，次の事項を身に付けることができるよう指導する。
(1)　次の運動遊びの楽しさに触れ，その行い方を知るとともに，その動きを身に付けること。
　　ア　水の中を移動する運動遊びでは，水につかって歩いたり走ったりすること。
　　イ　もぐる・浮く運動遊びでは，息を止めたり吐いたりしながら，水にもぐったり浮いたりすること。
(2)　水の中を移動したり，もぐったり浮いたりする簡単な遊び方を工夫するとともに，考えたことを友達に伝えること。
(3)　運動遊びに進んで取り組み，順番やきまりを守り誰とでも仲よく運動をしたり，水遊びの心得を守って安全に気を付けたりすること。

E　ゲーム
　ゲームについて，次の事項を身に付けることができるよう指導する。
(1)　次の運動遊びの楽しさに触れ，その行い方を知るとともに，易しいゲームをすること。
　　ア　ボールゲームでは，簡単なボール操作と攻めや守りの動きによって，易しいゲームをすること。
　　イ　鬼遊びでは，一定の区域で，逃げる，追いかける，陣地を取り合うなどをすること。
(2)　簡単な規則を工夫したり，攻め方を選んだりするとともに，考えたことを友達に伝えること。
(3)　運動遊びに進んで取り組み，規則を守り誰とでも仲よく運動をしたり，勝敗を受け入れたり，場や用具の安全に気を付けたりすること。

F　表現リズム遊び
　表現リズム遊びについて，次の事項を身に付けることができるよう指導する。
(1)　次の運動遊びの楽しさに触れ，その行い方を知るとともに，題材になりきったりリズムに乗ったりして踊ること。
　　ア　表現遊びでは，身近な題材の特徴を捉え，全身で踊ること。
　　イ　リズム遊びでは，軽快なリズムに乗って踊ること。
(2)　身近な題材の特徴を捉えて踊ったり，軽快なリズムに乗って踊ったりする簡単な踊り方を工夫するとともに，考えたことを友達に伝えること。
(3)　運動遊びに進んで取り組み，誰とでも仲よく踊ったり，場の安全に気を付けたりすること。

3 内容の取扱い
(1) 内容の「A体つくりの運動遊び」については，2学年間にわたって指導するものとする。
(2) 内容の「C走・跳の運動遊び」については，児童の実態に応じて投の運動遊びを加えて指導することができる。
(3) 内容の「F表現リズム遊び」の(1)のイについては，簡単なフォークダンスを含めて指導することができる。
(4) 学校や地域の実態に応じて歌や運動を伴う伝承遊び及び自然の中での運動遊びを加えて指導することができる。
(5) 各領域の各内容については，運動と健康が関わっていることについての具体的な考えがもてるよう指導すること。

〔第3学年及び第4学年〕
1 目標
(1) 各種の運動の楽しさや喜びに触れ，その行い方及び健康で安全な生活や体の発育・発達について理解するとともに，基本的な動きや技能を身に付けるようにする。
(2) 自己の運動や身近な生活における健康の課題を見付け，その解決のための方法や活動を工夫するとともに，考えたことを他者に伝える力を養う。
(3) 各種の運動に進んで取り組み，きまりを守り誰とでも仲よく運動をしたり，友達の考えを認めたり，場や用具の安全に留意したりし，最後まで努力して運動をする態度を養う。また，健康の大切さに気付き，自己の健康の保持増進に進んで取り組む態度を養う。

2 内容
A 体つくり運動
体つくり運動について，次の事項を身に付けることができるよう指導する。
(1) 次の運動の楽しさや喜びに触れ，その行い方を知るとともに，体を動かす心地よさを味わったり，基本的な動きを身に付けたりすること。
　ア 体ほぐしの運動では，手軽な運動を行い，心と体の変化に気付いたり，みんなで関わり合ったりすること。
　イ 多様な動きをつくる運動では，体のバランスをとる動き，体を移動する動き，用具を操作する動き，力試しの動きをし，それらを組み合わせること。
(2) 自己の課題を見付け，その解決のための活動を工夫するとともに，考えたことを友達に伝えること。
(3) 運動に進んで取り組み，きまりを守り誰とでも仲よく運動をしたり，友達の考えを認めたり，場や用具の安全に気を付けたりすること。
B 器械運動
器械運動について，次の事項を身に付けることができるよう指導する。
(1) 次の運動の楽しさや喜びに触れ，その行い方を知るとともに，その技を身に付けること。
　ア マット運動では，回転系や巧技系の基本的な技をすること。
　イ 鉄棒運動では，支持系の基本的な技をすること。
　ウ 跳び箱運動では，切り返し系や回転系の基本的な技をすること。
(2) 自己の能力に適した課題を見付け，技ができるようになるための活動を工夫するとともに，考えたことを友達に伝えること。
(3) 運動に進んで取り組み，きまりを守り誰とでも仲よく運動をしたり，友達の考えを認めたり，場や器械・器具の安全に気を付けたりすること。

C　走・跳の運動

走・跳の運動について，次の事項を身に付けることができるよう指導する。

(1) 次の運動の楽しさや喜びに触れ，その行い方を知るとともに，その動きを身に付けること。

ア　かけっこ・リレーでは，調子よく走ったりバトンの受渡しをしたりすること。

イ　小型ハードル走では，小型ハードルを調子よく走り越えること。

ウ　幅跳びでは，短い助走から踏み切って跳ぶこと

エ　高跳びでは，短い助走から踏み切って跳ぶこと。

(2) 自己の能力に適した課題を見付け，動きを身に付けるための活動や競争の仕方を工夫するとともに，考えたことを友達に伝えること。

(3) 運動に進んで取り組み，きまりを守り誰とでも仲よく運動をしたり，勝敗を受け入れたり，友達の考えを認めたり，場や用具の安全に気を付けたりすること。

D　水泳運動

水泳運動について，次の事項を身に付けることができるよう指導する。

(1) 次の運動の楽しさや喜びに触れ，その行い方を知るとともに，その動きを身に付けること。

ア　浮いて進む運動では，け伸びや初歩的な泳ぎをすること。

イ　もぐる・浮く運動では，息を止めたり吐いたりしながら，いろいろなもぐり方や浮き方をすること。

(2) 自己の能力に適した課題を見付け，水の中での動きを身に付けるための活動を工夫するとともに，考えたことを友達に伝えること。

(3) 運動に進んで取り組み，きまりを守り誰とでも仲よく運動をしたり，友達の考えを認めたり，水泳運動の心得を守って安全に気を付けたりすること。

E　ゲーム

ゲームについて，次の事項を身に付けることができるよう指導する。

(1) 次の運動の楽しさや喜びに触れ，その行い方を知るとともに，易しいゲームをすること。

ア　ゴール型ゲームでは，基本的なボール操作とボールを持たないときの動きによって，易しいゲームをすること。

イ　ネット型ゲームでは，基本的なボール操作とボールを操作できる位置に体を移動する動きによって，易しいゲームをすること。

ウ　ベースボール型ゲームでは，蹴る，打つ，捕る，投げるなどのボール操作と得点をとったり防いだりする動きによって，易しいゲームをすること。

(2) 規則を工夫したり，ゲームの型に応じた簡単な作戦を選んだりするとともに，考えたことを友達に伝えること。

(3) 運動に進んで取り組み，規則を守り誰とでも仲よく運動をしたり，勝敗を受け入れたり，友達の考えを認めたり，場や用具の安全に気を付けたりすること。

F　表現運動

表現運動について，次の事項を身に付けることができるよう指導する。

(1) 次の運動の楽しさや喜びに触れ，その行い方を知るとともに，表したい感じを表現したりリズムに乗ったりして踊ること。

ア　表現では，身近な生活などの題材からその主な特徴を捉え，表したい感じをひと流れの動きで踊ること。

イ　リズムダンスでは，軽快なリズムに乗って全身で踊ること。

(2) 自己の能力に適した課題を見付け，題材やリズムの特徴を捉えた踊り方や交流の仕方を工夫するとともに，考えたことを友達に伝えること。

(3) 運動に進んで取り組み，誰とでも仲よく踊ったり，友達の動きや考えを認めたり，場の安全

に気を付けたりすること。
　G　保健
　(1)　健康な生活について，課題を見付け，その解決を目指した活動を通して，次の事項を身に付けることができるよう指導する。
　　ア　健康な生活について理解すること。
　　　(ア)　心や体の調子がよいなどの健康の状態は，主体の要因や周囲の環境の要因が関わっていること。
　　　(イ)　毎日を健康に過ごすには，運動，食事，休養及び睡眠の調和のとれた生活を続けること，また，体の清潔を保つことなどが必要であること。
　　　(ウ)　毎日を健康に過ごすには，明るさの調節，換気などの生活環境を整えることなどが必要であること。
　　イ　健康な生活について課題を見付け，その解決に向けて考え，それを表現すること。
　(2)　体の発育・発達について，課題を見付け，その解決を目指した活動を通して，次の事項を身に付けることができるよう指導する。
　　ア　体の発育・発達について理解すること。
　　　(ア)　体は，年齢に伴って変化すること。また，体の発育・発達には，個人差があること。
　　　(イ)　体は，思春期になると次第に大人の体に近づき，体つきが変わったり，初経，精通などが起こったりすること。また，異性への関心が芽生えること。
　　　(ウ)　体をよりよく発育・発達させるには，適切な運動，食事，休養及び睡眠が必要であること。
　　イ　体がよりよく発育・発達するために，課題を見付け，その解決に向けて考え，それを表現すること。

3　内容の取扱い
　(1)　内容の「A体つくり運動」については，2学年間にわたって指導するものとする。
　(2)　内容の「C走・跳の運動」については，児童の実態に応じて投の運動を加えて指導することができる。
　(3)　内容の「Eゲーム」の(1)のアについては，味方チームと相手チームが入り交じって得点を取り合うゲーム及び陣地を取り合うゲームを取り扱うものとする。
　(4)　内容の「F表現運動」の(1)については，学校や地域の実態に応じてフォークダンスを加えて指導することができる。
　(5)　内容の「G保健」については，(1)を第3学年，(2)を第4学年で指導するものとする。
　(6)　内容の「G保健」の(1)については，学校でも，健康診断や学校給食など様々な活動が行われていることについて触れるものとする。
　(7)　内容の「G保健」の(2)については，自分と他の人では発育・発達などに違いがあることに気付き，それらを肯定的に受け止めることが大切であることについて触れるものとする。
　(8)　各領域の各内容については，運動と健康が密接に関連していることについての具体的な考えがもてるよう指導すること。

〔第5学年及び第6学年〕
1　目標
　(1)　各種の運動の楽しさや喜びを味わい，その行い方及び心の健康やけがの防止，病気の予防について理解するとともに，各種の運動の特性に応じた基本的な技能及び健康で安全な生活を営むための技能を身に付けるようにする。

(2) 自己やグループの運動の課題や身近な健康に関わる課題を見付け，その解決のための方法や活動を工夫するとともに，自己や仲間の考えたことを他者に伝える力を養う。

(3) 各種の運動に積極的に取り組み，約束を守り助け合って運動をしたり，仲間の考えや取組を認めたり，場や用具の安全に留意したりし，自己の最善を尽くして運動をする態度を養う。また，健康・安全の大切さに気付き，自己の健康の保持増進や回復に進んで取り組む態度を養う。

2 内容

A 体つくり運動

体つくり運動について，次の事項を身に付けることができるよう指導する。

(1) 次の運動の楽しさや喜びを味わい，その行い方を理解するとともに，体を動かす心地よさを味わったり，体の動きを高めたりすること。

　ア　体ほぐしの運動では，手軽な運動を行い，心と体との関係に気付いたり，仲間と関わり合ったりすること。

　イ　体の動きを高める運動では，ねらいに応じて，体の柔らかさ，巧みな動き，力強い動き，動きを持続する能力を高めるための運動をすること。

(2) 自己の体の状態や体力に応じて，運動の行い方を工夫するとともに，自己や仲間の考えたことを他者に伝えること。

(3) 運動に積極的に取り組み，約束を守り助け合って運動をしたり，仲間の考えや取組を認めたり，場や用具の安全に気を配ったりすること。

B 器械運動

器械運動について，次の事項を身に付けることができるよう指導する。

(1) 次の運動の楽しさや喜びを味わい，その行い方を理解するとともに，その技を身に付けること。

　ア　マット運動では，回転系や巧技系の基本的な技を安定して行ったり，その発展技を行ったり，それらを繰り返したり組み合わせたりすること。

　イ　鉄棒運動では，支持系の基本的な技を安定して行ったり，その発展技を行ったり，それらを繰り返したり組み合わせたりすること。

　ウ　跳び箱運動では，切り返し系や回転系の基本的な技を安定して行ったり，その発展技を行ったりすること。

(2) 自己の能力に適した課題の解決の仕方や技の組み合わせ方を工夫するとともに，自己や仲間の考えたことを他者に伝えること。

(3) 運動に積極的に取り組み，約束を守り助け合って運動をしたり，仲間の考えや取組を認めたり，場や器械・器具の安全に気を配ったりすること。

C 陸上運動

陸上運動について，次の事項を身に付けることができるよう指導する。

(1) 次の運動の楽しさや喜びを味わい，その行い方を理解するとともに，その技能を身に付けること。

　ア　短距離走・リレーでは，一定の距離を全力で走ったり，滑らかなバトンの受渡しをしたりすること。

　イ　ハードル走では，ハードルをリズミカルに走り越えること。

　ウ　走り幅跳びでは，リズミカルな助走から踏み切って跳ぶこと。

　エ　走り高跳びでは，リズミカルな助走から踏み切って跳ぶこと。

(2) 自己の能力に適した課題の解決の仕方，競争や記録への挑戦の仕方を工夫するとともに，自己や仲間の考えたことを他者に伝えること。

（3） 運動に積極的に取り組み，約束を守り助け合って運動をしたり，勝敗を受け入れたり，仲間の考えや取組を認めたり，場や用具の安全に気を配ったりすること。

D　水泳運動

水泳運動について，次の事項を身に付けることができるよう指導する。

（1） 次の運動の楽しさや喜びを味わい，その行い方を理解するとともに，その技能を身に付けること。

　ア　クロールでは，手や足の動きに呼吸を合わせて続けて長く泳ぐこと。

　イ　平泳ぎでは，手や足の動きに呼吸を合わせて続けて長く泳ぐこと。

　ウ　安全確保につながる運動では，背浮きや浮き沈みをしながら続けて長く浮くこと。

（2） 自己の能力に適した課題の解決の仕方や記録への挑戦の仕方を工夫するとともに，自己や仲間の考えたことを他者に伝えること。

（3） 運動に積極的に取り組み，約束を守り助け合って運動をしたり，仲間の考えや取組を認めたり，水泳運動の心得を守って安全に気を配ったりすること。

E　ボール運動

ボール運動について，次の事項を身に付けることができるよう指導する。

（1） 次の運動の楽しさや喜びを味わい，その行い方を理解するとともに，その技能を身に付け，簡易化されたゲームをすること。

　ア　ゴール型では，ボール操作とボールを持たないときの動きによって，簡易化されたゲームをすること。

　イ　ネット型では，個人やチームによる攻撃と守備によって，簡易化されたゲームをすること。

　ウ　ベースボール型では，ボールを打つ攻撃と隊形をとった守備によって，簡易化されたゲームをすること。

（2） ルールを工夫したり，自己やチームの特徴に応じた作戦を選んだりするとともに，自己や仲間の考えたことを他者に伝えること。

（3） 運動に積極的に取り組み，ルールを守り助け合って運動をしたり，勝敗を受け入れたり，仲間の考えや取組を認めたり，場や用具の安全に気を配ったりすること。

F　表現運動

表現運動について，次の事項を身に付けることができるよう指導する。

（1） 次の運動の楽しさや喜びを味わい，その行い方を理解するとともに，表したい感じを表現したり踊りで交流したりすること。

　ア　表現では，いろいろな題材からそれらの主な特徴を捉え，表したい感じをひと流れの動きで即興的に踊ったり，簡単なひとまとまりの動きにして踊ったりすること。

　イ　フォークダンスでは，日本の民踊や外国の踊りから，それらの踊り方の特徴を捉え，音楽に合わせて簡単なステップや動きで踊ること。

（2） 自己やグループの課題の解決に向けて，表したい内容や踊りの特徴を捉えた練習や発表・交流の仕方を工夫するとともに，自己や仲間の考えたことを他者に伝えること。

（3） 運動に積極的に取り組み，互いのよさを認め合い助け合って踊ったり，場の安全に気を配ったりすること。

G　保健

（1） 心の健康について，課題を見付け，その解決を目指した活動を通して，次の事項を身に付けることができるよう指導する。

　ア　心の発達及び不安や悩みへの対処について理解するとともに，簡単な対処をすること。

　　(ｱ)　心は，いろいろな生活経験を通して，年齢に伴って発達すること。

　　(ｲ)　心と体には，密接な関係があること。

(ウ) 不安や悩みへの対処には，大人や友達に相談する，仲間と遊ぶ，運動をするなどいろいろな方法があること。
イ 心の健康について，課題を見付け，その解決に向けて思考し判断するとともに，それらを表現すること。
(2) けがの防止について，課題を見付け，その解決を目指した活動を通して，次の事項を身に付けることができるよう指導する。
ア けがの防止に関する次の事項を理解するとともに，けがなどの簡単な手当をすること。
(ア) 交通事故や身の回りの生活の危険が原因となって起こるけがの防止には，周囲の危険に気付くこと，的確な判断の下に安全に行動すること，環境を安全に整えることが必要であること。
(イ) けがなどの簡単な手当は，速やかに行う必要があること。
イ けがを防止するために，危険の予測や回避の方法を考え，それらを表現すること。
(3) 病気の予防について，課題を見付け，その解決を目指した活動を通して，次の事項を身に付けることができるよう指導する。
ア 病気の予防について理解すること。
(ア) 病気は，病原体，体の抵抗力，生活行動，環境が関わりあって起こること。
(イ) 病原体が主な要因となって起こる病気の予防には，病原体が体に入るのを防ぐことや病原体に対する体の抵抗力を高めることが必要であること。
(ウ) 生活習慣病など生活行動が主な要因となって起こる病気の予防には，適切な運動，栄養の偏りのない食事をとること，口腔の衛生を保つことなど，望ましい生活習慣を身に付ける必要があること。
(エ) 喫煙，飲酒，薬物乱用などの行為は，健康を損なう原因となること。
(オ) 地域では，保健に関わる様々な活動が行われていること。
イ 病気を予防するために，課題を見付け，その解決に向けて思考し判断するとともに，それらを表現すること。

3 内容の取扱い

(1) 内容の「A体つくり運動」については，2学年間にわたって指導するものとする。また，(1)のイについては，体の柔らかさ及び巧みな動きを高めることに重点を置いて指導するものとする。その際，音楽に合わせて運動をするなどの工夫を図ること。
(2) 内容の「A体つくり運動」の(1)のアと「G保健」の(1)のアの(ウ)については，相互の関連を図って指導するものとする。
(3) 内容の「C陸上運動」については，児童の実態に応じて，投の運動を加えて指導することができる。
(4) 内容の「D水泳運動」の(1)のア及びイについては，水中からのスタートを指導するものとする。また，学校の実態に応じて背泳ぎを加えて指導することができる。
(5) 内容の「Eボール運動」の(1)については，アはバスケットボール及びサッカーを，イはソフトバレーボールを，ウはソフトボールを主として取り扱うものとするが，これらに替えてハンドボール，タグラグビー，フラッグフットボールなどア，イ及びウの型に応じたその他のボール運動を指導することもできるものとする。なお，学校の実態に応じてウは取り扱わないことができる。
(6) 内容の「F表現運動」の(1)については，学校や地域の実態に応じてリズムダンスを加えて指導することができる。
(7) 内容の「G保健」については，(1)及び(2)を第5学年，(3)を第6学年で指導するものとする。

また，けがや病気からの回復についても触れるものとする。
(8) 内容の「G保健」の(3)のアの(エ)の薬物については，有機溶剤の心身への影響を中心に取り扱うものとする。また，覚醒剤等についても触れるものとする。
(9) 各領域の各内容については，運動領域と保健領域との関連を図る指導に留意すること。

第3 指導計画の作成と内容の取扱い

1 指導計画の作成に当たっては，次の事項に配慮するものとする。
(1) 単元など内容や時間のまとまりを見通して，その中で育む資質・能力の育成に向けて，児童の主体的・対話的で深い学びの実現を図るようにすること。その際，体育や保健の見方・考え方を働かせ，運動や健康についての自己の課題を見付け，その解決のための活動を選んだり工夫したりする活動の充実を図ること。また，運動の楽しさや喜びを味わったり，健康の大切さを実感したりすることができるよう留意すること。
(2) 一部の領域の指導に偏ることのないよう授業時数を配当すること。
(3) 第2の第3学年及び第4学年の内容の「G保健」に配当する授業時数は，2学年間で8単位時間程度，また，第2の第5学年及び第6学年の内容の「G保健」に配当する授業時数は，2学年間で16単位時間程度とすること。
(4) 第2の第3学年及び第4学年の内容の「G保健」並びに第5学年及び第6学年の内容の「G保健」（以下「保健」という。）については，効果的な学習が行われるよう適切な時期に，ある程度まとまった時間を配当すること。
(5) 低学年においては，第1章総則の第2の4の(1)を踏まえ，他教科等との関連を積極的に図り，指導の効果を高めるようにするとともに，幼稚園教育要領等に示す幼児期の終わりまでに育ってほしい姿との関連を考慮すること。特に，小学校入学当初においては，生活科を中心とした合科的・関連的な指導や，弾力的な時間割の設定を行うなどの工夫をすること。
(6) 障害のある児童などについては，学習活動を行う場合に生じる困難さに応じた指導内容や指導方法の工夫を計画的，組織的に行うこと。
(7) 第1章総則の第1の2の(2)に示す道徳教育の目標に基づき，道徳科などとの関連を考慮しながら，第3章特別の教科道徳の第2に示す内容について，体育科の特質に応じて適切な指導をすること。
2 第2の内容の取扱いについては，次の事項に配慮するものとする。
(1) 学校や地域の実態を考慮するとともに，個々の児童の運動経験や技能の程度などに応じた指導や児童自らが運動の課題の解決を目指す活動を行えるよう工夫すること。特に，運動を苦手と感じている児童や，運動に意欲的に取り組まない児童への指導を工夫するとともに，障害のある児童などへの指導の際には，周りの児童が様々な特性を尊重するよう指導すること。
(2) 筋道を立てて練習や作戦について話し合うことや，身近な健康の保持増進について話し合うことなど，コミュニケーション能力や論理的な思考力の育成を促すための言語活動を積極的に行うことに留意すること。
(3) 第2の内容の指導に当たっては，コンピュータや情報通信ネットワークなどの情報手段を積極的に活用し，各領域の特質に応じた学習活動を行うことができるように工夫すること。その際，情報機器の基本的な操作についても，内容に応じて取り扱うこと。
(4) 運動領域におけるスポーツとの多様な関わり方や保健領域の指導については，具体的な体験を伴う学習を取り入れるよう工夫すること。
(5) 第2の内容の「A体つくりの運動遊び」及び「A体つくり運動」の(1)のアについては，各学年の各領域においてもその趣旨を生かした指導ができること。

(6) 第2の内容の「D水遊び」及び「D水泳運動」の指導については，適切な水泳場の確保が困難な場合にはこれらを取り扱わないことができるが，これらの心得については，必ず取り上げること。

(7) オリンピック・パラリンピックに関する指導として，フェアなプレイを大切にするなど，児童の発達の段階に応じて，各種の運動を通してスポーツの意義や価値等に触れることができるようにすること。

(8) 集合，整頓，列の増減などの行動の仕方を身に付け，能率的で安全な集団としての行動ができるようにするための指導については，第2の内容の「A体つくりの運動遊び」及び「A体つくり運動」をはじめとして，各学年の各領域（保健を除く。）において適切に行うこと。

(9) 自然との関わりの深い雪遊び，氷上遊び，スキー，スケート，水辺活動などの指導については，学校や地域の実態に応じて積極的に行うことに留意すること。

(10) 保健の内容のうち運動，食事，休養及び睡眠については，食育の観点も踏まえつつ，健康的な生活習慣の形成に結び付くよう配慮するとともに，保健を除く第3学年以上の各領域及び学校給食に関する指導においても関連した指導を行うようにすること。

(11) 保健の指導に当たっては，健康に関心をもてるようにし，健康に関する課題を解決する学習活動を取り入れるなどの指導方法の工夫を行うこと。

第10節　外国語

● 第1　目標

外国語によるコミュニケーションにおける見方・考え方を働かせ，外国語による聞くこと，読むこと，話すこと，書くことの言語活動を通して，コミュニケーションを図る基礎となる資質・能力を次のとおり育成することを目指す。

(1) 外国語の音声や文字，語彙，表現，文構造，言語の働きなどについて，日本語と外国語との違いに気付き，これらの知識を理解するとともに，読むこと，書くことに慣れ親しみ，聞くこと，読むこと，話すこと，書くことによる実際のコミュニケーションにおいて活用できる基礎的な技能を身に付けるようにする。

(2) コミュニケーションを行う目的や場面，状況などに応じて，身近で簡単な事柄について，聞いたり話したりするとともに，音声で十分に慣れ親しんだ外国語の語彙や基本的な表現を推測しながら読んだり，語順を意識しながら書いたりして，自分の考えや気持ちなどを伝え合うことができる基礎的な力を養う。

(3) 外国語の背景にある文化に対する理解を深め，他者に配慮しながら，主体的に外国語を用いてコミュニケーションを図ろうとする態度を養う。

● 第2　各言語の目標及び内容等

英　語

1　目標

英語学習の特質を踏まえ，以下に示す，聞くこと，読むこと，話すこと［やり取り］，話すこと［発表］，書くことの五つの領域別に設定する目標の実現を目指した指導を通して，第1の(1)及び(2)に示す資質・能力を一体的に育成するとともに，その過程を通して，第1の(3)に示す資質・能力を育成する。

(1) 聞くこと

ア　ゆっくりはっきりと話されれば，自分のことや身近で簡単な事柄について，簡単な語句や基本的な表現を聞き取ることができるようにする。

イ　ゆっくりはっきりと話されれば，日常生活に関する身近で簡単な事柄について，具体的な情報を聞き取ることができるようにする。

ウ　ゆっくりはっきりと話されれば，日常生活に関する身近で簡単な事柄について，短い話の概要を捉えることができるようにする。

(2) 読むこと

ア　活字体で書かれた文字を識別し，その読み方を発音することができるようにする。

イ　音声で十分に慣れ親しんだ簡単な語句や基本的な表現の意味が分かるようにする。

(3) 話すこと［やり取り］

ア　基本的な表現を用いて指示，依頼をしたり，それらに応じたりすることができるようにする。

イ　日常生活に関する身近で簡単な事柄について，自分の考えや気持ちなどを，簡単な語句や基本的な表現を用いて伝え合うことができるようにする。

ウ　自分や相手のこと及び身の回りの物に関する事柄について，簡単な語句や基本的な表現を用いてその場で質問をしたり質問に答えたりして，伝え合うことができるようにする。

(4) 話すこと［発表］
ア 日常生活に関する身近で簡単な事柄について，簡単な語句や基本的な表現を用いて話すことができるようにする。
イ 自分のことについて，伝えようとする内容を整理した上で，簡単な語句や基本的な表現を用いて話すことができるようにする。
ウ 身近で簡単な事柄について，伝えようとする内容を整理した上で，自分の考えや気持ちなどを，簡単な語句や基本的な表現を用いて話すことができるようにする。

(5) 書くこと
ア 大文字，小文字を活字体で書くことができるようにする。また，語順を意識しながら音声で十分に慣れ親しんだ簡単な語句や基本的な表現を書き写すことができるようにする。
イ 自分のことや身近で簡単な事柄について，例文を参考に，音声で十分に慣れ親しんだ簡単な語句や基本的な表現を用いて書くことができるようにする。

2 内容

〔第5学年及び第6学年〕
〔知識及び技能〕

(1) 英語の特徴やきまりに関する事項
　実際に英語を用いた言語活動を通して，次に示す言語材料のうち，1に示す五つの領域別の目標を達成するのにふさわしいものについて理解するとともに，言語材料と言語活動とを効果的に関連付け，実際のコミュニケーションにおいて活用できる技能を身に付けることができるよう指導する。

ア 音声
　次に示す事項のうち基本的な語や句，文について取り扱うこと。
　(ア) 現代の標準的な発音
　(イ) 語と語の連結による音の変化
　(ウ) 語や句，文における基本的な強勢
　(エ) 文における基本的なイントネーション
　(オ) 文における基本的な区切り

イ 文字及び符号
　(ア) 活字体の大文字，小文字
　(イ) 終止符や疑問符，コンマなどの基本的な符号

ウ 語，連語及び慣用表現
　(ア) 1に示す五つの領域別の目標を達成するために必要となる，第3学年及び第4学年において第4章外国語活動を履修する際に取り扱った語を含む600〜700語程度の語
　(イ) 連語のうち，get up, look at などの活用頻度の高い基本的なもの
　(ウ) 慣用表現のうち，excuse me, I see, I'm sorry, thank you, you're welcome などの活用頻度の高い基本的なもの

エ 文及び文構造
　次に示す事項について，日本語と英語の語順の違い等に気付かせるとともに，基本的な表現として，意味のある文脈でのコミュニケーションの中で繰り返し触れることを通して活用すること。
　(ア) 文
　　a 単文
　　b 肯定，否定の平叙文

c　肯定，否定の命令文
　　　d　疑問文のうち，be 動詞で始まるものや助動詞（can, do など）で始まるもの，疑問詞（who, what, when, where, why, how）で始まるもの
　　　e　代名詞のうち，I, you, he, she などの基本的なものを含むもの
　　　f　動名詞や過去形のうち，活用頻度の高い基本的なものを含むもの
　　(イ)　文構造
　　　a　［主語＋動詞］
　　　b　［主語＋動詞＋補語］のうち，

　　　　主語＋be 動詞＋$\begin{Bmatrix} 名詞 \\ 代名詞 \\ 形容詞 \end{Bmatrix}$

　　　c　［主語＋動詞＋目的語］のうち，

　　　　主語＋動詞＋$\begin{Bmatrix} 名詞 \\ 代名詞 \end{Bmatrix}$

〔思考力，判断力，表現力等〕

(2)　情報を整理しながら考えなどを形成し，英語で表現したり，伝え合ったりすることに関する事項　具体的な課題等を設定し，コミュニケーションを行う目的や場面，状況などに応じて，情報を整理しながら考えなどを形成し，これらを表現することを通して，次の事項を身に付けることができるよう指導する。

　ア　身近で簡単な事柄について，伝えようとする内容を整理した上で，簡単な語句や基本的な表現を用いて，自分の考えや気持ちなどを伝え合うこと。

　イ　身近で簡単な事柄について，音声で十分に慣れ親しんだ簡単な語句や基本的な表現を推測しながら読んだり，語順を意識しながら書いたりすること。

(3)　言語活動及び言語の働きに関する事項

①　言語活動に関する事項

　(2)に示す事項については，(1)に示す事項を活用して，例えば，次のような言語活動を通して指導する。

　ア　聞くこと

　　(ア)　自分のことや学校生活など，身近で簡単な事柄について，簡単な語句や基本的な表現を聞いて，それらを表すイラストや写真などと結び付ける活動。

　　(イ)　日付や時刻，値段などを表す表現など，日常生活に関する身近で簡単な事柄について，具体的な情報を聞き取る活動。

　　(ウ)　友達や家族，学校生活など，身近で簡単な事柄について，簡単な語句や基本的な表現で話される短い会話や説明を，イラストや写真などを参考にしながら聞いて，必要な情報を得る活動。

　イ　読むこと

　　(ア)　活字体で書かれた文字を見て，どの文字であるかやその文字が大文字であるか小文字であるかを識別する活動。

　　(イ)　活字体で書かれた文字を見て，その読み方を適切に発音する活動。

　　(ウ)　日常生活に関する身近で簡単な事柄を内容とする掲示やパンフレットなどから，自分が必要とする情報を得る活動。

　　(エ)　音声で十分に慣れ親しんだ簡単な語句や基本的な表現を，絵本などの中から識別する活動。

ウ 話すこと［やり取り］
　(ア) 初対面の人や知り合いと挨拶を交わしたり，相手に指示や依頼をして，それらに応じたり断ったりする活動。
　(イ) 日常生活に関する身近で簡単な事柄について，自分の考えや気持ちなどを伝えたり，簡単な質問をしたり質問に答えたりして伝え合う活動。
　(ウ) 自分に関する簡単な質問に対してその場で答えたり，相手に関する簡単な質問をその場でしたりして，短い会話をする活動。
エ 話すこと［発表］
　(ア) 時刻や日時，場所など，日常生活に関する身近で簡単な事柄を話す活動。
　(イ) 簡単な語句や基本的な表現を用いて，自分の趣味や得意なことなどを含めた自己紹介をする活動。
　(ウ) 簡単な語句や基本的な表現を用いて，学校生活や地域に関することなど，身近で簡単な事柄について，自分の考えや気持ちなどを話す活動。
オ 書くこと
　(ア) 文字の読み方が発音されるのを聞いて，活字体の大文字，小文字を書く活動。
　(イ) 相手に伝えるなどの目的をもって，身近で簡単な事柄について，音声で十分に慣れ親しんだ簡単な語句を書き写す活動。
　(ウ) 相手に伝えるなどの目的をもって，語と語の区切りに注意して，身近で簡単な事柄について，音声で十分に慣れ親しんだ基本的な表現を書き写す活動。
　(エ) 相手に伝えるなどの目的をもって，名前や年齢，趣味，好き嫌いなど，自分に関する簡単な事柄について，音声で十分に慣れ親しんだ簡単な語句や基本的な表現を用いた例の中から言葉を選んで書く活動。
② 言語の働きに関する事項
　言語活動を行うに当たり，主として次に示すような言語の使用場面や言語の働きを取り上げるようにする。
ア 言語の使用場面の例
　(ア) 児童の身近な暮らしに関わる場面
　　・家庭での生活　・学校での学習や活動
　　・地域の行事　など
　(イ) 特有の表現がよく使われる場面
　　・挨拶　　・自己紹介　　・買物
　　・食事　　・道案内　　・旅行　など
イ 言語の働きの例
　(ア) コミュニケーションを円滑にする
　　・挨拶をする　・呼び掛ける　・相づちを打つ
　　・聞き直す　・繰り返す　など
　(イ) 気持ちを伝える
　　・礼を言う　・褒める　・謝る　など
　(ウ) 事実・情報を伝える
　　・説明する　・報告する　・発表する　など
　(エ) 考えや意図を伝える
　　・申し出る　・意見を言う　・賛成する
　　・承諾する　・断る　など

(オ) 相手の行動を促す
・質問する　　・依頼する　　　・命令する　など

3　指導計画の作成と内容の取扱い

(1) 指導計画の作成に当たっては，第3学年及び第4学年並びに中学校及び高等学校における指導との接続に留意しながら，次の事項に配慮するものとする。

ア　単元など内容や時間のまとまりを見通して，その中で育む資質・能力の育成に向けて，児童の主体的・対話的で深い学びの実現を図るようにすること。その際，具体的な課題等を設定し，児童が外国語によるコミュニケーションにおける見方・考え方を働かせながら，コミュニケーションの目的や場面，状況などを意識して活動を行い，英語の音声や語彙，表現などの知識を，五つの領域における実際のコミュニケーションにおいて活用する学習の充実を図ること。

イ　学年ごとの目標を適切に定め，2学年間を通じて外国語科の目標の実現を図るようにすること。

ウ　実際に英語を使用して互いの考えや気持ちを伝え合うなどの言語活動を行う際は，2の(1)に示す言語材料について理解したり練習したりするための指導を必要に応じて行うこと。また，第3学年及び第4学年において第4章外国語活動を履修する際に扱った簡単な語句や基本的な表現などの学習内容を繰り返し指導し定着を図ること。

エ　児童が英語に多く触れることが期待される英語学習の特質を踏まえ，必要に応じて，特定の事項を取り上げて第1章総則の第2の3の(2)のウの(イ)に掲げる指導を行うことにより，指導の効果を高めるよう工夫すること。このような指導を行う場合には，当該指導のねらいやそれを関連付けて指導を行う事項との関係を明確にするとともに，単元など内容や時間のまとまりを見通して資質・能力が偏りなく育成されるよう計画的に指導すること。

オ　言語活動で扱う題材は，児童の興味・関心に合ったものとし，国語科や音楽科，図画工作科など，他の教科等で児童が学習したことを活用したり，学校行事で扱う内容と関連付けたりするなどの工夫をすること。

カ　障害のある児童などについては，学習活動を行う場合に生じる困難さに応じた指導内容や指導方法の工夫を計画的，組織的に行うこと。

キ　学級担任の教師又は外国語を担当する教師が指導計画を作成し，授業を実施するに当たっては，ネイティブ・スピーカーや英語が堪能な地域人材などの協力を得る等，指導体制の充実を図るとともに，指導方法の工夫を行うこと。

(2) 2の内容の取扱いについては，次の事項に配慮するものとする。

ア　2の(1)に示す言語材料については，平易なものから難しいものへと段階的に指導すること。また，児童の発達の段階に応じて，聞いたり読んだりすることを通して意味を理解できるように指導すべき事項と，話したり書いたりして表現できるように指導すべき事項とがあることに留意すること。

イ　音声指導に当たっては，日本語との違いに留意しながら，発音練習などを通して2の(1)のアに示す言語材料を指導すること。また，音声と文字とを関連付けて指導すること。

ウ　文や文構造の指導に当たっては，次の事項に留意すること。

(ア) 児童が日本語と英語との語順等の違いや，関連のある文や文構造のまとまりを認識できるようにするために，効果的な指導ができるよう工夫すること。

(イ) 文法の用語や用法の指導に偏ることがないよう配慮して，言語活動と効果的に関連付けて指導すること。

エ　身近で簡単な事柄について，友達に質問をしたり質問に答えたりする力を育成するため，

ペア・ワーク，グループ・ワークなどの学習形態について適宜工夫すること。その際，他者とコミュニケーションを行うことに課題がある児童については，個々の児童の特性に応じて指導内容や指導方法を工夫すること。

オ 児童が身に付けるべき資質・能力や児童の実態，教材の内容などに応じて，視聴覚教材やコンピュータ，情報通信ネットワーク，教育機器などを有効活用し，児童の興味・関心をより高め，指導の効率化や言語活動の更なる充実を図るようにすること。

カ 各単元や各時間の指導に当たっては，コミュニケーションを行う目的，場面，状況などを明確に設定し，言語活動を通して育成すべき資質・能力を明確に示すことにより，児童が学習の見通しを立てたり，振り返ったりすることができるようにすること。

(3) 教材については，次の事項に留意するものとする。

ア 教材は，聞くこと，読むこと，話すこと［やり取り］，話すこと［発表］，書くことなどのコミュニケーションを図る基礎となる資質・能力を総合的に育成するため，1に示す五つの領域別の目標と2に示す内容との関係について，単元など内容や時間のまとまりごとに各教材の中で明確に示すとともに，実際の言語の使用場面や言語の働きに十分配慮した題材を取り上げること。

イ 英語を使用している人々を中心とする世界の人々や日本人の日常生活，風俗習慣，物語，地理，歴史，伝統文化，自然などに関するものの中から，児童の発達の段階や興味・関心に即して適切な題材を変化をもたせて取り上げるものとし，次の観点に配慮すること。

(ア) 多様な考え方に対する理解を深めさせ，公正な判断力を養い豊かな心情を育てることに役立つこと。

(イ) 我が国の文化や，英語の背景にある文化に対する関心を高め，理解を深めようとする態度を養うことに役立つこと。

(ウ) 広い視野から国際理解を深め，国際社会と向き合うことが求められている我が国の一員としての自覚を高めるとともに，国際協調の精神を養うことに役立つこと。

その他の外国語

その他の外国語については，英語の1に示す五つの領域別の目標，2に示す内容及び3に示す指導計画の作成と内容の取扱いに準じて指導を行うものとする。

● 第3 指導計画の作成と内容の取扱い

1 外国語科においては，英語を履修させることを原則とすること。
2 第1章総則の第1の2の(2)に示す道徳教育の目標に基づき，道徳科などとの関連を考慮しながら，第3章特別の教科道徳の第2に示す内容について，外国語科の特質に応じて適切な指導をすること。

第3章　特別の教科　道徳

第1　目標

第1章総則の第1の2の(2)に示す道徳教育の目標に基づき，よりよく生きるための基盤となる道徳性を養うため，道徳的諸価値についての理解を基に，自己を見つめ，物事を多面的・多角的に考え，自己の生き方についての考えを深める学習を通して，道徳的な判断力，心情，実践意欲と態度を育てる。

第2　内容

学校の教育活動全体を通じて行う道徳教育の要である道徳科においては，以下に示す項目について扱う。

A　主として自分自身に関すること

[善悪の判断，自律，自由と責任]

〔第1学年及び第2学年〕
　よいことと悪いこととの区別をし，よいと思うことを進んで行うこと。

〔第3学年及び第4学年〕
　正しいと判断したことは，自信をもって行うこと。

〔第5学年及び第6学年〕
　自由を大切にし，自律的に判断し，責任のある行動をすること。

[正直，誠実]

〔第1学年及び第2学年〕
　うそをついたりごまかしをしたりしないで，素直に伸び伸びと生活すること。

〔第3学年及び第4学年〕
　過ちは素直に改め，正直に明るい心で生活すること。

〔第5学年及び第6学年〕
　誠実に，明るい心で生活すること。

[節度，節制]

〔第1学年及び第2学年〕
　健康や安全に気を付け，物や金銭を大切にし，身の回りを整え，わがままをしないで，規則正しい生活をすること。

〔第3学年及び第4学年〕
　自分でできることは自分でやり，安全に気を付け，よく考えて行動し，節度のある生活をすること。

〔第5学年及び第6学年〕
　安全に気を付けることや，生活習慣の大切さについて理解し，自分の生活を見直し，節度を守り節制に心掛けること。

[個性の伸長]

〔第1学年及び第2学年〕
　自分の特徴に気付くこと。

〔第3学年及び第4学年〕
　自分の特徴に気付き，長所を伸ばすこと。

〔第5学年及び第6学年〕
　　自分の特徴を知って，短所を改め長所を伸ばすこと。
［希望と勇気，努力と強い意志］
　〔第1学年及び第2学年〕
　　自分のやるべき勉強や仕事をしっかりと行うこと。
　〔第3学年及び第4学年〕
　　自分でやろうと決めた目標に向かって，強い意志をもち，粘り強くやり抜くこと。
　〔第5学年及び第6学年〕
　　より高い目標を立て，希望と勇気をもち，困難があってもくじけずに努力して物事をやり抜くこと。
［真理の探究］
　〔第5学年及び第6学年〕
　　真理を大切にし，物事を探究しようとする心をもつこと。

B　主として人との関わりに関すること
［親切，思いやり］
　〔第1学年及び第2学年〕
　　身近にいる人に温かい心で接し，親切にすること。
　〔第3学年及び第4学年〕
　　相手のことを思いやり，進んで親切にすること。
　〔第5学年及び第6学年〕
　　誰に対しても思いやりの心をもち，相手の立場に立って親切にすること。
［感謝］
　〔第1学年及び第2学年〕
　　家族など日頃世話になっている人々に感謝すること。
　〔第3学年及び第4学年〕
　　家族など生活を支えてくれている人々や現在の生活を築いてくれた高齢者に，尊敬と感謝の気持ちをもって接すること。
　〔第5学年及び第6学年〕
　　日々の生活が家族や過去からの多くの人々の支え合いや助け合いで成り立っていることに感謝し，それに応えること。
［礼儀］
　〔第1学年及び第2学年〕
　　気持ちのよい挨拶，言葉遣い，動作などに心掛けて，明るく接すること。
　〔第3学年及び第4学年〕
　　礼儀の大切さを知り，誰に対しても真心をもって接すること。
　〔第5学年及び第6学年〕
　　時と場をわきまえて，礼儀正しく真心をもって接すること。
［友情，信頼］
　〔第1学年及び第2学年〕
　　友達と仲よくし，助け合うこと。
　〔第3学年及び第4学年〕
　　友達と互いに理解し，信頼し，助け合うこと。

〔第5学年及び第6学年〕
　　友達と互いに信頼し，学び合って友情を深め，異性についても理解しながら，人間関係を築いていくこと。
［相互理解，寛容］
〔第3学年及び第4学年〕
　　自分の考えや意見を相手に伝えるとともに，相手のことを理解し，自分と異なる意見も大切にすること。
〔第5学年及び第6学年〕
　　自分の考えや意見を相手に伝えるとともに，謙虚な心をもち，広い心で自分と異なる意見や立場を尊重すること。

C　主として集団や社会との関わりに関すること

［規則の尊重］
〔第1学年及び第2学年〕
　　約束やきまりを守り，みんなが使う物を大切にすること。
〔第3学年及び第4学年〕
　　約束や社会のきまりの意義を理解し，それらを守ること。
〔第5学年及び第6学年〕
　　法やきまりの意義を理解した上で進んでそれらを守り，自他の権利を大切にし，義務を果たすこと。

［公正，公平，社会正義］
〔第1学年及び第2学年〕
　　自分の好き嫌いにとらわれないで接すること。
〔第3学年及び第4学年〕
　　誰に対しても分け隔てをせず，公正，公平な態度で接すること。
〔第5学年及び第6学年〕
　　誰に対しても差別をすることや偏見をもつことなく，公正，公平な態度で接し，正義の実現に努めること。

［勤労，公共の精神］
〔第1学年及び第2学年〕
　　働くことのよさを知り，みんなのために働くこと。
〔第3学年及び第4学年〕
　　働くことの大切さを知り，進んでみんなのために働くこと。
〔第5学年及び第6学年〕
　　働くことや社会に奉仕することの充実感を味わうとともに，その意義を理解し，公共のために役に立つことをすること。

［家族愛，家庭生活の充実］
〔第1学年及び第2学年〕
　　父母，祖父母を敬愛し，進んで家の手伝いなどをして，家族の役に立つこと。
〔第3学年及び第4学年〕
　　父母，祖父母を敬愛し，家族みんなで協力し合って楽しい家庭をつくること。
〔第5学年及び第6学年〕
　　父母，祖父母を敬愛し，家族の幸せを求めて，進んで役に立つことをすること。

［よりよい学校生活，集団生活の充実］
〔第1学年及び第2学年〕
先生を敬愛し，学校の人々に親しんで，学級や学校の生活を楽しくすること。
〔第3学年及び第4学年〕
先生や学校の人々を敬愛し，みんなで協力し合って楽しい学級や学校をつくること。
〔第5学年及び第6学年〕
先生や学校の人々を敬愛し，みんなで協力し合ってよりよい学級や学校をつくるとともに，様々な集団の中での自分の役割を自覚して集団生活の充実に努めること。

［伝統と文化の尊重，国や郷土を愛する態度］
〔第1学年及び第2学年〕
我が国や郷土の文化と生活に親しみ，愛着をもつこと。
〔第3学年及び第4学年〕
我が国や郷土の伝統と文化を大切にし，国や郷土を愛する心をもつこと。
〔第5学年及び第6学年〕
我が国や郷土の伝統と文化を大切にし，先人の努力を知り，国や郷土を愛する心をもつこと。

［国際理解，国際親善］
〔第1学年及び第2学年〕
他国の人々や文化に親しむこと。
〔第3学年及び第4学年〕
他国の人々や文化に親しみ，関心をもつこと。
〔第5学年及び第6学年〕
他国の人々や文化について理解し，日本人としての自覚をもって国際親善に努めること。

D　主として生命や自然，崇高なものとの関わりに関すること

［生命の尊さ］
〔第1学年及び第2学年〕
生きることのすばらしさを知り，生命を大切にすること。
〔第3学年及び第4学年〕
生命の尊さを知り，生命あるものを大切にすること。
〔第5学年及び第6学年〕
生命が多くの生命のつながりの中にあるかけがえのないものであることを理解し，生命を尊重すること。

［自然愛護］
〔第1学年及び第2学年〕
身近な自然に親しみ，動植物に優しい心で接すること。
〔第3学年及び第4学年〕
自然のすばらしさや不思議さを感じ取り，自然や動植物を大切にすること。
〔第5学年及び第6学年〕
自然の偉大さを知り，自然環境を大切にすること。

［感動，畏敬の念］
〔第1学年及び第2学年〕
美しいものに触れ，すがすがしい心をもつこと。
〔第3学年及び第4学年〕
美しいものや気高いものに感動する心をもつこと。

〔第5学年及び第6学年〕
　　　美しいものや気高いものに感動する心や人間の力を超えたものに対する畏敬の念をもつこと。
［よりよく生きる喜び］
〔第5学年及び第6学年〕
　　　よりよく生きようとする人間の強さや気高さを理解し，人間として生きる喜びを感じること。

第3　指導計画の作成と内容の取扱い

1　各学校においては，道徳教育の全体計画に基づき，各教科，外国語活動，総合的な学習の時間及び特別活動との関連を考慮しながら，道徳科の年間指導計画を作成するものとする。なお，作成に当たっては，第2に示す各学年段階の内容項目について，相当する各学年において全て取り上げることとする。その際，児童や学校の実態に応じ，2学年間を見通した重点的な指導や内容項目間の関連を密にした指導，一つの内容項目を複数の時間で扱う指導を取り入れるなどの工夫を行うものとする。

2　第2の内容の指導に当たっては，次の事項に配慮するものとする。

(1)　校長や教頭などの参加，他の教師との協力的な指導などについて工夫し，道徳教育推進教師を中心とした指導体制を充実すること。

(2)　道徳科が学校の教育活動全体を通じて行う道徳教育の要としての役割を果たすことができるよう，計画的・発展的な指導を行うこと。特に，各教科，外国語活動，総合的な学習の時間及び特別活動における道徳教育としては取り扱う機会が十分でない内容項目に関わる指導を補うことや，児童や学校の実態等を踏まえて指導をより一層深めること，内容項目の相互の関連を捉え直したり発展させたりすることに留意すること。

(3)　児童が自ら道徳性を養う中で，自らを振り返って成長を実感したり，これからの課題や目標を見付けたりすることができるよう工夫すること。その際，道徳性を養うことの意義について，児童自らが考え，理解し，主体的に学習に取り組むことができるようにすること。

(4)　児童が多様な感じ方や考え方に接する中で，考えを深め，判断し，表現する力などを育むことができるよう，自分の考えを基に話し合ったり書いたりするなどの言語活動を充実すること。

(5)　児童の発達の段階や特性等を考慮し，指導のねらいに即して，問題解決的な学習，道徳的行為に関する体験的な学習等を適切に取り入れるなど，指導方法を工夫すること。その際，それらの活動を通じて学んだ内容の意義などについて考えることができるようにすること。また，特別活動等における多様な実践活動や体験活動も道徳科の授業に生かすようにすること。

(6)　児童の発達の段階や特性等を考慮し，第2に示す内容との関連を踏まえつつ，情報モラルに関する指導を充実すること。また，児童の発達の段階や特性等を考慮し，例えば，社会の持続可能な発展などの現代的な課題の取扱いにも留意し，身近な社会的課題を自分との関係において考え，それらの解決に寄与しようとする意欲や態度を育てるよう努めること。なお，多様な見方や考え方のできる事柄について，特定の見方や考え方に偏った指導を行うことのないようにすること。

(7)　道徳科の授業を公開したり，授業の実施や地域教材の開発や活用などに家庭や地域の人々，各分野の専門家等の積極的な参加や協力を得たりするなど，家庭や地域社会との共通理解を深め，相互の連携を図ること。

3　教材については，次の事項に留意するものとする。

(1)　児童の発達の段階や特性，地域の実情等を考慮し，多様な教材の活用に努めること。特に，生命の尊厳，自然，伝統と文化，先人の伝記，スポーツ，情報化への対応等の現代的な課題な

どを題材とし，児童が問題意識をもって多面的・多角的に考えたり，感動を覚えたりするような充実した教材の開発や活用を行うこと。
(2) 教材については，教育基本法や学校教育法その他の法令に従い，次の観点に照らし適切と判断されるものであること。
 ア 児童の発達の段階に即し，ねらいを達成するのにふさわしいものであること。
 イ 人間尊重の精神にかなうものであって，悩みや葛藤等の心の揺れ，人間関係の理解等の課題も含め，児童が深く考えることができ，人間としてよりよく生きる喜びや勇気を与えられるものであること。
 ウ 多様な見方や考え方のできる事柄を取り扱う場合には，特定の見方や考え方に偏った取扱いがなされていないものであること。
4 児童の学習状況や道徳性に係る成長の様子を継続的に把握し，指導に生かすよう努める必要がある。ただし，数値などによる評価は行わないものとする。

第4章　外国語活動

● 第1　目標

外国語によるコミュニケーションにおける見方・考え方を働かせ，外国語による聞くこと，話すことの言語活動を通して，コミュニケーションを図る素地となる資質・能力を次のとおり育成することを目指す。

(1) 外国語を通して，言語や文化について体験的に理解を深め，日本語と外国語との音声の違い等に気付くとともに，外国語の音声や基本的な表現に慣れ親しむようにする。

(2) 身近で簡単な事柄について，外国語で聞いたり話したりして自分の考えや気持ちなどを伝え合う力の素地を養う。

(3) 外国語を通して，言語やその背景にある文化に対する理解を深め，相手に配慮しながら，主体的に外国語を用いてコミュニケーションを図ろうとする態度を養う。

● 第2　各言語の目標及び内容等

英　語

1　目　標

英語学習の特質を踏まえ，以下に示す，聞くこと，話すこと［やり取り］，話すこと［発表］の三つの領域別に設定する目標の実現を目指した指導を通して，第1の(1)及び(2)に示す資質・能力を一体的に育成するとともに，その過程を通して，第1の(3)に示す資質・能力を育成する。

(1) 聞くこと

　ア　ゆっくりはっきりと話された際に，自分のことや身の回りの物を表す簡単な語句を聞き取るようにする。

　イ　ゆっくりはっきりと話された際に，身近で簡単な事柄に関する基本的な表現の意味が分かるようにする。

　ウ　文字の読み方が発音されるのを聞いた際に，どの文字であるかが分かるようにする。

(2) 話すこと［やり取り］

　ア　基本的な表現を用いて挨拶，感謝，簡単な指示をしたり，それらに応じたりするようにする。

　イ　自分のことや身の回りの物について，動作を交えながら，自分の考えや気持ちなどを，簡単な語句や基本的な表現を用いて伝え合うようにする。

　ウ　サポートを受けて，自分や相手のこと及び身の回りの物に関する事柄について，簡単な語句や基本的な表現を用いて質問をしたり質問に答えたりするようにする。

(3) 話すこと［発表］

　ア　身の回りの物について，人前で実物などを見せながら，簡単な語句や基本的な表現を用いて話すようにする。

　イ　自分のことについて，人前で実物などを見せながら，簡単な語句や基本的な表現を用いて話すようにする。

　ウ　日常生活に関する身近で簡単な事柄について，人前で実物などを見せながら，自分の考えや気持ちなどを，簡単な語句や基本的な表現を用いて話すようにする。

2 内容

〔第3学年及び第4学年〕

〔知識及び技能〕

(1) 英語の特徴等に関する事項

実際に英語を用いた言語活動を通して，次の事項を体験的に身に付けることができるよう指導する。

ア 言語を用いて主体的にコミュニケーションを図ることの楽しさや大切さを知ること。

イ 日本と外国の言語や文化について理解すること。

(ア) 英語の音声やリズムなどに慣れ親しむとともに，日本語との違いを知り，言葉の面白さや豊かさに気付くこと。

(イ) 日本と外国との生活や習慣，行事などの違いを知り，多様な考え方があることに気付くこと。

(ウ) 異なる文化をもつ人々との交流などを体験し，文化等に対する理解を深めること。

〔思考力，判断力，表現力等〕

(2) 情報を整理しながら考えなどを形成し，英語で表現したり，伝え合ったりすることに関する事項

具体的な課題等を設定し，コミュニケーションを行う目的や場面，状況などに応じて，情報や考えなどを表現することを通して，次の事項を身に付けることができるよう指導する。

ア 自分のことや身近で簡単な事柄について，簡単な語句や基本的な表現を使って，相手に配慮しながら，伝え合うこと。

イ 身近で簡単な事柄について，自分の考えや気持ちなどが伝わるよう，工夫して質問をしたり質問に答えたりすること。

(3) 言語活動及び言語の働きに関する事項

① 言語活動に関する事項

(2)に示す事項については，(1)に示す事項を活用して，例えば，次のような言語活動を通して指導する。

ア 聞くこと

(ア) 身近で簡単な事柄に関する短い話を聞いておおよその内容が分かったりする活動。

(イ) 身近な人や身の回りの物に関する簡単な語句や基本的な表現を聞いて，それらを表すイラストや写真などと結び付ける活動。

(ウ) 文字の読み方が発音されるのを聞いて，活字体で書かれた文字と結び付ける活動。

イ 話すこと［やり取り］

(ア) 知り合いと簡単な挨拶を交わしたり，感謝や簡単な指示，依頼をして，それらに応じたりする活動。

(イ) 自分のことや身の回りの物について，動作を交えながら，好みや要求などの自分の考えや気持ちなどを伝え合う活動。

(ウ) 自分や相手の好み及び欲しい物などについて，簡単な質問をしたり質問に答えたりする活動。

ウ 話すこと［発表］

(ア) 身の回りの物の数や形状などについて，人前で実物やイラスト，写真などを見せながら話す活動。

(イ) 自分の好き嫌いや，欲しい物などについて，人前で実物やイラスト，写真などを見せな

　　　　　から話す活動。
　　　(ｳ) 時刻や曜日，場所など，日常生活に関する身近で簡単な事柄について，人前で実物やイラスト，写真などを見せながら，自分の考えや気持ちなどを話す活動。
　② 言語の働きに関する事項
　　言語活動を行うに当たり，主として次に示すような言語の使用場面や言語の働きを取り上げるようにする。
　　ア　言語の使用場面の例
　　　(ｱ) 児童の身近な暮らしに関わる場面
　　　　・家庭での生活　・学校での学習や活動
　　　　・地域の行事　　・子供の遊び　など
　　　(ｲ) 特有の表現がよく使われる場面
　　　　・挨拶　　　　・自己紹介　　　・買物
　　　　・食事　　　　・道案内　など
　　イ　言語の働きの例
　　　(ｱ) コミュニケーションを円滑にする
　　　　・挨拶をする　・相づちを打つ　など
　　　(ｲ) 気持ちを伝える
　　　　・礼を言う　　・褒める　など
　　　(ｳ) 事実・情報を伝える
　　　　・説明する　　・答える　など
　　　(ｴ) 考えや意図を伝える
　　　　・申し出る　　・意見を言う　など
　　　(ｵ) 相手の行動を促す
　　　　・質問する　　・依頼する　　　・命令する　など

3　指導計画の作成と内容の取扱い

(1) 指導計画の作成に当たっては，第５学年及び第６学年並びに中学校及び高等学校における指導との接続に留意しながら，次の事項に配慮するものとする。

　ア　単元など内容や時間のまとまりを見通して，その中で育む資質・能力の育成に向けて，児童の主体的・対話的で深い学びの実現を図るようにすること。その際，具体的な課題等を設定し，児童が外国語によるコミュニケーションにおける見方・考え方を働かせながら，コミュニケーションの目的や場面，状況などを意識して活動を行い，英語の音声や語彙，表現などの知識を，三つの領域における実際のコミュニケーションにおいて活用する学習の充実を図ること。

　イ　学年ごとの目標を適切に定め，２学年間を通じて外国語活動の目標の実現を図るようにすること。

　ウ　実際に英語を用いて互いの考えや気持ちを伝え合うなどの言語活動を行う際は，２の(1)に示す事項について理解したり練習したりするための指導を必要に応じて行うこと。また，英語を初めて学習することに配慮し，簡単な語句や基本的な表現を用いながら，友達との関わりを大切にした体験的な言語活動を行うこと。

　エ　言語活動で扱う題材は，児童の興味・関心に合ったものとし，国語科や音楽科，図画工作科など，他教科等で児童が学習したことを活用したり，学校行事で扱う内容と関連付けたりするなどの工夫をすること。

　オ　外国語活動を通して，外国語や外国の文化のみならず，国語や我が国の文化についても併

せて理解を深めるようにすること。言語活動で扱う題材についても，我が国の文化や，英語の背景にある文化に対する関心を高め，理解を深めようとする態度を養うのに役立つものとすること。

　　カ　障害のある児童などについては，学習活動を行う場合に生じる困難さに応じた指導内容や指導方法の工夫を計画的，組織的に行うこと。

　　キ　学級担任の教師又は外国語活動を担当する教師が指導計画を作成し，授業を実施するに当たっては，ネイティブ・スピーカーや英語が堪能な地域人材などの協力を得る等，指導体制の充実を図るとともに，指導方法の工夫を行うこと。

　(2)　2の内容の取扱いについては，次の事項に配慮するものとする。

　　ア　英語でのコミュニケーションを体験させる際は，児童の発達の段階を考慮した表現を用い，児童にとって身近なコミュニケーションの場面を設定すること。

　　イ　文字については，児童の学習負担に配慮しつつ，音声によるコミュニケーションを補助するものとして取り扱うこと。

　　ウ　言葉によらないコミュニケーションの手段もコミュニケーションを支えるものであることを踏まえ，ジェスチャーなどを取り上げ，その役割を理解させるようにすること。

　　エ　身近で簡単な事柄について，友達に質問をしたり質問に答えたりする力を育成するため，ペア・ワーク，グループ・ワークなどの学習形態について適宜工夫すること。その際，相手とコミュニケーションを行うことに課題がある児童については，個々の児童の特性に応じて指導内容や指導方法を工夫すること。

　　オ　児童が身に付けるべき資質・能力や児童の実態，教材の内容などに応じて，視聴覚教材やコンピュータ，情報通信ネットワーク，教育機器などを有効活用し，児童の興味・関心をより高め，指導の効率化や言語活動の更なる充実を図るようにすること。

　　カ　各単元や各時間の指導に当たっては，コミュニケーションを行う目的，場面，状況などを明確に設定し，言語活動を通して育成すべき資質・能力を明確に示すことにより，児童が学習の見通しを立てたり，振り返ったりすることができるようにすること。

● 第3　指導計画の作成と内容の取扱い

1　外国語活動においては，言語やその背景にある文化に対する理解が深まるよう指導するとともに，外国語による聞くこと，話すことの言語活動を行う際は，英語を取り扱うことを原則とすること。

2　第1章総則の第1の2の(2)に示す道徳教育の目標に基づき，道徳科などとの関連を考慮しながら，第3章特別の教科道徳の第2に示す内容について，外国語活動の特質に応じて適切な指導をすること。

第5章　総合的な学習の時間

第1　目標

探究的な見方・考え方を働かせ，横断的・総合的な学習を行うことを通して，よりよく課題を解決し，自己の生き方を考えていくための資質・能力を次のとおり育成することを目指す。

(1) 探究的な学習の過程において，課題の解決に必要な知識及び技能を身に付け，課題に関わる概念を形成し，探究的な学習のよさを理解するようにする。

(2) 実社会や実生活の中から問いを見いだし，自分で課題を立て，情報を集め，整理・分析して，まとめ・表現することができるようにする。

(3) 探究的な学習に主体的・協働的に取り組むとともに，互いのよさを生かしながら，積極的に社会に参画しようとする態度を養う。

第2　各学校において定める目標及び内容

1　目標
各学校においては，第1の目標を踏まえ，各学校の総合的な学習の時間の目標を定める。

2　内容
各学校においては，第1の目標を踏まえ，各学校の総合的な学習の時間の内容を定める。

3　各学校において定める目標及び内容の取扱い
各学校において定める目標及び内容の設定に当たっては，次の事項に配慮するものとする。

(1) 各学校において定める目標については，各学校における教育目標を踏まえ，総合的な学習の時間を通して育成を目指す資質・能力を示すこと。

(2) 各学校において定める目標及び内容については，他教科等の目標及び内容との違いに留意しつつ，他教科等で育成を目指す資質・能力との関連を重視すること。

(3) 各学校において定める目標及び内容については，日常生活や社会との関わりを重視すること。

(4) 各学校において定める内容については，目標を実現するにふさわしい探究課題，探究課題の解決を通して育成を目指す具体的な資質・能力を示すこと。

(5) 目標を実現するにふさわしい探究課題については，学校の実態に応じて，例えば，国際理解，情報，環境，福祉・健康などの現代的な諸課題に対応する横断的・総合的な課題，地域の人々の暮らし，伝統と文化など地域や学校の特色に応じた課題，児童の興味・関心に基づく課題などを踏まえて設定すること。

(6) 探究課題の解決を通して育成を目指す具体的な資質・能力については，次の事項に配慮すること。

　ア　知識及び技能については，他教科等及び総合的な学習の時間で習得する知識及び技能が相互に関連付けられ，社会の中で生きて働くものとして形成されるようにすること。

　イ　思考力，判断力，表現力等については，課題の設定，情報の収集，整理・分析，まとめ・表現などの探究的な学習の過程において発揮され，未知の状況において活用できるものとして身に付けられるようにすること。

　ウ　学びに向かう力，人間性等については，自分自身に関すること及び他者や社会との関わりに関することの両方の視点を踏まえること。

(7) 目標を実現するにふさわしい探究課題及び探究課題の解決を通して育成を目指す具体的な資質・能力については，教科等を越えた全ての学習の基盤となる資質・能力が育まれ，活用されるものとなるよう配慮すること。

第3　指導計画の作成と内容の取扱い

1　指導計画の作成に当たっては，次の事項に配慮するものとする。
　(1)　年間や，単元など内容や時間のまとまりを見通して，その中で育む資質・能力の育成に向けて，児童の主体的・対話的で深い学びの実現を図るようにすること。その際，児童や学校，地域の実態等に応じて，児童が探究的な見方・考え方を働かせ，教科等の枠を超えた横断的・総合的な学習や児童の興味・関心等に基づく学習を行うなど創意工夫を生かした教育活動の充実を図ること。
　(2)　全体計画及び年間指導計画の作成に当たっては，学校における全教育活動との関連の下に，目標及び内容，学習活動，指導方法や指導体制，学習の評価の計画などを示すこと。
　(3)　他教科等及び総合的な学習の時間で身に付けた資質・能力を相互に関連付け，学習や生活において生かし，それらが総合的に働くようにすること。その際，言語能力，情報活用能力など全ての学習の基盤となる資質・能力を重視すること。
　(4)　他教科等の目標及び内容との違いに留意しつつ，第1の目標並びに第2の各学校において定める目標及び内容を踏まえた適切な学習活動を行うこと。
　(5)　各学校における総合的な学習の時間の名称については，各学校において適切に定めること。
　(6)　障害のある児童などについては，学習活動を行う場合に生じる困難さに応じた指導内容や指導方法の工夫を計画的，組織的に行うこと。
　(7)　第1章総則の第1の2の(2)に示す道徳教育の目標に基づき，道徳科などとの関連を考慮しながら，第3章特別の教科道徳の第2に示す内容について，総合的な学習の時間の特質に応じて適切な指導をすること。

2　第2の内容の取扱いについては，次の事項に配慮するものとする。
　(1)　第2の各学校において定める目標及び内容に基づき，児童の学習状況に応じて教師が適切な指導を行うこと。
　(2)　探究的な学習の過程においては，他者と協働して課題を解決しようとする学習活動や，言語により分析し，まとめたり表現したりするなどの学習活動が行われるようにすること。その際，例えば，比較する，分類する，関連付けるなどの考えるための技法が活用されるようにすること。
　(3)　探究的な学習の過程においては，コンピュータや情報通信ネットワークなどを適切かつ効果的に活用して，情報を収集・整理・発信するなどの学習活動が行われるよう工夫すること。その際，コンピュータで文字を入力するなどの学習の基盤として必要となる情報手段の基本的な操作を習得し，情報や情報手段を主体的に選択し活用できるよう配慮すること。
　(4)　自然体験やボランティア活動などの社会体験，ものづくり，生産活動などの体験活動，観察・実験，見学や調査，発表や討論などの学習活動を積極的に取り入れること。
　(5)　体験活動については，第1の目標並びに第2の各学校において定める目標及び内容を踏まえ，探究的な学習の過程に適切に位置付けること。
　(6)　グループ学習や異年齢集団による学習などの多様な学習形態，地域の人々の協力も得つつ，全教師が一体となって指導に当たるなどの指導体制について工夫を行うこと。

(7) 学校図書館の活用，他の学校との連携，公民館，図書館，博物館等の社会教育施設や社会教育関係団体等の各種団体との連携，地域の教材や学習環境の積極的な活用などの工夫を行うこと。

(8) 国際理解に関する学習を行う際には，探究的な学習に取り組むことを通して，諸外国の生活や文化などを体験したり調査したりするなどの学習活動が行われるようにすること。

(9) 情報に関する学習を行う際には，探究的な学習に取り組むことを通して，情報を収集・整理・発信したり，情報が日常生活や社会に与える影響を考えたりするなどの学習活動が行われるようにすること。第1章総則の第3の1の(3)のイに掲げるプログラミングを体験しながら論理的思考力を身に付けるための学習活動を行う場合には，プログラミングを体験することが，探究的な学習の過程に適切に位置付くようにすること。

第6章　特別活動

第1　目標

集団や社会の形成者としての見方・考え方を働かせ，様々な集団活動に自主的，実践的に取り組み，互いのよさや可能性を発揮しながら集団や自己の生活上の課題を解決することを通して，次のとおり資質・能力を育成することを目指す。

(1) 多様な他者と協働する様々な集団活動の意義や活動を行う上で必要となることについて理解し，行動の仕方を身に付けるようにする。

(2) 集団や自己の生活，人間関係の課題を見いだし，解決するために話し合い，合意形成を図ったり，意思決定したりすることができるようにする。

(3) 自主的，実践的な集団活動を通して身に付けたことを生かして，集団や社会における生活及び人間関係をよりよく形成するとともに，自己の生き方についての考えを深め，自己実現を図ろうとする態度を養う。

第2　各活動・学校行事の目標及び内容

〔学級活動〕

1　目標

学級や学校での生活をよりよくするための課題を見いだし，解決するために話し合い，合意形成し，役割を分担して協力して実践したり，学級での話合いを生かして自己の課題の解決及び将来の生き方を描くために意思決定して実践したりすることに，自主的，実践的に取り組むことを通して，第1の目標に掲げる資質・能力を育成することを目指す。

2　内容

1の資質・能力を育成するため，全ての学年において，次の各活動を通して，それぞれの活動の意義及び活動を行う上で必要となることについて理解し，主体的に考えて実践できるよう指導する。

(1) 学級や学校における生活づくりへの参画

ア　学級や学校における生活上の諸問題の解決

学級や学校における生活をよりよくするための課題を見いだし，解決するために話し合い，合意形成を図り，実践すること。

イ　学級内の組織づくりや役割の自覚

学級生活の充実や向上のため，児童が主体的に組織をつくり，役割を自覚しながら仕事を分担して，協力し合い実践すること。

ウ　学校における多様な集団の生活の向上

児童会など学級の枠を超えた多様な集団における活動や学校行事を通して学校生活の向上を図るため，学級としての提案や取組を話し合って決めること。

(2) 日常の生活や学習への適応と自己の成長及び健康安全

ア　基本的な生活習慣の形成

身の回りの整理や挨拶などの基本的な生活習慣を身に付け，節度ある生活にすること。

イ　よりよい人間関係の形成

学級や学校の生活において互いのよさを見付け，違いを尊重し合い，仲よくしたり信頼し

　　　　合ったりして生活すること。
　　ウ　心身ともに健康で安全な生活態度の形成
　　　　現在及び生涯にわたって心身の健康を保持増進することや，事件や事故，災害等から身を守り安全に行動すること。
　　エ　食育の観点を踏まえた学校給食と望ましい食習慣の形成
　　　　給食の時間を中心としながら，健康によい食事のとり方など，望ましい食習慣の形成を図るとともに，食事を通して人間関係をよりよくすること。
(3)　一人一人のキャリア形成と自己実現
　　ア　現在や将来に希望や目標をもって生きる意欲や態度の形成
　　　　学級や学校での生活づくりに主体的に関わり，自己を生かそうとするとともに，希望や目標をもち，その実現に向けて日常の生活をよりよくしようとすること。
　　イ　社会参画意識の醸成や働くことの意義の理解
　　　　清掃などの当番活動や係活動等の自己の役割を自覚して協働することの意義を理解し，社会の一員として役割を果たすために必要となることについて主体的に考えて行動すること。
　　ウ　主体的な学習態度の形成と学校図書館等の活用
　　　　学ぶことの意義や現在及び将来の学習と自己実現とのつながりを考えたり，自主的に学習する場としての学校図書館等を活用したりしながら，学習の見通しを立て，振り返ること。

3　内容の取扱い

(1)　指導に当たっては，各学年段階で特に次の事項に配慮すること。
　　〔第1学年及び第2学年〕
　　　話合いの進め方に沿って，自分の意見を発表したり，他者の意見をよく聞いたりして，合意形成して実践することのよさを理解すること。基本的な生活習慣や，約束やきまりを守ることの大切さを理解して行動し，生活をよくするための目標を決めて実行すること。
　　〔第3学年及び第4学年〕
　　　理由を明確にして考えを伝えたり，自分と異なる意見も受け入れたりしながら，集団としての目標や活動内容について合意形成を図り，実践すること。自分のよさや役割を自覚し，よく考えて行動するなど節度ある生活を送ること。
　　〔第5学年及び第6学年〕
　　　相手の思いを受け止めて聞いたり，相手の立場や考え方を理解したりして，多様な意見のよさを積極的に生かして合意形成を図り，実践すること。高い目標をもって粘り強く努力し，自他のよさを伸ばし合うようにすること。
(2)　2の(3)の指導に当たっては，学校，家庭及び地域における学習や生活の見通しを立て，学んだことを振り返りながら，新たな学習や生活への意欲につなげたり，将来の生き方を考えたりする活動を行うこと。その際，児童が活動を記録し蓄積する教材等を活用すること。

〔児童会活動〕

1　目　標

　異年齢の児童同士で協力し，学校生活の充実と向上を図るための諸問題の解決に向けて，計画を立て役割を分担し，協力して運営することに自主的，実践的に取り組むことを通して，第1の目標に掲げる資質・能力を育成することを目指す。

2　内　容

　1の資質・能力を育成するため，学校の全児童をもって組織する児童会において，次の各活動

を通して，それぞれの活動の意義及び活動を行う上で必要となることについて理解し，主体的に考えて実践できるよう指導する。
(1) 児童会の組織づくりと児童会活動の計画や運営
　　児童が主体的に組織をつくり，役割を分担し，計画を立て，学校生活の課題を見いだし解決するために話し合い，合意形成を図り実践すること。
(2) 異年齢集団による交流
　　児童会が計画や運営を行う集会等の活動において，学年や学級が異なる児童と共に楽しく触れ合い，交流を図ること。
(3) 学校行事への協力
　　学校行事の特質に応じて，児童会の組織を活用して，計画の一部を担当したり，運営に協力したりすること。

3　内容の取扱い
(1) 児童会の計画や運営は，主として高学年の児童が行うこと。その際，学校の全児童が主体的に活動に参加できるものとなるよう配慮すること。

〔クラブ活動〕
1　目　標
　異年齢の児童同士で協力し，共通の興味・関心を追求する集団活動の計画を立てて運営することに自主的，実践的に取り組むことを通して，個性の伸長を図りながら，第1の目標に掲げる資質・能力を育成することを目指す。

2　内　容
　1の資質・能力を育成するため，主として第4学年以上の同好の児童をもって組織するクラブにおいて，次の各活動を通して，それぞれの活動の意義及び活動を行う上で必要となることについて理解し，主体的に考えて実践できるよう指導する。
(1) クラブの組織づくりとクラブ活動の計画や運営
　　児童が活動計画を立て，役割を分担し，協力して運営に当たること。
(2) クラブを楽しむ活動
　　異なる学年の児童と協力し，創意工夫を生かしながら共通の興味・関心を追求すること。
(3) クラブの成果の発表
　　活動の成果について，クラブの成員の発意・発想を生かし，協力して全校の児童や地域の人々に発表すること。

〔学校行事〕
1　目　標
　全校又は学年の児童で協力し，よりよい学校生活を築くための体験的な活動を通して，集団への所属感や連帯感を深め，公共の精神を養いながら，第1の目標に掲げる資質・能力を育成することを目指す。

2　内　容
　1の資質・能力を育成するため，全ての学年において，全校又は学年を単位として，次の各行事において，学校生活に秩序と変化を与え，学校生活の充実と発展に資する体験的な活動を行うことを通して，それぞれの学校行事の意義及び活動を行う上で必要となることについて理解し，

主体的に考えて実践できるよう指導する。
  (1) 儀式的行事
    学校生活に有意義な変化や折り目を付け，厳粛で清新な気分を味わい，新しい生活の展開への動機付けとなるようにすること。
  (2) 文化的行事
    平素の学習活動の成果を発表し，自己の向上の意欲を一層高めたり，文化や芸術に親しんだりするようにすること。
  (3) 健康安全・体育的行事
    心身の健全な発達や健康の保持増進，事件や事故，災害等から身を守る安全な行動や規律ある集団行動の体得，運動に親しむ態度の育成，責任感や連帯感の涵養，体力の向上などに資するようにすること。
  (4) 遠足・集団宿泊的行事
    自然の中での集団宿泊活動などの平素と異なる生活環境にあって，見聞を広め，自然や文化などに親しむとともに，よりよい人間関係を築くなどの集団生活の在り方や公衆道徳などについての体験を積むことができるようにすること。
  (5) 勤労生産・奉仕的行事
    勤労の尊さや生産の喜びを体得するとともに，ボランティア活動などの社会奉仕の精神を養う体験が得られるようにすること。

3 内容の取扱い
  (1) 児童や学校，地域の実態に応じて，2に示す行事の種類ごとに，行事及びその内容を重点化するとともに，各行事の趣旨を生かした上で，行事間の関連や統合を図るなど精選して実施すること。また，実施に当たっては，自然体験や社会体験などの体験活動を充実するとともに，体験活動を通して気付いたことなどを振り返り，まとめたり，発表し合ったりするなどの事後の活動を充実すること。

● 第3 指導計画の作成と内容の取扱い

1 指導計画の作成に当たっては，次の事項に配慮するものとする。
  (1) 特別活動の各活動及び学校行事を見通して，その中で育む資質・能力の育成に向けて，児童の主体的・対話的で深い学びの実現を図るようにすること。その際，よりよい人間関係の形成，よりよい集団生活の構築や社会への参画及び自己実現に資するよう，児童が集団や社会の形成者としての見方・考え方を働かせ，様々な集団活動に自主的，実践的に取り組む中で，互いのよさや個性，多様な考えを認め合い，等しく合意形成に関わり役割を担うようにすることを重視すること。
  (2) 各学校においては特別活動の全体計画や各活動及び学校行事の年間指導計画を作成すること。その際，学校の創意工夫を生かし，学級や学校，地域の実態，児童の発達の段階などを考慮するとともに，第2に示す内容相互及び各教科，道徳科，外国語活動，総合的な学習の時間などの指導との関連を図り，児童による自主的，実践的な活動が助長されるようにすること。また，家庭や地域の人々との連携，社会教育施設等の活用などを工夫すること。
  (3) 学級活動における児童の自発的，自治的な活動を中心として，各活動と学校行事を相互に関連付けながら，個々の児童についての理解を深め，教師と児童，児童相互の信頼関係を育み，学級経営の充実を図ること。その際，特に，いじめの未然防止等を含めた生徒指導との関連を図るようにすること。

(4) 低学年においては，第1章総則の第2の4の(1)を踏まえ，他教科等との関連を積極的に図り，指導の効果を高めるようにするとともに，幼稚園教育要領等に示す幼児期の終わりまでに育ってほしい姿との関連を考慮すること。特に，小学校入学当初においては，生活科を中心とした関連的な指導や，弾力的な時間割の設定を行うなどの工夫をすること。

(5) 障害のある児童などについては，学習活動を行う場合に生じる困難さに応じた指導内容や指導方法の工夫を計画的，組織的に行うこと。

(6) 第1章総則の第1の2の(2)に示す道徳教育の目標に基づき，道徳科などとの関連を考慮しながら，第3章特別の教科道徳の第2に示す内容について，特別活動の特質に応じて適切な指導をすること。

2 第2の内容の取扱いについては，次の事項に配慮するものとする。

(1) 学級活動，児童会活動及びクラブ活動の指導については，指導内容の特質に応じて，教師の適切な指導の下に，児童の自発的，自治的な活動が効果的に展開されるようにすること。その際，よりよい生活を築くために自分たちできまりをつくって守る活動などを充実するよう工夫すること。

(2) 児童及び学校の実態並びに第1章総則の第6の2に示す道徳教育の重点などを踏まえ，各学年において取り上げる指導内容の重点化を図るとともに，必要に応じて，内容間の関連や統合を図ったり，他の内容を加えたりすることができること。

(3) 学校生活への適応や人間関係の形成などについては，主に集団の場面で必要な指導や援助を行うガイダンスと，個々の児童の多様な実態を踏まえ，一人一人が抱える課題に個別に対応した指導を行うカウンセリング（教育相談を含む。）の双方の趣旨を踏まえて指導を行うこと。特に入学当初や各学年のはじめにおいては，個々の児童が学校生活に適応するとともに，希望や目標をもって生活できるよう工夫すること。あわせて，児童の家庭との連絡を密にすること。

(4) 異年齢集団による交流を重視するとともに，幼児，高齢者，障害のある人々などとの交流や対話，障害のある幼児児童生徒との交流及び共同学習の機会を通して，協働することや，他者の役に立ったり社会に貢献したりすることの喜びを得られる活動を充実すること。

3 入学式や卒業式などにおいては，その意義を踏まえ，国旗を掲揚するとともに，国歌を斉唱するよう指導するものとする。

中学校学習指導要領（平成29年告示）

MEXT 1-1715

平成 30 年 3 月 30 日　初版発行
令和 3 年 12 月 15 日　3 刷発行

著作権所有　文 部 科 学 省

発 行 者　株式会社 東 山 書 房
　　　　　代表者　山 本 敬 一

印 刷 者　創栄図書印刷株式会社
　　　　　代表者　田 中 雅 博

〒604-0812　京都市中京区高倉通二条上ル天守町766

発 行 所　株式会社 東 山 書 房
〒604-8454　京都市中京区西ノ京小堀池町8-2
　　　　　　電話　075-841-9278
　　　　　　振替　01070-1-1067

定価：397円（本体 361円）⑩